国家社科基金重大项目《中国少数民族儒学通论》（20&ZD031）阶段性成果

西南民族大学哲学博士学位授权单位建设学术成果资助出版

四川省社会科学高水平研究团队建设计划资助

换个维度看儒学

中国少数民族视阈的儒学初论

杨翰卿 著

中国社会科学出版社

图书在版编目（CIP）数据

换个维度看儒学：中国少数民族视阈的儒学初论 / 杨翰卿著．— 北京：中国社会科学出版社，2023.12
ISBN 978-7-5227-2732-5

Ⅰ.①换… Ⅱ.①杨… Ⅲ.①儒学—关系—少数民族—哲学思想—研究—中国 Ⅳ.①B2

中国国家版本馆 CIP 数据核字（2023）第 213662 号

出 版 人	赵剑英
责任编辑	韩国茹
责任校对	喻　静
责任印制	张雪娇

出　　版	中国社会科学出版社
社　　址	北京鼓楼西大街甲 158 号
邮　　编	100720
网　　址	http://www.csspw.cn
发 行 部	010-84083685
门 市 部	010-84029450
经　　销	新华书店及其他书店
印刷装订	北京市十月印刷有限公司
版　　次	2023 年 12 月第 1 版
印　　次	2023 年 12 月第 1 次印刷
开　　本	710×1000　1/16
印　　张	20
插　　页	2
字　　数	330 千字
定　　价	128.00 元

凡购买中国社会科学出版社图书，如有质量问题请与本社营销中心联系调换
电话：010-84083683
版权所有　侵权必究

序 一

佟德富

自 20 世纪初中国哲学研究兴起以来，儒学研究的发展取得了令世界瞩目的成果。早在秦汉时期，儒学就已传入亚洲诸邻国，逐渐形成孔学文化圈。尤其在当代，儒学研究在欧美已成显学。但是在国内，儒学在少数民族中的传播与影响，却很少有学者关注和研究。中国少数民族哲学研究自 20 世纪 80 年代兴起以来，儒学与少数民族哲学互动与融汇关系问题，虽然在中国少数民族哲学学术年会上，曾作为大会议题之一进行过研讨，也有些相关论文在会上和出版的论文集中发表，有些学者还建议就此问题立项做专题研究，与会学者无不拍手赞同，只是因资金等种种原因，只能停留在动议上。

2013 年，西南民族大学杨翰卿教授获得了国家社科基金重大项目："儒学与我国少数民族哲学关系的历史发展研究"，这无疑是国家对于少数民族哲学研究的巨大支持和鼓舞。杨翰卿教授已经团结了一批优秀的民族哲学研究领域中青年学者投入到这项具有开拓性的专题研究中。《换个维度看儒学：中国少数民族视阈的儒学初论》，我想应是该项目在完成过程中的早期成果。

杨翰卿教授的新著《换个维度看儒学：中国少数民族视阈的儒学初论》，是中国哲学和儒学史上第一部专门研究中国少数民族儒学的学术专著。杨教授以扎实的中国哲学理论功底，勤奋严谨的治学态度，博采众长的宽容心态和创新精神，以及对少数民族深厚的思想情感，成就了"中国少数民族儒学"这部民族哲学研究之扛鼎之作。充实了中国少数民族哲学专题研究之不足，也必将开启少数民族哲学专题研究的新阶段。

是著在中国哲学（包括少数民族哲学）史上第一次明确提出了"中国

少数民族儒学",这一在中国少数民族中间(包括广大的少数民族民间,取得过地方性政权的方国诸如大理国、吐蕃王朝、大蒙古国等以及元与清两大正统封建王朝)流传弥久、影响深远的儒学新概念,并对"中国少数民族儒学"这一新概念的内涵与根据、民族儒学诸形态及其思想特征、理论价值、社会意义等作了充分的论证。对于儒学与少数民族哲学的交融互动和谐发展及其发展的历史阶段性作了科学梳理,将儒学在全中国各少数民族地区的传播与发展按着岭南—西南—西部(包括西北)—北方为序,对儒学在各少数民族地区的影响、传播、传播途径及各具特色的少数民族儒学形态作了具体论证。对著名的少数民族儒学家及其儒学著作等作了客观介绍和评论,在此基础上,杨翰卿教授对儒学与中国少数民族哲学互动发展的原因、互动发展的特征和互动发展的意义等作了深刻的分析。该书以儒典和民族儒学家著述为典,以汉文和民族古籍为据,以后人的记述和分析研究为参照,避免先见、囿见与固见。概念清晰,观点明确,论证客观理性,有理有据,逻辑严谨,全书既贯穿和统摄着"讲仁义、贵德礼、重民本、尚中和、求大同"之儒学精义,又凸显了少数民族受儒学影响而普遍具有的实用为先的纯朴观念,以敬天法祖为基本信仰的祭祀文化与礼俗,以忠孝为核心的社会伦理纲常及其各以本民族文化为本体的各具特色的少数民族儒学,诸如杨教授在该书中所阐述的白族"参禅入儒"与"以儒融佛"的"释儒"、回族哲学"以儒诠经""伊儒互补"的"伊儒"、彝族哲学的"似儒"形态、清朝玄烨的"服膺之儒"以及元世祖忽必烈的"以儒治国、以佛治心"的治国方略与实用主义之政治智慧,等等。

  儒学的创始人孔子是春秋末年鲁国人,儒学源远流长,孔子"祖述尧舜,宪章文武",上承尧舜峻德,继周公礼乐,整理五经,创立"仁礼"之学。儒学在百家争鸣中得以丰富,在数千年的历史进程中,以海纳百川之胸怀与气度,吸纳百家之长和诸宗教文化之营养,成为包容开放、博大精深、科学理性、与时偕行的学术体系,在中国历代王朝的意识形态中,几乎大都居于统治地位,成为中华民族集体智慧之结晶、中华传统文化的主脉、中华文明的核心与精髓、中华民族大一统思想的渊源,是中华民族思想融汇、民族团结、国家统一的思想基础。我们可以自信地说,儒学不但是汉族的,也是中华民族的。她已深刻地影响和造福于中华民族几千年,并沿着与时俱进的发展进程不断在国内外传播和发展。其发展的路径大略如次：孔、孟、荀为代表的先秦儒学，即孔子的以仁为本、以仁为体、以礼为用的"仁礼"之学；孟子以仁政为旨趣，重视心性修养的"仁义"之学；荀子既重修身、劝学，更重礼义制度的"礼义"之学。汉代今文经学与古文经学并立发达，今文经学以《春秋公羊传》为典，为"大一统"服务，以董仲舒、何休等为代表；古文经学以《春秋左传》为典考证历史，重名物训诂，以刘歆、贾逵等为代表。到汉代后期，郑玄融合两派经学，遍注群经。魏晋发展为玄学经学，何晏《论语集解》、王弼《周易注》等体现了儒道互补。发展至唐代，孔颖达编《五经正义》统一五经注疏，成为标准读本。宋元明出现新儒学学派：程朱理学强调"存天理、灭人欲"，陆王心学强调"心外无理"，张载、王夫之气学强调"气为本体"。张载提出"为天地立心，为生民立命，为往圣继绝学，为万世开太平，"成为志士仁人的座右铭。清乾嘉之世兴起训诂学，着力于经典的文字、音韵、训诂之研究，以惠栋、戴震、阮元等为代表将儒学引向实证方向发展。清末民国时期，今文经学复兴，康有为托古改制，推行君主立宪；谭嗣同融合中西，攻击"三纲"以"通"释"仁"，倡导开放之儒学；章太炎在"六经皆史"和"整理国故"的口号下，继承古文经学传统，以西方科学研究为模式和以实证史学的态度看待经典，义理遂被湮灭。以上是牟钟鉴在最近出版的《儒道佛三教关系简明通史》中总结的。杨翰卿教授在该书中基本上也是按着这个时序和路径分析和论述儒学在少数民族中间传播和发展的。

儒学自其形成之后，就以不同形式向外传播，逐渐形成朝鲜儒学、日本儒学、越南儒学，等等，其后又向欧美传播与发展，影响不断扩大。在国内的传播和发展，正如该书第一章所说："我国历史上以各种学派、思潮或空间地域而言的儒学，如濂洛关闽、汉学、实学、中原儒学、湘学、蜀学、浙学等等，无不是代表着不同的思想学术群体。"关于少数民族儒学，杨翰卿教授自信地说："有中国儒学，也就能有、会有或者可以有中国少数民族儒学。"

既然儒学在少数民族中有广泛而深远的影响，可以肯定有少数民族儒学，那么，为什么时至今日才提出这个问题，才有这方面的研究和成果呢？其实，这里有一个认识误区，即在20世纪80年代初，中国少数民族哲学研究兴起之时，少数中国哲学界人士提出"少数民族没有哲学"，而更多的人则对于少数民族是否有哲学表示怀疑，正如20世纪初学界以普世的哲学概念、范畴及西方哲学体系、逻辑与方法研究中国哲学的时候，一些西方的哲学家提出中国没有哲学一样，这是欧洲文化中心主义对中国哲学的偏见。少数民族哲学"合法性"问题，其实就是中国哲学"合法性"问题在国内的逻辑延伸。所以，杨教授在论述少数民族儒学形成的原因时，首先指出："中华民族'融合'是儒学与少数民族哲学互动发展的社会历史原因。"并具体从适宜的生活环境、五帝时代神话史直至中国几次较大的战争、迁徙、杂居、通婚、融合等民族大融合的过程进行简要分析。为了引起大家的足够重视，我想就这个问题再作一点补充。

我给"中国少数民族哲学及社会思想史学会"2018年学术年会提交了一篇论文，题目是《中国哲学的"合法性"问题是伪命题——兼谈民族哲学研究范式问题》，在文中我重申了这样一个观点："中国的历史与文化是生活在中国境内的各个民族（包括那些已经消亡的民族）共同缔造的。编修任何一部中国史（如哲学史、宗教史、科技史、儒学史等），如果没有包括少数民族的贡献，都将是不全面、不完整、不系统的。"因为，中华民族多元一体的格局是支撑这个观点的内在根据，而中华民族多元一体格局的起源与形成，则是基于如下四个方面的根本原因。第一，中国，是中华民族生存和发展的空间。中华远古先民在这片土地上已有200多万年的进化史和5000多年的起源与形成史，其疆域辽阔，四周为天然屏障，形成相对封闭的自然环境，将远古先民与域外邦邻相限隔。其内部，地形复杂，地域广阔，自成不同生态体系，构成一个一个或农、或牧、或渔、或山林等相对独立的生态环境。为发展各种经济和水陆交通提供了得天独厚的有利条件。中华远古各族群为了生存和发展，为趋利避害，而在这片领土上兄弟阋墙、相互征伐、迁徙、杂居、通婚、融合发展，形成多元一体之格局。第二，中华民族的起源具有明显的中国本土性和鲜明的多元性之特征。中国境内有大量属于世界之最的石器时代的人类化石和遗址，为中华民族远古先民的起源提供了无缺环、无断代、完整的考古证据。尤其是因中国境内大量新石器人类化石的发掘而形成的新石器文化不同区系类型的广泛分布，又充分证明了在中国境内人类起源的多元性之特征。第三，从人种（种族）来看，中国不仅是中华民族的故乡，也是蒙古人种（俗称黄种人）的发祥地。第四，从血统来看，中华民族是混血的民族。华夏

（汉族前身）始祖炎黄二帝，炎帝是南方农耕之神，黄帝是北方游牧之神，黄帝与炎帝战于阪泉之野，三战而胜炎帝，成为两大部落联盟之共主与天神。从此，农耕民与游牧民的血液就流淌在了一起。其后，华夏与四夷以中原为中心，经过漫长的兄弟阋墙、分分合合、你来我走、我来你去、杂居、通婚、融合等民族形成过程中，华夏与四夷及四夷诸族之间的血液又一次一次地流淌在一起，形成你中有我、我中有你的混血特征。中华民族多元一体之格局及谁也离不开谁的命运共同体，不是政治口号，而是经过漫长的坎坷发展、融合而自然形成的。我坚信，只要那些不了解中华民族历史，尤其是那些不了解中华民族这个复合体中少数民族历史与文化的人，真正了解了我们是谁，我们是从哪里来的，我们何以成为现在这样，对于那些所谓的合法性问题，就会释然，而那些极少数持有各种偏见的人就会被孤立起来。

2018 年 7 月于中央民族大学

序 二

伍雄武

翰卿教授《换个维度看儒学：中国少数民族视阈的儒学初论》（以下简称《初论》），称初论，实则首论、开创之论。"中国少数民族儒学"这一特定的学术概念，或者说特定的研究方向和特定的研究领域，始自于此，故《初论》具有开创的意义。

翰卿教授在中国哲学史研究中卓有建树，在此基础上转入中国少数民族哲学史的领域继续开拓进取，故而才有如此的创见和成果。昔者，在我研究中国少数民族哲学史的过程中，所见关于儒学的论著，多局限于儒学在某一民族或某一地区的传播和影响，或者局限于某一民族对儒学的吸取和创新，至翰卿《初论》，才首次从总体上"换个维度看儒学"，别开生面地提出一种新的儒学发展形态，或者说，一种少数民族哲学思想发展的新形态。这无论对儒学的研究，或者对于少数民族哲学思想的研究，都应当是具有创新意义的。沿着这一维度和方向，无疑能够得到新的认识，进到新的境界。亦如在《初论》中就提出，应从总体上思考：我国南方少数民族儒学与北方少数民族儒学各有什么特点，这种特点对各民族历史发展及思想进程有何意义。这就把前期分散的、"只见树木"的研究提高到一个新的境界；使我们对个别人物（如李元阳、高奣映、保巴、玄烨等）的研究，有了新的维度；对个别时期（如元代、清代或南诏时期、大理国时期等）有了新的视域。

中华民族共有精神家园的建设，是当前各方皆重视的大事，作为从事哲学史研究的学人，我和许多同仁都有一个愿望，就是在不远的将来有一部融通中华各民族的哲学思想史。显然，这个愿望只能一步一步地来实现，而我认为，以儒学为一个枢轴或中心，把各民族的思想联结、汇聚起来，形成一个有机的整体或过程，应当是重要的、关键的一步。现在翰卿的《初论》完成了，我以为这是迈向"中华民族哲学思想史"的一步，虽然，还有许多的一步（如以宗教或政治思想为枢轴和中心，等等），但是《初论》是首先迈出的一步！由此我非常振奋和高兴，不避浅陋，特为此序，以抒心意。

2017 年 12 月 13 日于云南师范大学

自　序

中国儒学从孕育到创立形成、从演变发展到转化创新，乃至迄于今日，所表现出来的精神生命力，其内在的基因合成应该说始终包含着传播影响、用夏变夷、观念重塑的重要内容和因素。舜帝南巡，崩于苍梧。武王克商，封箕子于朝鲜。孔子欲居九夷，道不行，乘桴浮于海，周游之楚；陆贾出使南越。十六国、南诏、吐蕃、大理、西夏、辽金等我国历史上不同民族建立起来的政权及其统治在思想文化上对于儒学的仰慕，百济博士王仁携《论语》等儒学典籍渡海到日本，东亚儒学的发扬光大，东学西渐中的儒学构成，国际儒学相关机构的建立，遍布全球的孔子学院，等等。可以这样认为，与儒学漂洋过海传播影响、异域发展相并行，还有另外的一条路线，即儒学与我国周边"四夷"民族思想观念、文化意识的激荡融汇和改造转化，从而演变生成了具有鲜明民族特色、与儒学具有同构性的思想理论，我们姑且把这种思想理论称为中国少数民族儒学。同时，今天来看，这一重要的传统思想文化资源，作为铸牢中华民族共同体意识的一种深刻精神力量，确实值得和需要很好地重视，并积极地进行研究发掘、转化利用。

我对这一学术视域经过多年的研磨考索，形成和提出了"中国少数民族儒学"这一概念，并把它界定为是指在我国传统哲学和文化发展中，以诸少数民族为思想观念主体，以儒学为基本的/核心的，或者主要的/重要的观念构成而孕育和生长起来的，具有我国诸少数民族观念特色因而不同于/不属于此外其他任何一种儒学的、独特的精神文化形态。且以历史形态、地域形态、理论形态之"三种形态"，来建构这一理论内容。当然，这是一种尝试性、探索性的研究。

中国少数民族儒学的历史形态，是儒学与我国诸少数民族哲学思想之关系发生、发展和变化演进的历史线索、脉络和顺序，包括历史上儒学对于我国诸少数民族哲学思想观念的传播影响、熏染感化、激荡促进；我国诸少数民族对于儒学的认同吸纳、融会转化、创新发展等双向性的良性互动和融促。儒学思想通过不同途径、方式，程度不同地融入、整合到我国少数民族哲学之中，成为我国一些少数民族哲学思想的重要组成部分，促进了少数民族哲学理论思维水平和哲学文化水准的显著提高。从这一学术视角来看，体现出汉唐时期初始传播影响、两宋时期进一步扩大传播影响、元明清时期深入传播影响等与时递进的规律和特点，以及在这一过程中少数民族哲学和文化伴随着对儒学的融摄吸收、改造整合、创新发展，带来本民族哲学和文化的提升和进步。

中国少数民族儒学的地域形态，体现为我国诸少数民族儒学鲜明特色、具有不同历史文化演进、融入各民族思想元素等具有各种差异的儒学理论、儒学精神和儒学文化。它们是：以壮族为代表的我国南方少数民族儒学；以白族、彝族、纳西族、布依族、苗族为主轴，以南诏、大理两个少数民族政权时期为一段理论视域，以释儒和融为主要理论特色的我国西南少数民族儒学；以藏族苯教、藏传佛教哲学以及藏族社会中的九宫、五行、八卦、十二生肖等观念、《礼仪问答写卷》等写卷为主体，以党项羌族所建立的西夏政权时期等为理论视域，儒学与藏羌传统哲学思想观念相互融合的西部少数民族儒学；以伊儒会通为主要理论特色的我国回族儒学，以喀喇汗王朝时期的《福乐智慧》为主要经典和以元代廉希宪、贯云石为代表人物的维吾尔族儒学等为主要内容的我国西北地区少数民族儒学；以蒙古族、满族、朝鲜族等哲学观念中的儒学构成为基本特质的我国北方东北少数民族儒学。这样的地域划分或区分，既是反映我国历史上民族地区儒学理论演化的实际，同样也是作为一种架构，因而它具有相对的意义。

中国少数民族儒学的理论形态，是代表我国诸少数民族哲学理论成就、哲学思维水平、精英学者思想观念的儒学。如我国少数民族哲学在不同程度地接纳、吸收、融摄和改造儒学过程中，涌现出的刘定逌（壮族）、郑献甫（壮族）、保巴（蒙古族或色目人）、李元阳（白族）、高奣映（白族或彝族）、王岱舆（回族）、刘智（回族）、玄烨（满族）等具有突出儒学思想的哲学理论代表人物；彝族的《宇宙人文论》《宇宙源流》《西南彝志》《土鲁窦吉》，维吾尔族的《福乐智慧》，回族的《清真大学》《正教真诠》《天方性理》《性命宗旨》《大化总归》，蒙古族的《易源奥义周易原旨》等大批与儒学思想具有深刻联系的少数民族思想文献，所阐发出的儒学观念或理论，开辟了儒学传播发展的多样性和多元化，显示了儒学与我国少数民族哲学的交流激荡、相互融合、相互促进的精神面貌。

中国少数民族儒学如此的三种形态之间，理论形态为思想重点和灵魂，民族地域形态为载体和呈现，历史传播形态为线索和脉络，彼此相互交错、渗透融贯、辩证统一，体现出对儒学的诠释性发挥、融入异质之学（如佛学佛教文化、道家道教思想等）、植入民族文化基因等共同的规律性特点。儒学的融入而演变成为少数民族的思想理论观念和哲学文化构成，儒学的传播影响因我国各少数民族思想文化的差异而体现出民族性特色，亦因各民族社会历史发展的阶段不同而体现出时代性特征；儒学被历史上我国诸少数民族哲学吸收改造、转化增益，使儒学影响得以扩大、少数民族哲学理论思维水平得到提升，各少数民族哲学和文化因熏染、融摄儒学的程度或深度不同而彰显出不同的儒学思想。从对于中国少数民族儒学的当代审视和创造性转化的研究视角来说，其中还内在地包括关于中国少数民族儒学与佛学、道家道教思想的关系，与中国少数民族哲学的关系，儒佛道三教关系在中国少数民族儒学中的特殊体现，中国少数民族儒学与现代社会的关系，等等。

遵循逻辑与历史相统一、实事求是等的原则方法，依照全面了解、客观评析、深刻总结、创造转化的思维理路，对中国少数民族儒学的发生发展作历时性考察和横摄性理论归纳、总结抽绎，从哲学思想特质和内涵上把握儒学对于我国各少数民族哲学或思想文化的深刻影响，以及我国各少数民族哲学或思想文化对于儒学的认同吸纳、融摄转化、创新增益或扩展的思想理论贡献，以此来探研寻绎我国历史上各民族团结凝聚、渗透互融，形成中华民族多元一体格局的思想文化基础和精神资源，丰富中华优秀传统文化的少数民族儒学内容，彰显繁荣发展中国特色社会主义思想文化深厚的多样性统一和统一多样性传统，弘扬包括中华各民族中的优秀文化，建设中华民族共有精神家园，在思想理论和文化发展上彰显民族平等，增强和铸牢中华民族共同体意识，促进社会主义和谐文化和先进文化建设，为现代中国哲学发展和先进文化建设服务。这正是本书撰著的初心和思想基点，也是祈望达到或努力追求的学术目标与期待的收获。

序一 ………………………………………………… 佟德富 1
序二 ………………………………………………… 伍雄武 6
自序 ………………………………………………………… 1

第一章 弁言：换个维度看儒学之中国少数民族儒学初论 ……… 1
 一 中国少数民族儒学的内涵及其依据 ………………… 1
 二 中国少数民族儒学的诸形态及其思想特色 ………… 5
 三 中国少数民族儒学的理论价值及其重要社会意义 … 22

第二章 儒学与我国少数民族哲学文化关系发展的历史之维 …… 30
 一 关系孕育：先秦儒学夷夏观考论 …………………… 30
 二 初始传播：儒学与少数民族原始思维的交集 ……… 38
 三 深入影响：儒学与少数民族哲学形态的孕育生成 … 45
 四 转化创新：儒学与少数民族哲学的理论发展 ……… 50
 五 本章结语 ……………………………………………… 56

第三章 我国岭南少数民族地区的儒学传播和影响 ……………… 58
 一 我国岭南少数民族地区汉唐时期的儒学传播影响 … 58
 二 我国岭南少数民族地区两宋时期的儒学传播影响 … 59

· 1 ·

三　我国岭南少数民族地区在明代的儒学传播影响 …………… 65

第四章　壮族先民思想与儒学
　　　　——以刘定逌为中心 ……………………………………… 70
　　一　壮族先民思想观念的儒学渊源 ………………………………… 71
　　二　集中反映壮族伦理道德的《传扬歌》与儒家思想的一致性 …… 71
　　三　刘定逌的壮族谱系及其儒学思想 ……………………………… 74
　　四　本章结语 ………………………………………………………… 82

第五章　儒学与我国西南少数民族哲学文化的交融互动 …………… 85
　　一　云南少数民族思想文化中的儒学传播影响及其与儒学观念的
　　　　融汇 ……………………………………………………………… 85
　　二　贵州少数民族哲学文化中的儒学传播和影响 ………………… 94

第六章　白族李元阳的"释儒"哲学及其文化意义 ………………… 98
　　一　辨性情 …………………………………………………………… 98
　　二　分知识 …………………………………………………………… 101
　　三　融佛儒 …………………………………………………………… 104
　　四　文化综合 ………………………………………………………… 107

第七章　文化边缘中的高深造诣：少数民族学者高奣映的
　　　　儒学创获 ………………………………………………………… 110
　　一　再辨"太极""无极" …………………………………………… 110
　　二　理气先后动静 …………………………………………………… 113
　　三　"静""诚"以"复性"的修养工夫论 ………………………… 116
　　四　高奣映儒学思想简评 …………………………………………… 119

第八章　白族王崧儒学的思想特质 …………………………………… 121
　　一　接续理学的天地（命）之性 …………………………………… 121
　　二　消弭理学的气质之性 …………………………………………… 124
　　三　以人性善之"有等""有对"或善之迁变释"恶" …………… 126
　　四　通过兴学施教葆淑人之德性 …………………………………… 128
　　五　王崧儒学的思想特质 …………………………………………… 129

第九章　纳西族传统哲学文化融摄儒学观念蠡测 …………… 131
　一　纳西族及其独特文化和渊源 ……………………………… 131
　二　纳西族原始阴阳观念对儒学思想的融摄 ………………… 134
　三　纳西族原始五行观念及其对儒学思想的吸纳 …………… 138
　四　纳西族原始八卦宇宙论及其与儒学《周易》思想的
　　　关联 ……………………………………………………… 145
　五　云南丽江纳西木氏"好礼守义"的儒学观念传承 ……… 147
　六　本章结语 …………………………………………………… 153

第十章　彝族哲学与汉代天人儒学的异同 ……………………… 155
　一　彝族哲学丰富的元气、阴阳观念与《易传》及汉代天人
　　　儒学的契合 ……………………………………………… 155
　二　彝族哲学五行论的宇宙图景对汉代天人儒学五行论宇宙
　　　系统的回应 ……………………………………………… 158
　三　彝族八卦宇宙图式丰富了《易传》及汉代天人儒学的
　　　八卦宇宙系统论 ………………………………………… 161
　四　彝族哲学"人仿天成"的天人关系论与汉代"人副天数"
　　　儒学的同异 ……………………………………………… 165
　五　本章结语 …………………………………………………… 166

第十一章　我国西部西北少数民族思想观念中的儒学精神 …… 168
　一　我国西部西北少数民族哲学文化孕育发展历程中
　　　与儒学精神的融会 ……………………………………… 169
　二　我国西部西北诸少数民族思想观念中儒学精神的特点 … 184

第十二章　藏族哲学文化与儒学 ………………………………… 188
　一　苯教文化与儒学 …………………………………………… 188
　二　藏族世俗社会思想观念与儒学 …………………………… 194
　三　藏传佛教与儒学 …………………………………………… 204

第十三章　儒学在西夏党项羌族文化中的地位、特征和局限 … 231
　一　儒学对西夏官僚体制和政治文化的影响 ………………… 232

二　儒学对西夏教育发展的影响 …………………………… 233
　　三　西夏儒学的地位、特征和局限 ………………………… 236

第十四章　回族哲学文化与儒学 ……………………………… 241
　　一　元朝时期儒学对于回族哲学思想文化的影响 ………… 241
　　二　明代海瑞奉儒与李贽的"异端"儒学思想 …………… 244
　　三　明清回族思想家"以儒诠经"的"伊儒"哲学 ……… 256
　　四　本章结语 ………………………………………………… 264

**第十五章　我国北方少数民族哲学的儒学熏染及其对儒学发展的
　　　　　　贡献和作用** ……………………………………… 266
　　一　内蒙古东北少数民族地区的儒学传播和影响 ………… 266
　　二　内蒙古东北少数民族受儒学习染的主要哲学思想观念及其
　　　　对儒学发展的贡献 ……………………………………… 270

第十六章　保巴易哲学思想的儒学贡献 ……………………… 273
　　一　保巴的蒙古族族属及其著作 …………………………… 273
　　二　三维结构的宇宙图景以及人在其中的地位 …………… 274
　　三　太极本体论及其动静演化观 …………………………… 276
　　四　"主静""无私"的心性论及其修养工夫 …………… 278
　　五　保巴易哲学思想的儒学贡献 …………………………… 279

第十七章　玄烨理学及其和会满族文化之特点 ……………… 282
　　一　玄烨生平与著述 ………………………………………… 282
　　二　推尊、承接朱学 ………………………………………… 283
　　三　改造、变异理学 ………………………………………… 286
　　四　和会汉满文化 …………………………………………… 289

主要参考文献 …………………………………………………… 291

致　谢 …………………………………………………………… 302

第一章 弁言:换个维度看儒学之中国少数民族儒学初论[*]

由于社会发展和文化形成演变的历史原因,儒学创始并主要演进于相对我国周边的中原地区,且经历由形成到显学再到长期作为具有国家意识形态性质的观念体系,乃至生活方式、文化类型的发展进程。中华民族形成发展的历史地理特点,也以汉民族为主体而少数民族多居周边。我国这样的历史文化生态和民族地理构成,决定了儒学与我国少数民族哲学和文化相互眷顾和培壅发展的机缘,我国少数民族哲学和文化由于儒学的传播影响而得到充足的浸润和滋养,儒学也因我国少数民族哲学和文化的基因合成而更加绮丽多姿。回溯儒学与我国少数民族哲学和文化这种交相成长演进的历程,其理论和实践、历史和当代的价值与意义,都是积极而重大的;其双向的交流交合交融,结果是既大大促进了儒学的进一步发展,更深刻促进和催生了带有我国历史上"四夷"文化特色的诸少数民族儒学形态的孕育和形成。就后者来说,一言以蔽之,我们于此姑且称之为中国少数民族儒学。

一 中国少数民族儒学的内涵及其依据

中国少数民族儒学,即在我国传统哲学和文化发展中,以诸少数民族为思想观念主体,以儒学为基本的/核心的,或者主要的/重要的观念构成而孕育和生长起来的,不同于/不属于此外其他任何一种儒学的、独特的

---

[*] 本章主要内容分别刊发于《哲学研究》2011年第11期;舒大刚主编:《儒藏论坛》第十四辑(中国社会科学出版社2020年版)。

精神文化形态。

首先，中国少数民族儒学是注目于我国诸多少数民族这一思想观念主体，或者说从民族思想观念主体的视角，来加以审视、观察和研究的，即在我国传统哲学和文化的发展中，实际地生存、活跃着一种以我国诸少数民族为思想观念主体的儒学精神文化生命。就儒学的思想文化定位来看，曾现出过或一般地是从时间发展的、空间地域的、学派主体的、思潮演进的和思想者个体的等维度而进行的学术理论建构和思想文化考察，这其中有的或者大多实际上已经暗蕴着民族思想观念主体的维度，只不过未加彰显、突出这样的视界而已。如日本儒学、韩国儒学，其实也就是日本民族的、韩国民族的儒学。我国历史上以各种学派、思潮或空间地域而言的儒学，如濂洛关闽、汉学、宋学、实学、中原儒学、湘学、蜀学、浙学，等等，无不是代表着不同的思想学术群体。因此，有众多思想群体之儒学，有不同国别民族之儒学，有中国儒学，也就能有、会有或者可以有中国少数民族儒学。换言之，中国少数民族儒学是中国儒学和中国传统文化的重要组成部分，是我国诸少数民族思想观念主体智慧的结晶。把我国历史上不同民族作为中华传统文化主体结构之一的儒学的一种思想观念主体，说明不仅儒学是中华各民族共同的精神文化创造，进而说明中华各民族是中华文化的共同缔结者；以此为思想基础和观念纽带，更深层次上揭橥的是中华各民族在历史演进中何以能够将团结统一、和谐交融、共促发展作为主流和基本方向。

其次，儒学文化既有久厚的精神观念渊源，又有深远广博的传播影响。作为文化种子，儒学播撒在我国南疆、西南边陲诸少数民族哲学和文化中，生根发芽开花结果，形成了具有我国南方、西南诸少数民族文化特质的儒学形态。如该地区某些少数民族把儒学文化与佛教文化相结合，衍生出名为"释儒"或"儒释"的文化现象；有的以本民族的宗教文化或原生态宗教为主体，积极充分地吸收借鉴儒学文化，而获得民族文化的丰富发展和提升改造，如纳西族的东巴文化即可作如是观。旋转视域，作为文化旋律，儒学吹奏到我国北方边疆诸少数民族哲学和文化中，引起和鸣回响。不仅是契丹族的辽、女真族的金，基本是视儒学为治国理政之重要理念，蒙古贵族入主中原，尊崇佛教（藏传）更"行汉法"。《续资治通鉴长编》载："自契丹侵取燕蓟以北，拓跋自得灵夏以西，其间所生豪英，

第一章 弁言：换个维度看儒学之中国少数民族儒学初论

皆为其用。得中国土地，役中国人力，称中国位号，仿中国官属，任中国贤才，读中国书籍，用中国车服，行中国法令，……皆与中国等。"① 再行观察，作为文化惠风，儒学飘落到我国西部之域诸少数民族哲学和文化中，产生融汇暖流。儒学在古代丝绸之路上的传播，特别是在西域段的传播，如同飘散的彩绸而成为一道悠久绵长的风貌景观，惠及了西域诸少数民族思想观念，使其受到儒学的点缀和装扮。据史学家陈垣先生《元西域人华化考》所论，"西域人"即"色目人"，元代时"多敦诗书而说礼乐"②，其中又有如畏吾儿氏的廉希宪为纯儒，不忽木、巙巙、伯颜师圣等为西域理学名儒。还有基督、佛、摩尼诸教世家之儒学。"阿鲁浑萨理（畏吾儿）之学，先释而后儒"③；贯云石（小云石海涯，畏吾儿）则可称为由儒而及佛，其在朝时著《孝经直解》，其词曲中常吸纳儒学尤其易学精神，是元时少数民族儒士学者中独树一帜之人。举例来说，贯云石的《孝经直解》，"时时流露出个人的鲜明倾向"。在译解《孝经·谏诤章第十五》"敢问子从父之令，可谓孝乎"时，贯云石译为"这孩儿每依着父母行啊"，体现了贯对于"孝父"的理解。④ 明末至清中叶的一批回族学者对伊斯兰教和回族的经典教义、哲学思想、典礼制度、伦理道德等进行译介、著述和研究，即汉文译注活动，核心是以伊斯兰教哲理为底蕴的回族哲学思想理论，特色是结合、贯彻中国传统思想观念特别是儒学或宋明理学思想文化精蕴，阐释、诠解伊斯兰教经典、教义和哲学思想，表现为"回回附儒以行"或"以儒诠经"的伊儒理论形态，有学者将其称为明清"回回理学"或"回儒"⑤。如此等等，要而言之，以"释儒""伊儒"甚至还包括辨儒、原儒、似儒、反儒等为标志，中国少数民族儒学在我国哲学和思想史上，实有其诸多具体而显明的思想理论形态，当然也应有其独特的精神文化地位。

再次，中国少数民族儒学是不同于或不属于此外其他任何儒学的儒学，也就是说，中国少数民族儒学有其独立的思想品格和理论品格。曾受

---

① （宋）李焘撰：《续资治通鉴长编》卷一百五十，中华书局2004年版，第3641页。
② 陈垣：《元西域人华化考》，上海古籍出版社2008年版，第3页。
③ 陈垣：《元西域人华化考》，上海古籍出版社2008年版，第26页。
④ 见杨镰《贯云石评传》，新疆人民出版社1983年版，第54—55页。
⑤ 见孙振玉《王岱舆 刘智评传》，南京大学出版社2006年版，第24、25页。

到先秦儒学、汉唐儒学、宋明理学、理学批判思潮、明清实学等不同时期儒学的重要影响，因此，它不属于或不可以属于哪个时期的儒学；从地域文化而言，能够说它往往大多生长发育在我国少数民族地区，因而是属于其主体少数民族、与我国某一少数民族文化进行了交流融合的儒学；中国少数民族儒学以认同吸纳、借鉴践行儒学思想观念为突出特征，具有鲜明的实学文化色彩，即它是我国少数民族化了的儒学。所以，我们认为称作中国少数民族儒学，或者将其构成一种独特的儒学形态，纳入理论视域，打开学术视野，进行思想文化考察，是适宜的、必要的，意义是极其深刻的。

最后，从现实的意义看，中国少数民族儒学作为我国少数民族传统文化的重要组成部分，是建设中华民族共有精神家园的珍贵传统文化资源。全面建设社会主义现代化，实现中华民族伟大复兴我们认为，中华民族伟大复兴实质是中华文明的复兴。中华文明的复兴、中华优秀传统文化的创造性转化创新性发展、中华优秀传统文化与马克思主义的深度融合、马克思主义中国化、建设中华民族共有精神家园，等，从中国少数民族儒学的研究视角来说，中国化马克思主义、中华优秀传统文化、中华各民族优秀传统文化的深刻结合，对于提升中华各民族素质，特别是我国各少数民族的民族素质和思想文化素质，铸牢中华民族共同体意识，推进中华民族共同体建设，以中国式现代化建设社会主义文化强国，建设中华民族现代文明，都具有极其深远而重大的意义。习近平在文化传承发展座谈会上的重要讲话中，系统阐述了"两个结合"的重大意义，突出强调"第二个结合"的重要地位，指出："'第二个结合'是又一次的思想解放，让我们能够在更广阔的文化空间中，充分运用中华优秀传统文化的宝贵资源，探索面向未来的理论和制度创新。"同时阐明了中华文明的五大突出特性，其中指出："中华文明具有突出的统一性，从根本上决定了中华民族各民族文化融为一体、即使遭遇重大挫折也牢固凝聚，……决定了一个坚强统一的国家是各族人民的命运所系。中华文明具有突出的包容性，从根本上决定了中华民族交往交流交融的历史取向，决定了中国各宗教信仰多元并存的和谐格局。"[①] 习近平文化思想的这些重要论述，深刻表明了中国少数

[①] 习近平：《在文化传承发展座谈会上的讲话》，《光明日报》2023年6月3日（01版）。

民族儒学作为我国少数民族传统文化的重要组成部分，其深邃的价值和意义。

二 中国少数民族儒学的诸形态及其思想特色

（一）我国南方、西南少数民族哲学文化中的儒学传播影响和"释儒"现象

在我国云南少数民族哲学和思想文化的形成发展中，儒学文化呈现出逐渐增强的传播影响趋势，以至云南历史上少数民族的哲学和思想文化渗透着深厚的儒学文化基因。约在两汉时期，儒学即在云南少数民族地区进行传播并产生了积极的影响。唐宋以后，儒学便深深地渗透到云南诸少数民族哲学和文化的土壤里，使得云南少数民族哲学和文化中的儒学构成越来越重。明清时期，甚至成就了一些颇有影响的少数民族儒学代表人物。具有云南纳西族古代社会"百科全书"之称的东巴经，是由纳西族的语言文字东巴文或格巴文[①]书写而成的。在东巴经中所体现或包含的哲学和宗教观念内，具有非常突出而显要地位的是阴阳五行观念。阴阳观念在东巴经中音译为"卢""色"，"卢"表示"阳"的思想观念，"色"表示"阴"的思想观念，"卢色"即阳阴，或者按照汉语习惯称为阴阳。由于纳西族具有浓厚的原始崇拜和自然崇拜的特点，其东巴经中的阴阳观念，可能主要是从人类社会中的男女和自然界中的雌雄两性生活习性、生理作用及各自的特殊地位中直观地观察认识而获得的。在东巴经中，称男女、雌雄交合而生之后代为"奔巴别"，由此这一概念又用来表明自然界中的一切事物

---

① 东巴文是一种原始的象形文字，主要为东巴教徒用来书写东巴经文，故称东巴文。纳西话叫"思究鲁究"，意为"木迹石迹"，见木画木，见石画石。东巴文创始于唐代，至今已有一千多年的历史，大约有1400个单字，至今仍为东巴（祭司）、研究者和艺术家所使用，被当今学者们认为比巴比伦楔形文字、古埃及圣书文字、中美洲玛雅文字和中国甲骨文字显得更为原始古朴，是目前世界上唯一仍然活着的象形文字，被视为全人类的珍贵文化遗产。格巴文，亦译为"哥巴文"，是在明末清初，从东巴象形文字演变发展而来的一种标音文字。"哥巴"即弟子，"哥巴文"即东巴什罗后代弟子创造的文字，是对东巴文的改造和发展。东巴也用它写东巴经书。这种文字笔画简单，一字一音，比象形东巴文进了一步。哥巴文虽有2400多个符号，但重复较多，常用的只有500多字，标音不标调，同音和近音代替多，致使运用不广。纳西族创造了东巴文和格巴文两种古文字，而且至今还在使用着，这在世界文字发展史上是个奇迹。

皆是雄雌、阳阴交合而生，这是东巴经所表现出来的一种朴素的宇宙观。东巴经中这种阴阳和合的思想观念，大约至我国明代前后，在纳西族创造的"格巴文"中，出现了采用汉文儒典《周易》的阴阳符号"――"和"—"来代替东巴文的情况，即用"—"代表东巴文的"卢"（阳），用"――"代表东巴文的"色"（阴），并将"卢、色"的读音和含义都移植到"—""――"这两个符号之上。① 因此可以判定，古代纳西族的阴阳观念明显地受到了儒学《周易》文化阴阳观念的影响。即使是东巴经中的"卢、色"即阳阴观念，这种观念以东巴文的文字形式表现出来，已是我国的唐宋之际，《周易》阴阳交感而生变化的观念也早已产生形成千载之久了，且从云南纳西族等诸少数民族的形成演变及与汉族交融的历史状况分析，也能够曲折地反映出纳西族先民受到汉族文化影响的迹象。

在云南历史上的少数民族中，儒学与佛教密切结合而形成了"儒释"或"释儒"。我国唐宋以后，云南大理地区的白族举族信佛，苍山洱海间有"佛国""妙香国"②之称。据文献载，元代以前的南诏大理国时期，云南白族所传佛教主要是密宗阿吒力教，并一度具有国教地位。至元代，代之而起的是从中土传入的禅宗佛教。南诏大理国时期的白族僧侣被称为"师僧"或"儒释"，是因为这些僧人往往饱读儒书，在佛寺中又教儿童念佛经读儒书，佛寺不仅是宗教活动场所，也是传授弘扬儒学之地。元郭松年《大理行记》载："师僧有妻子，然往往读儒书。段氏而上有国家者设科选士，皆出此辈。"③ 师僧即儒释。南诏大理国时期的僧侣虽身为僧却用俗姓，崇释习儒，有"其流则释，其学则儒"的特点，故称之为"儒释"或"释儒"。例如，现存于昆明的大理国经幢《造幢记》，就是大理国佛弟子议事布燮（相当于宰相）袁豆光敬造佛顶尊胜宝幢记。其记曰："皇都大佛顶寺都知天下四部众洞明儒释慈济大师段进全述。"石幢是大理国

---

① 萧万源、伍雄武、阿不都秀库尔主编：《中国少数民族哲学史》，安徽人民出版社1992年版，第252—253页。

② （元）郭松年《大理行记》云："此邦之人，西去天竺为近，其俗多尚浮屠法，家无贫富皆有佛堂，人不以老壮，手不释数珠；一岁之间斋戒几半，绝不茹荤、饮酒，至斋毕乃已。"（王叔武：《大理行记校注》，云南民族出版社1986年版，第22—23页。）（明）谢肇淛《滇略》（卷四）载："世传苍洱之间在天竺为妙香国，观音大士数居其地。……教人捐配刀，读儒书，讲明忠孝五常之性，故其老人皆手念珠，家无贫富，皆有佛堂，一岁之中，斋戒居半。"

③ 王叔武：《大理行记校注》，云南民族出版社1986年版，第23页。

"议事布燮"袁豆光所建造,袁豆光是一位官居犹唐宰相之职的"释儒"僧侣,段进全则明确被称为"儒释"。可见儒学在当时云南白族这一少数民族中的影响。

生活在明代中后期且半生"僻居西陲"的白族哲人李元阳,在阳明心学已全面破解朱学而成为理学舞台主要角色的观念背景下,处于云南大理地区白族举族信佛的宗教环境,他以明嘉靖五年(1526)进士被授予翰林院庶吉士,后辞官返乡究心性命、参研佛理,其儒学成就不仅渗透着王学精蕴、佛道思想,而且体现出独特的理论品格,代表了我国白族学者对儒学的卓越贡献。李元阳的哲学是儒释道相综合的哲学文化,其儒学是融合了佛道的儒学文化,如果说佛教标志着我国白族这一少数民族在明代其时的主体性文化,李元阳综合儒道,实现儒释道相融汇,实质上体现着中华各民族文化交融互相吸收的民族和谐关系,以及民族之间团结交融、多元一体的深刻精神内涵。

清初云南姚安土同知高奣映(白族或彝族)他于经史百家、先儒论说、佛教典籍、辞文诗赋,皆窥其底蕴而各有心得,特别是治宋明儒学和佛学成果丰硕。他的儒学成就和影响,几与顾炎武、黄宗羲、王夫之、颜元等并列。[1] 高奣映受祖、父辈深刻影响,有笃定的佛教信仰,陈垣先生把其归于"士大夫之禅悦"[2] 群体。"禅悦"者,明代末期士大夫之风气也。作为明季清初的白族(或彝族)"释儒",高奣映又与李元阳不同,他并不用佛教的理论去诠释儒家,也不拿儒家的思路来观照佛教,采取的是一种随破随立的阅读进路,不断从儒释文本中汲取概念或命题,而后进行各自独立的分析阐论,即佛与儒在高奣映的生活中是统一的,而在其学术理论中却彼此独立。作为一位白族(或彝族)士人学者,高奣映的这种特点体现着我国少数民族中"释儒"和融的多样性。

贵州是我国少数民族的聚居区之一,少数民族人口占三成以上。从历史上看,儒学在贵州少数民族地区的传播影响,基本上也是始于两汉,先后出现了舍人、盛览、尹珍等儒家学者,史称汉代贵州"三贤",他们基

---

[1] (民国)由云龙纂《姚安县志》载:"清季北平名流有谓清初诸儒应以顾、黄、王、颜、高五氏并列。"(霍士廉修,由云龙纂:《姚安县志》卷四十二《学术志·学术概论》,第五册,中华民国三十七年铅印本)

[2] 陈垣:《明季滇黔佛教考》(上),河北教育出版社2000年版,第333页。

本上都是直承中原儒学，而后在贵州乡里少数民族地区，著书注经或讲学，传播儒学，为贵州少数民族地区的儒学传播作出了贡献。宋元时期，在唐以来所置庠序基础上，贵州又增新学书院。《遵义府志》卷二十二载："宋初，但有书院，仁宗始诏藩镇之学，继而诏天下郡县皆立学。杨氏时，宋有遵义，文教盖蔑如也。"安抚使杨文治播州（今遵义），重教兴学，对儒学传播具有积极的推进作用。南宋绍兴年间，在今贵州沿河县增建銮塘书院。元时，仁宗皇庆二年（1313），贵阳地区又建文明书院。书院之学，是传播儒学的重要渠道。明代，是贵州受儒学传播影响最大的时期。明儒王阳明因政治斗争被贬谪龙场驿（今贵州修文县），龙场所处之地多居住着当今的布依族、苗族和彝族等少数民族。阳明学对贵州各民族的思想观念具有重要影响。王阳明被贬谪龙场驿后，即在龙岗书院（今修文阳明洞内）讲学，写出了《五经臆说》《龙场诸生问答》《示龙场诸生教条》等，儒家精要贯穿其中。而后，又受贵州提学副使席书邀请，担任贵州书院主讲。总王阳明学成之后的学术思想，贵州时期为提出和标举知行合一之说的阶段，或者按照湛若水所判定，"阳明公初主格物之说，后主良知之说"[1]。王阳明的"格物"之说，实际上涵括心即理、格物即正心、知行合一三说。就是说，王阳明从"理也者，心之条理也。是理也，发之于亲则为孝，发之于君则为忠，发之于朋友则为信。千变万化，至不可穷竭，而莫非发于吾之一心"[2]的"心即理"出发，认为"此心无私欲之蔽，即是天理"[3]，"意之所在便是物"[4]，这样，"格物"也就是格心，即"去其心之不正"[5]，同时这种格物正心的工夫，"元来只是一个工夫"，即"行之明觉精察处便是知，知之真切笃实处便是行"[6]的"知行合一"。王阳明的"知行合一"说，对于激发提升人的主体精神、激励促进人的践行实践，显然具有积极的作用。阳明学对贵州各民族的思想观念具有深远影响。他在贵州讲学期间，学生众多，有汉族，有少数民族。王阳明在龙场，与贵

---

[1] 《甘泉文集》卷三十一，《阳明先生王公墓志铭》，《四库全书存目丛书·集部》第五十七册，齐鲁书社1997年影印本，第231页。
[2] 《王阳明全集》上，《书诸阳伯卷》，上海古籍出版社2011年版，第308页。
[3] 《王阳明全集》上，《传习录》上，上海古籍出版社2011年版，第3页。
[4] 《王阳明全集》上，《传习录》上，上海古籍出版社2011年版，第6页。
[5] 《王阳明全集》上，《传习录》上，上海古籍出版社2011年版，第7页。
[6] 《王阳明全集》上，《答友人问》，上海古籍出版社2011年版，第234页。

第一章 弁言：换个维度看儒学之中国少数民族儒学初论

州宣慰司宣慰使安贵荣（彝族）情谊深厚，万历十七年（1589），安贵荣之裔安国亨在阳明洞的崖壁上镌刻"阳明先生遗爱处"。"遗爱"二字寄有深情，表达了王阳明对彝族的友好、关爱，也表达了彝族对王阳明的真挚感情。王阳明《与安宣慰》的两封书信是他与少数民族之间情真意深、永志难忘的记录。王阳明贬谪贵州三年，受其影响，贵州各地纷纷建立书院。当时贵州有阳明书院、程番府中峰书院、正学书院，修文有龙岗书院、阳明书院，福泉有石壁书院，施秉有南山书院，石阡有明德书院，贵定有魁山书院，镇远有紫阳书院，毕节有青螺书院，铜仁有铜江书院，思南有斗坤书院，黄平有月潭书院，都匀有鹤楼书院和南皋书院。书院大部分设置在少数民族地区，这对当地少数民族习染儒学，发展民族文化提供了有利条件。不仅如此，其实在彝族文化的构成发展中，也受到佛、道文化的影响，或者吸收佛、道的一些文化因素，体现出与佛、道文化深刻的渊源关系，这也是彝族文化和思想观念的一个鲜明特点。如彝族毕摩文化中有崇佛、敬祖和信仙等观念内容。从当今云、贵、川三地少数民族中的彝族来看，其思想文化、哲学观念，可以说是彝族本体文化与儒佛道观念交融结合的结果。

我国南方五岭之南的地区称为岭南，包括现在的广东、广西、海南全境，以及湖南、江西等省的部分地区①，现在一般特指广东、广西和海南三省区。目前来说，岭南地区的少数民族主要有壮族、黎族、瑶族、畲族、苗族、回族和满族。其中苗、回、满是在特定历史时期，先后从外地移入岭南的，壮、黎、瑶则是岭南越族后裔，畲族与岭南古越族有密切的渊源关系。由于范围广袤和地理位置特殊等特点，历史上岭南地区的儒学传播和影响是极其久远深广的，因而岭南少数民族受儒学浸润熏染的程度也最为突出。

如果注目于历史上的辉煌时点，儒学在岭南的传播影响和发展，于两汉三国时期已蔚为大观，蔚然成风；唐代进一步扩大与深化；宋明时期儒被岭南规模空前，形成灿然辉煌之势。总起来看儒学文化在岭南具有广泛的传播，深刻的影响，长足的发展。汉高祖和汉文帝时期，曾两次出使南越国的陆贾，主要怀抱儒学思想理论，说服南越政权臣服汉朝，可视为儒

---

① 岭南，历史上也曾包括属于中国皇朝统治的越南红河三角洲一带。

学传播岭南的开风气之先者。东汉时期，岭南一些郡守开始重视和实施创办学校，推行礼义教化，传播儒家经典，致使岭南华风丕变，培育产生了知名而影响较大的儒学之士，甚至出现了岭南少数民族中的儒学佼佼者。西汉末东汉初年岭南广信①的陈钦、陈元和陈坚卿祖孙三人，就是以经术文章而闻名的，号称"三陈"。有学者认为"三陈"是当今壮族，或至少是出生成长在壮族先民聚居地区的人。② 陈钦研习《左氏春秋》，与刘歆同时而别自名家，著《陈氏春秋》，王莽从陈钦受《左氏》学。陈钦之子陈元传《费氏易》，其学术成就超过其父，与经学家桓谭、杜林、郑兴，均为当时的儒学宗师。陈元之子陈坚卿，"能承先志，殚精卒业"，也有名于当世。当时及后世，岭南士人常以三陈为范，慕风向学，兴起文教。后世广西不少书院均祀奉陈元，以激励后进学子读书明经。

汉末三国时期的苍梧人牟子，也可谓是岭南少数民族地区儒学传播影响的有染者。牟子世居苍梧，或为少数民族。③ 牟子原本儒生，精研儒家经传，亦读其他诸子百家书，后来致力于佛学研究，著《理惑论》。《理惑论》采取问答体形式，广引《老子》和儒家经书，以论佛与道、儒不悖。从《理惑论》所引儒家经传看，《论语》《孝经》《左传》《荀子》《礼记》等，无不涉猎。因此，《理惑论》是一重要的佛学文献，客观上也是儒、道之论著，尤其是该著诞生于东汉末三国初年的岭南，对于当时岭南地区及其少数民族思想文化的影响，自然也是佛儒道皆有的。

有唐一代，岭南少数民族所受到的儒学浸润和熏陶，具有进一步扩大和深化的态势。中原许多儒士或到岭南任职，或坐事贬谪岭南，或因其他缘由流寓岭南。他们大多热心发展教育，传播文化。同时也有不少岭南人到中原求学或供职，接受以儒学为代表的中原文化。并且唐王朝在岭南与全国其他地区一样开科取士，致使岭南地区各地私学官学进一步发展。形成了岭南士人崇奉周孔之教，诵《诗》《书》，兴礼乐的盛况；出现了许多精通儒家经典的文人学者；儒家的思想观念、伦理道德渗透到社会各阶层，输入进千百万百姓中。张九龄就是出自岭南韶州曲江（今广东曲江）

---

① 广信，两汉时期的交州首府，位于现今广西梧州与广东封开一带。
② 何成轩：《儒学南传史》，北京大学出版社2000年版，第105页。
③ 何成轩：《儒学南传史》，北京大学出版社2000年版，第123页。

的一位儒者,被称为开元贤相。评价其贤显然是以儒家思想为价值标准的。张九龄饱读经书,登进士第,以文才名世,曾任桂州刺史兼岭南道按察使。他遵行周孔之道,受汉儒特别是今文经学派影响甚深,哲学上承袭董仲舒天人感应论思想,政治上以儒家思想理论为指导,议论时政,以道事上,针砭时弊,以道匡弼,张九龄的儒家风范和以儒家思想为指导而执政岭南,对岭南地区及其地少数民族的思想意识和哲学观念,都产生了重要影响。中唐时期的韩愈、柳宗元均曾贬官岭南,对儒学在岭南地区及其地少数民族中的传播作出了重要贡献。韩愈倡导古文运动,辟佛老兴儒学,提出儒学道统论,其最强烈的思想意识和勠力而为者,就是复兴儒学。他在中原为官时如此,贬谪岭南时依然如此。韩愈一生三入岭南,写下了在岭南传播儒学、影响岭南少数民族哲学和思想文化的历史篇章。贞元十九年(803),韩愈拜监察御史,因上疏条陈宫市之弊和《御史台上论天旱人饥状》,遭贬连州阳山(今广东西北部)令。当今广东阳山的少数民族主要是瑶族。韩愈在阳山"有爱在民,民生子多以其姓字之"①,表明韩愈当时的影响。韩愈第三次入岭南是因谏迎佛骨而被贬潮州刺史,所谓"一封朝奏九重天,夕贬潮阳路八千。欲为圣明除弊事,肯将衰朽惜残年!"②潮州地处僻远,属于少数民族地区,当今潮州有几十个少数民族,其中畲族居多,唐时文化相对落后。韩愈在潮州刺史任上,做的一个最重要工作就是兴学校,办教育,传播儒学。明万历年间进士黄琮评价说:"潮故粤之东底,风气未辟。自昌黎请置乡校,延赵德为之师,而文学彬彬,遂称海滨邹鲁。"③可见韩愈在岭南少数民族地区对于促进儒学的传播影响,其作用至大。柳宗元的政治生涯或许还不如韩愈,但其因参与"永贞革新"失败而遭一贬再贬的命运,不减于韩愈。柳宗元初贬为邵州刺史,再贬为永州司马,复贬为柳州刺史,故有柳柳州之称。柳宗元为儒学在岭南少数民族地区的传播,作出了同样重要的贡献。与韩愈不同的是,柳宗元"自幼好佛",欲"统合儒释",但其以儒学为主体,守圣人之道、

---

① 《新唐书》卷一百七十六,《韩愈传》,中华书局1975年版,第5255页。
② 钱仲联:《韩昌黎诗系年集释》,《左迁至蓝关示侄孙湘》,上海古籍出版社1984年版,第1097页。
③ (明)黄琮:《重修潮州府儒学记》,转引自何成轩《儒学南传史》,北京大学出版社2000年版,第196页。

传仁义之教，复兴儒学的志向与韩愈同。柳宗元在被贬永州期间，就保持与韩愈、刘禹锡互通声气，标揭"文以明道"之帜，表明其"本之《书》""本之《诗》""本之《礼》""本之《春秋》""本之《易》"的"取道之原"。① 他出任刺史的柳州，同样属于少数民族聚居地区，政治经济文化落后，礼仪教化低下，柳宗元并不鄙夷其民，而是施以礼法，坚信努力弘扬孔子之教，定可改观当地人的思想状态和精神面貌，"皇风不异于遐迩，圣泽无间于华夷"②。柳宗元刺柳期间，重修孔庙，恢复府学，积极弘扬传播儒学，重视对当地少数民族的礼仪教化，以至形成了当地人士向学问道、热心经术、崇奉儒学、敦尚礼义、蔚然成风的局面，并且"江、岭间为进士者，不远数千里皆随宗元师法。凡经其门，必为名士"③。

宋元明时期，儒被岭南并深刻影响岭南少数民族哲学和文化的发展，达到了盛况空前的程度。本地文人学者儒学之士相继涌现，其中不乏少数民族，他们是岭南少数民族地区的文化精英和儒学推进者。皇朝委任岭南的各级地方官吏，包括内地的和岭南本土的，多有崇儒重道、重教兴学、重视教化者，其执政岭南促进了社会风习的转变以及各民族文明水准的提高。流放贬谪至岭南少数民族地区的儒官，对于这里的儒学传播、圣学昌明、经术推进，更是发挥了突出的作用。宋明时期的岭南少数民族地区，出现了"衣冠礼度，并同中州"，儒学广被，庠序兴盛的局面，甚至产生了影响古今的儒学流派和重要代表人物。

岭南广西这一少数民族聚居的地区，宋时起儒学传播影响之风愈益深广。据记载，广西两宋应常科考试中进士者有二三百人，有明一代也在二百人以上，其中不少是壮族子弟，如宋有区革、韦安、韦经、韦民望、韦雅安、区文焕、韦文虎、韦弥高、覃良机等，明有韦昭、韦广、李璧、李文凤等，他们均史乘留名，可称之为广西壮乡的显儒。另尚有众多博学多才、读书颇富，甚至被目为"书笥"但不求礼闱的壮族隐儒。④ 与科考和崇儒重道相联系，广西壮乡儒学传播影响之盛的另一标志是兴学重教、庠序日增，府学、州学、县学、社学，层层设置，至明代府州县学有近70

---

① 《柳宗元集》卷三十四，《答韦中立论师道书》，中华书局1979年版，第873页。
② 《柳宗元集》卷三十八，《谢除柳州刺史表》，中华书局1979年版，第1001页。
③ 《旧唐书》卷一百六十，《柳宗元传》，中华书局1975年版，第4214页。
④ 何成轩：《儒学南传史》，北京大学出版社2000年版，第226—227、229—230页。

所、社学 200 多所，私学书院亦为数可观。南宋时广西书院即有 9 所，仅全州、静江府（今桂林）就有清湘书院、太极书院、明经书院和宣城书院。私塾和书院，发挥的同样是教授儒经、弘扬道学的重要作用。北宋时进士柳开曾知广西全州、桂州，以六经为范，兴教宏文，筑堂讲读，教化溪峒之民。北宋五子之首的周敦颐，皇祐元年（1049）应龚州（今广西平南）当时知州程珦之请，来到龚州为程颢、程颐二兄弟教读，并率二程到浔州（今广西桂平）讲学读书，当地一些士人亦从游受业，至今平南县尚有清人在石岩上所刻的"天南理窟"四字。黄庭坚为"苏门四学士"之首，宋徽宗时遭贬被贬官广西宜州一年有余，卒于该地。黄庭坚在宜州以"德义经术"作为人生追求的目标，并以此教人勉人，与宜山壮族进士区革交谊甚厚，象征着为壮族这一少数民族间架起了儒学传播和各民族间相互影响的文化桥梁。被称为"东南三贤"之一的南宋儒学家张栻，曾为静江（今桂林）知府兼广南西路经略安抚使，他在帅桂期间，重视培养人才，倡导办学兴教，明伦纪，崇先贤，起旧典，毁淫窟，正礼俗，[①] 在桂州这一"僻处岭外"的少数民族地区，为弘扬传播儒学作出了重要的贡献。明成化（1465—1487）年间，桂西壮族山区思恩府（治所先在今马山县，后治今武鸣县）的壮族知府岑瑛，崇尚师儒，于其郡请建学立师，以服行孔子之教，得到明英宗嘉许，于明正统十二年（1447）建思恩府学，设儒学，置教授 1 人，训导 4 人。王阳明在晚年奉命到广西征讨，其政治生涯与心路历程交错复杂，但就其实际作为而言，王阳明秉持"用夏变夷""敷文来远"，使"边徼之地"化为"邹鲁之乡"的指导思想是很清楚的，于是他初到广西，就积极支持兴学，在南宁亲创敷文书院，并日与诸生讲学其中，宣扬至仁，诞敷文德，以使人人恢复本心，发现良知，从而达到消弭祸乱于未然的目的。良知说为王学的重要理论面貌和根本特色，而其身体力行地创办学校，传授经典，昌明理学，弘扬圣道，则不失其致良知之佳途。王阳明之后，广西重教兴学之风大盛，相继建立了广西思恩府阳明书院、武缘县修文书院和阳明书院、宾州敷文书院等，广西这一少数民族聚居区，历史上所受到儒学的浸润和影响，是我国其他少数民族地区所不可相比的。

---

① 何成轩：《儒学南传史》，北京大学出版社 2000 年版，第 285 页。

北宋鸿儒苏轼与岭南尤其海南少数民族具有很不寻常的关系。苏轼因贬官谪居海南儋州（治所在今海南儋州市）三年，在这"天涯海角"当时被视为蛮貊瘴疠的"非人所居，药饵皆无有"①之地，苏轼播撒下了儒学文化的种子，与海南黎族乡亲结下了深情厚谊，谱写了名垂后世民族团结平等的历史篇章。苏轼在儋与士民交游，收徒讲学，传授诗书礼乐，提倡道德教化，影响是深远的。他招收黎家弟子，传播儒学，意义尤其至巨。他与儋州黎族弟子黎子云兄弟成了好友，受其影响，苏轼表示要学黎族语、化为黎母民，他所讲学的讲堂，后来也发展成为东坡书院。在岭南或者说海南期间，苏轼倾心儒学，阐释儒家经典，著有《易传》《书传》《论语说》等，并命其子苏过作《孔子弟子别传》。苏轼虽然以贬谪身份寓居岭南，其在这里讲学著书的实践，却真正地推动了儒学在岭南的传播，增进了儒学在岭南少数民族哲学和文化中的影响，同时也使苏轼的儒学血脉里，融入了黎族等岭南少数民族文化的观念之流。

从唐代的柳宗元到北宋的苏东坡，其儒学都与佛学具有深刻的不解之缘，他们对于岭南少数民族思想观念、哲学文化的影响，也不免会带有"释儒"的特色。

儒学广被岭南的另一重要之点，是在岭南崛起形成了产生重要影响的儒学流派江门学派。据悉当今江门有51个少数民族，为名副其实的多民族地区，其中壮族占江门少数民族的六成。江门心学的创立者陈献章，生于广东新会，居于广东江门，收徒讲学，弘扬儒学，从游甚众，弟子湛若水传其衣钵，发扬光大，创新发展。陈献章哲学的主旨是"天地我立，万化我出，而宇宙在我"②。湛若水则是"万事万物莫非心也"③，"圣学功夫，……不过只是随处体认天理"④。"随处体认"，一定程度上显现的是陈献章"自然""养端倪"的心学特色；而随处体认的"天理"，潜蓄着的则是朱熹之学的实质。陈献章、湛若水创立和承传的江门学派，在明代儒

---

① 《宋史》卷三百三十八，《苏轼传》，中华书局1977年版，第10817页。
② 《陈献章集》，中华书局1987年版，第217页。
③ 《甘泉文集》卷二十，《泗州两学讲章》，《四库全书存目丛书·集部》第五十七册，齐鲁书社1997年影印本，第57页。
④ 《甘泉文集》卷二十一，《四勿总箴》，《四库全书存目丛书·集部》第五十七册，齐鲁书社1997年影印本，第73页。

学中独树一帜，影响大江南北，提升岭南文化，岭南地区广大少数民族的哲学和文化当然同时要受到濡染。

（二）儒学北播对我国少数民族哲学文化的影响与北方少数民族政权密切联系的政治化实用儒学

儒学在我国北方少数民族中的传播和影响，与在南方少数民族中的传播影响具有很大的差异性，表现出迥然有异的突出特点：主要表现为少数民族在汉代以后陆续建立的、众多的汗（王）国政权，在其存续期间为了维护、巩固或稳定该政权，包括在其所辖区域（本民族聚居区、各民族杂居地区），崇尚并推行儒家文化；北方少数民族入主中原，或统一全国后，崇尚儒学，推尊儒术，从而形成儒学与所建立的王国政权密切结合的政治化实用取向，儒学以主导意识形态的面貌，在北方诸少数民族以及全国各民族中传播影响的态势进一步深化。就是说，儒学对于我国历史上北方少数民族的思想观念、哲学文化的影响，首先或主要是在建立了政权的少数民族贵族、王（汗）室中以及在其政权的运作和朝政治理的层面而展开、施行的。在某种意义上，这样的社会群体和族群也代表着本民族的思想水准和精神面貌，具有以上率下、以政化民、引领范导的作用与影响，尤其对于本民族群体的思想观念、文化导向，更是如此。

晋"十六国"南北朝时期（265—589），儒学更张为玄学而风靡起来，同时佛学潮兴。在这样的思想文化背景下，其间在我国北方建立的诸多兄弟民族政权，常常将儒学作为其主流意识形态。在与佛教的关系上，无论从建立封建秩序的礼制的需要方面，还是从重视传统儒学、尊孔读经、礼待儒生等方面，这些兄弟民族政权或者是儒佛并尊，或者是兴儒抑佛甚至反佛斥佛，儒学在该历史时期获得了空前的多民族认同。在匈奴族建立的汉（前赵）国，统治者刘渊、其子刘聪博览汉族文化经籍，尤好儒学，拜汉儒为师，习《诗》《易》《春秋》等儒家经典。羯族建立后赵国的石勒，常让"儒生读史书而听之"，"朝贤儒士听者莫不归美焉"[1]。前燕后燕的建国者是鲜卑族慕容氏，前燕慕容廆、慕容翰父子，后燕慕容垂、慕容宝父子等，重儒学，爱儒学，敦崇儒学，接纳儒士，委以重任。前秦的氐族

---

[1] 《晋书》卷一百五，《石勒载记》下，中华书局1974年版，第2741页。

换个维度看儒学：中国少数民族视阈的儒学初论

苻坚，崇儒之笃，达到了"诸非正道典学，一皆禁之"① 的程度。羌族姚苌姚兴父子的后秦，儒佛并用。拓跋鲜卑氏建立的北魏始终尊孔崇儒，并且斥佛除佛，于北魏献文帝拓跋弘、孝文帝元宏（改拓跋为汉姓元）时达到巅峰。建立北周的鲜卑族贵族，更加雅重儒学，至北周文帝、武帝时，崇儒兴学，成为时尚。北周建立伊始，周文帝宇文泰在政治上奉行以德治教化为主、法治为辅的统治原则。要求各级官吏用儒家学说修身，躬行仁义、孝悌、忠信、礼让、廉平、俭约等，恪守儒家道德规范。同时向民众和社会推行孝悌、仁顺、礼义，施以儒家伦理纲常观念教化人们，以心和志静，邪僻之念不生，稳定统治秩序。宇文泰雅好儒术，倡扬儒学，并以此去除鲜卑族的一些落后习俗。周武帝宇文邕时期，辨别儒释道三教先后，崇儒而抑制佛道，以致有灭佛政策。② 匈奴、鲜卑、羯、氐、羌诸少数民族统治者，崇尚儒学，大都重视设馆立学，推行儒学教育，从而儒风隆盛，儒术昌明，促进了北方少数民族与汉族间的团结交融，推进了少数民族的封建化进程，儒学传统得以延续和保存，儒家文化得到弘扬，华夏民族凝聚力进一步增强。

我国古代靺鞨族建立了初名"震国"后改号"渤海国"的民族政权，该政权统治下的社会中，佛教兴盛，但其仿唐而建的政治体制，与唐王朝一样"一准乎礼"，中央机构宣诏、中台、政堂三省之下设忠、仁、义、礼、智、信六部。自高王大祚荣起，渤海国即不断派遣留学生赴唐学习儒家文化，他们大多出身贵族或渤海王室，受中原文化熏陶，精通儒家经典，了解唐朝政治文化，返回渤海国后大多跻身仕途，成为精英人才。温庭筠《送渤海王子归国》诗："疆理虽重海，车书本一家。盛勋归旧国，佳句在中华"，即蕴意于此。渤海文王时还仿效唐朝国子监置"胄子监"，作为传播儒家文化的重要途径。儒学文化作用和影响于渤海国靺鞨等诸民族，以至在渤海国亡后仍对辽、金两代产生着重要的影响。

辽、西夏、金、元时期，我国北方的契丹族建立的辽国存续三百多

---

① 《晋书》卷一百十三，《苻坚载记》上，中华书局 1974 年版，第 2895 页。
② （唐）道宣《续高僧传》载："数百年来官私佛法，扫地并尽，融刮圣容，焚烧经典。《禹贡》八州见成寺庙出四十千，并赐王公充为第宅；三方释子减三百万，皆复军民，还归编户。"（道宣撰：《续高僧传》卷二十三，中华书局 2014 年版，第 909 页）此即是北周武帝毁佛之事，与北魏太武帝毁佛和唐武宗废佛，被佛家称为"三武法难"，史称"三武毁佛"。

第一章 弁言：换个维度看儒学之中国少数民族儒学初论

年，党项族建立的西夏和女真族建立的金等少数民族政权也有一二百年之久，元朝蒙古族更是入主中原，统一了全国。在这些少数民族政权存续期间，儒学无一例外地得到了尊崇传播，倡扬发展。从建国之初到中后期，辽朝统治者辽太祖耶律阿保机及其后继者，日益重视儒学，以至儒家政治伦理思想达到居于统治的地位，儒学思想文化渗透到辽朝社会生活的各个领域，对契丹这一少数民族的心理结构和价值观念产生了重大影响。女真族素有崇尚汉族文化的传统，金继辽后，建立了我国北方的另一少数民族政权。当时，在北宋兴起并初步发展的性理儒学，南宋时发扬光大。与南宋对峙而立的金朝，随着女真族封建化的加深，儒家思想亦渐行渐盛，尤其金熙宗完颜亶、金世宗完颜雍、金章宗完颜璟统治时期，兴儒学，修孔庙，行科举，重儒典，《周易》《尚书》《论语》《孟子》等儒家经典皆被译成女真文字颁行于世，儒家文化渗透至女真民族之中。《金史·文艺传》载："金初未有文字。世祖以来渐立条教。太祖既兴，得辽旧人用之，使介往复，其言已文。太宗继统，乃行选举之法，及伐宋，取汴经籍图，宋士多归之。熙宗款谒先圣，北面如弟子礼。世宗、章宗之世，儒风丕变，庠序日盛，士由科第位至宰辅者接踵。当时儒者虽无专门名家之学，然而朝廷典策、邻国书命，粲然有可观者矣。金用武得国，无以异于辽，而一代制作能自树立唐、宋之间，有非辽世所及，以文而不以武也。《传》曰：'言之不文，行之不远。'文治有补于人之家国，岂一日之效哉。"[①] 有元一朝，把藏传佛教奉为国教，同时尊崇儒学，可谓儒佛并举。早在太宗窝阔台时，耶律楚材即大力推行汉法，考选儒士，任之以官。元世祖忽必烈主政秦陕时，闻儒家学者许衡之名，征召并委为京兆提学；即帝位后，又召他入京顾问，授国子祭酒、中书左丞。蒙古族建立元朝，统一全国，与其贵儒崇儒，具有密切的关系。元代赵复、姚枢、许衡、姚燧、刘秉中等儒家学者，在传播推广儒学、以儒立国、广育人才（包括使蒙古族人、西域各族人民接受儒家教育）、使蒙古族统治者施行汉法等方面，发挥了重要作用。

建立清朝的满族从我国北方建立后金政权的女真族演变而来，当然，女真又以靺鞨乃至勿吉、挹娄、肃慎为族源。清朝历代统治者崇尚儒学。本来作为儒学发展巅峰形态的理学在明清鼎革之际已经有衰落之势，但

---

① 《金史》卷一百二十五，中华书局2011年版，第2713—2714页。

是，由于清代统治者的鼎力提倡，以及理学衰落内蕴着的新的发展契机，理学不仅在整个有清一朝始终居于统治地位，而且儒学还以其固有的汉学形态演进。由此便形成了儒学在清朝满族统治者上层的高度重视，以及包括满族等少数民族在内的全国各族社会中的延续。具体而言，儒学在满族社会中的传播影响，一是清代最高统治者身体力行，率先敦崇儒学，如康熙帝玄烨"夙好程朱，深谈性理"①；二是以国家政权之力"表章经学，尊重儒先"②，如诏令购求与编纂、诠释儒学典籍，因袭元、明旧制继续以程朱理学为科举取士的标准，优宠理学名士选任为官，等等，致使在满族社会中，"今观八旗，各令子弟专习诗书"③ 的局面。

（三）我国西部西北少数民族哲学文化的儒学传播影响和"伊儒"之学

我国西部（包括西北部）地区的少数民族以藏族、维吾尔族、回族等为众，儒学西渐传播影响也常见于这些少数民族之中。从时间之维说，儒学西渐同样肇始于汉代，如当时的新疆地区，有的"贵族子弟经常到长安学习汉文化"④，其中儒学文化应该是其学习的主要内容。唐、宋和元及其后渐至高潮。儒学西渐对我国西部少数民族哲学和文化传播、影响的途径和形式，主要包括和亲，文化交流，培养和任用既谙熟本民族文化又通晓汉族文化尤其是儒学文化，或者谙熟汉族文化尤其是儒学典籍史册又通晓某种少数民族文化的士人学者及官员。据《资治通鉴》卷一九五《唐纪》十一"太宗贞观十四年"条载："是时上大征天下名儒为学官，数幸国子监，使之讲论，学生能明一大经已上皆得补官。增筑学舍千二百间，增学生满三千二百六十员，自屯营飞骑，亦给博士，使授以经，有能通经者，听得贡举。于是四方学者云集京师，乃至高丽、百济、新罗、高昌、吐蕃诸酋长亦遣弟子请入国学，升讲筵者至八千余人。"这是唐贞观年间的儒学影响和传播情况。

---

① 引自赵吉惠等主编《中国儒学史》，中州古籍出版社1991年版，第789页。
② 引自赵吉惠等主编《中国儒学史》，中州古籍出版社1991年版，第790页。
③ 《世祖实录》卷九十八，十三年二月丙申，《清实录》（第三册），中华书局1985年影印本，第759页。
④ 范文澜：《中国通史》第2册，人民出版社1978年版，第114页。

第一章 弁言：换个维度看儒学之中国少数民族儒学初论

和亲是我国古代宗法文化在中原王朝与周边少数民族政权间的突出体现。和亲在沟通民族感情、增进民族团结、促进民族文化交流、实现民族交融中，发挥了重要的积极作用。其中伴随和亲而生的一个重要内容就是儒学文化在少数民族中的传播影响。这种现象尤其在中原王朝与我国北部和西部地区的少数民族政权间更为突出，其中又以唐代与西部地区的少数民族政权间更甚。汉藏之间的文成公主与松赞干布、金城公主与赤德祖赞和亲，在文成公主出嫁吐蕃后，松赞干布即"遣诸豪子弟入国学，习《诗》《书》。又请儒者典书疏"①。"请儒者典书疏"，大概就是请唐儒按照吐蕃人易于理解的方式对儒家经典进行注释、疏义或者讲解。金城公主出嫁吐蕃后，曾派吐蕃使臣到唐朝请儒家经典，《旧唐书·吐蕃传》载："时吐蕃使奏云：'公主请《毛诗》《礼记》《左传》《文选》各一部。'制令秘书省写与之。""命有司写《毛诗》《礼记》《左传》《文选》各一部，以赐金城公主。从其请也。"②唐王朝与回纥的和亲次数更多且多为双向。回纥乃今维吾尔族的先祖。和亲进一步促进了回纥与唐王朝之间的政治经济文化交流，以及汉民族与回纥少数民族间的和谐友好关系，其中当然包括儒学文化对于回纥民族的影响。《唐会要》载："吐蕃王及可汗子孙，欲习学经业，宜附国子学读书。"③表明当时的吐蕃与可汗子弟由于没有汉文基础，所以宜先入国子学附学，然后再进阶入国子学，而国子学的教学显然是以儒学经典为主要内容。

与我国西部地区少数民族的文化交流，更是儒学传播影响的重要途径。史载唐朝时吐蕃大臣仲琮，少游太学，颇知书；吐蕃重臣名悉猎"颇晓书记"，多次入使唐朝，有才辩，甚受礼待。④据悉这些学有所成的吐蕃子弟，有的被唐朝留下委以官职，称"吐蕃舍人"；有的返回吐蕃成为吐蕃重臣，并带回了一些儒学文化典籍，进而将其译成藏文，如《易经》即有藏文译本，流传至今。敦煌文献是破解儒学传播影响吐蕃等我国西域少数民族的重要文化资源。敦煌是藏民族与其他民族杂居区，唐时吐蕃曾占领并统治该地区半个多世纪。20世纪初在敦煌莫高窟藏经洞发现的数万卷

---

① 《新唐书》卷二百一十六上，《吐蕃传上》，中华书局2011年版，第6074页。
② （宋）王溥撰：《唐会要》卷三十六，《蕃夷请经史》，中华书局1955年版，第667页。
③ （宋）王溥撰：《唐会要》卷三十六，《附学读书》，中华书局1955年版，第667页。
④ 《旧唐书》卷一百九十六上，《吐蕃传上》，中华书局2011年版，第5231页。

古代历史文献中，发现有儒家十三经以及渗透着儒家文化和思想的正史类著作如《史记》《汉书》《三国志》《晋书》等。在五千多卷的藏文文献中，发现有《尚书》《春秋后国语》《汉地儒教智慧格言集》等藏文本，以及汉藏对译的汉文文献如《孝经》《千字文》等。① 在吐蕃占领敦煌时期，儒学文化在汉藏之间深入的文化交流中占有重要的地位。至于在我国西域少数民族地区的教育史上，儒学教育大致自汉至清就一直没有间断过。

如前已述，史载唐时吐蕃"请儒者典书疏"②，《旧唐书》也载有"请中国识文之人典其表疏"③。这就既表明当时吐蕃已有或者已可以接触到儒家典籍，也表明吐蕃重视传扬中原输入而来的儒家文化，还表明吐蕃所请的这些"儒者""中国识文之人"不仅为儒，而且通晓藏文。资料显示，"中国识文之人"到吐蕃后，都被委以"知汉书舍人"一类的官职，进行"典其表疏"。"每得华人……有文艺者，则涅其臂，以候赞普之命。得华人补为吏者，则呼为舍人。可则以晓文字，将以为知汉书舍人。……凡在蕃六年……视其臂，一字尚存，译云：'天子家臣'。"④ 这些自唐入蕃的"儒者"或"识文之人"，对于进一步密切唐蕃关系，传播儒家文化，提高吐蕃少数民族的文化素质，发挥了比较积极的作用。⑤ 北宋熙宁时，对于地处我国西北一隅的唃厮啰吐蕃少数民族，王安石曾提出"渐以文法调驭，非久遂成汉人"⑥ 的主张。"以文法调驭"即是用"中国法教驭之"，亦即以汉法治蕃部，具体是既用佛教，又用儒家的《诗》《书》《礼》《乐》经典进行教化，设学校，赐书籍，立解额，传播中原儒学文化。于是宋王朝熙宁年间在我国西域的熙州（今甘肃临洮县）、岷州（今甘肃岷县）、河州（今甘肃临夏）等汉藏民族杂居之地置蕃学，赐国子监书，教授儒家文化于蕃酋子弟，使吐蕃渐习汉法，渐变风俗，渐有华风。

---

① 余仕麟、刘俊哲、李元光等：《儒家伦理思想与藏族传统社会》，民族出版社2007年版，第321—329页。
② 《新唐书》卷二百一十六上，《吐蕃传上》，中华书局2011年版，第6074页。
③ 《旧唐书》卷一百九十六上，《吐蕃传上》，中华书局2011年版，第5222页。
④ （唐）赵璘：《因话录》，中华书局1985年版，第26—27页。
⑤ 余仕麟、刘俊哲、李元光等：《儒家伦理思想与藏族传统社会》，民族出版社2007年版，第311页。
⑥ （宋）李焘撰：《续资治通鉴长编》（第十七册）卷二百三十三，中华书局1986年版，第5655页。

第一章 弁言：换个维度看儒学之中国少数民族儒学初论

我国的回族主要聚居于当今宁夏回族自治区，甘肃、新疆、青海、河北、河南、云南、山东也有不少聚居区。回族主要是以13世纪初叶开始东来的中亚各族人以及波斯人、阿拉伯人为主，吸收了汉、蒙古、维吾尔等民族成分，和唐宋时来华定居的土生番客，经长期交融发展而形成的一个统一民族，具有"大分散、小聚居"的空间格局和地理特点，现在以西部地区为其居住主体。回族以伊斯兰教为普遍信仰。儒学与回族的哲学和思想文化之间，具有与我国其他少数民族间不同的特殊关系，这就是回族的哲学和思想文化一开始就与代表我国传统社会主流意识形态的儒学文化，具有难以分离的思想观念因缘，并且呈现逐渐深化发展的历史趋势，同时也越来越多地出现了一些深谙儒学思想并深受其影响的回族哲学学者和思想文化代表人物。如明代末年至清中叶的王岱舆、刘智、马注、马德新等。这些回族学者和思想文化代表人物，尽管居住地并非在我国西部的回族聚居地区，但其所作出的理论贡献、所取得的哲学思想文化成就，共同特点就是伊斯兰教教义与儒学的密切结合或融合，体现出儒学对我国回族这一少数民族哲学和思想文化的影响和渗透，从而将伊斯兰教义中国化，或者说这些回族学者通过"以儒诠经"方式实现伊斯兰教和我国传统文化的主体部分儒学文化的密切结合。在这种结合中，既是伊斯兰教文化的中国化和儒学化，也是儒学文化以与之异质的伊斯兰文化形态而展示和发展。由于这种伊儒合璧的特点，王岱舆等回族学者也可以称为"回儒"，他们对于伊斯兰教义的汉文译著和研究，不仅扩大和深化了儒学文化在我国回族这一少数民族中的传播与影响，同时也用伊斯兰教文化反哺和增益了儒学的思想内容与理论意蕴，从而使儒学获得了所不曾出现过的"伊儒"面貌，体现着回族这一少数民族对于我国传统文化主体之一的儒学文化的认同、吸纳和拓展。从哲学思想看，"回儒"一是充分吸收宋儒周敦颐、朱熹的太极说等宇宙论观念，以论证伊斯兰教的真一、真宰的本源性；二是将宋儒程朱"格物致知"的修养工夫论，纳入伊斯兰教认主独一的体认论证；三是把儒家三纲五常的伦理道德观念与伊斯兰教的顺主、顺君、顺亲及念、施、拜、戒、聚等"三正""五功"的宗教伦理道德相结合；四是广泛吸纳儒佛道之哲学概念，以丰富伊斯兰教教义哲学，如儒学概念忠、孝、仁、义、礼、智、信等。这样的伊儒融汇，的确是实现了"会通儒书，详明注释"、补充发挥儒学"知而不言"或言而不备的理论诉求。

换个维度看儒学：中国少数民族视阈的儒学初论

三 中国少数民族儒学的理论价值及其重要社会意义

我国少数民族哲学和文化在不同程度地接纳、吸收、融摄和改造儒学文化的过程中，不仅扩大了儒学在我国更大范围的传播影响，促进了各少数民族哲学和文化的提升，以及民族进步和发展，同时成就了如保巴、李元阳、王岱舆、玄烨等具有突出儒学思想的少数民族哲学理论代表人物，丰富了儒学传播发展的多样性和多元化，体现出我国各少数民族哲学和文化对儒学发展的增益与贡献，显示了儒学与我国少数民族哲学和文化相互融合、相互促进、互动发展的理论面貌。儒学融入少数民族哲学和文化之中，成为少数民族哲学和文化的思想理论观念以及哲学文化血脉与构成。

蒙古族忽必烈取《易经》"大哉乾元"之意，建国号为大元。有元一代，崇佛的同时，重用儒臣，优宠儒士，推尊儒学。于是儒学在元代得到发展，在蒙古族的哲学和文化中也推动着儒学的演进。蒙古族（一说色目人）哲学家保巴，有《易源奥义》《周易原旨》等论著，以太极、阴阳为旨归，远承王弼，近取宋儒，对周敦颐、邵雍等哲学思想发挥创进，遂成为一位兼容并蓄的少数民族儒学思想代表人物。元代维吾尔族的廉希宪、贯云石等，对于儒学的贡献，主要在于儒学价值观的发扬。廉希宪作为西域之纯儒，被元世祖忽必烈称为"廉孟子"，嘉其言，从其说。贯云石作为翰林侍读学士，在元仁宗践祚之时，即"上疏条六事。一曰释边戍以修文德，二曰教太子以正国本，三曰设谏官以辅圣德，四曰表姓氏以旌勋胄，五曰定服色以变风俗，六曰举贤才以恢至道。书凡万余言"①。贯云石的儒学价值观溢于字里行间。

明代云南白族学者李元阳的哲学，应该说是直承阳明心学而自有所得。李元阳心仪阳明学之"致良知"，在致阳明弟子王畿信中曾说："弟晚出，不及游阳明师之门，师独揭'致良知'三字，直继孟子之统，宋儒周、陆不得而先，况其他乎。"② 李元阳儒学思想的特色，概括起来，大致有二。一是改造王学。王阳明致良知，有良知本体、心本体、性本体、性

---

① 《元史》卷一百四十三，《小云石海涯传》，中华书局1976年版，第3422页。
② 《李中溪全集》卷十，《再答王龙溪》，《丛书集成续编》一四二，（台湾）新文丰出版公司1988年版，第769页。

第一章 弁言：换个维度看儒学之中国少数民族儒学初论

即理之意，就是说良知、本心、本性、天理是贯通为一的本体。李元阳却将性与心、意、情区别开来，视性为本体，心、意、情皆为性的神识发动，缘物而起。"盖心、意缘物而起，物去而灭。其名为识，虚假之物也。性则物来亦不起，物去亦不灭，了然常知，真实之物也。"① "夫性，心意情识，其地位悬殊，状相迥别，惟彻道之慧目，乃能别之。不然雪里之粉，墨中之煤，毫厘之差，千里之谬。此儒先所未论者。"② 李元阳自认为这是他发先儒未发之论，是对儒学的创造性推进。二是兼取佛学。如李元阳诠释"性、道""诚、明"时说："率性之谓道，顿悟此性也；修道之谓教，渐修此性也。顿悟诚而明，知至也；渐修明而诚，致知也。"③ 之所以有此以佛诠儒之论，就在于李元阳认为："道学性命本是一家。故阳之自力，惟以灵知到手即可了事，初不计为孔，为释，为老也。"④ "老释方外儒，孔孟区中禅。"⑤ 儒、老、释是一致和互通的。李元阳确实是云南白族中的一位释儒或儒释。清初云南白族（或谓彝族）的另一位儒家学者高奣映，深受宋明理学周敦颐、朱熹哲学的影响，同时又有所辨惑和进展，从而形成了比较丰富的儒学思想体系，为促进儒学在云南白族中的传播影响，创进和增益理学儒学，进一步扩大和延展理学儒学的学术生命及广泛的社会作用，做出了一位白族（或彝族）少数民族学者所能有的努力与贡献。高奣映儒学思想的基本特征，也有两个方面。一是太极本体论。理学中周敦颐提出了"天极而太极"的命题，朱熹深入加以辨析发展其理本论思想，高奣映则直接将"无极"消弭，而以"太极"（即理）为本体，体现出在这一问题上对朱熹和周敦颐哲学的深入思考。二是主张静、诚和格物致知的修养工夫论。这一理论基本上沿袭的是周敦颐和朱熹。

清代壮族学者刘定逌，以"追踪濂洛关闽之学，直窥《大学》明德新

---

① 《李中溪全集》卷十，《与谢中丞高泉》，《丛书集成续编》一四二，（台湾）新文丰出版公司1988年版，第766页。
② 《李中溪全集》卷十，《与罗修撰念庵》，《丛书集成续编》一四二，（台湾）新文丰出版公司1988年版，第767页。
③ 《李中溪全集》卷十，《与谢中丞高泉》，《丛书集成续编》一四二，（台湾）新文丰出版公司1988年版，第766页。
④ 《李中溪全集》卷十，《答龙溪王年兄》，《丛书集成续编》一四二（台湾），新文丰出版公司1988年版，第769页。
⑤ 《李中溪全集》卷二，《感寓二首》，《丛书集成续编》一四二，（台湾）新文丰出版公司1988年版，第538页。

民、止至善之真传"①为矢志,一生基本都在广西壮乡潜心性理之学,教授生徒,传播儒学,为儒学在壮族少数民族中的发展作出了贡献。刘定逌基本上是学宗程朱,同时不废陆王,表现出兼取程朱陆王的理论特征和儒学教育实践。他本体论上有"道在心中""人心即道""心虚万物空"的思想倾向,近于陆王的"心即理""心外无事,心外无物,心外无理"的心学基本观点。工夫论上强调格物致知、读书穷理,推尊《大学》明德、新民、止于至善,格物、致知、诚意、正心、修身、齐家、治国、平天下的三纲领、八条目,颇得程朱理学"进学则在致知"之旨。刘定逌作为一位壮族儒家学者,其思想深受陆王程朱的影响,并联系自己的儒学教育实践,进行一些理论的发挥和阐释,对于促进儒学在壮族中的传播影响,起到了身教言传的重要作用。

作为清朝帝王的满族康熙皇帝玄烨,对于儒学文化的精蕴具有独特的理解,其重儒崇理的思想理论和亲政实践,不仅对于满族社会产生了重要影响,而且对于理学在清朝前期的再度隆兴具有全国性的影响。玄烨儒学思想的主要之点,一是服膺朱熹理学。认为朱熹理学"体道亲切,说理详明,阐发圣贤之精微,可施诸政事。验诸日用,实裨益于身心性情者,惟有朱子之书,驾乎诸家之上"②。玄烨坚持朱熹的理本论、理一分殊等基本的理论观念。二是提出并强调"真理学",即极力彰显理学中践履笃行的思想观念,质疑"终日讲理学而所行之事全与其言悖谬"的"言行不相符者"的理学,同时表明"若口中虽不讲,而行事皆与道理吻合",这种重视践行其理的理学才是"真理学"。玄烨一方面重视程朱格物致知、读书穷理、循序渐进、积累贯通的"致知"理论,另一方面又发展朱熹以行为重的"重行"观念,把程朱理学进学致知、居敬穷理的修养工夫论,发展成为"明理之后,又须实行。不行,徒空谈耳"③的知行并重观。不仅如此,玄烨还注重"亲历乃知""习而后知""身履其地,详察形势"等,

---

① 萧万源、伍雄武、阿不都秀库尔:《中国少数民族哲学史》,安徽人民出版社1992年版,第555页。

② (清)玄烨:《朱子全书序》,《圣祖仁皇帝御制文集》第四集,卷二十八,文渊阁《四库全书》,上海古籍出版社1987年影印本,第1299—581页。

③ 萧万源、伍雄武、阿不都秀库尔主编:《中国少数民族哲学史》,安徽人民出版社1992年版,第699页。

第一章 弁言：换个维度看儒学之中国少数民族儒学初论

具有先行后知、以行验知的思想特征。康熙九年（1670），玄烨颁布了贯穿儒学思想的"圣谕十六条"，同时又逐条训解，撰成《圣谕广训》，要求满族八旗和直省各级衙门宣讲。从玄烨作为满族贵族代表和清王朝的统治者来说，其对理学的创造性发挥和切实推行，揭橥的则是作为我国少数民族之一的满族对于儒学文化的承接、培壅和践履。

儒家学说就其本身而言是一个以伦理道德思想为核心且有多层理论层面的观念体系，自春秋末期孔子确立之后，战国时期就显示出其显学地位并开始获得广泛的社会认同。汉代"独尊儒术"以后，更被历代国家政权自觉地用来作为整合社会人际关系，稳定社会秩序，进行精神灌溉，实现不同范围和程度大一统的基本工具，就是说，儒学实际上是我国历史上具有国家意识形态性质的观念体系。特别是在南宋以后，程朱理学更加强化了儒学的意识形态性质，在国家"教化"政策推动下，通过科举考试、国家颁布之经义、民间载道之艺文、启蒙之读物多种渠道，儒学浸润了包括各少数民族在内的中华各个民族社会群体。完全可以说，儒学是中华民族精神生命之所在，中华各民族的变化发展，都能从不同角度或不同程度上显示出与儒学的犀通。这就是儒学从形成以后能够以宏广的观念形态，历时性与共时性交错地传播至并影响我国众多少数民族地区，并在少数民族的哲学和文化中获得自身演进发展的重要原因。

历史上中华各民族的文化各有发展，在与各个民族不同文化的接触中，儒学作为中原地区先进的文化，对于我国周边各少数民族的哲学和文化来说，总是积极影响着各少数民族相对落后的哲学和文化，少数民族的哲学和文化受到中原先进儒学文化的影响而得到提升、进步和发展，同时儒学也因此扩大了传播并得到各少数民族多元文化的反哺和增益。这种现象就像水之趋下，被称为"文化发展的势差"规律。历史上不少时期，特别是中原王朝繁盛或者全国统一时期，周边的一些少数民族政权、羁縻州府或有影响的开明人士，包括许多周边国家，就派生员或使者到中原学习文化，其中应该说主要是学习儒学文化。董仲舒《春秋繁露》说："《春秋》之常辞也，不予夷狄而予中国为礼。至邲之战，偏然反之，……今晋变而为夷狄，楚变而为君子"①，反映的就是儒学向被称为所谓"夷狄"的

---

① 曾振宇、傅永聚注：《春秋繁露新注》，商务印书馆2010年版，第32页。

少数民族传播的情况。三国时期的诸葛亮南征并带去了儒学，被少数民族所接纳，也是文化发展势差规律的体现。

由儒学的内容、性质、特点和社会功能作用等方面所决定，她不仅可以作为中原王朝整合社会人际关系，稳定社会秩序，进行精神灌溉，实现和维护社会统一的基本工具，因而自汉至清的历代国家政权无不把儒学作为国家意识形态，甚或定为一尊。周边众多的少数民族政权和社会，对于中原王朝无论是在臣属、疏离、相对独立甚或交恶关系下，在儒学与各少数民族哲学和文化的互动发展势差规律作用的基础上，同样能够积极自觉地认同推尊儒学并施诸本民族政权的治理或社会的传播弘扬，因为儒学可以在少数民族地区发挥与在中原王朝同样的社会功能和作用。少数民族在摆脱自身落后，追求文明进步，实现社会安定和人际关系和谐，维护地方治理等方面，认同吸纳先进的儒学并加以应用和融汇，本身具有内在的客观需要。

中华民族多元一体的格局和民族关系，是儒学与各少数民族哲学和文化交流互动和谐发展的前提和基础。儒学向少数民族地区传播的过程，实际上也是中华民族逐渐实现交融的过程。儒学向少数民族传播、影响的过程，也是各少数民族学习吸纳、创进发展儒学的过程。因为儒学向少数民族地区的传播不是原封不动地照搬，而是儒学与少数民族哲学和文化的融合：一方面儒学被少数民族所吸收，改造着少数民族的哲学和文化；另一方面，被少数民族所吸收的儒学也在被少数民族的文化所改造。当然这种相互融合和改造的具体形式和情况，会因具体历史情况和少数民族原有文化的不同而不同。如蒙古、满两个民族，由于是从边塞入主中原，所以在把其原有文化带到中原的同时，几乎全部继承了孔孟儒学和宋明理学。但在西南各少数民族地区，则大多是被那里的政治家、思想家将儒学与本民族的文化糅合到一起，变成其统治思想，乃至变成乡规民约的形式。而在回族中，则是通过"以儒诠经"，把宋明理学与伊斯兰教哲学相结合。因此，今日所谓的中华民族传统文化，已是中华各民族的共同创造。

从历史的实际看，我国少数民族哲学和文化对于儒学传播发展所给予的促进或反哺，至少具有三个方面的突出特点。一是认同接纳、吸收融汇多于增益创造。作为相对较低层次的各少数民族哲学和文化，在与儒学的接触交汇中，由于其自身不具备相对较高的文化底蕴和观念水准，加之儒

第一章 弁言：换个维度看儒学之中国少数民族儒学初论

学对于各少数民族哲学和文化来说为输入性的，各少数民族既有认识认同儒学文化的需要，又有接受消化儒学的任务。在这样的过程中，往往表现为行为和社会生活层面上的习染落实，思想理论和学术文化层面上对于儒学的理解，而对于儒学典籍或理论观念，更多的是诠解性推介或释义性发挥，只有在个别条件或鲜少情况下才可能实现为增益性丰富和创造性的发展。二是融合异质之学。如果以儒学作为视角，被输入少数民族的哲学和文化中，其自身的文化形态要经历多样性的观念重塑。主要包括：融佛，如唐宋时期的南诏大理白族思想家或学者，兴儒崇儒，同时又笃信佛教，有释儒或儒释之称；融伊，明末清初回族学者王岱舆、刘智等的汉文译著，是汉文伊斯兰教著作，亦可说是伊斯兰教的儒学著作。当然，这样的儒佛、儒伊融合，尚非儒学内在地吸收融摄，还只是外在的结合杂糅。三是植入本民族的文化基因。纳西族的"卢""色"阳阴或阴阳观念；明代白族学者杨黼的《山花碑》，汉字白音所表达的"敬孝""仁礼"等儒家思想；彝族文化中的《土鲁窦吉》，即图、洛或河图洛书，所传达的"宇宙生化"观念，突出地表示着儒学与各少数民族哲学和文化的同构融合，或者说已融通为具有少数民族思想面貌的儒家哲学和文化了。

儒学与我国少数民族哲学和文化的交融互动和谐发展，具有多重的作用和意义。

首先是进一步扩大了儒学的传播、影响。在中国历史上，伴随着从原始儒学到清代儒学不同理论形态的变化，儒学的社会地位总体上呈现愈来愈高的趋势，思想影响上自国家政权，下到作为一种文化结构的诸如制度、器物、风俗、社会心理等各个层面，其广泛深刻的程度，罕有所匹，可以说在世界文化背景下，儒学凝聚成了一种独特的、具有自己的特征和内涵的文化类型，一种生活方式。儒学与我国各少数民族哲学和文化之多种形式及特点的接触、融合、渗透，其传播、影响无论是在空间范围上抑或在上述诸方面，都的确增加和增进了，也就是说，进一步扩大了儒学传播影响的社会空间，大大扩展了传播影响的主体层面。

其次是进一步促进了儒学的丰富发展。儒学的思想理论中确有夷夏之防的观念，但在历史的演进中，儒学与我国各少数民族的哲学和思想文化之间，不仅实现着"用夏变夷"，实际上亦实现着"变于夷"，也就是说，儒学有了白、彝、回、满、蒙古等诸少数民族的哲学和文化形态。儒学融合我国各少数民族的哲学和文化,不仅有形态上的丰富发展,也有思想理论内容的增益创进。如在彝族文化里,关于阴阳、五行、图书、八卦、干支等问题,能够演绎成为系统的思想观念:"清浊二气演化出了哎哺(阴阳),哎哺演化出了天地,天地演化出了四时五行,四时五行可以通过图书、八卦、干支来表达。"也就是说:"清浊二气不断交织变化,形成了哎哺;哎哺交织变化,形成了天地;天地之气交织变化,形成了万物。清浊二气—哎哺—天地—万物,彝族先贤用一条简洁的、自然演化路线,解答了宇宙发生问题。"① 这种理论观念,在儒学文献中是散落在《周易》《尚书》等不同元典之内的。换言之,这些思想理论在彝族文化里较之在儒学文献中还要系统明晰。

再次是积极促进了少数民族的文明进步及哲学和文化的提高发展。在中国历史上,当中原地区发展到封建制社会并进一步有了充分进步时,周边各少数民族地区有的尚处于原始社会向奴隶制社会过渡,或处于奴隶制社会状态,或是由奴隶制向封建制社会过渡,这种社会进步状态的反差,在主要是作为封建国家意识形态的儒学传播、影响至少数民族地区时,能够发挥重要的精神催化作用,促使少数民族向高一级的文明形态进步和跃迁。与此相伴随,儒学同时提高了各少数民族的理论思维水平,丰富发展了本民族的文化观念和思维内容,积极建树具有本民族特色又有较高水准的哲学和文化。

最后是增强我国各民族文化的交流融合和各民族的团结凝聚。儒学长时期广范围向少数民族地区的传播、影响,各少数民族哲学和文化对儒学的反哺与积极影响,以及各少数民族的思想家学者对于儒学的诠解、阐释和发挥,既是儒学与各少数民族哲学和文化之间的交流融汇激荡发展,对于包括各少数民族之间在内的全国各民族之间的哲学与文化和谐互动,相互促进,也具有范导和积极影响的意义及作用。以儒学为主导的思想文化间的这种交汇融通,是中华各民族之间团结凝聚、彼此认同、促进统一的重要精神力量。

总而言之,从上述诸种意义上说,儒学是包括我国各少数民族在内的

---

① 刘明武:《事关宇宙发生与演化的理论——彝族文化对阴阳五行、图书八卦的解释》,《中州学刊》2009年第3期。

中华民族共同的精神创造，儒学使中华民族的文化素质、哲学思想、思维水平普遍得以提高，是我国古代各个民族思想融汇、民族团结、凝聚统一的重要精神观念和思想文化基础。历史上中华各民族尤其汉族与各少数民族之间精神文化思想观念的眷顾及互融，对于不断铸牢中华民族共同体意识，其历史和现实的意义都是极其深刻的。

第二章 儒学与我国少数民族哲学文化关系发展的历史之维[*]

儒学与我国少数民族哲学文化的关系由疏到密，由单向度的传播影响、用夏变夷到双向度的良性互动、融合创新、彼此增益，呈现出递进发展的共促趋势。在这一过程中，双方相得益彰、相映生辉，互相发挥了广泛深刻的积极作用。这种渐进关系的历史发展，大致可分为先秦时期的关系孕育、汉唐时期的传播影响、宋元明清时期的融合创新三大阶段，后两大阶段进而又可细分为儒学对于我国少数民族思想观念在汉魏的初始传播期、两晋十六国隋唐的深入影响期，以及我国少数民族哲学文化对于儒学在五代十国两宋的消化融汇期和元明清的转化创新期等。儒学与我国少数民族哲学文化的关系姑且可以确立为这样三大阶段五个时期的历史发展。当然这样的历史划分具有相对意义，并无绝对界线或标志。

与这种关系发展的历史阶段相对应，自觉的、具有完整理论形态的中国少数民族哲学从无到有、从酝酿产生到转化创进，其内生机制和多元融汇分别体现着它的民族性特征和活力构成。由于我国多民族社会历史发展及思想文化演进的显著不平衡性，儒学对于我国少数民族哲学形态的孕育生成、蜕变提高，具有触发接引、融合互动的意义，并经历了由单向度传播影响、用夏变夷，到双向度良性互动、融合创新的过程

一 关系孕育：先秦儒学夷夏观考论

儒学与我国少数民族哲学文化的关系在先秦尚处于孕育的阶段，即以

---

[*] 本章主要内容载于《中州学刊》2018 年第 2 期，此处有修改。

第二章 儒学与我国少数民族哲学文化关系发展的历史之维

由历史形成中的我国民族关系为社会基础,儒学在创始发展的原初形态之下,与我国少数民族以氏族部落或氏族国家为存在形式的哲学萌芽或观念所发生的关系建构、探索奠立的时期。

(一)孔子儒学形成之前的夷夏关系:内外服、五服乃至九服九畿之制

《尚书·酒诰》说:"越在外服,侯、甸、男、卫、邦伯;越在内服,百僚、庶尹、惟亚、惟服、宗工、越百姓里居,罔敢湎于酒。"① 《礼记·王制》谓:"千里之内以为御,千里之外设方伯。"② 这里"千里之内"的"御"相当于内服百僚、庶尹、惟亚等,"千里之外"的"方伯"相当于外服侯、甸、男、卫、邦伯。此即商周时期内服、外服的政治制度。《国语·周语上》祭公谋父谓"先王之制"曰:"夫先王之制,邦内甸服,邦外侯服,侯、卫宾服,蛮、夷要服,戎、狄荒服。甸服者祭,侯服者祀,宾服者享,要服者贡,荒服者王。日祭、月祀、时享、岁贡、终王,先王之训也。"③ 此论亦见于《荀子·正论》。这是夏商周三代以王畿为中心,由近及远依次划分区域为"甸服""侯服""宾服"(亦称"绥服")"要服""荒服",是为"五服"。其中"蛮夷要服",意即距王城三千五百里的区域为蛮圻、四千里的区域为夷圻,通过要约友好关系而服事天子;"戎狄荒服",依次渐远至四千五百和五千里的区域分别为戎、为狄,居政教荒忽之地而服事天子即"荒服"。先秦典籍中如《周礼·夏官·职方氏》《周礼·夏官·大司马》《周礼·秋官·大行人》又有九服九畿之制的记载,较之《国语·周语上》等书篇的五服制扩大了范围,且职贡的时间和内容亦详而有异。

夏商周的内外服、五服或九服九畿制度是历史地形成的,显示着以中原王权为中心、核心的华夏族与周边诸多民族(种族、部落氏族)政治的、经济的乃至军事的和思想观念之间的关系,这种关系至少蕴含着三种层次:一是通过这样的政治制度建构、确立了彼此之间的关系;二是这种关系实际上得到了尤其是分布在华夏(中原)以外周边区域的诸多氏族部

---

① (清)孙星衍撰:《尚书今古文注疏》,中华书局1986年版,第379—380页。
② 《礼记·王制》,《十三经》(全一册),中州古籍出版社1992年影印本,第41页。
③ 《国语·周语上》,陈桐生译注,中华书局2013年版,第5页。

落或氏族国家的认可和施行，尽管有时或有的氏族（国家、部落、民族）共同体有违过或有不遵从这种关系的情况发生；三是这种关系由于政治的、经济的、社会的和思想文化观念等因素的作用而体现着轻重高下、优上与臣服、尊贵与卑贱等的差别。这是先秦儒学在创始形成和发展中所一直逢遇的社会历史面貌。也正因如此，恐怕才有了儒家文化中的"华夷之辨"。亦可说，正是先秦儒家的"华夷之辨"，孕育了儒学与我国少数民族哲学文化思想观念之间发生、发展的关系。

（二）孔子儒学的夷夏观："夷狄之有君,不如诸夏之亡也"与"言忠信,行笃敬,虽蛮貊之邦,行矣"

如上所论，在孔子儒学形成的时代，儒家的"华夷之辨"，就其辨分华夏与四夷之差异的认知意义而言，主要有三项内涵：地域、种族、文化。就地域言，从春秋周大夫伯阳父所说"昔伊、洛竭而夏亡，河竭而商亡"[1]，可以推断，黄河中下游的中原地区，是夏商故地。在古代，这是一片较早被开发，气候、土壤自然条件都较优越的农耕区域。周灭商后，"封建亲戚，以蕃屏周"[2]，周的数十个兄弟、姬姓封国也都在这个诸夏地区。然大体而言，四夷是在诸夏以外的边远区域，自然条件较差的狩猎、游牧地带。就种族而言，中原诸夏各国，是夏、商后裔和周的封国，较之四夷之地，相互间自然有其较密切的血缘关系，比较容易在文化认同的条件下，形成超越种族、氏族（封建国家）的民族认同。当然，儒家"华夷之辨"中最重要的还是文化的差异。孔子说："殷因于夏礼，所损益，可知也；周因于殷礼，所损益，可知也。"[3] 可以认为，虽然夏、商、周的文化各有特色，但到了孔子儒学形成的时代，中原华夏地区承接的毕竟是已经继承和发展、兼有连续性和一体性的三代文化积累了，所谓"三代之礼，一也"[4]。这是在已较发达的农耕经济基础上逐渐形成的有成熟且丰富内容的"礼"文化，是四夷那种社会发展阶段、生存环境所不具备的。

就儒学来说，真正从文化意义上确立了儒学与我国少数民族哲学文化

---

[1] 《国语·周语上》，陈桐生译注，中华书局2013年版，第28页。
[2] 《左传·僖公二十四年》，《十三经》（全一册），中州古籍出版社1992年影印本，第85页。
[3] 《论语·为政》，（宋）朱熹撰：《四书章句集注》，中华书局2011年版，第60页。
[4] 《礼记·礼器》，《十三经》（全一册），中州古籍出版社1992年影印本，第89页。

第二章　儒学与我国少数民族哲学文化关系发展的历史之维

思想观念双向性关系自觉意识的,当从孔子始。孔子儒学的夷夏观念在很大程度上舍弃了地域、种族、习俗意义上的华夷区分,而以"礼"作取舍:有"礼"即"华",无"礼"即"夷"。这同时也是孔子"华夷之辨"为华夷民族交融创造了广阔空间的深刻思想内容。从《论语》中涉及华夷关系的孔子论述和《礼记》中记载的某些孔子言行来分析,孔子儒学所体现的这种夷夏观念,其深刻的精神意蕴大致有:其一,承认华夷在精神文化上的明显差异。如孔子说:"夷狄之有君,不如诸夏之亡也。"[①] 后世学者对于孔子此语具有不同的疏解,分别见于魏何晏《论语集解》之梁皇侃《疏》和宋邢昺《疏》。皇《疏》谓:"此章为僭上者发,言周室既衰,诸侯放恣,礼乐征伐之权不复出自天子,反不如夷狄之国尚有尊长统属,不至如我中国之无君也。"(《论语义疏》卷二)邢《疏》谓:"此章言中国礼义之盛,而夷狄无也。夷狄虽有君长而无礼义;中国虽偶无君……而礼义不废。"(《论语注疏》卷三)如果根据邢《疏》之论,则孔子是肯定了夷夏在礼义文化上的重大差异。其二,孔子具有忽略在地域、种族、习俗意义上的华夷之辨,或者说尊重这种华夷差异,并试图改善、扭转甚至消除精神文化上华夷差异的平等思想意识。《论语·子罕》载:"子欲居九夷。或曰:'陋,如之何?'子曰:'君子居之,何陋之有?'"[②] 孔子还曾说:"道不行,乘桴浮于海。"[③] 从孔子对于自己政治理想、道德理想不能实现而感到失望时的心情流露中,从其欲居九夷并说"君子居之,何陋之有"的态度中,可以解读出,尽管其他人认为"九夷"是无文明的甚至野蛮的"陋"地,但孔子坚信如果君子居之,自然会以礼义改造之、感化之,就会不再是野蛮"陋"地,礼义能使一个地域由"夷"变"夏"、由"野陋"转化为"文明"。孔子在礼义、文明的精神平台上,似无"华"之与"夷","唯上知与下愚不移"的思想观念。非但如此,而且含蕴着夷狄同样具有可以成为礼义文化、文明之地的可能性。其三,"礼"分"华""夷"的文化宽容精神。《礼记·檀弓下》载有春秋时吴国公子季札礼葬其长子及孔子的评价一事:"延陵季子适齐,于其反也,其长子死,葬于嬴、

---

① 《论语·八佾》,(宋)朱熹撰:《四书章句集注》,中华书局2011年版,第62页。
② 《论语·子罕》,(宋)朱熹撰:《四书章句集注》,中华书局2011年版,第108页。
③ 《论语·公冶长》,(宋)朱熹撰:《四书章句集注》,中华书局2011年版,第76页。

博之间。孔子曰：'延陵季子，吴之习于礼者也。'往而观其葬焉。其坎深不至于泉，其敛以时服。既葬而封，广轮掩坎，其高可隐也。既封，左袒，右还其封且号者三，曰：'骨肉归复于土，命也，若魂气则无不之也，无不之也。'而遂行。孔子曰：'延陵季子之于礼也，其合矣乎！'"① 延陵季子即季札，是吴国的公子。吴国在春秋时被视为夷狄之国，所以吴国人也是夷人。但季子早年有让国的仁义行为，表现过很高的周文化修养，故孔子评论他是"吴之习于礼者"。晚年，季子在访问齐国后的归途中，埋葬随行的长子。他让死去的儿子穿着平时的衣服、坟墓的制式不深、不广、不高，简朴而合乎节度；他左袒、三号，葬仪既有哀戚之情，又有理性之智。在孔子看来，这些都是合于礼的。"孔子对夷人季札的赞许，也显现了儒家'华夷之辨'中内蕴有的一种宽容原则：即使是夷狄之人，只要有'礼'的精神与行为，也就是君子、是贤人，在这里不存在'华'与'夷'的界限。"② 其四，相信"四夷"民族是能够受到礼文化的吸引从而认同、接纳和融摄之并提升其文化水准的，具有充分尊重、信任、礼敬"四夷"民族的高尚情怀。如《论语·子路》载樊迟问仁，子曰："居处恭，执事敬，与人忠，虽之夷狄，不可弃也。"③《论语·卫灵公》载子张问仁，子曰："言忠信，行笃敬，虽蛮陌之邦，行矣。言不忠信，行不笃敬，虽州里，行乎哉？"④ 孔子的这种"之夷狄，不可弃"，"蛮陌之邦，行矣"，都表示了对"四夷"民族可以成为礼义文化之邦，即"夷"变为"华"的认可，也表达了对如果"言不忠信，行不笃敬"，"华"亦可能变为"夷"的信念。在这样的思想基础上，以至在孔子之后的《中庸》说："素夷狄，行乎夷狄。"至此，就不仅是"用夏变夷"，而是蕴含有"变于夷"的文化倾向了。

（三）孟子"用夏变夷"与《春秋》三传亲夏疏夷、褒夏贬夷之思想

在夷夏关系上，孔子之后的先秦儒学应该说具有两个理论方向上的发展变化：一是如上所述，以《礼记》或说以《礼记》之《中庸》等为代

---

① 《礼记·檀弓下》，《十三经》（全一册），中州古籍出版社1992年影印本，第37页。
② 崔大华：《儒学的现代命运——儒家传统的现代阐释》，人民出版社2012年版，第192页。
③ 《论语·子路》，（宋）朱熹撰：《四书章句集注》，中华书局2011年版，第137页。
④ 《论语·卫灵公》，（宋）朱熹撰：《四书章句集注》，中华书局2011年版，第152页。

第二章 儒学与我国少数民族哲学文化关系发展的历史之维

表,沿着孔子所奠定的基本倾向,即儒学或礼义文化与"四夷"民族学养精神双向良性互动为致思取向;二是以孟子和《春秋》三传为代表的"用夏变夷"甚至亲夏疏夷、褒夏贬夷的观念取向。后者方向的理论推展实际上是对于孔子双向良性互动精神的偏颇性增益,然而又是由于后世社会史实的或儒家某种理念的渗入而在一定意义上被强化了的倾向。孟子说得非常明确:"吾闻用夏变夷者,未闻变于夷者也。"① 孟子还列举了楚国陈良悦习周公、仲尼之道而成为豪杰之士、楚之儒的实例以证之。他说:"陈良,楚产也。悦周公、仲尼之道,北学于中国。北方之学者,未能或之先也。彼所谓豪杰之士也。"② 并谴责同为楚人的农家许行为"南蛮鴃舌之人,非先王之道",而对于本为陈良之徒的陈相、陈辛等,背弃陈良儒学而学许行深感匪夷所思,认为:"吾闻出于幽谷迁于乔木者,未闻下乔木而入于幽谷者。鲁颂曰:'戎狄是膺,荆舒是惩。'周公方且膺之,子是之学,亦为不善变矣。"③ 孟子的论述所潜蕴的寓意即只有"用夏变夷",而不可能"变于夷",若"变于夷"就只能是"为不善变矣",即越变越不善了。这种观念取向是儒家经典中"蛮夷猾夏"(《尚书·舜典》)和孔子"裔不谋夏,夷不乱华"(《左传·定公十年》)或《诗·鲁颂》"戎狄是膺,荆舒是惩,则莫我敢承"等论述中所依稀潜存着的道德评价立场的显化。其实,对于孔子的"裔不谋夏,夷不乱华"的基本意义,或许需要作"夷"之"不曾""不能""不应""不该""谋夏""乱华"之理解的,因为此语是孔子在齐鲁夹谷之会时反复强调它一定不是齐君本意的情况下所阐明的。

儒家的"华夷之辨",在其辨析华夏与四夷之差异的认知中,无疑内蕴有美恶的情感宣泄和有褒贬的道德评价,这是因为在华夷的差异中同时也产生和存在着对立、冲突,历史的事实是既有强悍而处于困苦环境下的四夷,向较富裕、丰腴的华夏地区不时发动骚扰、入侵、掠夺的情况,也有着诸夏之国对四夷的扩张、吞并的情况。正是华夷间的这种对立与冲突,加以文化发展水平高低的差异,使先秦儒家滋生了对"夷"的甚深的隔膜和轻蔑,形成了"华夷之辨"中褒夏贬夷的情感倾向和评价定式。这

---

① 《孟子·滕文公上》,(宋)朱熹撰:《四书章句集注》,中华书局2011年版,第243页。
② 《孟子·滕文公上》,(宋)朱熹撰:《四书章句集注》,中华书局2011年版,第243页。
③ 《孟子·滕文公上》,(宋)朱熹撰:《四书章句集注》,中华书局2011年版,第243页。

种道德立场，在先秦诠释《春秋》的"三传"中表现得最为鲜明，特别是《春秋公羊传》《春秋穀梁传》，更是十分明显地将"内诸夏而外夷狄"（《春秋公羊传·成公十五年》），即亲夏疏夷、褒夏贬夷视为《春秋》的最主要思想原则。如《春秋》载："庄公十年秋九月，荆败蔡师于莘，以蔡侯献舞归。"《公羊传》曰："荆者何？州名也。州不若国，国不若氏，氏不若人，人不若名，名不若字，字不若子。蔡侯献舞何以名？绝。曷为绝之？获也。曷为不言其获？不与夷狄之获中国也。"①《春秋》载："宣公十有一年冬十月，丁亥，楚子入陈。"《穀梁传》曰："入者，内弗受也。曰入，恶入者也。何用弗受也？不使夷狄为中国也。"②《春秋》中所记载的这两则史实，《公羊》《穀梁》二传分别都从书法上对于"荆""名""归""入"等作出了道德褒贬的理论诠释，且均明确表示"不与夷狄之获中国也"，"不使夷狄为中国也"。类似的表述在《公羊》《穀梁》二传中还有多见，表现了《公羊传》《穀梁传》在"华夷之辨"中十分明确的内外、亲疏、褒贬立场。当然，《春秋》三传中，在对《春秋》记事的书法分析中，被更鲜明地凸显出来的，还是儒家"华夷之辨"中以"礼"来判分"华""夷"的原则，即显示为：合礼者，是夷狄亦中国之；失礼者，是中国亦夷狄之。就是说，孔子儒学中"华夷之辨"所内蕴着的一种宽容原则，或者说"礼"分"华""夷"的深刻精神内涵，及其在"礼"和"霸"两种致思方向上所可能的跟进，在《春秋》三传中都得到了显化或强化。

因此看来，先秦儒学"华夷之辨"中包含着的对于华夷差异的判定，及明显的寓有褒贬的道德评价，既映现着也支持着华夏族与"四夷"族在漫长的交融过程中发生的对立、冲突。应该说，这是历史上儒家"华夷之辨"的一个比较显著的方面，也是严格将华夷界限以地域、种族、文化作明确区分的方面，本书将这个方面视为儒家"华夷之辨"中所体现着的"霸"的关系意涵。但是儒家"华夷之辨"至少说还有一个宽容的方面，即舍弃地域、种族、习俗意义上的华夷区分，以"礼"作取舍：有"礼"即"华"，无"礼"即"夷"，这同时更是"华夷之辨"

---

① 《春秋公羊传·庄公十年》，《十三经》（全一册），中州古籍出版社1992年影印本，第23页。

② 《春秋穀梁传·宣公十一年》，《十三经》（全一册），中州古籍出版社1992年影印本，第62页。

中为华夷民族交融创造了广阔空间的深刻的方面①，甚至说是一个能包容并消化华夷差异的方面，这里我们也据此称之为二者关系的"礼"的方面。

（四）先秦"四夷"民族对"礼"的文化认同及其与诸夏的族源关系

如上所述，春秋时被视为夷狄之国的吴国公子季札"习于礼"，其行为"合于礼"，战国时楚国陈良"悦周公、仲尼之道，北学于中国"，均表明春秋战国时被视为"夷"族的吴楚对"礼"文化和周公、仲尼之道的认同和接纳。另，《论语》《庄子》《史记》载有楚国叶公子高问政于孔子、与孔子讨论"父子相隐"及其出使齐国前向孔子请教之事，还有楚昭王欲"以书社地七百里封孔子"，这些史实为孔子以及先秦儒家相信"四夷"民族能够受到"礼"文化吸引进而认同、接纳、融摄之并提升其文化水准提供了依凭和根据，为儒家"华夷之辨"中所内蕴的深刻意涵，即舍弃种族、习俗、地域的观念，而以"礼"分"华""夷"的文化宽容原则，奠定了历史基础。

当然，先秦时代的秦戎、楚蛮、吴越夷、北狄之"四夷"，在秦汉时都已逐渐全部或部分地与中原华夏族融合，作为这种融合的重要标志，乃是在汉代历史典籍如《史记》中记载的他们对华夏祖先的认同。《史记·秦本纪》载："秦之先，帝颛顼之苗裔……舜赐姓嬴氏。"《楚世家》载："楚之先祖出自帝颛顼高阳。……楚其后也。"《吴太伯世家》载："吴太伯，太伯弟仲雍，皆周太王之子，而王季历之兄也……自太伯作吴，五世而武王克殷，封其后为二：其一虞，在中国；其一吴，在夷蛮。"《越王勾践世家》载："越王勾践，其先禹之苗裔，而夏后帝少康之庶子也。封于会稽，以奉守禹之祀……后二十余世，至于允常……允常卒，子勾践立，是为越王。"《匈奴列传》载："匈奴，其先祖夏后氏之苗裔也，曰淳维……秦灭六国，匈奴单于曰头曼，头曼不胜秦，北徙。"②等等。《史记》之记述，可以视为中原华夏族在"三代之礼一也"的完整意义形成后，在

---

① 参见崔大华《儒学的现代命运——儒家传统的现代阐释》，人民出版社2012年版，第190—191页。
② 《史记》，中华书局1959年版，第173、1689—1690、1445—1448、1739、2879—2887页。

与"四夷"之族经历了春秋、战国迄至秦统一的五六百年的磨合后,实现的一次具有塑造民族基本形态意义的民族交融。经过这次交融,华夏族已经跨出了"中原"的地域限制。其后,在中国的周边,又不断有新的"四夷"部落或民族形成,当然华夷的差异亦仍然存在,对立和冲突也经常发生。但是,可以说民族交融、各民族共同团结进步、哲学观念思想文化上的交融互动,始终是我国历史上的主体和主流。我国历史上诸民族之交融,之所以能够成功,当然可以从不同的观察角度作出研判,但如果将民族交融视为在由共同的价值观念、道德规范、语言文字、生活习俗等为内容的文化认同基础上实现的新的民族认同,那么,儒家思想、儒家文化无疑应是最重要的因素。"正是儒家思想的成熟、丰富内容和儒家文化的宽容性格,使华夏民族和其他民族都能跨越各自种族文化意义的多种差异所产生的心理障碍,形成可以相互容纳、融合的认同;正是儒家'华夷之辨'中的宽容原则和对文明的儒家'礼'文化的认同,构成了历史上已经实现了的民族融合过程的起点和终点。"①

二 初始传播:儒学与少数民族原始思维的交集

应该说儒学与我国少数民族哲学文化思想观念的关系,发展至两汉三国时期进入儒学对于我国少数民族哲学文化思想观念的初始传播阶段。而这一阶段实际上又是以孔子周游列国时南下之楚传播儒学为先导,即呈现出中原儒学先行南传的"道南"开篇,其范围大致包括今岭南、贵州、四川等多为少数民族的区域。两汉三国时期,岭南属百越之地,贵州、四川等地史籍皆称西南夷或南蛮西南夷,《汉书》谓:"南夷……夜郎最大。……冉駹……白马……皆氐类也。此皆巴、蜀西南外蛮夷也"②,即汉代时犍为、越嶲、巴郡、蜀郡等地多苗、布依、土家、彝族和氐羌先民。中原汉武帝采纳董仲舒之议,"罢黜百家,独尊儒术",从此儒学一方面高居庙堂,另一方面也开始向"四夷"民族地区的传播和影响。

---

① 崔大华:《儒学的现代命运——儒家传统的现代阐释》,人民出版社2012年版,第186页。
② 《汉书·西南夷两粤朝鲜传》,中华书局2011年版,第3837页。

第二章　儒学与我国少数民族哲学文化关系发展的历史之维

（一）两汉三国时期儒学崛起于岭南，对于我国岭南少数民族先民早期初萌一定的哲学思想文化观念客观上产生了传播影响和发蒙导引的作用

儒学在岭南的传播影响，汉初的陆贾是一位代表性人物。陆贾算不得纯儒，但其力主儒学，"行仁义，法先圣"①，是以儒为主、辅以黄老的儒生和政治人物。陆贾两次出使南越国，以儒家学说为思想武器，说服南越政权臣属汉朝，成效显著。他受汉文帝之遣第二次到南越，宣谕文帝赐南越王赵佗书说："两帝并立，亡一乘之使以通其道，是争也；争而不让，仁者不为也。愿与王分弃前患，终今以来，通使如故。"② 所论贯穿着大一统、和为贵的儒学精神，并以此说服了赵佗。陆贾还向赵佗晓以儒家忠孝节义之理，陈说臣汉与否的福祸利害，使赵佗自责"居蛮夷中久，殊失礼义"③，就是说，本是中原人的南越王赵佗，观念深处同样浸透着儒家的价值标准。作为南越国之主和西汉的使者，赵佗与陆贾，对岭南地区及其少数民族的儒学传播和影响，会产生一定的导引作用，二人可称为儒学传入岭南的开风气之先者。

如前章已述，东汉时岭南一些郡守开始重视和实施创办学校，推行礼义教化，传播儒家经典，使岭南华风丕变，同时涌现出一批知名而较有影响的儒学之士，其中也包括岭南少数民族中的儒学佼佼者。《后汉书·循吏列传》谓："平帝时，汉中锡光为交阯太守，教导民夷，渐以礼义。"④《后汉书·南蛮西南夷列传》载："凡交阯所统，虽置郡县，而言语各异，重译乃通。人如禽兽，长幼无别。项髻徒跣，以布贯头而著之。后颇徙中国罪人，使杂居其间，乃稍知言语，渐见礼化。光武中兴，锡光为交阯，任延守九真，于是教其耕稼，制为冠履，初设媒娉，始知姻娶，建立学校，导之礼义。"⑤ 交阯（亦作交趾），即五岭以南地带，汉置交阯郡，汉中锡光、广信士燮先后为太守。士燮精于《左氏春秋》，兼通古今文《尚

---

① 《史记·郦生陆贾列传》，中华书局1975年版，第2699页。
② 《汉书·西南夷两粤朝鲜传》，中华书局2011年版，第3850页。
③ 《史记·郦生陆贾列传》，中华书局1975年版，第2698页。
④ 《后汉书·循吏列传》，中华书局1965年版，第2462页。
⑤ 《后汉书·南蛮西南夷列传》，中华书局1965年版，第2836页。

书》，对于儒学在岭南的传播影响，发挥了重要作用。两汉之际，广信（交趾刺史部治所）陈钦、陈元、陈坚卿祖孙三人，以经术文章闻名，世称"三陈"。清嘉庆六年（1801）谢启昆修《广西通志》云："汉时陈君父子崛起苍梧，传左氏经学。南方州郡经学之盛，未有先于粤西者……陈君以经师抗疏朝右，邹鲁之士，未能或先。"① 汉时岭南经学之盛，广信几成儒学中心，"三陈"堪与邹鲁之士相抗衡。"三陈"继往开来，推动了儒学在岭南的传播影响。明经习礼的越族儒士，陆续出现。有人认为"三陈"属于当今的壮族，② 我们认为至少可以说他们生长在壮族先民聚居的地区。陈钦研习《左氏春秋》，与刘歆同时而别自名家，著《陈氏春秋》（已佚），王莽从其受《左氏》学。东汉经学家赵岐《三辅决录》说《左氏》远在苍梧，即指《陈氏春秋》。陈钦之子陈元的学术成就超过其父。《后汉书·陈元列传》说："元少传父业，为之训诂，锐精覃思，至不与乡里通。以父任为郎。建武初，元与桓谭、杜林、郑兴俱为学者所宗。"③《后汉书·孙期列传》说："建武中，范升传《孟氏易》，以授杨政，而陈元、郑众皆传《费氏易》，其后马融亦为其传。融授郑玄，玄作《易注》，荀爽又作《易传》。自是费氏兴，而京氏遂衰。"④ 陈元与经学家桓谭、杜林、郑兴，均为当时的儒学宗师。陈元之子陈坚卿，前述《广西通志》说："坚卿能承先志，殚精卒业，工文章，有名当世。"⑤ 汉时"三陈"左氏经学崛起岭南，与中原儒学相辉映，与邹鲁之士相抗衡，对于岭南地区的少数民族哲学文化思想观念来说，产生了巨大的属地影响，当时及后世，岭南士人常以"三陈"为范，慕风向学，兴起文教。其后广西不少书院祀奉陈元，激励后进学子读书明经。汉末三国时曾任交趾太守的苍梧广信人士燮（字威彦），少时游学京师，师事名儒，研治《春秋左传》，在交趾著《春秋左氏经注》十三卷，积极创办学校，传播儒家礼教。据记载，士燮谦虚下士，礼敬贤者，汉之名士避难往依者以百数，即士燮治交期间，学者咸归之，他能够将中原一些名儒、博士引入交州，设坛讲学，著

---

① 转引自何成轩《儒学南传史》，北京大学出版社2000年版，第100页。
② 见何成轩《儒学南传史》，北京大学出版社2000年版，第105页。
③ 《后汉书·陈元列传》，中华书局1965年版，第1230页。
④ 《后汉书·孙期列传》，中华书局1965年版，第2554页。
⑤ （清）《雍正广西通志》，《中国地方志集成》（广西），凤凰出版社2010年版，第684页。

第二章　儒学与我国少数民族哲学文化关系发展的历史之维

书立说，传经弘道，培养人才，在各地教以诗书，熏陶美俗，一时间僻远的交州人文荟萃，"蛮夷之地"学术大盛，对儒学在岭南的传播影响极大。士燮常与南来的学士研讨经学，交流切磋，立足于《左传》《尚书》本旨，阐发己见，每论及《左传》疑难问题，士燮见解卓越，促进了经学在岭南的发展。东汉末北海郡（今山东高密一带）刘熙，与郑玄同乡同时代，通经学，精训诂。刘熙不屑仕进、不慕荣华、荐辟不就，于汉献帝建安（196—220）年间避地交州，收徒讲学，著书立说，为发展南疆少数民族地区的文化教育、培养儒学人才付出了巨大的辛劳。刘熙讲学主要在苍梧，常往来于苍梧、南海之间（今广西、广东一带），讲学内容注重经学名物训诂，既做义疏又做音训，并在此基础上著《释名》。《释名》与《尔雅》《方言》《说文》合称汉代四部重要训诂学著作。刘熙的门徒中，多数系当地越族子弟，即今壮侗语族及越族（京族）的先民。

吴国经学家虞翻（164—233），曾流徙交州十余年，在当地讲学不倦，对儒学在岭南的传播有较多贡献。虞翻字仲翔，会稽余姚（今属浙江）人，孙权时任骑都尉。《三国志·吴书·虞翻传》载："权积怒非一，遂徙翻交州。虽处罪放，而讲学不倦，门徒常数百人。又为《老子》《论语》《国语》训注，皆传于世。"① 虞翻治今文《孟氏易》，集汉易之大成，著有《周易注》，其解易方法由孟喜、京房的卦气说和荀爽的乾坤升降说发展而成为卦变说，兼及旁通、互体、爻辰、半象诸说，对后世影响很大。《三国志·吴书·虞翻传》裴松之注引《虞翻别传》云，翻在交州"以典籍自慰，依易设象，以占吉凶。又以宋氏解玄颇有缪错，更为立法，并著《明杨》《释宋》，以理其滞"②。虞翻在交州著述讲学，对于汉末三国时期岭南少数民族地区的文化教育事业和儒学的传播弘扬，发挥重要作用。另有东汉末至东吴初年的苍梧人牟子，对于岭南少数民族地区的儒学传播影响亦发挥了一定作用。牟子世居苍梧，或为少数民族。③ 牟子原本儒生，精研儒家经传，读其他诸子百家书。汉灵帝死后，天下扰乱，独交州差安，牟子与其母避乱交趾，在交趾多年。其间许多从北方来到交趾的"异

---

① 《三国志·吴书·虞翻传》，中华书局1982年版，第1321—1324页。
② 《三国志·吴书·虞翻传》，中华书局1982年版，第1323页。
③ 何成轩：《儒学南传史》，北京大学出版社2000年版，第123页。

人"好为神仙辟谷长生之术，时人多有学者，牟子常以《五经》难之，道家术士莫敢对焉，以孟轲距杨朱墨翟相比拟。牟子的这种行为实际上就是在岭南传播弘扬儒学。其所著《理惑论》是一部重要的佛学研究文献，客观上也是儒、道论著，尤其是该著问世于东汉末三国初年的岭南，在当时当地既传播了佛道思想，也传播了儒学观念。

概而言之，两汉三国时期儒学崛起于岭南，以"三陈"、士燮、刘熙、虞翻为代表，以研治儒家经典《左氏春秋》《尚书》《周易》为特色，形成了儒学岭南化和在岭南以越族即今壮、黎等少数民族先民居多的区域传播儒学的局面，带来了"岭南华风"的文化影响，对于我国南方少数民族先民初萌一定的哲学文化思想观念，诸如中华民族"大一统"的政治理念、尊礼尚文的伦理道德等，具有重要启蒙作用。

（二）两汉三国时期，贵州少数民族地区及其哲学文化思想观念受儒学之风沐浴影响，较早得儒学之先，较深得儒学之染，体现了该地区少数民族先民哲学文化思想观念生长发育的特异精神面貌

两汉时的夜郎（今贵州）地区先后出现了三位儒家学者舍人、盛览和尹珍，即汉代贵州"三贤"，研习儒学，接受中原先进文化，重视教育，传扬儒学，著书讲学，倾心于贵州民族地区的儒学传承和文化教育事业。舍人在汉武帝时曾任犍为郡文学卒史，著《尔雅注》三卷。《尔雅》《释名》《方言》《说文》作为汉代四部重要训诂学著作，在训诂学史上占有重要地位，具有较高学术价值。唐以后将《尔雅》列入"经部"，成为儒家经典之一。尽管《尔雅》是儒家为解经而辑成的一部训诂之作，将儒家经传中难懂的同义词和各种名物，分别归类，逐一解释，但常人阅读起来仍感艰涩、不易理解。因此舍人特为之注，为当时人们利用《尔雅》和阅读其他儒家经典提供了便利。《尔雅注》包含了舍人对儒典的独立见解，本身即意味着对儒学发展的贡献。清儒郑珍、莫友芝合纂《遵义府志》评价舍人《尔雅注》说："注古所未训之经，其通贯百家，学究天人。"[①] 在西汉时，对于多民族地区的贵州，对于贵州少数民族先民的哲学文化思想

---

① （清）郑珍、莫友芝纂：《遵义府志》卷三十三，《中国地方志集成·贵州府县志辑》33，巴蜀书社2006年影印本，第120页。

观念来说,《尔雅注》的影响及意义,不同凡响。盛览是汉武帝时的牂牁(今贵州省大部及广西、云南部分地区)名士,字长通。在汉儒及辞赋家司马相如奉命通西南夷时,投师门下,从司马相如学到了儒家对教育的重视、对人才培养的思想,并尝学习作赋。盛览学成回到贵州后,积极从事教育事业,传播儒学,并与其他地区进行文化交流。清邵远平《续宏简录》说:"司马相如入西南夷,士人盛览从学,归以授其乡人,文教始开。"① 尹珍(字道真)为东汉牂牁郡毋敛(今贵州正安县)人,曾千里跋涉到京师洛阳,拜汝南许慎、应奉为师,研习五经文字。学成回归故里,建草堂三楹,开馆教学,西南地区始有学校教育。《后汉书·南蛮西南夷列传》称:"桓帝时,郡人尹珍自以生于荒裔,不知礼义,乃从汝南许慎、应奉受经书图纬,学成,还乡里教授,于是南域始有学焉。"② 两汉贵州"三贤",积极自觉地接引中原儒学,在多民族的贵州勠力倡扬传播,影响久远。民国时期,在尹珍的家乡设置了道真县,道真县和贵阳均建有道真祠,可以从中感受到儒学的传播及影响对于当地包括少数民族哲学文化思想观念所产生的潜移默化作用。

(三)两汉三国时期"蜀学比齐鲁",文翁扬雄大化蜀地"蛮夷风"

四川在两汉三国时期为巴、蜀诸郡及蜀汉政权所辖,其民族之思想文化发展受到了儒学的显著影响。《汉书·文翁传》谓:"文翁,庐江舒人也。少好学,通《春秋》,以郡县吏察举。景帝末,为蜀郡守,仁爱好教化。见蜀地僻陋有蛮夷风,文翁欲诱进之,乃选郡县小吏开敏有材者张叔等十余人亲自饬厉,遣诣京师,受业博士,或学律令。……数岁,蜀生皆成就还归,文翁以为右职,用次察举,官有至郡守刺史者。"③ 蜀地原本"僻陋",较多少数民族先民聚居因而甚有"蛮夷风",幸而早得儒学传播影响和礼义教化,致使蜀地文教"大化","蜀学比于齐鲁"④。这是当时中国其他"四夷"民族所属地域难以企及的。郡守文翁首创"学官"推动

---

① (清)郑珍、莫友芝纂:《遵义府志》卷三十三,《中国地方志集成·贵州府县志辑》33,巴蜀书社2006年影印本,第121页。
② 《后汉书·南蛮西南夷列传》,中华书局1965年版,第2845页。
③ 《汉书·循吏传》,中华书局1983年版,第3625页。
④ 《汉书·循吏传》,中华书局1983年版,第3626页。

了蜀地儒学发展，使其民风"大化"。文翁"修起学官于成都市中，招下县子弟以为学官弟子，为除更徭，……县邑吏民见而荣之，数年，争欲为学官弟子，富人至出钱以求之。由是大化，蜀地学于京师者比齐鲁焉。至武帝时，乃令天下郡国皆立学校官，自文翁为之始云。文翁终于蜀，吏民为立祠堂，岁时祭祀不绝。至今巴蜀好文雅，文翁之化也"①。"郡国"即郡和国。汉初，兼采封建及郡县之制，分天下为郡与国。郡直属中央王朝，国封诸王、侯，分别称为王、侯国。东汉时，四川除了置蜀、广汉、犍为、越巂、巴郡，又置广汉属国、蜀郡属国、犍为属国，这些属国为边郡，地位与郡等。作为"蛮夷"属国，与所属之郡的联系自然密切，自然也受到了儒学的传播影响。

西汉蜀郡扬雄儒学，崛起巴蜀，独树一帜，影响弥深。扬雄拟《易》作《太玄》而创立以"玄"为本的哲学体系，揭示了天道、地道、人道的宇宙图景，具有合道于儒、以儒合老，凸显天地人及万物始、中、终，下、中、上，思、福、祸"一以三起""一以三生"的三分思维学术特色。东汉桓谭评价说："扬子之书文义至深"；扬雄仿《论语》作《法言》形成其儒学宏论，桓谭则认为"而论不诡于圣人"，并断言扬雄书"必传"②，即得到传播。事实正是如此，《汉书·扬雄传》载："自雄之没至今四十余年，其《法言》大行，而《玄》终不显，然篇籍具存。"③ 扬雄是蜀学中第一位建立了儒学思想体系的儒家学者，扬雄儒学使蜀学进一步比于齐鲁，增强了文翁兴学教化、改变蛮夷风的影响。尤其扬雄民族和融、"远人咸慕"、"四表欢心"的夷夏观，更突出表明其以儒和边、"文德以来"的夷夏观念。《法言·孝至》序曰："孝莫大于宁亲，宁亲莫大于宁神，宁神莫大于四表之欢心。"④ 扬雄将"四表欢心"即中华大一统、多民族和悦相处置于以"孝"为融摄的至上伦理观念中。"汉德，其可谓允怀矣！黄支之南、大夏之西、东鞮、北女，来贡其珍。汉德其可谓允怀矣，世鲜焉！荒荒圣德，远人咸慕，上也；武义璜璜，兵征四方，次也；宗夷猾夏，蠢迪王人，屈国丧师，无次也。麟之仪仪，凤之师师，其至矣乎！螭虎

---

① 《汉书·循吏传》，中华书局1983年版，第3626—3627页。
② 《汉书·循吏传》，中华书局1983年版，第3585页。
③ 《汉书·循吏传》，中华书局1983年版，第3585页。
④ 纪国泰：《〈扬子法言〉今读》，巴蜀书社2010年版，第374页。

桓桓，鹰隼骏骏，未至也。或曰：'訩訩北夷，被我纯缋，带我金犀，珍膳宁糊，不亦享乎？'曰：'昔在高、文、武，实为兵主。今稽首来臣，称为北蕃，是为宗庙之神、社稷之灵也。可不享？'龙堆以西，大漠以北，乌夷兽夷，郡劳王师，汉家不为也。朱崖之绝，捐之之力也。否则，介鳞易我衣裳。"① 扬雄之论，视文德、圣德、仁德、汉德感佩四夷、四夷仰慕为最高境界，其以儒化夷、用夏变夷的观念，具有独到的思想内涵。扬雄儒学既体现着汉代儒学的理论创造，又开创于多有"蛮夷风"的民族地区巴蜀，对于少数民族先民哲学文化思想观念的传播影响之意义，则是中原儒学所不及的。

三 深入影响：儒学与少数民族哲学形态的孕育生成

两晋"十六国"时期，玄学风靡，同时佛学潮兴。南北朝隋唐时期，佛学进一步发展，在儒释道三教鼎立的思想文化格局下，儒学在我国少数民族哲学文化思想观念中的传播影响，更加广泛深入，且广泛性与深刻性交织、彼此渗透；许多"四夷"民族对于儒学文化有了进一步的认识和理解，有的少数民族先民的哲学文化包括思维水平甚至显现出与一定时期儒学文化的交流融通性或理论同构性特征。

十六国时期，在我国北方建立的诸多兄弟民族政权，常常将儒学作为其主流意识形态，在与佛教的关系上，无论从建立封建秩序的礼制之需要而言，还是从重视传统儒学、尊孔读经、礼待儒生等方面来说，这些兄弟民族政权或是儒佛并尊，或是兴儒抑佛甚至反佛斥佛，儒学在该时期获得了空前的多民族认同。前文已略有所述。又如《晋书·慕容廆载记》曰："平原刘赞儒学该通，引为东庠祭酒，其世子皝率国胄束修受业焉。廆览政之暇，亲临听之，于是路有颂声，礼让兴矣。"② 匈奴、鲜卑、羯、氐、羌诸少数民族统治者，崇尚儒学，以儒为重，大都重视设馆立学，推行儒学教育，从而儒风隆盛，儒术昌明，促进了我国北方少数民族与汉族间的团结交融，推进了少数民族的封建化过程，儒学传统得以延续、保存，儒家文化得到弘扬，华夏民族凝聚力进一步增强。

---

① 纪国泰：《〈扬子法言〉今读》，巴蜀书社2010年版，第396—400页。
② 《晋书·慕容廆载记》，中华书局1974年版，第2806页。

换个维度看儒学：中国少数民族视阈的儒学初论

到了唐代，岭南少数民族先民所受到的儒学浸润熏陶，表现出进一步扩大与深化之态势。曾任桂州刺史兼岭南道按察使的张九龄，遵行周孔之道，哲学上承袭董仲舒天人感应论思想，认为"天者，百神之君，而王者之所由受命也"①，启圣者天也，受命者圣也，必有以明征。神不言而可知，时将至而先兆。②"乖政之气，发为水旱。天道虽远，其应甚速。……一吏不明，匹妇非命，则天为之旱。"③因此，用才之道，宜重其选。张九龄终生以儒家政治理论作为其从政的指导思想，议论时政，以道事上，针砭时弊，以道匡弼。作为岭南人的唐朝宰相，张九龄的儒者风范和以儒家思想为指导执政岭南，对岭南地区及其少数民族的思想意识和哲学观念，自会产生重要影响。中唐时期韩愈、柳宗元贬官岭南，对儒学在岭南地区及其少数民族中的传播发挥了重大作用。韩愈一生三入岭南，写下了在岭南传播儒学以影响岭南少数民族哲学文化思想观念的历史篇章。明万历进士黄琮评价道："潮故粤之东底，风气未辟。自昌黎请置乡校，延赵德为之师，而文学彬彬，遂称海滨邹鲁。"④可见韩愈在岭南及其少数民族地区对于促进儒学传播影响的作用之大。柳宗元通过佛教来辅助和施行儒家教化，在其撰作的《柳州文宣王新修庙碑》中，曾经描述道："仲尼之道，与王化远迩。惟柳州古为南夷，椎髻卉裳，攻劫斗暴，虽唐、虞之仁不能柔，秦、汉之勇不能威。至于有唐，始循法度，置吏奉贡，咸若采卫，冠带宠令，进用文事。学者道尧、舜、孔子，如取诸左右，执经书，引仁义，旋辟唯诺。中州之士，时或病焉。然后知唐之德大以遐，孔氏之道尊而明。……昔者夫子尝欲居九夷，其时门人犹有惑圣言，今夫子去代千有余载，其教始行，至于是邦。人去其陋，而本于儒。孝父忠君，言及礼义。"⑤这充分反映了包括柳宗元在内的士人学者在该少数民族地区积极宣扬传播儒学、注重熏染教化而取得的显著成效。

儒学与彝族哲学文化的关系具有特殊的深刻性。彝族先贤对宇宙起

---

① （唐）张九龄撰，熊飞校注：《张九龄集校注》卷二十，中华书局2008年版，第1091页。
② （唐）张九龄撰，熊飞校注：《张九龄集校注》卷五，中华书局2008年版，第404—405页。
③ （唐）张九龄撰，熊飞校注：《张九龄集校注》卷十六，中华书局2008年版，第846页。
④ （明）黄琮：《重修潮州府儒学记》，转引自何成轩《儒学南传史》，北京大学出版社2000年版，第196页。
⑤ （唐）柳宗元：《柳州文宣王新修庙碑》，《柳宗元集》卷五，中华书局1979年版，第124—125页。

第二章 儒学与我国少数民族哲学文化关系发展的历史之维

源、天地万物生成变化、宇宙结构等宇宙图景的理论观察，或对自然哲学的观念论述、思想体系和思维方式的思考，与先秦两汉中原儒学表现出高度的契合与互应。彝族典籍《宇宙人文论》中丰富的元气、阴阳、五行、八卦等观念与《易传》及汉代天人儒学，具有较深的同构融通性特征。我们尚未寻找到直接的资料可以判定彝族哲学形成发展的理论渊源，但其所显现出来的与中原儒学深刻的交流融通关系，却有重要的比较价值和意义。① 一是关于有机自然观的基本哲学观念，二是基于类比推理的思维方式方法。彝族哲学和汉代天人儒学分别以阴阳五行和八卦为框架而建构起了既有共同特征亦有区别的宇宙观念系统，并且都是在感性经验事实的基础上来认识和把握自然现象、社会现象，表现为类比推理的思维方式和运思方法。

儒学西渐对我国西部少数民族哲学文化思想观念之影响，以唐朝与吐蕃之间的和亲及政治、文化交流等途径和形式而表现出来。文成公主与吐蕃赞普松赞干布的和亲，不仅是汉藏之间民族和谐的历史佳话，也是包括儒学在内的中原文化对于吐蕃的一次重要输入，随后吐蕃松赞干布"遣诸豪子弟入国学，习《诗》《书》。又请儒者典书疏"②。金城公主更进一步："时吐蕃使奏云：'公主请《毛诗》《礼记》《左传》《文选》各一部。'制令秘书省写与之。"③ "命有司写《毛诗》《礼记》《左传》《文选》各一部。以赐金城公主。从其请也。"④ 史载唐时的吐蕃大臣、重臣（如仲琮、名悉猎等）常常出使唐王朝或"诣太学读书"，有的甚至达到深谙中原文化尤其儒学的程度。敦煌莫高窟藏经洞所藏历史文献，有儒家经典十三经，同时还有《春秋后国语》《汉地儒教智慧格言集》等藏文译本，以及汉藏对译的汉文文献如《孝经》《千字文》等。⑤ 可以看出，当时吐蕃社会既已能够持续深入地接触和学习了解儒家典籍，且重视接纳并传播儒学文化，如果从文化发展的可能性和民族思维的价值取向研判，根据吐蕃时

---

① 因此，我们认为，这种具有相同的概念范畴、理论结构和观念特征的彝族哲学类似于汉代的天人儒学，可简称为"似儒"的理论形态。
② 《新唐书·吐蕃传》，中华书局1986年版，第6074页。
③ 《旧唐书·吐蕃传》，中华书局1986年版，第5232页。
④ （宋）王溥撰：《唐会要·蕃夷请经史》，王云五主编：《丛书集成初编》第819册，上海商务印书馆1939年版，第667页。
⑤ 见余仕麟、刘俊哲、李元光等《儒家伦理思想与藏族传统社会》，民族出版社2007年版，第321—329页。

期藏民族社会的文化构成与其对于中原文化和儒学的热忱态度,没有理由排斥或否定吐蕃会继续向着趋近于儒家文化方向发展的可能性。

五代十国两宋时期,一方面儒学继续深入地向少数民族哲学文化思想观念进行传播影响,另一方面少数民族哲学文化思想观念开始在认同接纳儒学的前提下走向吸收融会,由之前基本上单向度的儒学传播影响,演进到我国少数民族哲学文化主体意识增强,以本民族哲学思想文化观念为母体的自觉消化、初步阐释和融合儒学,使得儒学与我国少数民族哲学文化的关系更趋紧密,对于中华各民族团结进步、和谐发展的促进作用进一步增强。思想文化领域的这一变化进展,是由于该时期我国少数民族地区经济社会有了跨越性发展,终两宋之世,经济、科技、商贸的发展,推动思想学术的升华深化与进一步辐射传播,以至有了理学之"新儒学"形态和对少数民族哲学文化思想观念进行新的融摄会通。这一时期,云南白族先民中的"儒释"或"释儒"、西夏党项羌族的儒学,可以作为代表。

两宋时期儒学继续深入地对我国少数民族哲学文化思想观念进行传播影响。以岭南来说,儒学的传播对于该地区少数民族哲学文化思想观念的进步发展产生了更加重要的影响,在宋代表现为全国各地州以下包括少数民族地区普遍设置教授儒经的学校,周敦颐、二程、苏轼、张栻等儒家学者在岭南的儒学创建活动以及对儒学的推行等,都积极地影响到了岭南少数民族哲学文化思想观念的生成确立。

云南历史上大理国时期的白族僧侣多被称为"儒释"或"释儒",因其基本上是饱读儒书的佛僧,这些"儒释"在寺中教儿童既念佛经又读儒书,佛寺在某种意义上也成为传授弘扬儒学的场所。元郭松年《大理行记》记载:"师僧有妻子,然往往读儒书,段氏而上有国家者设科选士,皆出此辈。"[1] "师僧"即"儒释"。大理国时期的僧侣崇释习儒,有"其流则释,其学则儒"的特点。《南诏图传·文字卷》曰:"儒释耆老之辈,通古辨今之流。"[2] 大理国的经幢作为佛教石幢,其造幢记中的文字内容所浸透着的儒家思想,也体现了释与儒的紧密结合。"大理"之国,就是

---

[1] (元)郭松年撰,王叔武校注:《大理行记校注》,云南民族出版社1986年版,第23页。
[2] 《全唐文补编》下册《南诏中兴二年画卷题记》,中华书局2005年版,第2399页。

第二章 儒学与我国少数民族哲学文化关系发展的历史之维

"大礼"①,"礼"与"理"映现着的是段氏白族的儒学理念及其价值观。总体而言,大理国文化融合儒、释,促进了云南历史上民族文化的发展。

历史上党项族建立了西夏政权,党项为羌人一支,即党项羌。1038年李元昊建国时以夏为国号,称"大夏",宋因其在西方而称之为"西夏"。党项族所建西夏,在思想观念上尊崇佛教与儒学,从学校教育到社会教化,实际上儒学的文化结构已深深地移植于西夏,占据了以党项羌族为主体的西夏文化的核心和主导地位,具有蕃表或佛表而儒里的精神特征。有研究认为:"西夏文化的发展呈现出两条并行的路径,即在官僚体制及政治文化上鲜明地打着儒家的烙印,而在思想意识、宗教信仰上几乎是佛教的一统天下。这是一个很值得玩味的文化现象。"② 但从马克思所论证的野蛮的征服者总是被那些他们所征服的民族的较高文明所征服这一历史定律来说,西夏接纳并积极地阐释儒学,以崇尚汉礼、推尊儒学为一种国家意识形态,奉孔子为"文宣帝"③,渐行中国之风,认为"经国之模,莫重于儒学"④,具有深刻的历史进步意义。

10—11世纪契丹族建立的辽朝(916—1125),从耶律阿保机到以后各代,重视儒学的程度不亚于党项族的西夏,儒家思想文化渗透到辽王朝社会生活的各领域,对历史上契丹族的心理结构和价值观念产生了深刻影响。女真族的金朝继辽之后,虽与北、南两宋攻伐对峙,在意识形态上与宋王朝却没有本质区别,以义理之学为标志的宋代儒学,可能还尚未传及女真族,但随着女真族封建化的加深,儒家思想亦渐行渐盛,以金熙宗、金世宗、金章宗为代表,兴儒学,修孔庙,行科举,重儒典,把《易》《书》《论》《孟》译成女真文字颁行于世,儒家文化被消化融会到了女真民族精神之中。

---

① 据《新唐书·南蛮中》载,南诏第12代王世隆,"其名近玄宗嫌讳",唐即停止了对南诏王的册封,于是世隆"僭称皇帝,建元建极,自号'大礼国'"。后来段氏段思平取得政权而得国,沿用"大礼"并改称"大理国",且都城亦在原址并改羊苴咩城为大理(中华书局1975年版,第6270页)。

② 李华瑞:《论儒学与佛教在西夏文化中的地位》,杜建录主编:《西夏学》第1辑,宁夏人民出版社2006年版。

③ (清)吴广成撰,龚世俊等校证:《西夏书事校证》卷三十六,甘肃文化出版社1995年版,第416页。

④ (清)吴广成撰,龚世俊等校证:《西夏书事校证》卷三十一,甘肃文化出版社1995年版,第359页。

四 转化创新：儒学与少数民族哲学的理论发展

儒学与我国少数民族哲学文化思想观念的关系在元明清三朝有了更加深刻的发展和重要转变，呈现出融合创新的精神面貌，即儒学经过少数民族哲学文化思想观念的融摄转化和少数民族哲学家富有特色的疏解阐释、增益创新，成为分别具有不同观念特质的中国少数民族儒学形态；一些少数民族哲学文化思想观念在转化创新儒学过程中得到巨大丰富发展，使儒学成为其哲学文化思想观念不可分割的有机组成部分，有的在思想深刻性和理论丰富程度上所达到的学术成就，甚至与同时期汉族儒学的发展水平相当。最显著和典型的是我国少数民族中的"释儒"和"伊儒"，或者说，元明清三朝是儒学与我国各少数民族哲学文化思想观念广泛深入融合、创新发展的高峰期，因此，在思想体系和理论形态上诸如蒙古、白、彝、藏、回、满、壮、维吾尔等民族的哲学都获得了更强的文化生命和进一步的理论发展。

有元一朝，佛儒并举。但是，尽管藏传佛教为蒙古族贵族统治者所崇奉，实际上，"行汉法"和以儒立国才发挥了更加深刻而重大的作用，不仅元代的赵复、姚枢、许衡等儒家学者，在传播推广儒学，经国立本，广育人才，使蒙古族子弟接受儒学教育等方面，发挥了重要作用，而且，诸如耶律楚材（契丹族）、保巴（蒙古族或色目人）、廉希宪和贯云石（畏吾儿人）等当时我国少数民族的儒学之士均取得了显著的学术成就，体现出融创发展儒学、促进民族文化进步提升的思想特点。据史学家陈垣先生《元西域人华化考》所论，"西域人"即"色目人"，元代时"多敦诗书而说礼乐"[1]。其中又有如畏吾儿氏的廉希宪为纯儒，不忽木、嶔嶔、伯颜师圣等为西域理学名儒。在"释儒"中，"阿鲁浑萨理（畏吾儿）之学，先释而后儒"[2]；贯云石（小云石海涯）则可称为由儒而后归于佛，其著《孝经直解》，词曲中常亦吸纳儒学尤其是易学精神，是元时少数民族士人学者中之"释儒"的代表。我们知道，整体来说，在中国思想史的画卷里，元代思想是色彩比较浅淡的一页，元代儒学也没有太大的创造性发展

---

[1] 陈垣：《元西域人华化考》，上海古籍出版社2008年版，第3页。
[2] 陈垣：《元西域人华化考》，上海古籍出版社2008年版，第26页。

第二章　儒学与我国少数民族哲学文化关系发展的历史之维

或辉煌创进，元代儒士的社会地位并不算高。① 而从另外一种角度观察，像保巴集儒者、思想家、官员、蒙古族等各角色于一身，其易哲学思想融合了宋儒的理学观念。融合即意蕴着创造，创造离不开融合。保巴所代表的易哲学儒学也显示了少数民族的儒学身份。保巴解易，注重义理，不废象数，兼收并蓄，承继传承了宋代理学。《四库全书总目提要》引黄虞稷《千顷堂书目》称，保巴易学"本程子之说，即卦体以阐卦用"，并评价保巴"根柢宋儒。阐发易理无一字涉京、焦谶纬之说"，推进了理学在元代的发展，发挥着以德治仁政等儒家政治理念影响、改造元代政权的积极作用。保巴秉持儒学的经世致用之风，注重周易的政治、伦理、教育等思想，力求引导人们尤其是蒙古族贵族统治者从中汲取修身、齐家、治国、平天下的精神营养，与元儒许衡提出"行汉法"的政治主张，具有政治理念上彼此呼应的现实意义和积极作用。保巴主张"事天之道，济民为先"②，安邦治国"法不可甚，用不可侈，赋不可苛"③，发挥《易传》提倡的"节以制度，不伤财，不害民"等孔子儒学"博施于民而能济众"的原则，提出"上以风化下"④、教化和刑罚并重、礼乐教化为主、导民为善等儒家政治伦理思想，显示了其对于理学的理论认同和价值褒扬，包含着在儒学共同价值理念统摄下的民族和谐、团结进步的深刻意义。当然，不可否认，保巴易哲学思想远不及于他所承继的理学家们的学术体系宏阔，对于理学易学所涉及的一些重要理论命题，也未能够深入辨析（如周敦颐的"主静"与二程的"主敬"），表现出其融摄多于创造、发展不及继承的特点，的确显示出保巴所标志的元代理学薄弱性一面。

---

① 陈垣先生认为："元初不重儒术，故南宋人有九儒十丐之谣，然其后能知尊孔子，用儒生，卒以文致太平，西域诸儒，实与有力。"（陈垣：《元西域人华化考》，上海古籍出版社2008年版，第8页）根据陈垣先生之论，元代"九儒十丐"之说，乃是"出于南宋人之诋词，不足为论据"。并引证清人王士禛所论："或谓九儒十丐，当是天历（陈垣先生说'天历应作延祐'。引者按）未行科举以前语。"又引宋元诗人谢枋得之论："滑稽之雄，以儒为戏者曰：我大元制典，人有十等，一官二吏，先之者贵之也；七匠八娼，九儒十丐，后之者贱之也。吾人岂在娼之下、丐之上乎！"（陈垣：《元西域人华化考》，上海古籍出版社2008年版，第119页）并明确地说："元时并不轻视儒学"，且元代对于儒学的重视，西域诸儒也即像廉希宪、贯云石等少数民族士人学者，"实与有力"焉。
② （元）保巴撰：《周易原旨 易原奥义》，陈少彤点校，中华书局2009年版，第69页。
③ （元）保巴撰：《周易原旨 易原奥义》，陈少彤点校，中华书局2009年版，第194页。
④ （元）保巴撰：《周易原旨 易原奥义》，陈少彤点校，中华书局2009年版，第62页。

明代白族宿儒李元阳，其融合释、道，转化创新儒学所取得的思想成就，更是代表了我国历史上少数民族"释儒"的文化品格。李元阳一方面参禅入儒，即在儒学中掺入佛学的观念和理论精神，从而诠释儒学、改造佛学。如他说："《圆觉》《楞严》《维摩诘所说经》，直指此心，即道精微玄妙，读此然后知子思子之《中庸》，为孔子之嫡传。"① 另一方面，李元阳又表现出以儒融佛的思想风貌。如他说："率性之谓道，顿悟此性也；修道之谓教，渐修此性也。顿悟诚而明，知至也；渐修明而诚，致知也。"② 其实，李元阳是徜徉于儒、佛、道之间，坚持"不主儒，不主释，但主理"③ 的兼收并蓄、广泛融合的立场，体现出综合创新的文化意义，特别是在明代时白族大都信仰佛教的精神环境中，李元阳融合儒释道，对于促进中华各民族文化交融互鉴、民族和谐进步，更有其深刻的思想价值。

作为明末清初的白族（或彝族）"释儒"，高奣映与李元阳不同，他并不用佛教的理论去诠释儒家，也不拿儒家的思路来观照佛教，而采取的是一种随破随立的方式，从儒释文本中分别汲取概念或命题，然后进行各自独立的分析阐论。他在康熙时期承袭云南姚安府土同知，由于受祖、父辈的深刻影响，笃信佛教，史学家陈垣先生称其属于"士大夫之禅悦"④ 群体，著有佛教地理学之作《鸡足山志》、佛经注疏《金刚慧解》等；儒学著作则有《太极明辨》《四书注》《增订来氏易注》《春秋时义》和《理学粹》等。在《太极明辨》中，他建构了太极本体、理气先后动静、理宰气行以及"静""诚""复性""止至善"之修养工夫的理论体系。民国时期由云龙所纂《姚安县志》评论高奣映说："清季北平名流有谓清初诸儒应以顾、黄、王、颜、高五氏并列，非过论也。"⑤ 明末清初理学批评思潮中

---

① 《李中溪全集》卷十，《丛书集成续编》一四二，《文学类·诗文别集—明》，（台湾）新文丰出版公司1988年版，第760页。
② 《李中溪全集》卷十，《丛书集成续编》一四二，《文学类·诗文别集—明》，（台湾）新文丰出版公司1988年版，第766页。
③ 《李中溪全集》卷五，《丛书集成续编》一四二，《文学类·诗文别集—明》，（台湾）新文丰出版公司1988年版，第637页。
④ 陈垣：《明季滇黔佛教考》，河北教育出版社2000年版，第333页。
⑤ （民国）霍士廉修，由云龙纂：《姚安县志》卷四十二《学术志·学术概论》，第五册，中华民国三十七年铅印本。无页码。

第二章　儒学与我国少数民族哲学文化关系发展的历史之维

的顾炎武、黄宗羲、王夫之、颜元等,他们往往援依原始儒学和经典,以"我注六经"新的诠释方式来审视理学的悖谬,从而驳斥理学,一定意义上可以说是儒学历史上跨越理学的一次新的理论发展。高奣映作为一位少数民族"释儒",通过对于周敦颐、朱熹"无极而太极"这一重要理论命题的"明辨",确有与顾、黄、王、颜等理学批判精神相通或共同的"原儒"理论立场和观念特点,在中原儒学不易播及的云南边陲,高奣映这样的理论创获更具有了非同一般理学批判思潮所蕴含的增益儒学演进和融入民族地区社会生活的特殊意义。

我国回族由于其外源输入和民族共同体形成相对偏晚,其哲学及社会思想的民族特色异常突出,在与以儒学为代表的中国传统思想文化几近无隔膜地零距离接触或融合后,形成了我国回族既鲜明地具有本民族宗教信仰和宗教神学哲学思想观念,又有"以儒诠经""伊儒结合"的伊儒思想观念之文化形态。回族在我国"小聚居大分散"的特点更为其所生长发育出来的这种哲学文化思想观念,提供了有利的社会地理条件。

明代理学大放异彩,儒学对于回族哲学思想观念和民族文化的影响,总体上表现为回族群体社会生活中的伊斯兰教礼制、规范及宗教活动,较多地融合渗入了儒家文化的观念因素和精神内容,以至在回族的伊斯兰宗教习俗方面带有一定程度的儒家色彩。从学者、思想家、政治家个体来说,比较显著的儒学影响表现在,奉行理学、儒学与从学理上批评理学以推进儒学发展两种方向,这两种方向以偏于践行理学的海瑞和激烈反儒的李贽为代表。海瑞生于海南边陲,自幼清贫,受儒学熏陶,以清廉、刚直不阿著称于世,其哲学观念和思想理论受孟子及陆王心学影响,强调"心"的地位和作用,反对离"心"外求,具有心本论的基本哲学立场。明代李贽是回族人,无论是从其血统关系和近回环境,还是从他一生信伊归伊、信佛染儒的信念或观念历程来看,其思想都扑朔迷离、复杂难辨。我们姑且认为,李贽的祖父、父亲皆是回民[①],且从其在福建泉州的二世以降既有了伊斯兰回族的血统。李贽激烈批判理学,其思想观念中浸透了佛学观念并以之阐释儒学命题、哲学理论,是一位"异端"儒学家。从其思想观念的学术渊源来说,他的思想主要根源于阳明心学体系;从其立于

---

① 林海权:《李贽年谱考略》,福建人民出版社1992年版,第476页。

换个维度看儒学：中国少数民族视阈的儒学初论

反儒立场的理学批判精神来看，他主要是以自然人性论或"童心"说，揭露理学家的虚伪，判定理学欺世。无论是心学对李贽的直接影响，还是孔子儒学对其的深刻模塑，抑或是理学之弊及当时假道学所造成的社会乱象对他的负面震动，都足以表明儒学对李贽这一具有少数民族身份的士人学者的重要影响。从完整的中国思想史的角度来看，明清理学批判思潮中李贽反儒立场上的理学批判是有价值的。"李贽思想是对理学弊端最激烈、狷急的回应形式，多有可深究之处。"①

明代末期至清中叶，儒学对我国回族哲学思想观念之影响渗透、回族哲学对于儒学的转化创新，最显著的表现，是一批回族学者的汉文译著活动，即运用汉语把伊斯兰教和回族的经典教义、哲学思想、历史发展、人物传记、典礼制度、伦理道德等进行译介、著述和研究，包括译注和著述两部分内容，核心是以伊斯兰教哲理为底蕴的回族哲学思想理论，特色是结合、贯彻中国传统思想观念特别是儒学或宋明理学思想文化精蕴，阐释、诠解伊斯兰教经典、教义和哲学思想，即"回回附儒以行"或"以儒诠经"的儒伊形态，有学者将其称为明清"回回理学"或"回儒"②，主要代表人物是王岱舆、刘智、马注、马德新等。王岱舆③著《正教真诠》《清真大学》《希真正答》等，创建了伊斯兰"真一"哲学体系，包括宇宙论、本体论、认识论、心性论、修养工夫论等。该哲学体系，一方面看，可说是儒学化了的伊斯兰哲学；另一方面看，又可以说是儒家哲学在王岱舆这里获得了伊斯兰宗教哲学的理论形式。儒学尤其周敦颐、二程、邵雍、朱熹理学对王岱舆伊斯兰哲学思想观念的影响渗透，已经深入其哲学思想观念的骨髓。他将伊斯兰宗教哲学的"真主"观念，与理学的本体之理、无极太极、理一分殊、数理观念等有机融合，或者说以周敦颐、二程、邵雍、朱熹的理学思想诠释伊斯兰宗教哲学，既表现出王岱舆坚定的伊斯兰宗教哲学观念信仰，又表现了其对于周、程、邵、

---

① 崔大华：《儒学引论》，人民出版社2001年版，第677页脚注。
② 见孙振玉《王岱舆 刘智评传》，南京大学出版社2006年版，第24、25页。
③ 王岱舆的生卒时间，资料所限，今未能确知，研究者多以约略示之。根据白寿彝先生的考证和推断，王岱舆的生卒约在明万历十年（1592）至清顺治十五年（1658）；《王岱舆 刘智评传》的作者孙振玉教授认为："王岱舆大概是在清顺治十四年（1657）中秋前不久于北京去世的，死后葬在京西三里河富绅李氏坟茔中。"（孙振玉：《王岱舆 刘智评传》，南京大学出版社2006年版，第64、65页）

第二章　儒学与我国少数民族哲学文化关系发展的历史之维

朱理学极其深刻的吸收融摄以及改造转化。如，关于"无极""太极"及"动静"，这些在宋儒那里已经相当纯化了的重要儒学观念，王岱舆则一方面又重新掺入了道家的观念成分，另一方面将其改造成伊斯兰哲学的思想范畴。又如，王岱舆将造物主"真一"本然之"动""静"，分为"本然之动静""维持之动静"和"静体动用"等，与宋儒朱熹的"太极（理）含动静""太极（理）有动静"和太极（理）不是动静之思想，亦显著不同。"无极""太极"及"动静"，在王岱舆的伊儒哲学中，基本上被完全改造成了服从、服务于其真主、真一、数一的伊斯兰宗教哲学观念了。

清代另一位回族学者刘智①的伊斯兰哲学对于儒学或理学的转化创新，与王岱舆等明清回族学者的汉文译著基本上具有共同的思想特质和观念建构理路，甚至说更是深入到其最根柢的层次和结构。一方面，刘智最高的观念范畴为真主、真一、真宰、真理；另一方面，其阐释、诠解、论证这些最高观念范畴的环节和层面，就是伊儒哲学，就是性理儒学。换言之，我们认为刘智等回族学者的性理儒学鲜明地体现出戴有伊斯兰哲学（真一独一）之冕的特征。"回回理学所讲的理，除了讲它是'真宰之本然'的化身，即讲理是有出处的外，其他含义与宋儒基本上没有什么太大的区别。"②

明清两朝云南的马注③、马德新，分别是元代忽必烈时期治滇并传播弘扬儒学的赛典赤·赡思丁的15和21世孙。作为回族经典汉文译著的作者，他们的理论建树及受儒学影响之深，或者说他们伊儒融合的观念特色，与王岱舆、刘智共同形成并代表了明清"回回理学"的学术思潮。马注的主要著作是《清真指南》，马德新用理学观念思维深研伊斯兰信仰的著作主要有《四典要会》《大化总归》《性命宗旨》《会归要语》等。马注、马德新的观念基础和思想体系，与儒学的影响和伊斯兰教的弘扬密不

---

① 刘智的生卒年代，文献记载或研究者各持一说。据《王岱舆 刘智评传》（南京大学出版社2006年版）的作者孙振玉教授的考证，约为清康熙八年（1669）前不久至雍正晚年（1735）以前。（孙振玉：《王岱舆 刘智评传》，南京大学出版社2006年版，第211页）

② 孙振玉：《王岱舆 刘智评传》，南京大学出版社2006年版，第235页。

③ 马注的生卒及年齿，亦有不同判定。萧万源等著《中国少数民族哲学史》持马注生于明崇祯十三年（1640），卒年不详之说；《哲学大辞典·中国哲学史卷》（上海辞书出版社1985年版），确定为1640—1711，孙俊萍编著《伊儒合璧的回族哲学思想》（宁夏人民出版社2008年版），认同此说。

可分；他们哲学思想理论之特色，可以判定为即伊即儒、亦伊亦儒，是典型的伊儒融合论。马注主张兼通伊斯兰经义和儒学义理，倘"经不通儒，若苗而不秀；儒不通经，若秀而不实"①。"经不通儒，不能明修齐治平之大道；儒不通经，不能究原始要终之至理。"② 喻伊斯兰经义与儒学义理如同禾苗与花卉果实的关系，明确表达了马注伊儒融汇的思想取向和理论观念。所以马注认为："故回之与儒，教异而理完全同也。"③ 马德新同样对于儒学之价值具有高度肯定，他在实践中从事伊斯兰教和"儒道"互融，认识到儒学对伊斯兰教哲学具有深刻而重要的作用。马德新把伊儒间的渗透融合关系再一次推向了巅峰。马注、马德新是坚定的伊斯兰信仰者，他们的思想观念中，真主"独一""真一"之"一"具有本原、本体地位。但是一进入论证"真主""真一"为"造化原主"的理论层面，他们与王岱舆、刘智等回族理学家就具有了共同的思维理路，即无不步入儒学园地，或者说以儒证伊，俨然就是儒学观念、儒家话语、理学逻辑。如马注等"回回理学家"主张通过"格物穷理""致知格物"的途径达到"察至理""明明德""归真复命"的修养目标，与儒学尤其是程朱理学的"穷理尽性以至于命""致知力行"等思想观念并无二致，不同只在于"认得真主"与"与理为一""与物同体"的目标之别。当然马注等"回回理学家""我不见一物则已，第见一物，便认得主"④ 的"易简工夫"与理学由积累而贯通的穷理过程论，虽然显示出一定的差异但与心学又有相似之处，正因为这样的差异和不同，才使明清间"回回理学家"得以建构"伊儒"哲学。

五 本章结语

综上所述，儒学与我国少数民族哲学文化思想观念"和而不同"、交融互动的关系从孕育到递进发展，形成带有我国各少数民族文化母体、精神特质的诸多儒学独特理论形态，不断展现出儒学新的精神生命，同时也

---

① （清）马注：《清真指南》，余振贵标点，宁夏人民出版社1988年版，第429页。
② （清）马注：《清真指南》，余振贵标点，宁夏人民出版社1988年版，第435页。
③ （清）马注：《清真指南》，余振贵标点，宁夏人民出版社1988年版，第77—78页。
④ （清）马注：《清真指南》，余振贵标点，宁夏人民出版社1988年版，第77页。

使得少数民族哲学思想萌芽得到儒学催生、发育生长受到儒学影响、哲学形态形成获得儒学浸润、理论建构具有吸收转化、融合创新儒学的特色，是中华民族文化多元一体、一体多元和谐发展的重要生长地和策源处；显现出儒学与我国少数民族哲学文化关系由外在到内生地创造性转化、创新性发展，促进了中国少数民族儒学多元化理论形态的创新性建构，包括融合佛教思想的"释儒"（白族李元阳），与伊斯兰教哲学相结合的"伊儒"（"回回理学家"），具有相对独立发展以彝族哲学为主要标志的"似儒"，在明清之际理学批判思潮中形成的以反道学见称的"反儒"（李贽），以原儒为基本特征的"辨儒"（白族或彝族，高奣映），和以"追踪濂洛关闽"或推尊朱子为主的服膺之儒（蒙古族保巴、壮族刘定逌、满族玄烨等）。经过不同程度、形式融摄了儒学的各少数民族哲学文化思想观念，进一步构成为中华传统文化重要的有机组成部分，既为儒学发展提供了新的条件和契机，同时给予儒学以多样性反哺和增益。这样的精神文化姻缘和互促性精神创造，是中华各民族团结统一、和谐共进、文化交融互鉴、铸牢中华民族共同体意识的重要传统思想文化资源。

第三章 我国岭南少数民族地区的儒学传播和影响

我国南方五岭之南的地区称岭南，包括现在的广东、广西、海南全境，以及湖南、江西等省的部分地区，历史上也曾包括属于中国皇朝统治的越南红河三角洲一带，现在一般特指广东、广西和海南三省区。五岭由越城岭、都庞岭（一说揭阳岭）、萌渚岭、骑田岭、大庾岭五座山岭组成，大体分布在广西东部至广东东部和湖南、江西几省区交界处，是中国江南最大的横向构造带山脉，是长江和珠江两大流域的分水岭。历史上南岭山脉曾长期阻碍着岭南地区与中原的交通及经济等联系，致使岭南地区的经济、文化远不及中原地区，故多称此地为"蛮夷之地"。《晋书·地理志下》将秦代所立的南海、桂林、象郡称为"岭南三郡"，明确了岭南的区域范围。岭南又称岭外或领表。

一 我国岭南少数民族地区汉唐时期的儒学传播影响

儒学文化在岭南具有广泛的传播、深刻的影响、长足的发展。如果注目于岭南儒学传播影响和发展的辉煌的历史时点，大体可以说，两汉三国时期已蔚为大观，蔚然成风；唐代进一步扩大与深化；宋明时期儒被岭南规模空前，形成灿然辉煌之势。据文献记载，海南在明代时已是"文风丕变，鼎臣继出"，"习礼义之教，有华夏之风"[①]了。因而，岭南的少数民

---

① （清）顾炎武：《天下郡国利病书》第102卷《广东六》，《顾炎武全集》（第17册），黄珅校点，上海古籍出版社2011年版，第3309页。

族及其哲学文化也随之受到相应的儒学浸润习染及其影响。①

二 我国岭南少数民族地区两宋时期的儒学传播影响

两宋时期儒被岭南规模空前，形成灿然辉煌之势。岭南的少数民族及其哲学文化也随之受到相应的儒学浸润习染及其影响。蜀学大儒苏轼和张栻，与我国岭南地区少数民族的哲学文化发展，具有一种特殊的关系，各自作出了独有的贡献。

由于宋代实行佑文政策，重视发展儒学文化教育，大大推动了儒学在岭南的传播发展，同时促进了岭南少数民族哲学文化的进步。宋代在全国各地州以下设置教授儒经的学校，至明代府州县学及乡村社学，一应俱全。另外主要传播儒家学说之书院兴起，比肩于地方官学，儒学大盛。据清道光《广东通志》和光绪《广州府志》载，宋代广东、海南地区共有州县学63所，书院41所，广、雷、梅诸州还办起了专收童稚就读的小学；据现存广西地方志载，宋代广西有府州学20所，县学21所，书院9所，另有私塾之学，卓然形成了崇儒习经之风，弦诵之声，洋洋盈耳。元代五十余年，科考中广东（包括今海南）32人中进士，广西10人，地方官吏兴学重教，僻远如岭南，学校书院亦随处可见。值得指出的是，一些壮族子弟常科登第，踏入了仕途。宋代以及元明重教兴学的结果，使儒学在岭南各民族社会中的地位，比以往任何时候都高，其影响也较前朝更加广泛深刻。如广西，即使是偏远的桂西壮族山区，同样办有学校，崇儒重道，建学立师，社会风俗习尚和壮乡人们的精神面貌、伦理道德都发生了较大的变化。

周敦颐、二程在岭南的儒学活动及其对儒学的推行，积极地影响到岭南的少数民族哲学和文化。有理学奠基之功的周敦颐，曾任南安军司理参军、广南东路转运判官、广南东路刑狱，其父周辅成官至贺州桂岭（今广西贺州市八步区）令，与二程之父程珦同时并相识。程珦知广西龚州（今广西平南）时，携子二程兄弟来到龚州城西十余公里处的畅岩读书讲经，并于北宋皇祐元年（1049）邀周敦颐来龚州畅岩设馆，教读程颢、程颐。

---

① 本部分内容详见第一、二章。

周敦颐还率二程先后到过广西浔州（今广西桂平）西山、罗丛山等处设馆，讲学读书，当地一些士人亦从游受业。周敦颐、二程在广西讲学读书，产生了久远深广的影响，如广西平南的"天南理窟"崖刻至今尚存。

北宋鸿儒苏轼与岭南尤其海南少数民族具有很不寻常的关系。苏轼一生仕途多舛，作为"元祐党人"，于宋哲宗绍圣四年（1097）至元符三年（1100）遭贬至儋州（治所在今海南儋州市），在这"天涯海角"被当时视为蛮貊瘴疠的"非人所居，药饵皆无有"①之地，苏轼却从三个方面播撒下了儒学的种子，影响化育了海南儋州黎族这一少数民族，使得黎族百姓更多地熏染儒学而使其精神面貌显著改观。一是苏轼入儋后即与黎族百姓交朋友、增进友谊。他曾表示"九死蛮荒吾不悔，兹游奇绝慰平生"②。苏轼与海南黎族乡亲共同生活了3年，结成了不同寻常的关系，结下了深厚的情谊，播撒下了儒学的种子，谱写了名垂后世民族团结平等的历史篇章。苏轼《别海南黎民表》诗云："我本海南民，寄生西蜀州。忽然跨海去，譬如事远游。平生生死梦，三者无劣优。知君不再见，欲去且少留。"③表达苏轼谪居儋州与黎族乡亲的真切之情。他与儋州黎族弟子黎子云兄弟成为好友，受其影响，苏轼表示要学黎族语、化为黎母民，"城中两黎子，室迩人自远。呼我钓其池，人鱼两忘反"。"借我三亩地，结茅为子邻。鴃舌倘可学，化为黎母民。"④苏轼和黎子云兄弟之间往来密切、亲如一家，他们经常在一起饮酒话谈，吟诗作赋，交流思想，切磋学术，互相熏染。苏轼在不少诗文中记述了他们交往的情形，给后人留下了珍贵的资料。后人所作《东坡笠屐图》，即描绘苏轼过访黎子云，归家途中遇雨一事，成为文学史上的一段佳话。

二是苏轼在黎族地区办学进行儒学教育，推进儒学在海南的影响。对于少数民族，苏轼《韩愈论》有言："教之使有能，化之使有知，是待人之仁也。"⑤儒家"以夏变夷"观念浸透苏轼的思想意识，他在贬谪海南途中即赋诗吐露这种愿望和志向："平生学道真实意，岂与穷达俱存亡。天

---

① 《宋史》卷三百三十八，中华书局2011年版，第10817页。
② 《苏轼全集》（上），上海古籍出版社2000年版，第541页。
③ 《苏轼全集》（上），上海古籍出版社2000年版，第540页。
④ 《苏轼全集》（上），上海古籍出版社2000年版，第521页。
⑤ 《苏轼文集》（第一册），中华书局1986年版，第114页。

第三章 我国岭南少数民族地区的儒学传播和影响

其以我为箕子，要使此意留要荒。他年谁作舆地志，海南万里真吾乡。"①苏轼自比仁箕，不计穷达，忘我弘道，乐此不疲。到达儋州贬所之后，即造访当地学校，考察教育情况，当闻知尚存学校馈阙徒散、一片荒破，且乡村先生不顾条件艰苦，仍能安贫乐道、教授生徒、弘扬文化时，苏轼不禁内心感慨、油生景仰，并感到"永愧虞仲翔，弦歌沧海滨"②。以三国时贬谪交州、讲学不倦、著述不辍的虞翻为砥砺，旋即克服种种困难，办起了学校。苏轼招收黎家子弟，亲自授课，传授儒家经义和文化知识，虽身处逆境，然能忘记困厄，倾心兴教，奖掖后学，作育人才。当苏轼听到周围儿童的琅琅书声时，感到莫大的欣慰和喜悦，赋诗抒怀，勉励儿童奋发向上："且欣集齐咻，未敢笑越吟。九龄起韶石，姜子家日南。吾道无南北，安知不生今。"③希望这天涯海角、炎荒异域的少数民族地区，能成为弦歌洋溢、儒道日昌的文化之邦，出现张九龄、姜公辅一样的名儒贤相。苏轼学富五车、名播天下，所以不仅本地的黎汉子弟、贫困士子经常登门求教，请益儒学，百千里之远的儒生文士也前来从游问学。前述苏轼的黎族朋友学子黎子云，据《儋州志》载："苏文忠公雅敬之，常至其舍，子云每与弟载酒过从，请益问奇，日相亲炙。……有欲辟举者，固辞。优游田里，率乡人子弟以孝弟忠信，人多化之。"④表明海南黎族百姓受到苏轼传授的儒学之影响，已化为黎区的乡风民情。后世诸多记载中都充分肯定和称颂了苏轼谪儋、讲学明道、敷扬儒学、大开文化的功绩。南宋高宗时参政李光《迁建儋州学记》称："绍圣间苏公端明，谪居此郡。……今十余年，学者彬彬，不殊闽浙。异时长材秀民，业精行成，登巍科、膺膴仕者，继踵而出。"清光绪二十六年（1900）王云清《续修儋州志前序》云："故及宋绍圣间，文忠苏公以文谪儋，子云、符林、王肱之徒，皆一时耆秀，相与谈宴往来，未及符确、赵刑、王霄诸人遂以科甲发琼台之韧。李光记云：'学者彬彬，不殊闽浙。'良不诬也。"《儋州志·选举志序》说："吾儋自宋苏文忠公开化，一时州中人士，王、杜则经术称贤，应朝廷之征聘；符、赵则科名济美，标琼海之先声。迄乎有元，荐辟卓著。明清之

---

① 《苏轼全集》（上），上海古籍出版社2000年版，第510页。
② 《苏轼全集》（上），上海古籍出版社2000年版，第513页。
③ 《苏轼全集》（上），上海古籍出版社2000年版，第527页。
④ 见何成轩《儒学南传史》，北京大学出版社2000年版，第270页。

际,多士崛起。尚书薛远,进士黄、王,登贤书者五十九人,列乡元者三科两解。人文之盛,贡选之多,为海外所罕觏。"①

三是苏轼在海南黎区儋州贬所从事儒学著述,弘扬儒学。苏轼在海南期间,倾心儒学,阐释儒家经典,修改完成《东坡易传》《论语说》,著有《书传》等,并命其子苏过作《孔子弟子别传》。苏轼在《答李端叔》信中说:"所喜者,海南了得《易》《书》《论语传》数十卷,似有益于骨朽后人耳目也。"②苏辙《东坡先生墓志铭》说:"先君(洵)晚岁读《易》,玩其爻象,得其刚柔、远近、喜怒、逆顺之情,以观其词,皆迎刃而解。作《易传》未完,疾革,命公(轼)述其志。公泣受命,卒以成书,然后千载之微言,涣然可知也。复作《论语说》,时发孔氏之秘。最后居海南,作《书传》,推明上古之绝学,多先儒所未达。既成三书,抚之叹曰:'今世要未能信,后有君子,当知我矣。'"③《宋史·苏轼传》载:"洵晚读《易》,作《易传》未究,命轼述其志。轼成《易传》,复作《论语说》;后居海南,作《书传》。"又载:"轼帅定武,谪知英州,贬惠州,迁儋耳,渐徙廉、永,独过侍之。……初至海上,(过)为文曰《志隐》,轼览之曰:'吾可以安于岛夷矣。'因命作《孔子弟子别传》。"④综合来看,《易传》《论语说》为苏轼早已始作,而完稿于海南,《书传》则是谪儋后的论著,在贬谪海南的背景下,处于儋州黎区少数民族的环境中,苏轼这种倾心儒学、阐释儒典的精神动力,对于弘扬传播儒学文化、教化周围士子民众和当地少数民族百姓,其深刻意义是显见的。同时,《东坡易传》也影响到宋元易学的发展。南宋李衡《周易义海撮要》、丁易东《周易象义》、元代董真卿《周易会通》,皆曾采录其说。《四库全书总目提要》评论《东坡易传》说:"今观其书,如解《乾卦·象传》性命之理诸条,诚不免杳冥恍惚,沦于异学。至其他推阐理势,言简意明,往往足以达难显之情,而深得曲臂之旨。盖大体近于王弼,而弼之说惟畅玄风,轼之说多切人事。其文辞博辨,足资启发。"称《东坡书传》说:"轼究心经世之学,明于事势,又长于议论,于治乱兴亡披抉明畅,

---

① 参见何成轩《儒学南传史》,北京大学出版社2000年版,第274—275页。
② 《苏轼全集》(下),上海古籍出版社2000年版,第1740页。
③ 见何成轩《儒学南传史》,北京大学出版社2000年版,第276页。
④ 《宋史》卷三百三十八,中华书局2011年版,第10817、10818页。

较他经独为擅长。"① 苏轼于贬谪海南期间推明儒典的学术意义，足资肯认。苏轼虽然以贬谪身份寓居岭南，其在这里讲学著书的实践，真正地推动了儒学在岭南的传播，增进了儒学在岭南少数民族哲学和文化中的影响，同时也使苏轼的儒学血脉里，融入了黎族等岭南少数民族文化的观念之流。

黄庭坚为"苏门四学士"之首，宋徽宗时遭贬被编管广西宜州一年有余，后卒于该地。黄庭坚在宜州以"德义经术"作为人生追求的目标，并以此教人勉人，与宜山壮族进士区革交谊甚厚，象征着与壮族这一少数民族间架起了儒学传播和各民族间相互影响的文化桥梁。

南宋理学家张栻在淳熙二年（1175）二月至淳熙五年（1178）闰六月，任静江知府兼经略安抚使，历时三年有余，静江府治所在今广西桂林市。张栻帅桂，其以理学为接引的行为实践，对于广西以壮族为主体的少数民族地区的哲学文化的促进发展，具有明显的成效和鲜明的个性特色。第一，张栻行儒学之政，在广西壮乡易风俗，化民德。《宋史·张栻传》载："所部荒残多盗，栻至，简州兵，汰冗补阙，籍诸州黥卒伉健者为效用，日习月按，申严保伍法。谕溪峒酋豪畀怨睦邻，毋相杀掠，于是群蛮帖服。朝廷买马横山，岁久弊滋，边氓告病，而马不时至。栻究其利病六十余条，奏革之，诸蛮感悦，争以善马至。"② 可知张栻在静江知府任上，申严保伍法，疏导少数民族关系，革除马政之弊等。当时广西这一少数民族众多的边远地区，存在着尚仇杀的恶习，彼此间互相争斗，时而发生掠夺行为。针对此状，张栻传谕各溪峒酋豪，喻之以理学大义，敦睦乡谊，规劝其相互消除积怨，和睦相处，不得相互掳掠仇杀，结果收到了"群蛮帖服"之效，促进了各民族间的团结。张栻对少数民族问题的处理，为今天研究和解决民族问题，处理民族关系，促进民族团结，提供了有益借鉴。同时，张栻在此任上又颁布《谕俗文》："访闻愚民无知，遇有灾病等事，妄听师巫等人邪说；……访闻婚姻之际，亦复僭度，以财相徇……婚姻结好，岂为财物？访闻乡落愚民诱引他人妻室，贩卖他处，谓之捲

---

① 《四库全书总目提要》卷二经部·易类二、卷十一经部·书类一，海南出版社1999年版，第16、69页。

② 《宋史·张栻传》，中华书局2011年版，第12773页。

伴。"①《谕俗文》规定，遇有灾病等事，不得妄听巫师邪说，归罪祖父坟墓不吉，发掘取棺；"曾不知丧葬之礼务在主于哀敬，随家力量，使亡者以时归土，便是孝顺，岂在侈靡？无益亡者，有害风俗"②，反对铺张浪费，主张移风易俗，提倡薄葬。在婚俗问题上，禁止买卖婚姻，拐骗、贩卖妇女，以理学思想教化风俗，治理社会。如有违反者，法以惩处，把儒风教化和法治保障结合起来，使当地的道德风尚为之改变。

第二，张栻撰儒学之文，于民族地区阐儒理，明儒义。张栻帅桂，善政之一即重视培养人才，推动兴教办学。张栻明确地驳斥反对一些人所持的广西边远地区少数民族愚昧落后、不堪造就的偏见，认为像广西宜州固然属于边远寡土，但秉彝之心，人皆有之；奇才之出，何间远近？边远地区少数民族一样可以接受教育，掌握知识，转变思想，增进道德，甚至可以造就出类拔萃的人才。于是，张栻在静江知府任上，于静江学宫明伦堂旁立周敦颐、程颢、程颐三先生祠，并撰《三先生祠记》，表明其目的是"使学者知夫儒学之真，求之有道，进之有序，以免于异端之归"。尊崇孔孟，表彰周程之意，溢于言表。祠记中又说：

桂之为州，僻处岭外，山拔而水清，士之秀美者夫岂乏人？惟见闻之未广，而勉励之无从，故某之区区，首以立师道为急。继自今瞻三先生之在此祠也，其各起敬起慕，求其书而读之，味其言，考其行，讲论绅绎，心存而身履，循之以进于孔孟之门墙，将见人才之作兴，与漓江为无穷矣。此某之所望也。且独不见濂溪先生之言乎？曰："师道立则善人多，善人多则朝廷正而天下治。"嗟乎，某之所望，又岂特于邦之士云哉！③

在当时的历史条件下，张栻对广西边远少数民族地区的人才培养、儒学教育，理解之深刻，态度之积极，信心之肯定，跃然记中。张栻在桂期间，此类的碑记、学记等，撰写了不少，如《桂林府学记》《宜山县修学

---

① 《张栻集》（三），杨世文点校，中华书局2015年版，第996—998页。
② 《张栻集》（三），杨世文点校，中华书局2015年版，第997页。
③ （宋）张栻：《三先生祠记》，《张栻集》（三），杨世文点校，中华书局2015年版，第918页。

记》《雷州学记》《钦州学记》《韶州濂溪周先生祠堂记》《无倦斋记》《韶音洞记》,等等。在知静江府前还撰有《江陵府松滋县学记》《邵州复旧学记》等,对于弘扬儒学、化育人才,起到了较大的作用。张栻《静江府学记》说:"君臣、父子、兄弟、夫妇、朋友之际,人事之大者也,以至于视听言动、周旋食息,至纤至悉,何莫非事者?一事之不贯,则天性以之陷溺也。然则讲学其可不汲汲乎?学所以明万事而奉天职也。虽然,事有其理而著于吾心。心也者,万事之宗也。惟人放其良心,故事失其统纪。学也者,所以收其放而存其良也。夏葛而冬裘,饥食而渴饮,理之所固存,而事之所当然者,凡吾于万事皆见其若是也,而后为当其可学者求乎此而已。"① 张栻在桂扩建桂林府学,撰写学记,还遣人至武夷山面谒朱熹,特邀朱熹为之撰文。得到朱熹嘉许,欣撰《静江府学记》,称赞张栻兴学重教。《记》中说:"侯字敬夫,丞相魏忠献公之嗣子。其学近推程氏,以达于孔孟,治己教人,一以居静为主,明理为先。尝以左司副郎侍讲禁中,既而出临此邦,以幸远民,其论说政教,皆有明法。然则士之学于是者,亦可谓得师矣,其亦无疑于侯之所以教者,而相与尽其心哉!""侯之所以教于是者,莫非明义反本,以遵先王教学之遗意,而欲使其学者皆知所以,不慕人爵,为君子儒,如明诏之所谓者。"② 张栻在《宜山县修学记》中还针对当时朝野有人认为边远地区少数民族蛮愚落后、不堪教化的观念,予以驳斥:"况于秉彝之心,人皆有之,奇才之出,何间远迩。远方固曰寡土,然如唐之张公九龄出于曲江,姜公公辅出于日南,皆表然著见于后世,宜之士由是而作兴,安知异日不有继二公而出者乎?又安知其所成就不有可过之者乎?然则其可以寡土而忽诸!"③

三 我国岭南少数民族地区在明代的儒学传播影响

明代广东江门学派的兴起,对岭南少数民族的哲学和文化,具有重要的积极影响。据悉当今广东江门有 51 个少数民族,为名副其实的多民族地

---

① (宋)张栻:《静江府学记》,《张栻集》(三),杨世文点校,中华书局 2015 年版,第 881 页。
② (宋)朱熹:《晦庵先生朱文公文集》卷七十八《静江府学记》,朱杰人等编:《朱子全书》(修订本,第 24 册),上海古籍出版社、安徽教育出版社 2010 年版,第 3743、3742 页。
③ (宋)张栻:《宜州学记》,《张栻集》(三),杨世文点校,中华书局 2015 年版,第 898 页。

区，其中壮族占江门少数民族的六成。江门心学的创立者陈献章，生于广东新会，居于广东江门，收徒讲学，弘扬儒学，从游甚众，弟子湛若水传其衣钵，发扬光大，创新发展。陈献章哲学的主旨是"天地我立，万化我出，而宇宙在我"①。湛若水则是"万事万物莫非心也"②，"圣学功夫，……不过只是随处体认天理"③。"随处体认"，一定程度上显现的是陈献章"自然""养端倪"的心学特色；而随处体认的"天理"，潜蓄着的则是朱熹之学的实质。陈献章、湛若水创立和承传的江门学派，在明代儒学中独树一帜，影响大江南北，提升岭南文化，岭南地区广大少数民族的哲学和文化当然同时也受到了濡染。《明儒学案》载："湛甘泉字元明，号甘泉，广东增城人。从学于白沙，……平生足迹所至，必建书院以祀白沙。从游者殆遍天下。每登九十，犹为南岳之游。将过江右，邹东廓戒其同志曰：'甘泉先生来，吾辈当献老而乞言，毋有所轻论辨也。'"④ 表明湛若水从学、承继陈献章心学，努力传播心学思想，扩大其影响，至晚年而不辍。尤其是对于他所代表的江门心学思想，"从游者遍天下"，江门心学又是兴起并传承于岭南的儒学，那么，岭南地区包括广大少数民族在内的社会庶众，受到这种思想观念的熏染影响，由此可见一斑。

　　以阳明心学的崛起为显著标志和代表，充分显示了理学发展在明代新的辉煌和思维成就。同时，我国岭南少数民族地区所受到的儒学传播影响，也以王阳明心学思想为最。因此，这里主要阐述明代我国岭南少数民族的思想观念与阳明儒学的关系。

　　王阳明于明嘉靖六年（1527），被朝廷任命为都察院左都御史总制两广、湖南、江西四省军务，前往平定广西思恩、思田等地的瑶、壮少数民族起事。但王阳明的心路历程却有着与他的这种政治生涯交错复杂的另一方面，即要积极努力地"用夏变夷""敷文来远"，使"边徼之地"化为"邹鲁之乡"⑤。于是他在广西积极支持兴学，在南宁亲创敷文书院，并亲

---

① 《陈献章集》，中华书局1987年版，第217页。
② 《甘泉文集》卷二十，《泗州两学讲章》，四库全书存目丛书编纂委员会编：《四库全书存目丛书·集部》第五十七册，齐鲁书社1997年影印本，第57页。
③ 《甘泉文集》卷二十一，《四勿总箴》，四库全书存目丛书编纂委员会编：《四库全书存目丛书·集部》第五十七册，齐鲁书社1997年影印本，第73页。
④ （清）黄宗羲：《明儒学案》卷三十七，中华书局2008年版，第875页。
⑤ 《王阳明全集》，上海古籍出版社1992年版，第626、639页。

自到书院讲学，宣扬至仁，诞敷文德，以使人人恢复本心，发现良知，从而消弭"理学不明，人心陷溺"①的状况。良知说为王学的重要理论面貌和根本特色，而其身体力行地创办学校，传授经典，昌明理学，弘扬圣道，则不失其致良知之途。王阳明之后，广西重教兴学之风大盛，相继建立了广西思恩府阳明书院、武缘县修文书院和阳明书院、宾州敷文书院等，广西这一少数民族聚居区，宋明时期所受到的儒学浸润和影响，比我国其他少数民族地区都更加深刻。

概而言之，王阳明在广西这一少数民族地区传播弘扬儒学，有三个方面：其一，鼎力兴学重教。本来王阳明是作为左都御史兼两广总制，主要职责是监察和军务，但其一到广西任上，布政司、按察司呈请建讲堂号舍，以作教学场所，他即刻批示同意，甚至用军饷作经费予以支持。他在《批广西布按二司请建讲堂呈》中说："据参政汪必东、金事吴天挺呈请建讲堂号舍，以便生员肄业事。看得感发奋励，见诸生之有志；作兴诱掖，实有司之盛心。不有藏修之地，难成讲习之功。况境接诸蛮之界，最宜用夏变夷，而当梗化之余，尤当敷文来远。虽亦俎豆之事，实关军旅之机。准如所议，动支军饷银两，即为起盖。务为经久之计，毋饰目前之观。完日，开数缴报。"②广西提学建议兴举思田学校，王阳明又说："田州新服，用夏变夷，宜有学校。……然风化之原，终不可缓。"③

其二，亲历而为讲明正学。王阳明不仅支持广西办学，且同时创办书院，莅临讲坛，授经传道。驻兵南宁时，创办敷文书院于城北。把南宁城东西二壕花利，通收府库，作为经费，支与师生应用。同时又亲自规划安排课程，遴选山长教师，公事之余，亲自与诸生讲学其中，"朝夕开导训告"④，宣扬其思想学说，听讲者生徒不限，以期教化整个社会，并亲撰《敷文书院记》，"宣扬至仁，诞敷文德"，训迪诸生，教化民众，"各悟本心"，"厥风之动，翕然无远"。⑤以至敷文书院成为明代南宁地区有影响的学府、传播儒学的重要之地，至今仍留有"王文成公讲学处"石碑一通。

---

① 《王阳明全集》，上海古籍出版社1992年版，第633、634页。
② 《王阳明全集》，上海古籍出版社1992年版，第626页。
③ 《王阳明全集》，上海古籍出版社1992年版，第631页。
④ 《王阳明全集》，上海古籍出版社1992年版，第634页。
⑤ 《王阳明全集》（新编本，第五册），浙江古籍出版社2013年版，第1886页。

当时王阳明注意到，边远地区诸生仍无由耳闻其说，"理学不明，人心陷溺，是以士习日偷，风教不振，……穷乡僻邑，本院既未暇身至其地，则诸生亦何由耳闻其说"①。于是，嘉靖七年（1528）六月，他行文至灵山县，指示该县延师设教，聘请陈逅主教县学，并由该县供给诸生薪米等生活必需品。陈逅原为监察御史，当时降为广西合浦县丞，且陈逅"理学素明，志存及物"，胜任教职，乃请其"于该县学安歇，率领师生，朝夕考德问业，务去旧卑污之习，以求圣贤身心之功"②，"大抵学绝道丧之余，人皆骇于创闻，必须包蒙俯就，涵育熏陶，庶可望其改化"③。陈逅负责主管教学的范围，是以灵山县为中心，包括廉州府及其所属各县在内，其主要任务是传播圣贤身心之学，亦即理学，从而正人心，去旧习，敦风化。

其三，敷文来远，影响悠久。王阳明治事广西期间，对于诸生向学之志向，有司办学之盛心，予以鼓励鞭策。嘉靖七年（1528）正月，思明府申请授予当地人士谭绩、苏彪等人以"社学师"，授予乡老黄永坚"耆老"。"社学师"乃通晓儒家经典礼仪、学行兼优者；"耆老"则为乡里年高德劭、孚众望得民心者，少数民族称之为都老、寨老。王阳明认为，"教民成俗，莫先于学"，思恩府所请，也是"教民成俗"的一定之方，予以支持。他还通过表彰犒赏当地儒士（如岑伯高者），使其影响带动诸少数民族"革心向化，翕然来归"，表现了重视教化，积极践行"用夏变夷"的思想取向。

就王阳明在广西的治政实践来看，尤其对于该地瑶壮诸少数民族，当然有其夷夏之防、以力制服的一面，值得反思和检讨。同时王阳明突出地拥有儒家"用夏变夷"的思想观念，重视教育教化、化民成俗，客观上对于促进当地少数民族聚居区的文明进步，是有其积极意义的。王阳明被派去广西，平定卢苏、王受等瑶壮民之乱，足以说明这一点。在前任都御史姚镆束手无策之际，王阳明智平卢、王，使其归顺，之后又能按功犒劳二人及士兵，这种怀柔之举实际上反映了王阳明"用夏变夷"的思想观念。这种做法与其兴学重教、化民成俗一道，构成了王阳明基本的"致良知"

---

① 《王阳明全集》，上海古籍出版社1992年版，第633页。
② 《王阳明全集》，上海古籍出版社1992年版，第633页。
③ 《王阳明全集》，上海古籍出版社1992年版，第634页。

的儒家心学思想格调。其"用夏变夷"观念无疑也蕴含有"有教无类""民族平等"的精神因素。况且，如果详加分析，其"用夏变夷"观念，实际上即以儒家的仁礼之德教化包括诸少数民族在内的各民族，它是"变夷"，"变"即改变、提升，而非化同甚至取消"诸夷"所有的文化元素。

由此可见，在两宋元明之世，在佑文重教，尊崇理学，并进一步明确将理学作为官方儒学的文化环境中，极大地推动了儒学的传播发展，同时促进了当时我国边远少数民族地区哲学和文化的进步。宋代在全国各地州以下设置教授儒经的学校，至明代府州县学及乡村社学，一应俱全。另有主要传播儒家学说之书院的兴起，比肩于地方官学，儒学大盛。宋元明重教兴学的结果，是使儒学在各民族社会中的地位，比以往任何时候都高，其影响也较前广泛深刻。在广西，即使是偏远的桂西壮族山区，同样办有学校，崇儒重道，建学立师，社会风俗习尚和壮乡人们的精神面貌、伦理道德都发生了较大的变化。

第四章 壮族先民思想与儒学

——以刘定逌为中心

　　壮族是渊源于或说是从我国岭南地区古代百越的"西瓯""骆越"发展而来的少数民族，在其传统文化的构成和演变中，壮族先民的思想意识受到过儒学观念的重要影响。汉文古籍如《尚书》《史记》的相关记载，已显示出儒家所褒扬的先圣德化所至的影响史影，当今我国壮族学者何成轩著《儒学南传史》、韦玖灵撰《儒学南传与壮族思想发展》、梁庭望与罗宾《壮族伦理道德长诗传扬歌译注》等研究成果，从不同角度或层面，论述并肯定了壮族先民在精神层面受到儒家思想熏染的面貌。因此具体来说，儒家经学、汉唐儒学、宋明理学等都不同程度或以某种方式构成壮族先民思想观念的儒学渊源，这一点突出表现在壮族的伦理道德长诗《传扬歌》中，它与儒学思想具有较多的融合一致性，甚至可以说是儒学伦理道德观念在壮族先民社会生活中普遍性应用和践履的写照，当然它又是以壮族所喜闻乐见的民歌"勒脚体"形式出现的。这是中华各民族在传统思想文化间交流互鉴的一种缩影。可以说，儒学是壮族传统文化的重要组成部分。儒学观念及影响渗透于壮族先民的思想意识和文化载体之中，突出表现在历史上壮族先民地区的府州县学、书院、士人、土官、诗歌文献等方面，成就了一批如张鸿翮、刘定逌、张鹏展、韦天宝、郑献甫、岑毓英等儒家学者或儒官。清代乾嘉年间的刘定逌，为广西武缘县（今南宁市武鸣区）壮族进士。这位壮族学者一生深受儒学熏染，不愿卑躬事权，却成就了他辞离京城翰林院编修，返还广西壮乡故里，闭门授徒、传扬儒学、潜心性理的"真事业"，在思想文化和教育实践上为壮族地区和整个广西的文化发展作出了贡献，促进了壮区的儒学传播和儒学在壮族哲学文化中的融合演进。当今唯有一部介绍性著作《壮乡鸿儒刘定逌》出版问世，对于其儒学成就和理学思想，学界鲜有研究。

一 壮族先民思想观念的儒学渊源

儒学比较眷顾岭南和壮族先民地区，壮族先民地区受儒学影响和浸润也代有起色和变化，基本上与儒学发展历程相呼应，随儒学演进而提升。汉魏时期，儒家经学大盛，大体上经历了由经今文而古文而经今古文混淆、界线不分的演变，影响到壮族先民地区，以这种学术发展为背景，而又呈现出自有特色的精神面貌。

陈钦陈元父子两儒家经学博士及士燮、刘熙、虞翻等弘扬儒学，在壮族先民地区奠立儒家经学之脉，唐代又有张九龄、柳宗元二儒臣先后刺桂、刺柳，倡明具有汉唐儒学特点的哲学观念，施行德治仁政之化。

宋明时期，周敦颐于广西龚州畅岩、浔州（今桂平）西山、罗丛山设馆讲学、教读二程；张栻帅桂任静江知府兼经略安抚使，积极表彰周程，兴学重教，以儒治政；王阳明为都察院左都御史总制两广、湖南、江西四省军务时，平定广西思恩、思田瑶壮少数民族起事，又有讲明正学、"诞敷文德"之举。从这种意义上说，广西平南崖刻上的"天南理窟"，其"理"实有周敦颐、二程、张栻、王阳明理学的隐蕴之光，壮族先民思想观念的儒学渊源，具有更加博厚绵久的深刻性。从儒学作为以伦理道德为核心的思想观念体系及其所建构和形成的文化传统、生活方式来看，周程张王之儒学影响于壮族先民地区，如黄宗羲评价陆九渊和朱熹时所论："二先生同植纲常，同扶名教，同宗孔孟，……所谓'学焉而得其性之所近'。原无有背于圣人。"[1] 其社会功用，应该是共同的。

二 集中反映壮族伦理道德的《传扬歌》与儒家思想的一致性

壮族好歌、善歌，有"歌海"之誉。其伦理道德长诗《传扬歌》（亦称《传扬诗》，大致产生并形成发展于隋唐宋明间）即集中反映了壮族先

---

[1] （清）黄宗羲：《宋元学案》卷五十八《象山学案》，中华书局1989年版，第1887页。

换个维度看儒学：中国少数民族视阈的儒学初论

民的伦理道德观念，而这种伦理道德观念的核心和特征与儒学思想具有较多的融合一致性，甚至可以说是儒学伦理道德观念在壮族先民社会生活中比较集中而突出的反映。当今壮族学者、中国社会科学院哲学研究所何成轩先生认为，"《传扬诗》受到了儒家思想的影响"，"提出了公平、平等的社会道德理想，阐扬了勤劳、节俭、正直、诚实、重礼、好客、尊老、爱幼、团结、和睦、友爱、互助等伦理观念、道德规范、生活准则和风俗习尚"，"其中有儒家的影子"，"是儒家的意思"。①《壮族伦理道德长诗传扬歌译注》者梁庭望、罗宾在该作的《前言》中述引说："苍梧本是壮族祖先一个部落或部落联盟的名称，后遂称其分布地为苍梧。《逸周书·王会》上曾提到'仓吾翡翠'，周代青铜器上有铭文'苍吾'，《史记·五帝本纪》载：'舜帝……南巡狩，崩于苍梧之野，葬于江南九疑，是为零陵'。""《传扬歌》的产生……仔细研读，就会发现儒家思想的影响。在社会道德部分里，可以感受到'民为邦本'的意识。……在阐明各种伦理道德规范时，给人的深刻印象是'温良恭俭让'，……诗中一方面主张通过劳动改变自己的命运，同时也受儒家天命观的一些影响，……全诗对孝道倾注了很大的心血，无论哪一部诗都是浓墨重彩，这除了壮族自己在长期发展中形成的优良传统，也与儒家特重孝道有关。……儒家思想逐步传入乡间，相应的封建婚姻制度开始出现，其意识渗透到《传扬歌》中。"②就《传扬歌》的直接文字来看，言及儒学思想或者儒家历代圣人贤者，只是偶有所见，难以研判为儒学或儒家思想的直接影响；扩而言之，以《传扬歌》为代表的壮族传统古歌说，还是能够反映出儒家思想之端倪的。壮族《苦情歌·征兵歌》有："孔子经书曾被焚；……周公礼仪丢不用，人民百姓都不从"③的诗句。从壮族先民思想观念深刻久远的儒学渊源（如儒学道统中的舜，"南巡狩，崩于苍梧之野"）和其形成发展并凝结为《传扬歌》的这种鲜明而强烈的伦理道德意识辨析，其与儒学以伦理道德为核

---

① 何成轩：《儒学南传史》，北京大学出版社2000年版，第383、384、387页。
② 梁庭望、罗宾：《壮族伦理道德长诗传扬歌译注》，广西民族出版社2005年版，第52、56—57页。
③ 梁庭望等搜集整理：《壮族传统古歌集》，广西民族出版社2011年版，第79页。从文字内容看，壮族《苦情歌·征兵歌》的创作，当在晚近的民国时期，因其中有"讲到民国更狠毒，苦情难诉众人听"句（第79页）。

心的观念体系和所建构及形成的文化传统、生活方式,确是十分相近。由此将《传扬歌》这一代表、标志着壮族先民基本精神面貌和伦理道德观念的诗歌,与儒学思想联系起来考察,也就获得了一定的内在理据。

其一,《传扬歌》是壮族先民伦理道德生活的真实写照和经验总结,它基本是儒家伦理道德观念于壮族先民的生活化应用、践履化表现。如关于"忠孝""和敬"的思想观念,《传扬歌》说:"莫忘父母恩,辛苦养成人。如今能自立,当孝敬双亲。……儿长替双亲,木直做扁担。晚辈当孝敬,前辈好家风。……忠孝两全人……夫妻恩爱深。……既然做邻居,相敬如亲友。……壮家或汉家,……和善做睦邻。"关于"天命":"富贵老天定,由命不由人。"关于"修身":"小事各相让,大事好商量。言语当谨慎,和睦把家当。""言语当谨慎,做人要谦让。""人活在世上,要做正直人。"[①] 等等。《传扬歌》作为伦理道德长诗,凸显了壮族先民极其强烈的伦理道德意识,而这种精神面貌和思想特质的伦理道德意识,又深刻体现着壮族先民对于儒家伦理道德观念深刻而全面的认同、吸纳和融摄,与我国历史上其他少数民族如以佛教、伊斯兰教等宗教伦理道德观念为主体的少数民族在思想文化和社会生活上具有鲜明的差异性。

《传扬歌》是儒家伦理道德观念在壮族先民朴实庸常生活中的潜移默化和生活实践中的观念反映,包括勤劳节俭、正直善良、孝敬友爱、公平公正、和谐互助,等等。这里仅以对儒家"孝敬"观念的吸纳融摄,或者说与儒家"孝敬"观念的完全契合一致为例。在《传扬歌》第91—100首的10首诗歌中,明确阐明"孝敬"或"忠孝"思想的就有5首[②],分别是"莫忘父母恩,当孝敬双亲";"晚辈当孝敬,前辈好家风";"女中最难求,忠孝两全人";"不敬天和地,但求一枝花";"世情这般糟,后生不敬老。""孝敬"观念既是壮族社会普遍的价值标准和追求,也是其伦理道德观念的重要核心和鲜明主题之一。从我国封建社会后期的元明清三代历史事实来看,作为儒学新的发展阶段和更高理论形态的理学成为国家政权的意识形态,理学浸润蒙学和进入文学,是我国封建社会后期儒学融入社

---

① 此处所引,均见梁庭望等搜集整理:《壮族传统古歌集·传扬歌》,广西民族出版社2011年版,第4—61页。

② 见梁庭望、罗宾《壮族伦理道德长诗传扬歌译注》,广西民族出版社2005年版,第125—126页。

会，并在社会生活的各个层面上发生影响的主要契因或途径。如果说，理学首先是通过作为科举考试、学校教育、学者著述的义理准绳之国家意识形态在元明清时期被确立、巩固起来；那么，理学则是通过更普遍的民众教育——童蒙教育，如具有广泛影响的童蒙读物《三字经》《千字文》等，和借助文学艺术载体的传播，实现了对社会生活更深入的渗透和发生了更久远的影响。在广泛的意义上，文学艺术载体可以元明时期成熟起来并达到创作高峰的戏曲为标志，而儒学或理学的伦理道德观念借助壮族《传扬歌》这种诗歌形式，诠解、表达和进而融入壮族社会的生活伦常之中，有着更为特殊的拓展和普及到我国少数民族思想观念和社会生活的意义。

其二，当然从思维方式和水准而言，壮族伦理道德长诗《传扬歌》属于经验性思维，或有类比推理，不能与真正儒学尤其是宋明理学的理论思维或深刻细密的逻辑思辨相提并论，更遑论作为壮族民间的伦理道德长诗，《传扬歌》在壮族先民群体中传扬，其民族精神的进步性质、比较意义和大众化特色，已经彰显或者决定了这种民族的文学艺术形式的思维定位和文化基准。

三　刘定逌的壮族谱系及其儒学思想

刘定逌生于清康熙六十年（1721）的广西思恩府武缘县（今广西南宁市武鸣区）太平镇葛阳村（旧称葛圩）。据悉，从宋元之际其始祖刘禄起至刘定逌世，刘氏家族在武缘葛阳已有十三代400多年的历史，经元明清三朝，刘定逌的家族也早已融入武缘的壮族先民群体中，他的十一世祖刘永宽于明朝洪熙年间升为土副巡检，此后世袭其官。[1] 至清代康乾之世的刘定逌，由于受到家族先学、岭峤儒风和时代思潮的浸染影响，于乾隆十三年（1748）中进士，成为被誉为"粤西第一流人物"[2] 的壮族儒家学者。

刘定逌作为清乾隆时期进士，授翰林院编修，在京城近10年，当时年齿为27—37岁，正值思想形成和确立的阶段。由于科考的体制和导引，他

---

[1] 见政协武鸣县委员会编《壮乡鸿儒刘定逌》，广西民族出版社2015年版，第5页。
[2] 原载黄君钜、黄诚源《武缘县图经》，此见政协武鸣县委员会编《壮乡鸿儒刘定逌》，广西民族出版社2015年版，第19页。

所置身其中深得浸润滋养的无疑是以朱熹《四书章句集注》为主的程朱理学。同时受时代理论思潮的影响，刘定逌的儒学思想离不开清代儒学所呈现出来的一定理论倾向。进一步说，在乾嘉学派兴起前期呈现出的理学思想，具有和会程朱陆王、笃守朱学和理学而进行某种创新的努力，刘定逌大致应是在前两种学术观点即和会程朱陆王、笃守朱学倾向的影响下完成其儒学思想塑造的。如他在《重修武缘县儒学碑记》中提出，要"追踪濂洛关闽之学，直窥《大学》明德新民、止至善之真传"，鲜明地显示了其追慕以程朱为代表的理学的思想目标。当然如果进一步审视，刘定逌的儒学思想，与清代理学家不再分判宋明理学诸派相同，刘亦采取不作分辨的兼容的态度，也可以基本判定刘定逌这位从广西壮乡走出来的壮族儒者的儒学思想的性质，"表明它们不再具有处于理学进程中的那种历史的和理论的感受，而是站在理学进程的终点上，将理学作为一个已完成的、成熟的整体来认识和接受的。……在这个理学完成的、终点的理论角度上，清代理学家观察到的是，理学尽管'诸说纷纷'，但旨在论证、维护儒家基本的伦理道德原则和道德实践的目标则是相同的；尽管出现过以程朱和陆王为代表的两派明显的差异与对立，但其于完成儒学的道德实践，则是相容的、互补的"[①]。在这样的思想背景下，刘定逌作为一位壮族儒家学者，其思想形成过程的观念环境、理论影响和文化氛围，充盈着朱学之笼罩、理学之演变和壮乡的民族文化特色。据悉，刘定逌的曾祖和父辈，多为明清间的进士、秀才、学正或儒学训导等，具有以儒传家的传统。就一般的明清儒士而言，其思想观念是受国家政权的意识形态所主导的，同时也不可避免地打上了时代思潮的烙印，加之还有一个好歌、善歌的壮族文化土壤，刘定逌成就为一位理学为主且葆有自身民族文化特色的儒者，也就是可以理解的了。

（一）刘定逌"追踪濂洛关闽、直窥《大学》真传"的理学思想特质

自乾隆至道光的不足百年间，刘定逌、张鹏展、韦天宝、郑献甫先后由科考而中进士，大多服膺理学，可谓清代广西壮族四儒。依年齿和影响而论，四人中均以刘定逌为首。因此通过刘定逌，亦大致可以窥见清代壮族儒者对于儒学的理论贡献及其思想特点。刘定逌著有《刘灵溪诗稿》

---

① 崔大华：《儒学引论》，人民出版社2001年版，第550页。

《论语讲义》《四书讲义》，这些均已散佚不存，现尚有散体文《读书六字诀》《三难通解训言述》《罗衣古寺碑记》《重修武缘县儒学碑记》《灵水庙碑记》和诗数十首等，刘定逌的著述，如果保存完整，或许其儒学思想观念体系能够反映得更加完整全面。而今也只能就其所存文献，来加以窥探和分析了。刘定逌于《重修武缘县儒学碑记》中提出："追踪濂洛关闽之学，直窥《大学》明德亲民止于至善之真传。"① 这种思想倾向，表明他所阐发的儒学或者说其与儒学的观念联系，主要是宋明理学的濂洛关闽之学。

其一，"有体有用"、体用统一的自觉观念，与不辨朱陆、和会朱王的思想倾向。体用观念在我国由来已久。有体有用、体用统一，也是中国传统哲学基本的思想观念。在中国传统哲学各种"体用相即""体用一源""体用不二"的学说中，刘定逌应该继承了程朱"体用一源，显微无间"之学的，或者说切近于胡瑗的"明体达用"理论。刘定逌在受聘桂林秀峰书院山长期间，撰《三难通解训言述》②悬于讲堂，发挥其父"读书穷理""学做好人"的训言，阐明宇宙间的完人即"有体有用"之人。为学立志就是要立这样的志向，"此志一立，如白日当天，魍魉潜形。到得日新月异，而岁不同，自有上之一机。上之，不愧为天地之肖子，为宇宙间有体有用之完人"③。另有所立《秀峰书院学规》。刘定逌把"完人"的形象和目标确定为"有体有用"，其核心显然是"体"的观念。何为"体"？刘定逌说："仁义礼智，是自身本来的法，是自身本来的理，是自身本来的情。""学者须见得此理，本自平铺把这一念，渐渐消磨，这念消得去一分，道理愈见得大一分，直向上去，方识得孔门万物一体之家法。"又说："体人情，岂不贵哉？然要非存天理，则体人情或近于偏。非体人情，则存天理或流于伪。是天理之所以存，即人情之所以由体，要非格物知至者，不能此。"④ "本来的理""见得此理""存天理"，体现着刘定逌宗程

---

① 政协武鸣县委员会编：《壮乡鸿儒刘定逌》，广西民族出版社2015年版，第208页。
② 刘定逌父刘立轩（名王珽，字迁玉，号立轩），曾撰《三难通解》训教刘定逌等子辈。刘定逌任广西秀峰书院山长时，以其父曾训教过自己的《三难通解》为基础，述而广之，授之于书院生徒，故名《三难通解训言述》。"三难"者，指《论语》"三难"：一曰："饱食终日，无所用心，难矣哉！"（《论语·阳货》）二曰："群居终日，言不及义，好行小慧，难矣哉！"（论语·卫灵公》）三曰："其言之不怍，则为之也难。"（《论语·宪问》）
③ 政协武鸣县委员会编：《壮乡鸿儒刘定逌》，广西民族出版社2015年版，第194页。
④ 政协武鸣县委员会编：《壮乡鸿儒刘定逌》，广西民族出版社2015年版，第199、187页。

朱理学的理本论立场，这个"理"也就是本体之"理"。与此鲜明相对，刘定逌批评指责"孟浪庸材"是"一日之内，自朝至暮，饱饱闷闷，昏昏沉沉"，"把自己生来至虚至灵之本体置之无用之地"。这种人，"如已槁之木，已死之灰，一点真元，竟成顽石"，为"人世间一废物"。① 刘定逌"虚灵本体""一点真元"的观念，尽管含有陆王心学"天理良知""心之本体"甚至佛道的某种影响，根本上恐怕仍是程朱理道为体、事象为用的观点。而在由体及用、"体用一源"上，程朱陆王又是别无二致的。朱熹说："明德者，人之所得乎天，而虚灵不昧，以具众理而应万事者也。"② 又说："心之虚灵知觉，一而已矣，而以为有人心、道心之异者，则以其或生于形气之私，或原于性命之正，而所以为知觉者不同，是以或危殆而不安，或微妙而难见耳。"③ 王守仁说："心者身之主也，而心之虚灵明觉，即所谓本然之良知也。其虚灵明觉之良知，应感而动者谓之意；有知而后有意，无知则无意矣。知非意之体乎？意之所用必有其物，物即事也。如意用于事亲，即事亲为一物；意用于治民，即治民为一物；意用于读书，即读书为一物；意用于听讼，即听讼为一物：凡意之所用无有无物者。有是意即有是物，无是意即无是物矣。物非意之用乎？"④ 由此可以看出，在朱熹理学和王守仁心学中，本体论和工夫论在逻辑上是一致的，即理本论和穷理的工夫论之间，良知本体论和致良知的"工夫即本体、本体即工夫"的工夫论之间都有逻辑上必然的联系。刘定逌虽然在思想观念的根底处，尽管不辨（或不欲辨、不能辨）朱陆、朱王在本体论上的根本差异，但其论述指向很明显的是在由体及用，重在"明体达用"，至于所明之"体"为程朱还是陆王，也就姑且可以不作辨析了。刘定逌教育壮区生徒的基本指导思想主以明儒家六经四子之道、以道为体、明道成用的思想理路，也是比较明确的。这在他的"读书穷理"的工夫论思想中，就更为显见。

其二，"读书穷理"、进学致知的工夫理论，和"静""虚""知止""学做完人"的圣人精神境界。刘定逌所谓"追踪濂洛关闽之学"，如果泛

---

① 政协武鸣县委员会编：《壮乡鸿儒刘定逌》，广西民族出版社2015年版，第194页。
② （宋）朱熹：《四书章句集注》，中华书局2011年版，第4页。
③ （宋）朱熹：《四书章句集注》，中华书局2011年版，第16页。
④ 《王阳明全集》，上海古籍出版社1992年版，第47页。

而言之，则是指理学。而理学的工夫论大旨，总其要不外是"在一种周延的本体观念背景下，儒家的终极追求或最高的圣人精神境界被诠释为与本体为一。那么，如何使精神达到'与理为一'、'与物同体'的境界？理学的另一主题——道德修养方法即'工夫'凸显出来"①。程朱理学的修养方法或工夫基本上就是程颐提出的"涵养须用敬，进学则在致知"②，简言之即涵养用敬、进学致知两个方面。刘定逌在修养方法或工夫论上直接承继其父"读书穷理""学做好人"之训，或者说通过"读书穷理"而达到"学做好人"和做"完人"的目标，实际上亦即"道问学"的"读书穷理""进学致知"和"尊德性"的"涵养居敬""立志立身"两方面。如此，刘定逌最终则将工夫论归结为朱熹所称的《大学》之三纲八目。刘定逌说："人之所以为人，学也。学之为道，何也？其事貌言视听，其性仁义礼智，其情喜怒哀乐，其伦君臣父子夫妇兄弟朋友，其文易诗书礼乐春秋，其功格致诚正修齐治平，其施自身而家而天下。《大学》所谓明德新民止至善者是也。"③"明德新民、止至善"的三纲领，基本属于"尊德涵养"方面，"格致诚正、修齐治平"的八条目中特别是格物致知，应该说是偏重于进学致知的方面。刘定逌说："读书穷理，以明其志。循规蹈矩，以习其义。一日之内，自旦而昼，而夕而夜，立定课程，循序渐进。读正经之书，习正经之学，存正经之心，交正经之友，行正经之事，讲正经之话。毋畏难，毋苟安，毋因循，毋姑待，毋旁杂，毋间断，毋妄语，毋多言。"④ 这样坚持不懈，即便是愚恶庸顽之人，也可为之"立下一剂极简便之良方，苦口之良药，待他本人徐徐咽下，滴入心头，猛然有觉，自呻自吟，自怨自艾，陡然发出一身大汗而愈"⑤。刘定逌的这些论述，明显地渗透着程颐"凡一物上有一理，须是穷致其理。穷理亦多端，或读书，讲明义理；或论古今人物，别其是非；或应接事物而处其当，皆穷理也"，以及"须是今日格一件，明日又格一件，积习既多，然后脱然自有贯通处"⑥

---

① 崔大华：《儒学引论》，人民出版社2001年版，第491页。
② 《二程集》（第一册），中华书局1981年版，第188页。
③ 政协武鸣县委员会编：《壮乡鸿儒刘定逌》，广西民族出版社2015年版，第207页。
④ 政协武鸣县委员会编：《壮乡鸿儒刘定逌》，广西民族出版社2015年版，第194页。
⑤ 政协武鸣县委员会编：《壮乡鸿儒刘定逌》，广西民族出版社2015年版，第195页。
⑥ 《二程集》（第一册），中华书局1981年版，第188页。

第四章　壮族先民思想与儒学

的儒学理论。在工夫论上，刘定逌更多的是秉承程朱，而且对于程朱的"进学致知"和"居敬涵养"两个方面，尤其强调"进学致知""读书穷理"；于"居敬涵养"上，刘定逌的观念意识一方面重视孔子之"三难"，另一方面又有综合周子和其他思想成分的迹象。刘定逌说："周子曰：师道立，则善人多。记曰：师威然后道尊，道尊然后人知敬学。""理见得真不真，事行得是不是，书读得熟不熟，自家心里本自明白，何曾欺着别人，只是怕自己本来明白的一点真知，却被自家私下隐瞒过了这个关头，学者须要着力打得破，才识十载下手工夫。"①仍然强调的是"读书穷理""积累贯通"之要。

对于成圣成贤、学做完人的修养目标，刘定逌的论述则显示出不同的思维理路。他说："人不学，不知道。读书之要有二：曰静，曰虚。静，非守寂之谓也。静，则身不浮而能安。静，则心不躁而能虑，工夫总在知止而定。诸葛武侯曰：才须学也，学须静也，非学无以广其才，非静无以成学。又曰：淡泊以明志，宁静以致远，是为得之。颜子不迁怒，不贰过，三月不远仁，只是从此静中，千锤百炼而出。虚，则不自满，就正有道，而能谦，而能受，则学日加益而不自知，书所谓谦受益者也。颜子以能问于不能，以多问于寡，有若无，实若虚，犯而不校，只是从此虚字，日积月累而成。此尤是学问中大头脑，识得时，便是一生受用不尽处。"②就观念形式来说，刘定逌之"静"，显然从周敦颐而来；其"虚"，则不能不说是借鉴了佛学。然而刘定逌对"静""虚"思想内涵的阐释，既不同于周敦颐，也异于佛教但又有染于佛学的观念内涵。这里稍作申述。我国南北朝隋唐时期，就曾出现过以儒家思想为基本观念背景的儒佛道三教融合的态势，也出现了在理论观念上兼容综合三教思想为特色的学术思潮或风气。如南北朝时梁朝皇侃的《论语集解义疏》，从中即可略窥佛学观念渗入的情况。《论语·先进》记述："子曰：回也其庶乎，屡空。"皇侃《义疏》中显示了几种有分歧的解释：（1）"空，穷匮也，屡，每也。颜子庶慕于几，故遗忽财利，所以家每空贫而箪瓢陋巷也。"（2）"空，犹虚也，屡，时而，数次。言圣人体寂，而心恒虚无累，贤人（颜回）不能恒

---

① 政协武鸣县委员会编：《壮乡鸿儒刘定逌》，广西民族出版社2015年版，第200、187页。
② 政协武鸣县委员会编：《壮乡鸿儒刘定逌》，广西民族出版社2015年版，第190页。

体无,心或时而虚。"(3)"颜特进(按:颜延之)云:空非回所体,故庶而数得。"大体上可以判定,皇侃第一种解释属汉儒古训;第二种解释乃玄学之见;第三种解释,在皇侃《义疏》中归属于第二种解释,实际上,此乃是一种与玄学有别的佛学的训释。颜延之所体之"空"于此处未有十分明确的表述,但他曾和南朝宋画家宗炳一起共同与何承天辩论,所以可以认为,宗炳所明确表述的"空"义,也就是颜延之的观点:"佛经所谓本无者,非谓众缘和合者皆空也。垂荫轮奂处,物自可有耳,故谓之有谛。性本无矣,故谓之无谛……亦如惠子所谓'物方生方死,日方中方睨',死睨之实,恒预明于未生未中之前矣……故颜子庶乎屡空,有若无,实若虚也。"① 宗炳这里以"性本无"训释"空",乃是东晋南北朝时中国佛学般若空观的观念,以此"本无"之"空"来诠释《论语》颜子"屡空"之"空",从理论归属上看,实际上已经跨出"虚心无累"之"空"的玄学范围而进入佛学的藩篱。② 作为清代壮族儒者的刘定逌,视"静""虚"为读书之要,且以"有若无,实若虚"训解"虚",可以看出,其借鉴梁朝宗炳之说,又以"虚心无累"的玄学观念来说明程朱理学中"读书穷理"的读书之要,这种染佛而非佛的思想观念,恰恰正是理学的基本精神。进一步说,刘定逌"读书穷理,以明其志"的终极目标,乃是"学做完人",他既是继承其父训"学做好人"的思想指引,又升华、跨越到不仅是"学做好人",而且要通过"读书穷理,以明其志"而达到"上之一机",成为宇宙间"有体有用之完人",在精神境界上则源于其父以及宋明理学的朱陆"同植纲常,同扶名教,同宗孔孟,……所谓'学焉而得其性之所近'。原无有背于圣人"之儒了。

(二)刘定逌壮乡授徒讲学、阐扬儒学的思想实践

刘定逌于清乾隆二十二年(1757)回到广西,先后被聘为广西的秀峰书院、宾阳书院、阳明书院、葛阳书院的山长,历时数十载。其间刘定逌传扬儒学的努力体现在:著《四书讲义》《三难通解训言述》《读书六字

---

① (南朝·梁)僧祐:《弘明集》卷三,宗炳《答何衡阳书》,石峻等编:《中国佛教思想资料选编》第一卷,中华书局1981年版,第245页。
② 见崔大华《儒学引论》,人民出版社2001年版,第396页。

诀》；为书院撰写发扬儒学精神的联语；赋诗抒发自己的儒学情怀；撰写儒学碑记等。其为桂林秀峰书院撰联称："于三纲五常内，力尽一分就算一分真事业；向六经四子中，尚论千古才识千古大文章。"其《隆安江上遇梁生乔楚赋赠》诗云："时温论孟两三句，日课童蒙四五人。莫谓山中无事业，等闲教读即经纶。……本来面目认清吾，四子六经是楷模。白日青天放眼孔，斩钉截铁做工夫。"《写怀》诗曰："万仞山头万仞山，层崖绝壁小心攀。要从万仞山头立，细把工夫问孔颜。"① 如此，体现出刘定逌以壮区儒学教育为事业，其本人及教育生徒于儒学中"做工夫"的明确价值取向；以儒学四书六经为教育内容，按照儒学价值观念、理想人格育人树人的鲜明施教理念；以儒家进德修业、读书穷理、心性修养为基本原则，亲力亲为制定学规提出方法诲人不倦的高尚授业风格。清代乾隆间进士、后为两广总督的大学士蒋攸铦在《刘灵溪先生墓铭》中述论刘定逌辞别京城、返还桑梓、教书育人的成就说："先生……载书五车而归。授徒乡里，潜心于穷理尽性之学……延主秀峰书院，以明善复初，改过徙义为训诲，而于孟子三反，曾子三省，颜子四勿，孔子四毋，尤兢兢焉，乃知天之不竟其用，固所以靳其名，而适所以成其学也。"② 今有对刘定逌之评论说："刘定逌通过教学活动在壮族地区传播汉文化和儒学，促进了壮族文化学术的发展和精神文明的进步。同时，又通过自己的研究探讨，对儒学有深刻的理解和独到的阐释。……其流风余韵，为其子弟及后学所继承发扬，出现了不少以品德才学名世的文人学者。"③ 也就是说，刘定逌作为一位壮族儒家学者，其又在壮族地区从事儒学教育和传播、培养出包括壮族子弟在内的品学兼优人才，这是刘定逌在我国壮区对儒学融会发展的一种贡献。

（三）刘定逌儒学观念的佛道影响

客观来看，刘定逌或非系醇儒，其思想观念流露渗透着佛道影响，多有"虚空""空无""坐忘"等概念，表现出他徘徊于儒释道之间的思想特征。刘定逌《夜坐》诗二首曰："夜静天机寂，心虚万物空。可怜堪作

---

① 政协武鸣县委员会编：《壮乡鸿儒刘定逌》，广西民族出版社2015年版，第175、173、179页。
② 政协武鸣县委员会编：《壮乡鸿儒刘定逌》，广西民族出版社2015年版，第231页。
③ 何成轩：《儒学南传史》，北京大学出版社2000年版，第390—391页。

伴,明月与清风。""潇洒微尘外,空虚一物无。残灯还照我,兀坐老团蒲。"《偶得》诗云:"夜坐乾坤大,闲中日月长。虚心观造化,物我一齐忘。"《读书吟》诗中也表白:"读书何所乐,乐在读之心。读到忘言后,旷然无古今。"① 从刘定逌的这些诗句中难以感受到他是自觉还是不自觉地接受了佛道的某些思想观念,但佛家"虚空"、庄子"坐忘"或"物我两忘"的观念显然嵌入了刘定逌诗作的字里行间,表现出刘定逌儒家思想之外的一些佛道来源。当然,尽管释氏的"空""虚"之论并不是浅薄、简单的妄论,而是注入了它的从感性经验到本体论论证的全部的非常细密的理论智慧,是一个非常坚实的理论核心,曾经在理学儒学形成之前一直是儒家对佛学的批判中所无力触及的。至于庄周之学在中国传统思想中其思维水平和理论内容都可堪称"最高"者之一。更何况刘定逌已是身处清朝乾嘉儒学步入经历过宋明理学消化了佛道之后的"清学"时代了,其受"追踪濂洛关闽之学"的学术旨趣所指引,那么在思想观念中吸纳佛道的某些思想理论内容,就更不难理解了。或者说刘定逌作为一位少数民族的壮族儒者,与其他很多同时期或不同时期的少数民族儒者一样,大都不同程度地具有"儒释"或"释儒"的观念特征,也是比较常见的情况。

刘定逌是壮族士子学人中有贡献于儒学的典型代表之一。另有与刘定逌齐名的广西上林壮族进士张鹏展,曾在广西壮区的秀峰书院、澄江书院、宾阳书院任山长,推扬儒学;晚清鸦片战争前后广西象州壮族进士郑献甫,一生大多在岭南或桂林、象州等壮区从事儒学教育,著有《四书翼注》等,也是一位堪可代表我国壮族在哲学和文化上发挥发展、弘扬促进儒学的重要学者。至于在壮族的哲学和文化领域内,还有一些不务科举或榜上无名的隐儒,其对于儒学在壮族哲学和文化中的传扬发展,同样作出了诸多贡献。历代壮族的士人儒者往往倾其毕生之力,为儒学在壮族哲学和文化中的传播影响、融合发展,儒学与壮族哲学文化并蒂花开、连理叶茂,增添了绵延的异彩。

四 本章结语

壮族先民的思想观念塑造及其发展演进,与儒学的关系可谓源远流

---

① 政协武鸣县委员会编:《壮乡鸿儒刘定逌》,广西民族出版社2015年版,第172、173页。

第四章　壮族先民思想与儒学

长。源远甚至可以上溯到如司马迁《史记·五帝本纪》记载的"（舜帝）南巡狩，崩于苍梧之野"，即儒学推崇的古代圣王舜帝就曾经到过岭南，并开始了其德化影响。流长也至少能够说自汉初的陆贾出使南越传播儒学至晚清和近现代的康梁、孙中山具有新儒学色彩的思想变迁，绵延不绝，其间不仅有历时两千年之久的中原儒学的南播浸润，也有壮族先民中的庶众化染名教伦常、醉心六经四子穷理尽性的思想文化轨迹。伦理道德长诗《传扬歌》是儒学观念在壮族先民文化意识中影响渗透最集中的表现之一。这样的民族文化资源和样态，如果从我国历史上的壮族先民思想观念的脱蛮祛魅、文明升越、文化发展的视角来看，其对相对于自身远远先进的儒学文化，总是持有一种认同崇尚、褒扬吸纳的立场态度，她不拒斥哪怕是一种异质的思想文化，相反，积极兼收并蓄，甚至转化创造，这是我国历史上壮族先民在精神文化上能够获得较大发展的重要条件和可资总结弘扬的思想经验。

迄至清代，在壮族文化、岭南儒学有了显著跃迁发展的历史条件和理论环境之下，刘定逌置身清代儒学包括清代新经学和理学之末的精神氛围中，以孔孟为宗、理学为范，受宋明理学本体论和工夫论的培壅熏染，树立了强烈的本体、工夫思想意识，"追踪濂洛关闽，直窥《大学》真传"，潜心穷理尽性，强调要做"有体有用之完人"，把"读书穷理""立志立身""细把工夫"作为立论宗旨，定学规，述家训，撰儒碑，实现了对孔孟儒学尤其是宋明理学的阐扬，成就了授徒乡里培育人才的文化教育实践。刘定逌的儒学显明地体现着清代理学对宋明理学中出现的诸种理论分歧所采取的兼容学术态度或理论立场，如果不是基于整个清代儒学甚或宋明理学，而是聚焦于我国少数民族儒学乃至壮族先民的儒学，刘定逌儒学无愧于"粤西第一流"，至少不在清代广西张鹏展、韦天宝、郑献甫几位壮族儒者之下。其孜孜矻矻、精诚育才的教学实践，培养了大批包括壮族子弟在内的生徒人才，广泛深入地传播儒学于壮乡，对于进一步提升壮族精神文明、促进壮族地区的文化发展具有重要作用。其思想影响、人格风范、流风余韵，既为其子弟及后学所继承发扬，而且可以说至今犹存，不减于当初。

如果把刘定逌作为清代儒学的理论表现，其思想观念当然也难跨时代之窠臼。本来，理学历史上主要理学派别理论观点的差别与对立，不仅是客观存在的，而且是十分明晰与重要的，因为围绕这些差别与对立的论辩曾经是推动理学理论发展的一个主要的因素。刘定逌也与清代儒学中和会程朱陆王的一些学者一样，至于宋明理学诸派所倡所论，诸如本体之为理、为心、为气，修养工夫之主敬与主静，或穷理与发明本心、随处体认、致良知等，刘氏认为乃皆有所见，皆为入门工夫，必殊途同归，而皆可入于"精微"，"至于道学"。所以才有刘定逌的"追踪濂洛关闽之学"，实际上也就是主以程朱理学，兼容并包，不计朱陆，不辨"主静"与"主敬"。同时，还可明显地看出，刘定逌对于张载关学的疏忽和力作乏陈。正因如此，把刘定逌置于清代儒学或理学中来审视，其学术成就和理论造诣也就显得相形见绌了。更何况其吸收佛道，并未能建构起一种缜密的思想体系，来更好地贡献于至少说在壮族社会或壮族先民地区的文化发展。但是这对于一个从岭南少数民族地区而成其学的壮族儒者来说，可能就有些近乎苛责了。

第五章　儒学与我国西南少数民族哲学文化的交融互动

我国西南是少数民族最多的地区，几乎可以占到全国55个少数民族的近半，其中尤以滇黔为最。① 当今主要分布在云南的彝族、白族、纳西族和傈僳族等，在历史上与中原地区、与汉族和汉族文化有着深远而多种多样的关系。其中儒学在这些少数民族哲学和思想文化的形成发展中，呈现出逐渐增强的传播影响趋势。如果从少数民族的成分看，贵州仅次于我国的云南和新疆，贵州的少数民族人口大致占本省三成以上。历史上儒学在贵州有着深远传播和重要影响，贵州的少数民族及其哲学和文化当然也包括在内。甚至可以说，贵州有的少数民族的哲学和文化中，所渗透和融合着的儒学成分，已近于水乳交融浑然一体的程度了。考察和追索以滇黔为代表的我国历史上西南少数民族哲学观念和思想文化所渗透着的深厚儒学文化基因，对于铸牢中华民族共同体意识、促进民族团结和中国特色社会主义文化多样性繁荣发展，具有重要现实意义。

一　云南少数民族思想文化中的儒学传播影响及其与儒学观念的融汇

据所能接触到的文献资料看，儒学在云南少数民族地区的传播和影响，约始于两汉时期。西汉武帝时，以"滇"国之地置益州郡，赐"滇王王印"，命其"复长其民"。② 同时武帝采纳董仲舒之议，"罢黜百家，独

---

① 由于我国藏族的分布，不仅以西藏为主体，且在青海、甘肃、四川、云南均有聚集，即所谓全国五大藏族聚居区。鉴于此，本著姑且把儒学与藏川地区的少数民族哲学和文化，置于我国西部少数民族儒学部分加以考察。

② 《史记·南蛮西南夷列传》，中华书局1982年版，第2997页。

尊儒术"。西汉王朝思想文化的这种意识形态变局,也远播云南边陲,产生了一定影响。《后汉书·南蛮西南夷列传》载:"肃宗元和中,蜀郡王阜为益州郡太守,政化尤异","始兴起学校,渐迁其俗"。① 肃宗即东汉章帝。该时期的益州郡太守王阜,《东观汉记》载其"少好经学",11岁时赴犍为学经。晋常璩《华阳国志》述其察举孝廉。以此来看,王阜在益州郡兴建学校,所授内容的主体应为儒家文化,进而在当时当地影响所及,"渐迁其俗"。此外,当时儒学在滇东北的朱提郡(今云南昭通地区),也因乡绅兴学而广为流布,深有影响。"其民好学,滨犍为,号多人士,为宁州冠冕。"② 因犍为的儒学水准颇高,当时多有以儒学名世者,亦曾有几位犍为人士任朱提太守。由此,儒学在当时的播化就可想见了。

在哲学宗教层面,儒学于历史上云南少数民族地区的传播影响,下述三个方面具有一定的标志性特征。

其一是云南纳西族的东巴经。东巴经是纳西族特有的原始宗教——东巴教的经书,约产生于公元11世纪以前,是由东巴("东巴"纳西语意为"山乡诵经者",即东巴教的"经师")书写、念诵的经书,纳西语称"东巴久",即"东巴经",有纳西族古代社会"百科全书"之称。东巴经是由纳西族的民族语言文字东巴文或格巴文书写而成。

东巴经中的哲学和宗教观念中,阴阳五行观念具有非常突出显要的地位。阴阳观念在东巴经中汉文音译为"卢""色"。"卢"表示"阳"的思想观念,"色"表示"阴"的思想观念,"卢色"即阳阴,或者按照汉语习惯称为阴阳。由于纳西族具有浓厚的原始崇拜和自然崇拜的特点,纳西族东巴经中的阴阳观念,可能主要是通过直观人类社会中的男女和自然界中的雌雄两性生活习性、生理作用及各自的特殊地位而获得的。在东巴经中,称男女、雄雌交合而生的后代为"奔巴别",由此"奔巴别"又用来表明自然界中一切事物皆是雄雌、阳阴交合而生,这是东巴经所表现出来的一种朴素的宇宙观。如东巴经《什罗祖师传略》中说:"天(男、阳)和地(女、阴)……奔巴别,一个海子出现了。"③ 东巴经《多格绍·本

---

① 《后汉书·南蛮西南夷列传》,中华书局2011年版,第2847页。
② (晋)常璩撰:《华阳国志校注·南中志》,刘琳校注,巴蜀书社1984年版,第414页。
③ 见萧万源、伍雄武、阿不都秀库尔主编《中国少数民族哲学史》,安徽人民出版社1992年版,第252页。

绍》："在岩头的司把吉补和岩洞的司把吉母两个'奔巴别',……贤能的九个男儿由此产生,贤能的九个姑娘由此产生。……云和风来'奔巴别',多格尼神也由此产生。"① 东巴经中这种阴阳和合的思想观念,大约至明代前后,在纳西族创造的"格巴文"的使用中,出现了采用汉文儒典《周易》的阴阳符号"– –"和"—"来代替东巴文的情况,即用"—"代表东巴文的"卢"(阳),用"– –"代表东巴文的"色"(阴),并将"卢、色"的读音和含义都移植到"—""– –"这两个符号之上。② 因此可以判定,古代纳西族的阴阳观念明显地受到了儒学《周易》文化阴阳观念的影响。东巴经中"卢、色"即阳阴观念,以东巴文的文字形式表现出来,大概是唐宋之际的事,《周易》阴阳交感而生变化的观念早已产生形成千载之上了。上述云南纳西族等少数民族的形成演变及与汉族交融的历史状况,可以曲折地反映出纳西族先民受到汉族文化影响的迹象。

与"卢色"即阳阴观念紧密相连的是东巴经中的五行观念。五行在东巴经中称为或者按音义结合译为"精威五行"或"精威五样"③。精威五行从内容和性质来说,指的就是通常所说的水火木金土五种物质元素。东巴经认为,精威五行是由世界混沌未分之气,分为阳(神)阴(神),即"卢神""色神",亦即"下面的佳气"关系"上方的佳声",二者结合变化而形成的。东巴经《驮达给金布马超度吊死鬼之经》说:"很古很古的时候,最初,……先从上方出了佳声,从下面出了佳气。佳声、佳气结合变化,出现了最初的精威五行。"④ 东巴经有五行、五方和五色相配的观念。东方属木,木色青,故为青色;南方属火,火色红,故为红色;西方属铁(即金),铁色白,故为白色;北方属水,水色黑,故为黑色;中央属土,土色黄,故为黄色。关于东巴经中这种五行、五方和五色,甚至还有天干、地支等互相联系和结合的观念,我们至少需要提出和考察两个问

---

① 见萧万源、伍雄武、阿不都秀库尔主编《中国少数民族哲学史》,安徽人民出版社1992年版,第253页。
② 见萧万源、伍雄武、阿不都秀库尔主编《中国少数民族哲学史》,安徽人民出版社1992年版,第252—253页。
③ 见萧万源、伍雄武、阿不都秀库尔主编《中国少数民族哲学史》,安徽人民出版社1992年版,第272页。
④ 转引自萧万源、伍雄武、阿不都秀库尔主编《中国少数民族哲学史》,安徽人民出版社1992年版,第273页。

题：一是纳西族东巴经何以能够产生和形成这样的五行、五方等观念？二是纳西族东巴经的这种观念又何以与儒家五行、五方等观念完全一致？进行这样的理性思考，只能从两种文化的历史发展之联系中来寻求答案。战国至秦汉间形成的儒典《礼记》，其中《月令》篇的一个重要观念，即春夏长夏秋冬五时分别属于木火土金水五德和东南中西北五方，并且有青赤黄白黑五色。董仲舒《春秋繁露》说："五行之随，各如其序。五行之官，各致其能。是故木居东方而主春气，火居南方而主夏气，金居西方而主秋气，水居北方而主冬气。是故木主生而金主杀，火主暑而水主寒，使人必以其序，官人必以其能，天之数也。土居中央为之天润。土者，天之股肱也，其德茂美不可名以一时之事，故五行而四时者，土兼之也。"① 不难看出，从先秦至汉代，阴阳五行观念在华夏文化中已经相当普遍地流行开来，深深地影响于人心，构成为一种文化景象，特别是在庙堂文化中居于重要地位。这样的观念文化，必然会随着中华各民族及其文化的渗透融合和交流而发生传播影响作用，由此仍然可以判定，纳西族东巴经"卢色"和"精威五行"（即阴阳和五行）观念的产生和形成，不能排除是受到了儒家文化阴阳五行观念长期深入影响的结论。东巴经是纳西族的民族文化，这种民族文化中包含着儒家文化的内容和成分，或者说其中有些内容或文化成分与儒家文化是相同或基本一致的；儒学文化的辐射传播，影响所及，也渗入和流淌到了纳西族这一少数民族的文化血液里。

其二是云南历史上少数民族中的"儒释"和"释儒"。唐宋以后，云南大理地区的白族举族信佛，苍山洱海间有"佛国""妙香国"之称。②"滇之佛教，传闻于汉、晋，兴隆于唐、宋，昌于元，盛于明，而衰落于清纪。"③ 据文献载，元代以前的南诏大理国时期，云南白族所传佛教主要

---

① 曾振宇、傅永聚注：《春秋繁露新注》，商务印书馆2010年版，第228—229页。
② （元）郭松年《大理行记》云："此邦之人，西去天竺为近，其俗多尚浮屠法。家无贫富，皆有佛堂，人不以老壮，手不释数珠。一岁之间，斋戒几半，绝不茹荤饮酒，至斋毕乃已。"（郭松年撰，王叔武校注：《大理行记校注》，云南民族出版社1986年版，第22—23页）（明）谢肇淛《滇略》卷四载："世传苍洱之间在天竺为妙香国，观音大士数居其地。……教人捐配刀，读儒书，讲明忠孝五常之性，故其老人皆手捻念珠，家无贫富，皆有佛堂，一岁之中，斋戒居半。"（《四库全书》第四九四册，上海古籍出版社1987年影印本，第494—141页）
③ （民国）龙云、卢汉主修，周钟岳总纂：《新纂云南通志》卷一〇一，刘景毛等点校，云南人民出版社2007年版，第476页。

第五章　儒学与我国西南少数民族哲学文化的交融互动

是密宗阿吒力教,其一度在南诏大理具有国教的地位。南诏以来大理地区的佛教,是从印度和我国中原地区传入的,然而其佛教典籍却多为汉文。南诏史籍中多有"遣使入朝受浮图像并佛书以归"和"所诵经律,一如中国"的记载。近年来在大理地区发现的南诏和大理国时期的佛经写本,如《无垢净光大陀罗尼经》《自心印陀罗尼法咒语》等密宗经典,皆为汉文写本。大理国亡后,密宗随之衰落。至元代,代之而起的是从中土传入的禅宗。

奇特的是,南诏、大理国时期的白族僧侣被称为"师僧"或"儒释"。这些僧人往往是饱读儒书的佛教弟子,同时他们在佛寺中又教儿童念佛经,读儒书;佛寺也因此不仅是宗教活动的场所,而且成为传授弘扬儒学的地方。元郭松年《大理行记》载:"师僧有妻子,然往往读儒书,段氏而上有国家者设科选士,皆出此辈。"①"师僧"即"儒释"。南诏、大理国时期的僧侣身虽为僧却用俗姓,崇释习儒,有"其流则释,其学则儒"的特点,故称之为"儒释"或"释儒"。"儒释"之称最早见于《南诏图传·文字卷》,曰:"儒释耆老之辈,通古辨今之流。"② 这些儒释显然在现世的活动是既主佛学修行,又主儒学修身;既出世事佛,又入世从政,是集儒、佛于一身的僧人。现存于昆明的大理国经幢《造幢记》,就是大理国佛弟子议事布燮袁豆光敬造佛顶尊胜宝幢记,其记曰:"皇都大佛顶寺都知天下四部众洞明儒释慈济大师段进全述。"据题记可知,石幢是大理国"议事布燮"袁豆光所建造。《新唐书·南诏传》载:"官曰坦绰,曰布燮,曰久赞,谓之清平官,所以决国事轻重,犹唐宰相也。"③ 即袁豆光是一位官居相当于宰相之职的"释儒"僧侣,而段进全则明确被称为"儒释""大师"。现存于云南省姚安县的《兴宝寺德化铭》亦即《襄州阳派郡稽肃灵峰明帝记》,则是大理国元亨二年(1186)大理崇圣寺时任"粉团侍郎"的僧人杨才照所撰。杨才照自称"释儒",即碑刻有"皇都崇圣寺粉团侍郎赏米黄绣手披释儒"。元朝时,在滇弘扬佛教禅宗的雄辩法师,曾长期在中原学佛,具有较高的汉文化功底,归滇后在他的弟子中有位名玄通者,据悉"赋性聪慧,辩博渊敏,于吾儒经史子

---

① (元)郭松年撰,王叔武校注:《大理行记校注》,云南民族出版社1986年版,第23页。
② 《全唐文补编》(下册),《南诏中兴二年画卷题记》,中华书局2005年版,第2399页。
③ 《新唐书·南诏传》,中华书局2011年版,第6268页。

传,百氏之书,靡不研究"①。明朝时,大理荡山寺(感通寺)法师无极,能知性学,兼通辞章,透悟宗旨,博通儒书。他们也可以说是后来的"儒释"。

值得研究的是,云南南诏大理国时期儒释何以得以形成和存在发展?首先恐怕要归因于当时政治上的开科取士制度。此种制度与同期产生、流行于隋、唐、宋三朝的科举制度有一定差别,即大理国"开科取士"的标准是"通释习儒",既懂佛教义理,又谙儒家典籍与理念的佛教徒,是科考录用的对象。"以僧道读儒书者应举",是大理国科举制度的基本特征。其次,中原统治者"用夏变夷"观念和策略的推进,以及当时云南地区逐渐形成的儒学风尚。孟子说:"吾闻用夏变夷者,未闻变于夷者也。"② 南诏从建诏之初就与唐王朝保持着密切的关系,历代南诏王都积极学习汉文化,唐王朝册封皮罗阁为"云南王",屡次将《诗》《书》《礼》《乐》等儒家经典赐给南诏,南诏王异牟寻"颇知书"③。唐天宝间的儒官郑回,流寓南诏后,被礼聘为师,任清平官,积极派遣大批贵族子弟赴成都、长安学习儒家典籍,儒学因而在西南盛传。《旧唐书·南诏传》云:"阁罗凤以回有儒学,更名蛮利,甚受重之。命教凤迦异。及异牟寻立,又另教其子寻梦凑。"又云:"回久为蛮师,凡授学虽牟寻、梦凑,回也捶挞,故牟寻以下皆严惮之。"④《新唐书·南诏传》也说:"郑回者,唐官也,……阁罗凤重其淳儒,……俾教子弟。"⑤

其三是成就了一批云南少数民族儒士。据由云龙纂民国《姚安县志》载:到了明代末期,邑中先哲,承袭宋明理学,阳儒而阴释,且力事提倡。姚安位于滇中偏北,是彝、白等少数民族与汉族杂居的地区。云南少数民族地区,自秦汉以降,逐渐地既有佛教兴盛,又有儒学昌隆。除上述的儒释外,元明清诸时期尚不断涌现出来具有较大影响的儒官、儒士,形成了云南历史上又一道儒学弘扬的文化景观。元代世祖时任云南平章政事的赛典赤,回族人,治滇期间以儒家"德政教化"为宗旨,行"宽仁之

---

① 转引自龚友德《儒学与云南少数民族文化》,云南人民出版社1993年版,第110页。
② 《孟子·滕文公上》,中华书局2010年版,第97页。
③ 《旧唐书·南诏传》,中华书局2011年版,第5281页。
④ 《旧唐书·南诏传》,中华书局2011年版,第5281页。
⑤ 《新唐书·南诏传》,中华书局2011年版,第6272页。

政",重视兴办教育,倡导儒学,于公元1276年在昆明五华山右,建成云南第一座孔庙——昆明文庙,开云南庙学风气之先,当地少数民族,"虽爨僰亦遣子入学",使儒学在云南得到倡扬。李元阳是明代白族中的一位颇有影响的宿儒,嘉靖五年(1526)中进士,授翰林院庶吉士,曾主持校刻《十三经注疏》,辞官返乡后归隐多年,读儒释道三家之书,潜心性理之学,著述颇丰,亦可称之为一位释儒。清初姚安土同知高奣映,白族(又说彝族)人,凡经史百家,先儒论说,佛教典籍,辞文诗赋,皆窥其底蕴而各有心得,特别是治宋明儒学和佛学,很有建树,著作丰厚,影响所及,几与顾炎武、黄宗羲、王夫之、颜元等比肩。[①] 清代云南另一白族知名儒士王菘,可谓白族史学家和经学巨擘,曾主讲山西晋阳书院,受到敬重,回到云南洱源故乡,整理自己长期研究儒学的心得,著述丰裕,且在白族乡民中影响深广。

儒家文化在云南少数民族哲学和思想文化中逐渐广泛地传播并产生深入的影响,从根本上说是该地区少数民族在思想文化观念上对儒学文化的价值认同。这是非常重要的精神文化前提和思想观念基础,否则儒学不可能得到传播和产生影响,甚至只能受到拒斥或者抵制。纵观和综察该地区少数民族发展之情状、政治上的治乱统分、文化上的高下明暗、社会上的和融与邪乱、道德上的长幼尊卑观念,等等,基本上或至少大多是以儒家思想为其评判标准的。如云南历史上有较多与少数民族有关的碑刻,所反映出的内容常常以儒家思想为主。立于东汉桓帝永寿年间的孟孝琚碑言其碑主——"南中大姓"孟孝琚"十二随官授《韩诗》,兼通《孝经》二卷";晋代南中大姓的大小爨碑不仅把爨氏祖先追溯到炎黄,而且"孝""弟""忠""信"等观念充溢其间;唐时的南诏德化碑有"川岳既列,树元首而定八方。故知悬象著明,莫大于日月;崇高辨位,莫大于君臣"的碑文,南诏的乌蛮、白蛮贵族通过碑文表明其明日月阴阳、君臣尊卑之道,希望唐王朝"容归之",恢复臣属关系;宋时的云南大理国经幢,虽是佛教石雕,刻有汉文《造幢记》,儒家思想仍然浸透其间,例如有"君臣

---

① (民国)由云龙纂《姚安县志》载:"清季北平名流有谓清初诸儒应以顾、黄、王、颜、高五氏并列。"(霍士廉修、由云龙纂:《姚安县志》卷四十二《学术志·学术概论》,第五册,中华民国三十七年铅印本)。

一德，州国一心"，"尊卑相承，上下相继"，"至忠不可无主，至孝不可无亲"等文字内容。明代白族学者杨黼的《山花碑》，是奇特的用汉字记述白族语音的"白文"碑，文中有"才等周文武""敬孝""仁礼""尧天"等儒家思想相贯穿。如此等等，不一而足。云南南诏政权异牟寻时期，在与唐王朝交恶几十年后，认识到"中夏至仁"，南诏"人知礼乐，本唐风化"，"业为蕃臣，吞声无诉"，异牟寻是一位"颇知书"识礼之王。宋时的云南大理国，"大理"之名来自"大礼"，"礼""理"皆儒。大理国的国王有名"思平""思良""素顺""素廉""连义""正淳"，年号则有"文德""文经""至治""明德""广德""正治""正德"，儒家文化的思想观念溢于其间。

儒学在云南少数民族哲学和思想文化中逐渐广泛地传播并产生深入的影响，又是儒学领先和高于该地区少数民族哲学和思想文化的结果。与我国各少数民族一样，历史上云南少数民族的社会经济形态明显地或远远落后于汉族社会，当中原的封建社会有了长足发展的情况下，其还处于比较原始或者农奴的社会状态，作为经济、政治等的精神反映的哲学和思想文化，当然也是比较原始或者落后的。人们通常从文化的"势能差"来说明和看待先进之于落后、高端之于低位的关系，我们觉得从反向来认识这一问题，处于落后、低位的哲学和文化形态者，也具有一种对于高端和先进文化的期盼、接受、容纳、景仰、融摄的态度和心理。因此总体来看，历史上儒学在云南少数民族地区的传播影响是呈现逐步增强效应的。

儒学在云南少数民族哲学和思想文化中逐渐广泛地传播并产生深入的影响，还在于二者之间多向度的思想文化交融激荡。这种多向度的思想文化交融激荡中，包括经济的、贸易的、政治的、社会的、宗教的等，其中政治文化之间的密疏关系始终是具有决定性和主导性的方面。政治亲密，臣属羁縻，或置郡县治理，云南少数民族地区往往儒学亦兴盛，文化亦发展。反之，二者政治疏远甚至交恶抗衡，对于儒学传播和少数民族的文化进步则极其不利。汉文化或儒家文化与云南民族文化的涵化整合、沟通交流，也能够通过经济、贸易、宗教等其他形式或途径而发生。元初郭松年《大理行记》称："故大理之民，数百年之间五姓守固。值唐末五季衰乱之世，尝与中国抗衡。宋兴，北有大敌，不暇远略，相与使传往来，通于中国。故其宫室、楼观、言语、书数，以至冠婚丧祭之礼，干戈战陈之法，虽不能尽善尽美，其规模、服色、动作、云为，略本于汉。自今观之，犹有故国之遗风焉。"① 元李京《云南志略》云："天运勃兴，文轨混一，钦惟世祖皇帝天戈一指，尽六诏之地皆为郡县。迄今吏治文化侔于中州，非圣化溥博，何以臻此。"② 从大理国时期来看，云南与宋王朝官方间政治文化交流大为减少，而民间经济贸易关系则不断增加。大理国曾主动热切地希望发展与宋朝的政治、经济、文化的全面关系，然而宋朝则以自身安全为由，拒之千里之外，多次阻绝大理国的友好通使，致使云南与中原的文化交往缺乏宋朝官方的大力支持。官方政治文化交往的管道被阻绝后，势必造成中原汉文化传输云南的衰减，云南难以及时地得到和吸收中原文化的最新发展成果。然而，两宋王朝为了得到大理国的战马，曾经经由广西大量购买，大理国商人也利用卖马的机会，到广西采购中原文化用品和典籍，以此补充通过官方渠道传入中原文化的不足。"乾道癸巳（乾道九年，1173年，引者注）冬，忽有大理人李观音得、董六斤黑、张般若师等，率以三字为名，凡二十三人至横山议市马。出一文书，字画略有法。大略所须《文选五臣注》《五经广注》《春秋后语》《三史加注》《都大本草广注》《五藏论》《大般若十六会序》及《初学记》《张孟押韵》《切韵》《玉篇》《集圣历》《百家书》之类。"③ 不难发现大理国人求购的书籍主要有两类，一是汉晋时期儒家经解和史注之书，如《五经广注》《春秋后语》《三史加注》等，它们都是唐代以前中原儒家学说的代表作品，即汉学论著；二是学习汉语所需的文字声韵工具之书，如《初学记》《张孟押韵》《切韵》，等等。在我国的儒学发展史上，汉晋至隋唐时期，主要以训诂和考订儒家经典的章句文字音韵为主，这一时期的儒学也被称为汉学；两宋时期，儒学研究则发展为以解说儒家经典中的义理为主，被称为理学。在唐代以前，云南与中原的文化交流受到王朝官方的支持和保护，交流频繁，文化传输不仅量大，而且迅速，中原文化发展的最新成就和变化都能很快地传入云南。而大理国时期中原儒学发展到以儒家义理为宗旨的理学阶段，理学之书却难以在云南大理文化中找到踪迹，以致大理国商人专程到广西求购中原文化书籍的这份书单，也还停留在唐代以前儒学研究的"汉

---

① （元）郭松年撰，王叔武校注：《大理行记校注》，云南民族出版社1986年版，第20页。
② （元）李京撰，王叔武校注：《云南志略辑校》，云南民族出版社1986年版，第84页。
③ （元）马端临：《文献通考》卷三百二十九，《四裔考六》，上海图书集成局，（清）光绪二十七年（1901），第8页。

学"阶段，这不能不让人结合两宋王朝对大理国的方针政策，考虑到这一时期官方政治关系断绝，给文化交流造成极其不良的影响，形成了历史上中原文化传输云南的一个衰减期，以至于赛典赤治滇，初入云南时强烈地感受到"云南子弟不读书""不知尊孔孟"。其实云南子弟非不读书也，只是没有读当时盛行的理学之书；非不知尊孔孟也，只是没有像这一时期中原内地那样，在理学强烈影响下，竭力抬高孟子学说的地位和研学程朱之学。至于云南大理国时期的"释儒"现象，则反映了这一时期儒学文化与佛教文化相结合，成为大理国统治文化的趋势。大理文化将儒、释融合为一后，积极吸收土著文化，主动适应统治需要，并促成了来自中原的汉（儒）文化，来自南亚、东南亚的海洋文化和当地的土著文化相互涵化、融洽、整合，达到统一，从而推进了云南地方民族文化的发展。

二 贵州少数民族哲学文化中的儒学传播和影响

贵州少数民族地区及其哲学和文化受儒学之风的沐浴和影响，既有与其他少数民族地区及其哲学和文化牵绊受儒学影响相近或相同之处，也有其独特的相异的特点和情状；既是较早得儒学之先者，又是较深受儒学之染者。因此，贵州称得上是我国少数民族哲学和文化受儒学传播影响的重要地区之一。表现在以下四个方面。

一是积极地引进中原儒学。两汉时期，夜郎（今贵州）地区便先后出现了三位儒家学者舍人、盛览和尹珍，史称贵州汉代"三贤"。他们积极自觉地研习儒学，接受中原先进文化，重视教育，传扬儒学，或著书，或讲学，为贵州的儒学倡扬和文化教育做出了显绩。他们的儒学作为及成就所产生的影响，前面有关章节已经进行了论述，此不赘言。

在明代洪武年间，贵州水西的彝族首领奢香夫人，就是深受儒学爱国、一统思想影响并积极地接纳引入儒家文化的一个典型代表。奢香代夫袭贵州宣慰使职期间，七上金陵，学习汉民族先进思想文化与生产技术，造福于贵州各族人民，具有志在改变贵州边陲贫困落后之貌的气概。并且她不顾沦为人质之虞，毅然派子赴京入太学，学习汉文化，学习儒学。明太祖朱元璋曾下诏："礼教明于朝廷而后风化达于四海，今西南夷土官各遣子弟来朝，求入太学，因其慕义，特允其请。尔等善为训教，俾有成就，庶不负远人慕学之心。"① 洪武二十五年（1392），奢香之子学成而归，朱元璋钦赐"安"姓，汉名称"安的"。奢香还多方面接纳文人学士，聘用汉儒，在水西设置贵州宣慰司学，使水西彝族不断接受儒学文化的熏陶。彝家子女广泛入学读书，参加科举考试。在奢香夫人影响下，水西彝族社会生活各方面，颇依华夏之礼。

二是广泛地重教兴学，播扬儒学。自隋唐以来，在少数民族地区的府、州、县官府兴办官学成为中央王朝向贵州地区传播儒学的重要方式。《遵义府志》卷二十二载："唐武德中，州、县及乡皆置学。"宋元时期，"宋初，但有书院，仁宗始诏藩镇立学，继而诏天下郡县皆立学。杨氏时，守有遵义，文教盖蔑如也"②。安抚使杨文治播州（今遵义），重教兴学，对儒学传播具有积极的推进作用。同时在唐以来所置学校基础上，贵州又新增书院，南宋绍兴年间，在今沿河县建有銮塘书院。元代，仁宗皇庆二年（1313），贵阳地区又建文明书院。明代时贵州的书院更有长足的发展，如阳明书院、中峰书院、正学书院、龙岗书院、石壁书院、南山书院、明德书院、魁山书院、紫阳书院、青螺书院、铜江书院、斗坤书院、月潭书院、鹤楼书院和南皋书院，等等。书院大部分设置在少数民族地区，对当地少数民族习染儒学、发展民族文化提供了有利条件。至清代，官学更是广泛发展起来。贵州全省在府、卫、州、县甚至到乡都设有学校。当时"贵州一省辖十一府，四十州县"，都有了学校。全省共有书院133所，书院是传播儒学的重要渠道，以"必崇文治而后可以正人心，变风俗"为教育方法，从而达到"开其智巧，乐育人才"的目的。学校（书院）的发展，大大推动了儒学在贵州少数民族地区的传播。

三是谪边儒臣不遗余力地昌明儒学。明儒王阳明因政治斗争被贬谪贵州龙场驿（今贵州修文县）丞。当今的布依族、苗族和彝族等少数民族多居住于龙场所处之地。正所谓"龙场万山丛薄，苗、僚杂居。守仁因俗化导，夷人喜，相率伐木为屋，以栖守仁"③。王阳明贬谪龙场驿后，对《大

---

① 《明实录·明太祖实录》卷二〇二，（台湾）"中央研究院"历史语言研究所1962年影印本，第3025页。

② （清）郑珍、莫友芝撰：《遵义府志》卷二十二，《中国地方志集成·贵州府志辑》，巴蜀书社2006年影印本，第434页。

③ 《明史·王守仁传》，中华书局1985年版，第5159页。

学》有了新的领悟，认为心是万事万物的根本，世界上的一切都是心的产物，即王阳明"忽中夜大悟格物致知之旨，……始知圣人之道，吾性自足，向之求理于事物者误也"①。史称王阳明龙场悟道。遂有王阳明在龙岗书院（今修文阳明洞内）讲学，写出《五经臆说》《龙场诸生问答》《示龙场诸生教条》等，儒家精要贯穿其中，突出体现儒学教育的主旨。而后，又受贵州提学副使席书邀请，担任贵州书院主讲。王阳明的学术思想经历中，贵州时期为提出和标举知行合一之说的阶段。明儒湛若水评价王阳明说："阳明公初主格物之说，后主良知之说。"② 王阳明"格物"说，实际上涵括心即理、格物即正心、知行合一三说。也就是说，王阳明从"理也者，心之条理也。是理也，发之于亲则为孝，发之于君则为忠，发之于朋友则为信。千变万化，至不可穷竭，而莫非发于吾之一心"③ 的"心即理"出发，认为"此心无私欲之蔽，即是天理"，"意之所在便是物"，④ 这样，"格物"也就是格心，即"去其心之不正"⑤，同时这种格物正心的工夫，"元来只是一个工夫"，即"行之明觉精察处即是知，知之真切笃实处便是行"⑥ 的"知行合一"。王阳明的"知行合一"说，对于激发提升人的主体精神、激励促进人的践行实践，显然具有积极的重要作用。王阳明主讲贵阳书院，即传播宣扬其"知行合一"的儒学理论。他指出当时人们在知行问题上误"以为必先知然后能行，且讲习讨论以求知，俟知得真时方去行，故遂终身不行，亦遂终身不知。某今说知行合一，使学者自求本体，庶无支离决裂之病"⑦。阳明学对贵州各民族的哲学和文化产生的影响是重要、深刻而久远的。他在贵州讲学期间，学生众多，有汉族，有少数民族。在龙场，阳明与贵州宣慰司宣慰使安贵荣（彝族）情谊深厚，《与安宣慰》《谢安宣慰书》《贻安贵荣书》，是他与少数民族之间情真意深、永志难忘的记录。万历十七年（1589），安贵荣之裔安国亨在

---

① 《王阳明全集》，上海古籍出版社 1992 年版，第 1228 页。
② 《甘泉文集》卷三十一，《阳明先生王公墓志铭》，四库全书存目丛书编纂委员会编：《四库全书存目丛书·集部》第五十七册，齐鲁书社 1997 年影印本，第 231 页。
③ 《王阳明全集》，上海古籍出版社 1992 年版，第 277 页。
④ 《王阳明全集》，上海古籍出版社 1992 年版，第 2 页。
⑤ 《王阳明全集》，上海古籍出版社 1992 年版，第 6 页。
⑥ 《王阳明全集》，上海古籍出版社 1992 年版，第 42 页。
⑦ 《王阳明全集》，上海古籍出版社 1992 年版，第 1230 页。

阳明洞的崖壁上镌刻"阳明先生遗爱处"。"遗爱"二字既表达了王阳明对彝族的友好、关爱，也表达了彝族同胞对王阳明的真挚感情。

四是贵州少数民族哲学和文化自觉地吸收融摄儒学。分别流传于贵州毕节、四川凉山和云南楚雄、弥勒等彝族地区，且已译成汉文的《西南彝志》《宇宙人文论》《宇宙源流》《物始纪略》《土鲁窦吉》等彝族古典文献，突出地反映出彝族哲学思想对儒学的继承、吸纳和融摄。在彝族这些重要的典籍里，一个基本而重大的问题是宇宙发生论和宇宙构成论。解释宇宙的发生与转化，彝族文化是从清浊二气开始的。彝族先贤认为，太古之初，杳杳冥冥，什么有形之物都没有，只有动态的清浊二气。清浊二气不断交织变化，形成哎哺；哎哺交织变化，形成天地；天地之气交织变化，形成万物。清浊二气—哎哺—天地—万物，彝族先贤用一条简洁自然的演化路线，解答了宇宙发生的问题。关于世界的构成，彝族文化认为，哎变为火，哺变为水，水火相互作用，又形成了木、山、风、金、石、土。水、火、风、金、石、土组成整个现实世界和人体。哎哺，被彝族先贤解释为万物之母、万物之核心、万物之基本。这样，在彝族的上述古典文献里，哎哺切近于儒家《周易》里的阴阳、乾坤。然后以哎哺为基础，彝族先贤创造了自己的文化，其中，阴阳、八卦、五行、干支、河图、洛书等基本元素，比较完整地构筑了彝族文化中的宇宙论观念体系。当然，譬如彝族文化中的八卦，与儒学《周易》中的八卦概念，在内涵上尚具有一定的差异性。正因为如此，才恰恰体现了彝族文化鲜明的民族性特征。如果从文献形成的角度看，彝族文化明显地受到了儒学的影响；如果从观念形成的视角看，彝族文化与以汉族为主体的儒学具有阴阳、五行、图书、八卦、干支等共同的思想元素。这至少说明在早初的先贤那里，两个民族一定有过相当长的融合期，否则源头文化上这种某种程度的相似性就难以合理地给予解答。

在此还需要提及的是，清代贵州布依族的莫与俦、莫友芝父子。莫与俦在贵州独山自己的家乡看到布衣子弟目不识丁的状况，便自筹款项，设馆教学，一生实践儒家"有教无类"的原则，重视教育人才，使家乡农家子弟知书达理，同时造就了莫友芝、郑珍这样的"西南巨儒"。莫友芝在父亲的儒学熏陶下，深入研究儒学，受儒家重视总结历史经验传统的影响，与郑珍通力合作，编修成《遵义府志》这一具有重要学术价值的地方史志。莫氏父子可谓贵州布依族这一少数民族中的儒学代表人物。

第六章 白族李元阳的"释儒"哲学及其文化意义

生活在明代中后期且半生"僻居西陲"的白族哲人李元阳，在阳明心学已全面破解朱学而成为理学舞台主要角色的观念背景下，处于云南大理地区白族举族信佛的宗教环境中，以明嘉靖五年（1526）进士被授予翰林院庶吉士，后来辞官返乡究心性命、参研佛理。其儒学成就不仅渗透着王学精蕴、佛道思想，而且体现出独特的理论品格，代表了一个白族学者对儒学的卓越贡献，其儒、释、道融合的民族关系之维，具有更为深刻的文化交融意义。

一 辨性情

《心性图说》是李元阳的主要哲学论著，与他和友人的通信等文献一道，构成了李元阳以性情为理论核心的基本儒学面貌，其最高的、核心的哲学范畴是"性"。他在《与罗修撰念庵》的信中这样表达："夫性，心意情识，其地位悬殊，状相迥别，惟彻道之慧目，乃能辨之。不然，雪里之粉，墨中之煤，毫厘之差，千里之谬。此儒先所未论者。"[①] 李元阳将"性"与心、意、情加以界分，并把"性"置于本体的地位，这是他"儒先所未论"的创见性自得。"夫天命之谓性，命字，有长存不灭之义。言性者，不死之物也。性即命也，命即性也，心意非其伦也。""盖人生而静，天之性也。此性在人为甚真，即本觉也，即道体也，即未发之中得一

---

① 《李中溪全集》卷十，《丛书集成续编》一四二，《文学类·诗文别集—明》，（台湾）新文丰出版公司1988年版，第767页。

第六章 白族李元阳的"释儒"哲学及其文化意义

之一也。"① "性"即"命"、即"本觉"、即"道体"、即"未发之中",是超然而然、不死不灭、永恒的实在性存在。李元阳这一本体之"性",从与天地万物的关系来说,"人具此性,本自圆明(明是良知,圆是知至),周匝遍覆,虚灵豁彻,无体象可拟,非思议可及,惟中惟一而已"②。"天地世界,可谓广大,而吾人之性,又包乎天地世界之外,此圣人所以教人复性也。""性复,则天地世界,如观掌中物耳。"③ 李元阳"性"之"周匝遍覆""包乎天地世界",表明了这一"性"之本体的总体性内涵,与北宋二程的"在天为命,在人为性,论其所主为心,其实只是一个道"④的"道(理)"之本体总体性,具有某种意义上的犀通;而其"虚灵豁彻,无体象可拟,非思议可及,惟中惟一"的性质,似又体现出其"性"的形上性和某种精神性的虚灵绝对性。不过,李元阳的这种精神性、总体性的形上本体"性","虚灵"却不是虚空,而是具有伦理内涵的形上存在,这种伦理内涵在李元阳看来就是"仁"。"夫人依性生,性以仁立。"⑤"今夫寂然不动之中,即道之体也,是即所谓仁也;所谓人生而静,天之性也;所谓虚灵不昧之本体也;所谓本然固有之知也;所谓无极之真也。此圣凡贤不肖智愚之所同具者也。"⑥ 这样,李元阳的"性"即"仁","性体""仁体""本体""道体""本然""无极"等,属于同一个本体层面,并且使得这个理论层面时而表现出佛道观念的特性,终又归入儒家的理论观念中来。

与本体、总体、形而上的"性"相对立的,是人之"心""意""情"。"心""意""情"按其为"物"所"感"、所"惑"、所"蔽"的程度不同,而渐次有所加重,至"情"是最"为物所蔽"的思想意识,可

---

① 《李中溪全集》卷六,《丛书集成续编》一四二,《文学类·诗文别集—明》,(台湾)新文丰出版公司1988年版,第766、767页。
② 《李中溪全集》卷六,《丛书集成续编》一四二,《文学类·诗文别集—明》,(台湾)新文丰出版公司1988年版,第767页。
③ 《李中溪全集》卷六,《丛书集成续编》一四二,《文学类·诗文别集—明》,(台湾)新文丰出版公司1988年版,第672、671页。
④ 《二程集》(第一册),中华书局1981年版,第204页。
⑤ 《李中溪全集》卷五,《丛书集成续编》一四二,《文学类·诗文别集—明》,(台湾)新文丰出版公司1988年版,第642页。
⑥ 《李中溪全集》卷十,《丛书集成续编》一四二,《文学类·诗文别集—明》,(台湾)新文丰出版公司1988年版,第768页。

以说代表着与人的形上之"性"根本对立的形下物"象"之极。李元阳对"心""意""情"分别予以明确的"图说",这里试作表列举并与"性"加以比较:

表6-1　　　　　　　　　　　性、心、意、情对比表

性	心	意	情
人具此性,本自圆明(明是良知,圆是知至),周匝遍覆,虚灵豁彻,无体象可拟,非思议可及,惟中惟一而已。 夫天命之谓性,命字,有长存不灭之义。言性者,不死之物也。性即命也,命即性也,心意非其伦也。	性之神识动而为心。心者,感物而动之谓也。半明半蔽,半通半塞,其象如此。①	心识发而为意。意者,为物所感之谓也。明少蔽多,通少塞多,其象如此。②	意识流而为情。情者,为物所蔽之谓也。忘己循物,背觉合尘,昏蔽太甚,塞而不通,其象如此。③

就其思想继承性而言,李元阳"本自圆明"的本体之"性",显然与王阳明"良知"本体相联系。王阳明说:"天地万物,俱在我良知的发用流行中,何尝又有一物超于良知之外?"④ 但是,王阳明的良知之"性",与"心"、与"理"、与"天",完全是合一的。"心之体,性也。性即理也。""心也,性也,天也,一也。"⑤ 与王阳明"心性不二"不同,李元阳析"性"与"心"为二,并且把"心"与"意""情"归为"缘物而起,物去而灭"的"识",显示出对阳明心学心本论的改造和深刻性的辨析。李元阳的本体之"性",当然也与禅宗佛教"无生灭,无去来"的空寂清净"本性"相犀通,或者说就是佛教的真如"佛性",只是与把阳明学的"心性为一"加以分离一样,李元阳也从佛教"识心见性,自成佛

---

① 《李中溪全集》卷六,《丛书集成续编》一四二,《文学类·诗文别集—明》,(台湾)新文丰出版公司1988年版,第767页。
② 《李中溪全集》卷六,《丛书集成续编》一四二,《文学类·诗文别集—明》,(台湾)新文丰出版公司1988年版,第768页。
③ 《李中溪全集》卷六,《丛书集成续编》一四二,《文学类·诗文别集—明》,(台湾)新文丰出版公司1988年版,第768页。
④ 《王阳明全集》,上海古籍出版社1992年版,第106页。
⑤ 《王阳明全集》,上海古籍出版社1992年版,第86页。

道"的"心性一体"中将"心"剥离出来。由此，李元阳之"性"即成为一纯粹的、没有"物"染的、"虚灵豁彻"的绝对本体，与之相对立的是为物所"感"、所"惑"、所"蔽"的心、意、情识。就其理论迁变来说，李元阳心、意、情的观念，又明显地表现出在阳明心学基础上的改造和进展。王阳明认为："身之主宰便是心，心之所发便是意，意之本体便是知，意之所在便是物。"①"意是心之运用"，"情亦是发处"，"情是性之发，情是发出恁地，意是主张要恁地"。心、知、意、情、物，在阳明心学中都统摄于心，所谓"心外无物，心外无事，心外无理，心外无意，心外无善"，就是说，事、物、意、情都由心、性所发，物、事、意、情都与心相联系。正因如此，李元阳也就把心、意、情、物联系在一起，判定心、意、情均是由物所感、所惑、所蔽的"虚假"不实之"物"。至此，李元阳也就把阳明学的"心"从本体层面降至"感物而动"的感性之"物"，具有了"半明半蔽，半通半塞"之"象"。李元阳的性、心、意、情之辨，其标准显然是"灵明"。他说："性也者，灵明独照，与天常存。"②"灵明"应该说原本是佛、道观念，宋明理学程朱陆王均有融摄。佛教喻慧如日，智如月，智慧常明，明悟自心，彻见本性。道教元初李道纯《中和集》中说："夫性者，先天至神，一灵之谓也。"又说："人之极也，中天地而立命，禀虚灵而成性。"③李元阳以"虚灵"或"灵明"来辨分性与心、意、情，显现出其佛、道兼宗的观念特征。

二 分知识

依照宋明理学的理论主题来说，李元阳在其性本体论观念的融摄下，另一个重要的主题内容，就是他的以界分"知""识"为主要特征的道德修养方法即"工夫论"。

李元阳不能认同或者说要明确修正阳明学以心之知觉功能界定良知

---

① 《王阳明全集》，上海古籍出版社1992年版，第6页。
② 《李中溪全集》卷五，《丛书集成续编》一四二，《文学类·诗文别集—明》，(台湾)新文丰出版公司1988年版，第632页。
③ (元)李道纯撰:《中和集》，《道藏》第4册，文物出版社、上海书店、天津古籍出版社1988年版，第484页。

换个维度看儒学：中国少数民族视阈的儒学初论

所导致的"知""识""混为一"而"不分"的观点，认为必须将二者区别才能获得"真我"之"知"，达致"复性"或"性复"。李元阳在给阳明后学王畿的信中说："承示《致知辩议》一书，反复披吟，暂悟复蔽，不能了了。盖缘知识二字混为一下而不分，所以愈辩愈晦耳。……夫天性之灵明为知，心意之晓了为识。知从性生，识从意起；知是德，识是病；知之德曰智，识之病曰惑。此知，此识，毫厘之差，千里之谬。"①在解释佛教《楞伽经》的《刻八识规矩序》中，李元阳认为："大道之要，灵知是已。灵知者，真我也。……夫神识者，灵知之贼也。认贼为子，悲夫！"② 李元阳把"知""识"截然分属于本体"灵知"之"性"和心、意、情"晓了"的感性物象之"识"，显然既是其"性"本体论观念的逻辑结论，也是建构其修养工夫论的理论前提，目的在于弃"识"背尘、"合觉""复性"而得"知"，从而达到超凡入圣的"至善"精神境界。

李元阳所论获得"至善"精神境界的道德修养方法，概言之有三种：一是格物致知。李元阳认为，"复性即是致知，性复即是知至"，"格物"则可达到"复性"和"致知"的境界。对于格物，李元阳兼取宋司马光和明王阳明"格物"之论而又有所扬弃，认为："盖格字，如手格猛兽，格去非心，扦格之格，格杀之格。……格物者，非格去外物，乃格去我交物之识也，使此识不我蔽，不我惑，不我动也。故正心诚意即是格物，意诚心正即是格物。……诚正之外，非别有格，心意情识之外非别有物，天性之外，非别有知也。"③ 李元阳"扦格"之论对司马光"格，犹扦也、御也。能扦御外物，然后能知至道矣"④ 诠解之说的采摄；格物非格去外物，乃格去我之物"识"，亦即正心诚意，因为"心意情识之外非别有物，天性之外非别有知"，这些思想基本上是对王阳明"意所在之事，谓之物。

---

① 《李中溪全集》卷十，《丛书集成续编》一四二，《文学类·诗文别集—明》，（台湾）新文丰出版公司1988年版，第769页。
② 《李中溪全集》卷五，《丛书集成续编》一四二，《文学类·诗文别集—明》，（台湾）新文丰出版公司1988年版，第635页。
③ 《李中溪全集》卷十，《丛书集成续编》一四二，《文学类·诗文别集—明》，（台湾）新文丰出版公司1988年版，第766页。
④ 《司马温公文集》卷十三，《丛书集成初编》第1920册，商务印书馆1936年版，第299页。

第六章　白族李元阳的"释儒"哲学及其文化意义

格者，正也，正其不正以归于正之谓也。……夫是之谓格"①，格物即格心、正心，"格物是诚意的工夫"② 等学说的援用。当然，王阳明还有"诚意工夫，实下手处在格物也"③，即"诚意"通过"下手处"之"践行"而达到知行合一、为善去恶，这是李元阳所未论及的。

二是"顿悟"和"渐修"。李元阳通过训释《中庸》章句，提出"复性"之"顿悟"和"渐修"的途径。认为："率性之谓道，顿悟此性也；修道之谓教，渐修此性也。顿悟诚而明，知至也；渐修明而诚，致知也。知性则知天，天道也；修身以立命，人道也。"④ "顿悟"可以由"诚而明"达到"知至"，"渐修"则是一个修道、教化的过程。"中人以上，可以言顿格；中人以下，须渐格也。"无论"顿悟""渐修"或"顿格""渐格"，要旨都在于"忘之又忘，以至无可忘，惟有大觉矣"⑤。

三是"安其心"与"收放心"。李元阳认为："道之全体具于人之一心，圣不加多，愚不加少。然而……圣人以其心役耳目鼻舌身意，众人以眼耳鼻舌身意役其心。"⑥ 即对于普通人来说，由于常受"六根"（眼耳鼻舌身意）之役，并且"六根"又是心出入之门户，因此就要控制住"六根"的欲念，才能"安其心"。如果"六根"不制，则为"心患"以及放心未收。所以，"制六根"也就是"收放心"，"制六根""收放心"才可"安其心"。"收放心"，"至于真积力久，则昏散二病湛然自除，兹则了然顿悟，豁然贯通之时矣"⑦。实际即为要达到"复性"成圣，就要摒弃一切思虑、情为、意念、欲求，去体验那种"无体象可拟，非思议可及"的神秘本体之"性"。李元阳曾批评时人说："近世从事讲学者又皆以识神为觉，而实非本觉也；以见解为悟，而实非真悟也。此无他，性心意情识未

---

① 《王阳明全集》，上海古籍出版社1992年版，第972页。
② 《王阳明全集》，上海古籍出版社1992年版，第10页。
③ 《王阳明全集》，上海古籍出版社1992年版，第120页。
④ 《李中溪全集》卷十，《丛书集成续编》一四二，《文学类·诗文别集—明》，（台湾）新文丰出版公司1988年版，第766页。
⑤ 《李中溪全集》卷十，《丛书集成续编》一四二，《文学类·诗文别集—明》，（台湾）新文丰出版公司1988年版，第766页。
⑥ 《李中溪全集》卷十，《丛书集成续编》一四二，《文学类·诗文别集—明》，（台湾）新文丰出版公司1988年版，第765页。
⑦ 《李中溪全集》卷十，《丛书集成续编》一四二，《文学类·诗文别集—明》，（台湾）新文丰出版公司1988年版，第765页。

及犁然,是以觉路不开,见惑为病。"① 在李元阳看来,远离或无染于心、意、情等各种思虑、意识和观念之"识"的"真我""本觉",才是唯一可以达到至善和"仁"的精神境界的入圣域之途。

三 融佛儒

李元阳堪称明代的云南白族释儒。他的性本论儒学较多地渗透着佛学的精蕴;其参禅崇佛的人生历程也始终牵绊着儒学的观念。在宋明理学深刻援引佛道哲学和云南白、彝少数民族具有佛儒并尊传统的观念背景下,李元阳的儒学建构也深深地嵌入了这样的特色。

不同于宋明任何其他的儒家学者在理论上往往援佛而又非佛,李元阳明确表示自己对待儒佛道的态度:"阳愚以为,道学性命本是一家。故阳之自力,惟以灵知到手即可了事,初不计为孔,为释,为老也。"② 并且坚信自己的这种儒佛道等量齐观的理路,"今虽未见圣人之奥,而自信路头断然不差。作圣之功,信非内典不能明也。无怪宋儒蚤年非佛,晚年逃禅,盖禅非圣事,而非禅无以作圣耳"③。这是站在儒学立场对佛禅可以崇信的宣示,并举"近代能白此道者,惟白沙、阳明、定山、念庵四先生,可继明道、濂溪、象山之统,余皆支离,不可取法"④ 的心学更近佛道的事实以证之。

在李元阳看来,儒、佛、道思想在根本上是相通的。"老释方外儒,孔孟区中禅。""人性本天命,率圣修乃贤。释文谈顿渐,仙籍垂重玄。三圣本一初,至理无中边。"⑤ 从儒佛来说,李元阳认为,儒学中本有禅学的旨意、方法,佛禅中也有儒学的意蕴、精髓。如在复性的修养工夫上,佛

---

① 《李中溪全集》卷十,《丛书集成续编》一四二,《文学类·诗文别集—明》,(台湾)新文丰出版公司1988年版,第767页。
② 《李中溪全集》卷十,《丛书集成续编》一四二,《文学类·诗文别集—明》,(台湾)新文丰出版公司1988年版,第769页。
③ 《李中溪全集》卷十,《丛书集成续编》一四二,《文学类·诗文别集—明》,(台湾)新文丰出版公司1988年版,第770—771页。
④ 《李中溪全集》卷十,《丛书集成续编》一四二,《文学类·诗文别集—明》,(台湾)新文丰出版公司1988年版,第760页。
⑤ 《李中溪全集》卷二,《丛书集成续编》一四二,《文学类·诗文别集—明》,(台湾)新文丰出版公司1988年版,第538页。

第六章 白族李元阳的"释儒"哲学及其文化意义

谚云："若要佛渡人，先须我渡我"，这实际上也就是孔子的"为仁由己，而由人乎哉？"[1] 即二者都强调人之自觉的、内在的、主动的自我修为，而不是被动不自觉的外在制约。又如，李元阳曾以自己的亲身感受表示："余始从事格致之学，久而不得其门。里居暇日，得《楞严》读之，始掩卷而叹曰：格致之学，其精蕴具于此矣！……佛说《楞严》，专为破惑。惑破则知至。"[2] 儒学中格物致知之学的精蕴，为佛教《楞严经》所蕴含；佛教《楞严经》的"破惑"之说，就是讲的儒学格物致知之学。在儒佛两种理论的社会功能上，李元阳认为二者具有共同的治国安民作用，如宋代作为儒臣的"宋韩魏公、范文正公、富郑公、司马温公立朝有此力量，皆从佛学中来"[3]。

李元阳融合佛儒是循着两个相互参照的理路进行的。一是参禅入儒。如他说："《圆觉》、《楞严》、《维摩诘所说经》，直指此心，即道精微玄妙，读此然后知子思子之《中庸》，为孔子之嫡传。"[4] 以佛教经典中"直指此心"的宗旨，诠解以子思为代表的《中庸》学是孔子儒学的真正方向。李元阳儒学在本体论层面援引佛学是多而显的，表现在其"性"的本体地位，其"性"的性质、状态，以及与其"性"相对立的"心""意""情"识为外物所"感"、所"惑"、所"蔽"之情状等。佛教《坛经》中关于"性""心"及人的眼耳鼻舌身意之间关系有一形象比喻，即"心地性王"说。"世人自色身是城，眼耳鼻舌是门。外有五门，内有意门。心是地，性是王。王居心地上，性在王在，性去王无。性在身心存，性去身心坏。佛向性中作，莫向身外求。自性迷即是众生，自性觉即是佛。"[5] 慧能把人的色身比为城邑，眼耳鼻舌身为外面的五座城门，意根为里面的城门，心如城中之地，性则如统治此城之王。《坛经》的"心地性王"之喻揭示了"性"的统摄、主宰、主导、根本地位和作用，诠释了"心"

---

[1] 杨伯峻、杨逢彬注译：《论语》，岳麓书社2000年版，第106页。
[2] 《李中溪全集》卷五，《丛书集成续编》一四二，《文学类·诗文别集—明》，(台湾) 新文丰出版公司1988年版，第637页。
[3] 《李中溪全集》卷十，《丛书集成续编》一四二，《文学类·诗文别集—明》，(台湾) 新文丰出版公司1988年版，第760页。
[4] 《李中溪全集》卷十，《丛书集成续编》一四二，《文学类·诗文别集—明》，(台湾) 新文丰出版公司1988年版，第760页。
[5] 《坛经》，赖永海主编，尚荣译注，中华书局2010年版，第68页。

"意"以及眼耳鼻舌身之生"情"之所等对于"性"的依存关系。人之身心的坏灭与否，决定于人本具之"性"的"觉悟"。"性"自本觉、灵明，"物来亦不起，物去亦不灭，了然常知，迎之不见其始，屏之不见其终"①。《坛经》又曰："汝之本性，犹如虚空，……但见本源清净，觉体圆明，即名见性成佛，亦名如来知见。"② 李元阳把这些佛禅的观念，大量掺入了他的"性"本论之中，包括禅宗慧能所说"心量广大，犹如虚空。……日月星宿，山河大地，泉源溪涧，草木丛林……总在空中。世人性空，亦复如是"③ 的心包万法观念，也被李元阳用来说明"性"与天地世界的关系。李元阳在修养工夫论的层面参佛入儒则更为显著。这里举一例说明。佛教禅宗参究心性有"顿悟"和"渐修"两种方法。《五灯会元》载："慧能，受衣法，居岭南为六祖，……神秀，在北扬化。其后神秀门人普寂者，立秀为第六祖，而自称七祖。其所得法虽一，而开导发悟有顿渐之异，故曰南顿北渐。"④ 藏传佛教同样有"顿渐之辨"，一派主张成佛之道应通过个人顿悟，此顿悟源于摒除包括善恶在内的一切思考；一派坚持只有经过渐修，才能修成正果。李元阳把佛教的"顿悟""渐修"一并援取，用以疏解儒学经典《中庸》的"率性之谓道，顿悟此性也；修道之谓教，渐修此性也。顿悟诚而明，知至也；渐修明而诚，致知也"⑤。二是以儒融佛。这是李元阳参佛入儒的另一面。参佛入儒是从佛教眼光以观李元阳的儒学思想；以儒融佛是就儒学视角来看李元阳的观念建构。从李元阳对阳明心学的改造性继承来说，"良知""致良知"的王学观念，在李元阳的理论构成中，融合了更多的佛道观念。如佛教说明"心""性"本质状态的"圆明""本觉"观念，李元阳阐述说："人具此性，本自圆明（明是良知，圆是知至）"⑥，以"圆明"疏解人之本性"良知"和"致良知"，李元阳

---

① 《李中溪全集》卷十，《丛书集成续编》一四二，《文学类·诗文别集—明》，（台湾）新文丰出版公司1988年版，第766页。
② 《坛经》，赖永海主编，尚荣译注，中华书局2010年版，第121页。
③ 《坛经》，赖永海主编，尚荣译注，中华书局2010年版，第40页。
④ （宋）普济：《五灯会元》卷四，中华书局1984年版，上册，第225页。
⑤ 《李中溪全集》卷十，《丛书集成续编》一四二，《文学类·诗文别集—明》，（台湾）新文丰出版公司1988年版，第766页。
⑥ 《李中溪全集》卷十，《丛书集成续编》一四二，《文学类·诗文别集—明》，（台湾）新文丰出版公司1988年版，第767页。

有时还直接把本体之"性"称为"圆明之体"和"本觉"。他说:"意识流而为情,则圆明之体全背,其违禽兽不远矣。""人生而静,天之性也。此性在人为甚真,即本觉也,即道体也,即未发之中得一之一也。"① 往往用佛教基本的、重要的或核心的观念,阐释疏解儒学或儒典的要旨精义,即融合佛教观念,是李元阳儒学的鲜明特色。

四 文化综合

从哲学的文化综合意义上,李元阳是非常具有圆融精神的一位少数民族哲人。在儒、释、道三大传统构成的中华主流文化中,李元阳既融佛儒,同时也合儒道。李元阳对道教的吸收融摄,主要表现在"性体""虚灵"和"渐修"三个观念上。全真道认为"性"与天道是相贯通的,真性与道体合一。"性者,天地之先,至静至虚之道也。三才万物莫不因之以出生,乃真阳之祖,真命之源,真神之根,众妙之体也。"② "性"即"道",即"众妙之体","性"与"道"一样具有本源的地位。"性体虚空,方于正念。"③ 当然,道教中还有"识性"或"血气之性"的观念。道教的"性体"、本性或本然之性,为李元阳创立"性"本体论提供了一定的思想资源。"虚灵"或"灵明"应该说乃佛、道共有之观念,宋明理学程朱陆王均有融摄。元初道士李道纯《中和集》说,"夫性者,先天至神,一灵之谓也","人之极也,中天地而立命,禀虚灵而成性"。④《真仙直指录》载:"若性到虚空,豁达灵明,乃是大道。此处好下手,决要端的工夫。"⑤ 李元阳以"虚灵"或"灵明"来辨分性与心、意、情,呈现出佛、道兼综的特征。全真道不倡"顿悟",而主"渐修",认为证道成仙

---

① 《李中溪全集》卷十,《丛书集成续编》一四二,《文学类·诗文别集一明》,(台湾)新文丰出版公司1988年版,第767页。
② (金)牧常晁撰:《玄宗直指万法同归》,《道藏》第23册,文物出版社、上海书店、天津古籍出版社1988年版,第930页。
③ (元)玄全子编:《真仙直指语录》,《道藏》第32册,文物出版社、上海书店、天津古籍出版社1988年版,第436页。
④ (元)李道纯撰:《中和集》,《道藏》第32册,文物出版社、上海书店、天津古籍出版社1988年版,第437页。
⑤ (元)玄全子编:《真仙直指语录》,《道藏》第4册,文物出版社、上海书店、天津古籍出版社1988年版,第103、484页。

不是一时一世之事，凡得道之人都是因为累世积功修行，顿悟不过是累世修行的结果。李元阳既主张顿悟也主张渐修，"率性之谓道，顿悟此性也；修道之谓教，渐修此性也。顿悟诚而明，知至也；渐修明而诚，致知也"①，集中反映出李元阳综合儒释道而自成一家言的理论特色，也明确显示出李元阳消化吸收、综合融汇佛道思想，却并未沉溺归本于佛道思想的性质，李元阳曾说："志于明道者，不主儒，不主释，但主理。"② 执着于性理观念，应该是李元阳根本的思想基点。

因此可以判定，李元阳的哲学思想不属于佛教。李元阳的后半生可以说十分崇信佛教，认为："作圣之功，信非内典不能明也。无怪宋儒蚤年非佛，晚年逃禅，盖禅非圣事，而非禅无以作圣耳。"③ 甚至说："三界之内功德极大者莫如佛，佛身充满法界，无处无佛，机感相叩，其应如响。但作一佛事，天神地祇极力护持。"④ 进而相信"禅家建火场炼魔却睡，其法专用力于眼视，或三日或七日，不坐不睡，……至于真积力久，则昏散二病湛然自除，兹则了然顿悟，豁然贯通之时矣"⑤。显然，李元阳思想的出发点、欲达到或追求的精神目标，在于儒家的圣人之德或精神境界，其归宿处同样在于通过吸纳融摄佛道的顿悟、渐修等途径，最后实现"真积力久，则昏散二病湛然自除，兹则了然顿悟，豁然贯通"，而致其"良知"之"本性"。这里与程朱道德修养工夫论的"进学致知""积累贯通"之说显然有相通处。

李元阳的哲学思想也不属于道教。相比较而言，李元阳对道教一些重要观念的融合吸收，不及佛教之繁之显，因而道教思想在李元阳哲学结构中处于次佛的地位。其融合佛道而不归于佛道的立场，李元阳是反复论述了的。他在《与林尚书退斋二书》中曾就"为圣贤"感慨道："阳今七十

---

① 《李中溪全集》卷十，《丛书集成续编》一四二，《文学类·诗文别集—明》，（台湾）新文丰出版公司1988年版，第766页。
② 《李中溪全集》卷五，《丛书集成续编》一四二，《文学类·诗文别集—明》，（台湾）新文丰出版公司1988年版，第637页。
③ 《李中溪全集》卷十，《丛书集成续编》一四二，《文学类·诗文别集—明》，（台湾）新文丰出版公司1988年版，第771页。
④ 《李中溪全集》卷八，《丛书集成续编》一四二，《文学类·诗文别集—明》，（台湾）新文丰出版公司1988年版，第718页。
⑤ 《李中溪全集》卷十，《丛书集成续编》一四二，《文学类·诗文别集—明》，（台湾）新文丰出版公司1988年版，第765页。

第六章 白族李元阳的"释儒"哲学及其文化意义

二,尚在凡夫之地,然此心耿耿,十二时中惟睡眠不能尽却,除睡眠之外,所存所为无非此事。……窃谓近代能白此道者,惟白沙、阳明、定山、念庵四先生,可继明道、濂溪、象山之统,余皆支离,不可取法。"① 表明李元阳自认属于宋明儒学中陆王心学一系,甚至可以往前追溯到子思、孟轲之统。

深究之,李元阳哲学在根本上应属于儒学,但是也不能简单地归属于宋明儒学的阳明心学,其与阳明心学本质上相通而不相同。尽管李元阳曾经在给王畿的信中说:"弟晚出,不及游阳明师之门,师独揭'致良知'三字,直继孟子之统,宋儒周陆不得而先焉,况其他乎。"② 但如前所述,李元阳与阳明心学的"心性不二"、以心为本的根本性区别在于,他坚持"性""心"对立、以性为本,也就是说,李元阳之学是以"良知""本觉"之"性"为本体,以"格物致知""顿悟""渐修"和"收放心"为道德修养工夫的"性"本体论哲学。

应该说,李元阳哲学在"志于明道",志于探究"性体"之道,深察"良知""本觉"及其"灵明",最终实现"致知"。基于此,李元阳才表达出"不主儒,不主释,但主理"③ 的思想告白,其内蕴之意似在说明,不仅仅主于儒,也不仅仅主于释,即不仅仅坚持以儒为主或以释为主。这样一来,其在方法论上就获得了比较灵活的原则,在思想观念上易于收到兼收并蓄、广泛融合之效。从文化角度看,李元阳的哲学是儒释道相综合的哲学文化,李元阳的儒学是融合了佛道的儒学。李元阳作为我国明代的白族学人,在当时白族普遍信奉佛教的文化背景下,其所坚持的儒佛道三大传统主流文化融合的取向,直接揭示的是文化的综合创新意义。如果说佛教标志着我国白族这一少数民族在明代时的主体性文化,李元阳综合儒道,实现儒释道相融会,实质上体现着中华各民族文化交融映射下的民族关系和谐、团结交融、多元一体的深刻精神内涵。

---

① 《李中溪全集》卷十,《丛书集成续编》一四二,《文学类·诗文别集—明》,(台湾)新文丰出版公司1988年版,第760页。
② 《李中溪全集》卷十,《丛书集成续编》一四二,《文学类·诗文别集—明》,(台湾)新文丰出版公司1988年版,第769—770页。
③ 《李中溪全集》卷五,《丛书集成续编》一四二,《文学类·诗文别集—明》,(台湾)新文丰出版公司1988年版,第637页。

第七章　文化边缘中的高深造诣：少数民族学者高奣映的儒学创获[*]

清初云南姚安府土同知、儒家学者高奣映[①]，是云南少数民族中的白族或彝族人。《云南经济日报》载李国庆文称，高奣映"是我国明末清初的一位著名彝族学者和文学家"[②]。然当今学界多认为高奣映乃白族。如萧万源、伍雄武、阿不都秀库尔等著《中国少数民族哲学史》、龚友德著《白族哲学思想史》皆以高为白族。各自均无考证性文字，但无论白、彝，高奣映为明季清初一位知名的少数民族学者当属无疑。[③] 从高奣映大量的学术撰著、后人评断以及他在著述中的自称看，应该说其对于儒学倾心最多，成就最显，且个性特征也最鲜明。《太极明辨》《增订来氏易注》《四书注》《春秋时义》《理学粹》等是他主要的儒学论著。

一　再辨"太极""无极"

周敦颐《太极图说》首句"无极而太极"的学术命题，宋代朱熹与陆

---

[*] 本章内容载于《四川大学学报》（哲学社会科学版）2014年第5期，此处在文字上稍有修改。

① 《姚安县志》称高奣映："平生著书共八十一种，为邑中先政著述之冠。盖大而经史政教，精而儒释性命、老庄哲理以及医占杂艺，皆能扫前人支离，自辟精义，并于先儒偏驳处，时加救正。"（霍士廉修，由云龙纂《姚安县志》，《学术志·学术概论》卷四十二，中华民国三十七年铅印本，第五册，1984年重印）

② 李国庆：《勇于创新的彝族学者高奣映》，《云南经济日报》2012年5月18日第18版。

③ 《中国哲学大辞典》（方克立等主编，中国社会科学出版社1994年版）释"高奣映"词条为：高奣映（1647—1707），白族（或谓彝族、汉族）思想家，学者。字雪君，小字遐龄。别号问米居士，又号结璘山叟。曾袭任云南姚安府土同知世职。中年退居结璘山。平生著书八十一种，在经史政教、儒释性命、老庄哲理以及医占杂艺等方面皆能扫前人支离，自开精义。

· 110 ·

第七章 文化边缘中的高深造诣：少数民族学者高奣映的儒学创获

九渊曾有过深入辩论。高奣映在他的重要哲学著作之一《太极明辨》中，确立了以"太极"为本体的哲学思想观念，其他各方面思想都围绕着"太极"（或"理"）之核心观念而展开。他曾就周敦颐的《太极图》议论说，"详玩先生之图，首以〇，此圈象混沌中太极之体"，"天地之所以混沌而必有开辟者，太极主宰一元归复之理也"，"明天之所以为天，尽夫太极之理矣！以此证周子先画白圈，示混沌中间太极之本原，乃先天而天不违之理"。① 具体而言，上述言论是高奣映从周敦颐《太极图》及《太极图说》出发，针对朱熹所厘定并训解的周敦颐《太极图说》首句"无极而太极"这一重要命题而展开的。高奣映明确地否弃、消弭"无极"这一范畴，或者说不能肯认"无极而太极"之说，当然也非常抵牾朱熹关于"无极而太极"的训释。高奣映所阐明的理据大致有三。其一，周敦颐的《太极图》上"并未著明'无极而太极也！'"，其图"始画一白圈，即指太极之本体，不是画无极"。② 高奣映认为，从汉代以降，儒家学者"莫不明太极之秘，未有以无极言者。言无极盖多见于老氏之说，……后儒更未之说"③，就是说，周敦颐的《太极图》与先儒的"太极"观念是一致的。其二，朱子拘泥于周敦颐《太极图说》有"无极而太极"这句话，于是就"执为千古不易之论"，实际上朱熹在阐释发明一切义理中，皆言太极，并未精言无极。即使是朱熹所称道的"无极二字，乃周子灼见道体，迥出常情，说出人不敢说之道理，令后学晓然见得太极之妙，不属有无，不落方体"，高奣映也辩称："灼见之道体，即是太极，如人睡着了，是混沌，不可叫做无极。……不许他说无极。将孔子所重之太极转被于混沌上又弄出一个无极，又与太极争功抗微，如此岂不是开后学以务高远异端之病？……惟务得太极足矣。不落有无，不落方体，便是禅学。"④ 把周敦颐的"道体""太极"之妙，完全地作本体"太极"来诠解，直接消弭、否弃掉"无极"，并说"倘于混沌中另安一个无极，人人都向空处理会。孔子言太极是说实理，决不肯叫人从空处作旷旷荡荡、浩浩落落之想"，"昔周子也只是观太极，并未观到无极"。⑤

---

① 《高奣映集》，曹晓宏、王翼祥校注，云南大学出版社2011年版，第7、9、21页。
② 《高奣映集》，曹晓宏、王翼祥校注，云南大学出版社2011年版，第7、10页。
③ 《高奣映集》，曹晓宏、王翼祥校注，云南大学出版社2011年版，第6页。
④ 《高奣映集》，曹晓宏、王翼祥校注，云南大学出版社2011年版，第22页。
⑤ 《高奣映集》，曹晓宏、王翼祥校注，云南大学出版社2011年版，第22页。

实质上高奣映认为，朱熹也只是在形式上保留了周敦颐的"无极"概念，其精义仍是讲"太极"，"无极"之说，有蹈"空"之病。其三，"总是一太极而已，……而两仪、动静、四象、五行、八卦、男女、万化，莫不包于此一之中"①。高奣映认为："万事既以言乎其事矣，万化亦既以言乎其化矣，即是太极发明所谓之事、之化也，即有极微妙之理悉备于太极中，不可以无形无象又泥一个无极，此太极亦正是无形无象，又安得以太极作块然一物着想哉！太极具方源之一致，人法之即以中正仁义为其理。要之，事事、化化、理理、气气即须于此太极里面理会，此中正仁义实学。"② 无形无象的本体太极，是世界万事万化、各种仪象的本宗，它存在于天地开辟之先，混沌是其初始的存在状态，"是混沌之初，据有此理而流行，其混沌者即为太极，是太极之理潜于混沌之初，又乌得有一无极复为造生混沌以前之太极哉！"③ 这就是高奣映太极本体论的基本思想观念。

尽管高奣映明确而犀利地反对朱熹对于周敦颐"无极而太极"命题的阐释，坚持太极本体论的观念，然而从实质上看，高奣映与朱熹应该说是"百虑而一致，殊途而同归"，即均归本于"太极"之理，所坚持的都是"太极"（理）本体论，其不同者仅在于思维的理路相异。朱熹是将"无极"与"太极"二范畴打通，说明"无极"即"太极"。高奣映是直接消弭、否弃"无极"，只留下"太极"。因为，在朱熹看来，周敦颐"无极而太极"命题之"无极"所表述和内蕴的是"道体"（"太极"）的基本特质——无形状方所，却又存在于万物之中，"无极"是一个内涵深刻丰富的哲学范畴；"无极"与"太极"是从不同方面对"道体"（"理"）的诠解。让我们来看朱熹的有关论述："'无极'二字，乃周子灼见道体，迥出常情，……说出人不敢说底道理，……语道体之至极，则谓之太极；语太极之流行，则谓之道。虽有二名，初无两体。周子所以谓之'无极'，正以其无方所、无形状，以为在无物之前，而未尝不立于有物之后；以为在阴阳之外，而未尝不行乎阴阳之中；以为通贯全体，无乎不在，则又初无声臭影响之可言也。……《老子》'复归于无极'，'无

---

① 《高奣映集》，曹晓宏、王翼祥校注，云南大学出版社2011年版，第28页。
② 《高奣映集》，曹晓宏、王翼祥校注，云南大学出版社2011年版，第22页。
③ 《高奣映集》，曹晓宏、王翼祥校注，云南大学出版社2011年版，第9—10页。

第七章　文化边缘中的高深造诣：少数民族学者高奣映的儒学创获

极'乃无穷之义。如庄生'入无穷之门，以游无极之野'云尔，非若周子所言之意也。"① 又说："无极者无形，太极者有理也。""'无极而太极'，只是说无形而有理。所谓太极者，只二气五行之理，非别有物为太极也。"② 还说："不言无极，则太极同于一物，而不足为万化之根；不言太极，则无极沦于空寂，而不能为万化之根。"③ 应该说，朱熹的论断是在本体论的层面对"太极"之理的丰富深化、延展增益，以及在儒学内的纯化并与佛道相区别，或者说避免、阻断流于佛老的通道。如前所述，高奣映主要是从周敦颐《太极图》的宇宙生成论维度，说明太极乃天地万物、万事万化最后的本源，沿此理路，就不可以在太极之上、之前"又弄出一个无极"，如果"另安一个无极，人人都向空处理会"，就会"开后学以务高远异端之病"，流为老氏之"出无入有"、佛禅之"澄空寂灭"。因此"惟务得太极足矣"。④ 孔子言有太极，周敦颐以观太极，高奣映以此证论其太极本体之论并非己之臆度、臆创，而是先儒之见。不过，虽然在思维理路上高奣映不同于朱熹，但二者在太极本体论一致的基础上，于运思过程中都不近释老、不入佛道，又是相同的。

二　理气先后动静

理气问题或者说理气先后动静问题，是中国哲学特别是宋明理学本体论论域的重要问题。高奣映的太极本体论观念往往是从宇宙生成论的角度进行阐发，并且受到理学家周敦颐、朱熹、来知德等的重要影响，因此其理气观既密切联系着他的太极（理）本体论，又显示出周、朱、来的观念延伸，同时彰显着高的创造性见解。首先，高奣映坚持理气有先后，且是理先气后。他说："来氏曰中间一圈为太极之本体者，非也，盖中间即奣映所谓含于混沌而精白之，浑噩处是理在气先者。此时物虽未开，务尚未成，而冒天下之道，《易》始已存乎其中矣。"又说："朱子说：'未有天

---

① （宋）朱熹：《晦庵先生朱文公文集》卷三十六《答陆子静》，朱杰人等主编：《朱子全书》（修订本，第21册），上海古籍出版社、安徽教育出版社2010年版，第1568—1569页。
② （宋）黎靖德编：《朱子语类》卷九十四，中华书局1986年版，第六册，第2366、2365页。
③ （宋）朱熹：《晦庵先生朱文公文集》卷三十六《答陆子美》，朱杰人等主编：《朱子全书》（修订本，第21册），上海古籍出版社、安徽教育出版社2002年版，第1560页。
④ 《高奣映集》，曹晓宏、王翼祥校注，云南大学出版社2011年版，第22页。

地之先，毕竟先有此理。'此句说得极是。……盖理先于气化，斯所以运气者，理也，即朱子之义。"① 高奣映认同朱熹的理先气后说。不过，高奣映的相关论述，似又表现出理气无所谓先后、理气相融的观念。当然"理气无先后"也是朱熹所同时坚持的。高奣映说："夫气一与理合是太极，……尤见气合理完而性赋，总属太极。"又说："道体莫全于太极，太极是浑然一致者也。惟浑然合理于混沌之中，及至理归气极，而太极一致之义始具万有而总天地。《易》曰：'一致而百虑。'万有莫不全于一致之中，……故太极包得先后天理气之全体，故不得将太极功施分归于无极。"② 表面看，高奣映与朱熹同持"理先气后"和"理气无先后"之论。细析之，或者根据朱熹的理气观念，在本体论的角度上，宇宙是一在本体涵盖、充盈下的自满自洽的整体，无所谓先后、始终、离合，本体（"理"或"太极"）"通贯全体"，理气即无先后。理气先后、离合只能是本体落在宇宙论层面上而产生的问题，是在宇宙论角度上方能显现出来的问题。因此，朱熹、高奣映又都坚持理气有先后且理先气后。这种观念已如上述，即在宇宙论的层面，从万物生成过程的角度是理先气后；但如果从万物的存在状态上说，"理"与"气"似又"二物浑论，不可分开各在一处，然不害二物之各为一物也"，③ "自见在事物而观之，则阴阳函太极；推其本，则太极生阴阳"④。不难看出，在理先气后和理气无先后的观念上，高奣映的观点完全是接受了朱熹的影响。

不仅如此，高奣映还具有"理宰而气行"的观念。他认为："有理为之主宰，而后气流行，流行分清浊而又对待者，数生焉。……是理宰而气行，其数从方生万化中通吉凶焉。……盖气则流行，而理本凝重，实理无穷，而气亦与之无穷。天地之所以为天地，独此理宰之，而后气随到复，遂致流畅而亨通。"⑤ "理宰而气行"表明二者在宇宙生成论中的作用是不同的，"理"为主，是主宰；"气"受"理"的支配而有动静，然后有天

---

① 《高奣映集》，曹晓宏、王翼祥校注，云南大学出版社2011年版，第29页。
② 《高奣映集》，曹晓宏、王翼祥校注，云南大学出版社2011年版，第9、21页。
③ （宋）朱熹：《晦庵先生朱文公文集》卷四十六《答刘叔文》，朱杰人等主编：《朱子全书》（修订本，第22册），上海古籍出版社、安徽教育出版社2010年版，第2146页。
④ （宋）黎靖德编：《朱子语类》卷七十五，中华书局1986年版，第五册，1929页。
⑤ 《高奣映集》，曹晓宏、王翼祥校注，云南大学出版社2011年版，第25页。

第七章 文化边缘中的高深造诣：少数民族学者高奣映的儒学创获

地开辟。这种"理宰气"的关系实际上还内蕴着"理"恒久不变、未有灭息，"气"则有盛衰、流行变化的意涵。"天地之所以混沌而必有开辟者，太极主宰一元归复之理也。气有盛而必衰，故辟久必混；理无时而灭息，故混久必辟。譬如人之形骸，气也；人之心灵，理也。形骸有坏，而心灵未尝灭也。天地、阴阳、五行之气混沌□，而太极之理未尝泯灭，为之主宰以造成之复开二仪，于是，天地既立，万物渐生，皆自然之妙，不假安排者也。"① 高奣映"理宰而气行"、理无灭息而气有盛衰流变的思想，又进而派生出理气动静的问题。

理气动静在宋明理学尤其朱熹的观念体系中，是十分复杂且又非常重要的问题，动静被朱熹视为宇宙间一切存在所具有的最基本性质。在这样的思想背景下，高奣映自然地也以动静论理气。其基本的主导倾向是：理无灭息，气有动静。他在读过周敦颐《通书》后明确阐述道："奣映又敬读先生《通书》，始明太极而生阳，阳动极而静，静极而生阴。既乃曰：'无极之真，二五之精，妙合而凝。'"又说："物之初生也，气之至也"，"夫太极含理运气"。还说："静极复动，动极复静，循环无端，流转不穷，最要在天地息机归根复命中看出此混沌两字，盖是时势气候到此田地，不得不成这等境界，只是个机颓气死、晉晉腾腾耳。然晉晉中之腾腾，即是终不可干混沌之生意。此生意即是大一含元而能立极之理也。"② 从高奣映的论述来看，太极之"理"与阴阳五行之"气"的关系是比较复杂的。简单地说，在高奣映看来，阴阳五行之气有动静，这是不成问题的。而太极之理有无动静呢？高奣映只是说"理无时而灭息"，"天地、阴阳、五行之气混沌□，而太极之理未尝泯灭，为之主宰以造成之复开二仪"，并未明确表示理有无动静。如果无动静，阴阳五行之气又是怎样动静的呢？这里我们从朱熹的有关论述，来理解高奣映的涵蕴之意，或可得到一个回答。朱熹在致友人的一封信中说："盖谓太极含动静则可（自注：以本体而言也），谓太极有动静则可（自注：以流行而言也），若谓太极便是动静，则是形而上下者不可分。"③ 在朱熹理学中，"太极"即"理"，他曾界定说："太极只是天地万

---

① 《高奣映集》，曹晓宏、王翼祥校注，云南大学出版社2011年版，第9页。
② 《高奣映集》，曹晓宏、王翼祥校注，云南大学出版社2011年版，第7、65、24页。
③ （宋）朱熹：《晦庵先生朱文公文集》卷四十五《答杨子直》，朱杰人等主编：《朱子全书》（修订本，第22册），上海古籍出版社、安徽教育出版社2010年版，第2072页。

物之理。"① 所以无疑地，朱熹这里从不同角度所确定的"太极"与动静的三种关系，也就是"理"与动静的全部关系，即"太极（理）含动静"、"太极（理）有动静"和太极（理）不是动静。并且很显然，这三种关系是在"本体"（本体论）与"流行"（宇宙论）两个不同的理论层面上分别发生的。从本体层面说，"理"含"动静"、"理"不是"动静"；从"流行"即宇宙生成层面看，"理"有"动静"，即动静之"理"，能在"天道流行"过程中得到具体的表现、实现。因为万物生成过程也就是"气行"（即气的运动过程）；理气不可分离，既有形下的气的运动，则又有形上的动静之理。这样，动静之理终由气的运动而显现出来，就此而言，可以说"太极有动静"或"理有动静"。但是，运动的实体是气，而非太极或理，故又不能说"太极动静"或"理动静"，而只能说"理搭在阴阳上"或"理搭于气而行"，即理凭借阴阳或气实现动静之理。② 由此我们来看高奣映的"理宰而气行"，实际上也就与朱熹的这些论述非常吻合了。在高奣映这里，"太极"本体之"理"，要落到"阴阳五行"之"气"上，才显现出或实现为"四时之序，寒暑推迁，万物蓄生，生死代谢"，即"物之生"的阴阳五行之气的流行变化或动静。"阴阳五行"之"气"的"流行"动静或天地万物的生成变化，必有其"动静""流行"之理即太极本体"为之主宰"。如他说："是混沌之初，据有此理而流行，其混沌者即为太极，是太极之理潜于混沌之初，又乌得有一无极复为造生混沌以前之太极哉！"③ 这就是高奣映明显受到朱熹影响而产生的太极（理）与阴阳五行（气）之动静关系的基本观念。

三 "静""诚"以"复性"的修养工夫论

高奣映在心性修养、儒家的终极追求或最高的圣人精神境界之域，更加明显地紧密联系着周敦颐以及程朱的思想观念，并且有所取舍发挥而表现出极具个性的面貌来。他有三个逻辑上完整统一的理论观点，即以"复性""止至善"的修养目标、"闲邪存诚"以为圣的涵养方法和"主静"

---

① （宋）黎靖德编：《朱子语类》卷一，中华书局1986年版，第一册，第1页。
② 崔大华：《儒学引论》，人民出版社2001年版，第515—516页。
③ 《高奣映集》，曹晓宏、王翼祥校注，云南大学出版社2011年版，第9—10页。

第七章　文化边缘中的高深造诣：少数民族学者高奣映的儒学创获

无欲的修养主张。

第一，"复性""止至善"的修养目标。在高奣映太极本体观念的涵摄之下，阴阳五行、天地和人、事事物物，都源于太极本体，即"气合理完而性赋"。高奣映引朱熹语录说："太极，只是天地万物之理。在天地为天地之太极，在万物为万物之太极，只是极好至善之道理"，"人人有太极，物物有太极。太极是性，化生万物"。[1] 人与天地万物本于太极（理、性），"太极"或本体之理至善，人之本性无疑也是至善的。所以，"夫学问之道，以心之所历而各以所得而岐焉，惟止至善，以求仁为端，以作圣为旨，以天下为己任"[2]。"复性"，也即恢复人的至善本性。因为高奣映认为："究极而言之，太极至清，而一落阴阳五行则有清有浊；太极至善，而一落阴阳五行则有善有恶；太极至醇，而一落阴阳五行则有醇有驳；太极常真，而一落阴阳五行则有成有坏"，"故虽愚不肖，具微体而等圣人，及求其至，即圣人复有所不能"[3]。由于人之性本于太极至善，而一落阴阳五行就有善有恶，即使是圣人亦有所不能，基于此，"复性"既完全可能且非常必要。

第二，"闲邪存诚"以为圣的涵养方法。高奣映说："吾儒闲邪存诚，日谨其几，刻慎其独，当格物以致知，贵知言以养气，此心臆间，太极本体悉从静存动察中归复，未可以无极务高远而诞幽杳寂之境耳。心至空其所空，此一点灵彻之明光，毕竟不空。此无所空中之明彻灵光，即是吾人之觌体太极。要须时时与此点灵光契合，使不为物欲混，不为理事障，使之无欠无余，养到气达浩然、心通默识，则此本有之太极，归复而明备于我。……夫道心之微，即微此也；人心之危，即防闲恐侵乎此也。"[4] "闲邪存诚"的修养方法，明显反映出高奣映受《易传》尤其是受北宋二程思想观念的影响。《易·乾·文言》说："闲邪存其诚。"[5] 即防止外界各种不善的侵入以保持自我的诚明。二程据此经常将"主敬"的工夫称为"闲邪"。二程说："闲邪更著甚工夫？但惟是动容貌、整思虑，则自然生敬"，

---

[1] 《高奣映集》，曹晓宏、王翼祥校注，云南大学出版社2011年版，第8、9页。
[2] 《高奣映集》，曹晓宏、王翼祥校注，云南大学出版社2011年版，第275页。
[3] 《高奣映集》，曹晓宏、王翼祥校注，云南大学出版社2011年版，第9页。
[4] 《高奣映集》，曹晓宏、王翼祥校注，云南大学出版社2011年版，第10页。
[5] 高亨：《周易大传今注》，齐鲁书社1998年版，第49页。

"如何是闲邪？非礼而勿视听言动，邪斯闲矣"。① 可见，二程所谓"主敬"或"闲邪"的工夫，实际上就是主动自觉地以"礼"的标准来规范、约束自己的心虑与行为，直到达到与"礼"完全一致，所谓"敬即便是礼，无己可克"②。高奣映则是从人人具有的诚明灵光，使人时时与此契合，就是说常常保持着"诚"的状态，使之"不为物欲混，不为理事障，使之无欠无余"，涵养到"气达浩然、心通默识"，"觌体太极"，以使本有的太极，归复而明备于我。二程要人"主敬"，高奣映坚持"诚明"，又都转释为"闲邪"，其实一也。

第三，"主静"无欲的修养主张。"主静"原是周敦颐《太极图说》中提出的修养方法，即"圣人定之以中正仁义而主静，立人极焉"，并自注曰："无欲故静。"周敦颐的基本思路是：本然的、"诚"的人心，就是"圣人之境"，即所谓"寂然不动者，诚也"，"圣，诚而已矣。诚，五常之本，百行之源也"，所以排除欲念，直至"无欲"，保持心的清净而又具有伦理自觉状态，就是致圣的最根本的修养方法。③ 高奣映既主张"存诚""立诚"的"闲邪"之道，同时也肯认"主静"无欲的养心之方。所谓"主静"无欲，就是通过内视收敛、自我反省而将心境中"不善"的欲望排除，即排欲，最终达到圣人的境界。高奣映说："人既一动一静，莫不全乎太极之道然后行之也中，处之也正，发之也仁，裁之也义，……况静即诚之复性之真也。苟非寂然无欲，其静不凝；苟非畅豫亨嘉，其动必燥，乌能合天地而行鬼神也！此合天地、行鬼神，是太极，不是无极！"④"寂然无欲"之"静"，与"闲邪存诚"之道，一个是因人生而受到"不善"影响而排除掉物欲，一个是在思想根柢处立起一道防线保持住人的本然之"诚"而不受物欲侵扰，这种双向的精神运动和看似差异的心理状态，同样都以本然之心是"中正"或太极本体之"善"为立论的出发点，最终都以"诚明"或"理明"的圣人境界为要达到的"养心"目标，二者在这样的根本问题上是相同的。这里也同时彰显着高奣映对于周子、二程兼收并蓄并有所改造的儒学修养工夫论特征。

---

① 《二程集》（第一册），中华书局1981年版，第149、26页。
② 《二程集》（第一册），中华书局1981年版，第143页。
③ 崔大华：《儒学引论》，人民出版社2001年版，第491—492页。
④ 《高奣映集》，曹晓宏、王翼祥校注，云南大学出版社2011年版，第25页。

第七章　文化边缘中的高深造诣：少数民族学者高奣映的儒学创获

四　高奣映儒学思想简评

从中原儒学发展看，在宋明理学的观念系统中，明代理学的气本、理本、心本三种本体论，存养省察明道体道与本体工夫合一两种工夫论，和两种导致这种理论格局之形成的、发生在不同理论层面间的观念运动，既展现了也耗尽了理学理论发展的全部可能性。"在这种背景下，十分自然地，承袭宋明理学固有主题、论题的清代理学，呈现出的就是一幅如同强弩之末、夕阳晚照的、没有创造力的衰微没落的学术景象了。但就整个清代儒学来说，一种新的学术局面却也在这种历史契机中孕育着。"① 这就是以清代乾嘉考据为特征的新经学和以"六经责我开生面"为目标导引的批评并试图突破、超越理学的那种新的儒学理论思潮。这一思潮中的主要代表如黄宗羲、顾炎武、王夫之、颜元等，都努力在理学主题、论题之外发掘和创新儒学智慧。而高奣映则可说是一位处于云南边陲的儒者，不期而然地旁列于明末清初的理学批判思潮之中。然而他对于周朱重要理论命题"无极而太极"的"明辨"，更加明显地显示出一种"原儒"的理论立场。对此民国《姚安县志》的评论颇为确当："清季北平名流有谓清初诸儒应以顾、黄、王、颜、高五氏并列，非过论也。"② 顾炎武、黄宗羲、王夫之、颜元是明末清初理学批评思潮中的重要代表人物，他们援依原始儒家经典，通过对其作出新诠释来审视理学的弊端，驳论理学的理论观点，从而形成了明末清初的理学批判思潮，在一定意义上可以说是儒学历史上跨越理学的一次新的理论发展。高奣映确有与顾、黄、王、颜等理学批判精神相同或共同的"原儒"理论立场和观念特点，而其作为一位少数民族儒家学者，在中原儒学思想难以渗透的边远地区，则更具有了非同一般理学批判思潮所蕴含的增益儒学演进和融入民族地区社会生活的特殊意义。

从儒学在云南少数民族中的发展看，纳西族、白族、彝族、回族与儒学的关系最为密切，唐宋以降尤其明清时期是云南少数民族儒学创进之

---

① 崔大华：《儒学引论》，人民出版社2001年版，第547页。
② （民国）霍士廉修，由云龙纂：《姚安县志》卷四十二《学术志·学术概论》，第五册，中华民国三十七年铅印本。

巅，如果说白族的"儒释""释儒"或"师僧"还处于习染浸润、融摄传播儒学的阶段，明清时期白、彝、回诸民族以李元阳、高奣映、王崧、马注等为代表，则是从不同方面或理论立场创新推进了儒学在云南少数民族中的重要发展。高奣映以其太极本体、理气先后动静、理宰气行、"静""诚""复性""止至善"的丰富观念体系，既成就了其作为云南边陲一位少数民族儒学家的声望，也对云南少数民族儒学贡献了他深刻的思想理论智慧，使得云南少数民族儒学不仅独树一帜地矗立于我国少数民族哲学和儒学之林，也进一步扩大拓展了我国传统儒学在少数民族哲学和文化中的融汇创新，甚至作为我国少数民族哲学和文化特有的理论思维成果，深化了宋明理学固有的主题和论题。

第八章 白族王崧儒学的思想特质

王崧是清代乾嘉年间云南浪穹（今大理白族自治州洱源县）的一位白族学者，号乐山，以进士授山西武乡县知县，讲学于山西鞞山书院，主讲晋阳书院，长于经史，撰著并刊行于世者有《乐山集》《说纬》《乐山制义》等。其儒学思想不杂佛老，却又能"兼综群籍，成一家言"[①]。王崧儒学思想的独特贡献或突出成就，是以人之本性为核心观念，辨人物之别、析性善之本、论如何葆有德性，形成了他儒学思想的基本特色或特质。王崧的思想理路是接续两宋理学关于心性问题中天地（命）、气质之性之辨，循着先秦、汉唐儒学的观念变迁，回应孔孟儒学"性相近"和从人的心理特征提出的"性善"论，从而消弭理学的气质之性，并以人性善之"有等"、有对或善之迁变释"恶"，以此为理论基础，提出资农桑而养人之形体、兴学重教葆淑人之德性，体现了明清儒学经世致用的实学取向。王崧儒学是继白族先民在南诏之后儒佛道共存并进、大理时期"释儒"，到清代白族哲学思想文化中儒学演进融摄的一个重要标志或环节，体现着白族哲学思想文化完全融合儒学思想理论的观念传统，对于白族作为我国一个少数民族在哲学和思想文化上的发展，以及和谐融洽民族关系、促进民族团结文明进步具有重要的社会现实意义。

一 接续理学的天地（命）之性

心性问题为宋代儒学的理论主题之一，人性的天命、气质之辨，在张

[①] （清）王崧：《乐山集》，《丛书集成续编》一九二，《文学类·诗文别集—清》，（台湾）新文丰出版公司1988年版，第390页。

载、二程和朱陆之间展开,但他们有一个根本性的共识,即基本上基于《易·系辞》的"一阴一阳之谓道,继之者善也,成之者性也"、思孟"天命之谓性,率性之谓道,修道之谓教"以及人之"四端""四德"为人所固有的思维理路,而发展、维护和深化着"性善"的儒学传统结论。张载由气本论提出"天地之性""气质之性",认为:"性于人无不善,系其善反不善反而已。"[1]朱熹承接程子,从理本论的理路出发,一方面在宇宙论层面以气质论性,解释了"善"与"恶"的发生;另一方面在更高的本体论"理"的层面坚持了人性之本体的善性,即"论天地之性,则专指理言;论气质之性,则以理与气杂而言之"[2]。(朱熹《朱子语类》卷四)朱子后学黄震只承认人有气质之性,而批评"天地之性";陆九渊以心学立论,只讲天命之性,不讲气质之性。

　　王崧作为一位僻处云南边陲的清代中期白族儒学之士,其学术旨趣应该说是以人之为人即人的本质或本性的训释为起点,思想观念则接续宋儒的天地(命)之性以回应传统孔孟儒学的"性相近"和从人的心理特征提出的"性善"结论。

　　首先,王崧认为人之为人或人与物的根本区别不在其形体,而在其实质。"别乎物而为人,不以其形,以其实,如以形而已矣。……为人之形者亦一物也,混而不可分矣。以其实,则鸟不同于人,兽不同于人,鳞介、草木亦不同于人,分而不混矣。故人物之别,以其实,不以其形。"[3]这种根本区别于物的人之实,是人独有而物无有的"仁义礼智"之德,是"善"的"灵"性。"物之生同于人,物之善异于人,灵蠢之别也。人具仁义礼智之德,而物无之。犬之性,牛之性,人之性,其分在善与不善。"[4]王崧说:"至宋代儒者,笃信孟子,其言性也始密。程子曰:'孔子言气质之性非言性之本也,若言其本,则性即是理,理无不善。孟子之言性善是也。'何相近之有?张子曰:'形而后有气质之性,善反之,则天地

---

[1] 《张载集》,中华书局1978年版,第22页。
[2] (宋)黎靖德编:《朱子语类》,中华书局1986年版,第67页。
[3] (清)王崧:《乐山集》,《丛书集成续编》一九二,《文学类·诗文别集—清》,(台湾)新文丰出版公司1988年版,第394页。
[4] (清)王崧:《乐山集》,《丛书集成续编》一九二,《文学类·诗文别集—清》,(台湾)新文丰出版公司1988年版,第402页。

第八章 白族王崧儒学的思想特质

之性存焉。'二子以善者为天地之性,相近者为气质之性……人之性即天地之性也,性如有二,将谓盂之水非渊之水乎?"① 在辨析张载、二程天地之性、气质之性的基础上,王崧肯定了天地之性的观念,并认为表现为仁义礼智之德的天地之性,是人之为人的本质所在,亦即人与物的根本区别。否则,如果从人之形体而言,为人之形者亦一物也,人与物皆物也,是混而不分的。这里以形实论人,将人之肉身归于形体、道德观念归于实质,并注重于人的道德观念的精神层面,是王崧的理论创造。

其次,综合张载、二程、朱熹、陆九渊,对规定和体现人之实即人之善的本性的天地之性进一步进行演绎论证。从观念形式来看,王崧似受到陆九渊只讲天命之性,不讲气质之性的影响,而不苟同于张载、程朱析人性为二。就思想内容来说,王崧对于人之天地(命)之性,则有独具特色的训解诠释。一是以孔子、子思、《周易》、《中庸》之论为据,围绕"天命之谓性"和"继善成性"的命题,推绎人之天地(命)之性。王崧说:"夫天命之谓性,子思之言也。夫子之言性与天道不可得闻,可闻者惟此一语,曰性相近,可知即天命之性矣。""一阴一阳之谓道,天也;继之者善,命也。成之者性,人也。子思综其理而为言,《易》以道属天,《中庸》以道属人。人之道出于天,故尽人可以合天。"② 如果按照宋代朱熹的训解,这个"继之"者的天、道、善、命,应该是指本体,是天道,是理,其性质是善。王崧在这个本体论的层面,即天道之善的内涵上与朱熹有一致性。"成之者性",在朱熹看来,"成之者"应该是理之本体通过气质成为人或具体事物,此方是性,它兼有气质。王崧在此处与朱熹不同,而与程颐所论比较切近。程颐曾说:"心即性也。在天为命,在人为性,论其所主为心,其实只是一个道。""在天为命,在义为理,在人为性,主于身为心,其实一也。"③ "'天命之谓性',此言性之理也。……若性之理也则无不善,曰天者,自然之理也。"④ 二是以水和盂的关系论说天地之

---

① (清)王崧:《乐山集》,《丛书集成续编》一九二,《文学类·诗文别集一清》,(台湾)新文丰出版公司1988年版,第401、402页。
② (清)王崧:《乐山集》,《丛书集成续编》一九二,《文学类·诗文别集一清》,(台湾)新文丰出版公司1988年版,第401、402页。
③ 《二程集》(第一册),中华书局1981年版,第204页。
④ 《二程集》(第一册),中华书局1981年版,第313页。

性，即人之道、人之性出于天，落实到人仍为天地之性，就像盂中之水虽注之于盂，仍为渊之水。人之性就是继天之道而成的天地之性。王崧说："性自性，气质自气质。性譬夫水，气质譬夫盂。水挹于渊而注之盂，性赋予天而托于气质。盂之水即渊之水，则人之性即天地之性也。性如有二，将谓盂之水非渊之水乎？"① 与上述方面一起，王崧的思想观念牢牢地驻扎在本体论的层面，而不发生任何动摇和改变，甚至还吸收汉儒如董仲舒的哲学观念，进一步认定《易传》"一阴一阳之谓道，继之者善也，成之者性也"的"继善成性"和《中庸》"天命之谓性，率性之谓道，修道之谓教"两个命题，认为孔孟之旨于斯可会。"立天之道曰阴与阳，立地之道曰柔与刚。乾为天，阳物也；坤为地，阴物也。乾刚坤柔，皆易传之言也。阴阳刚柔之于天地，有分有合，天生而地成，言天可以该地。……善属阳而恶属阴，阳主生而阴主杀。人，天之所生，即善之所生。"② 因此，人之性即天地之性，天生地成，性无不善。只是这里也明显暴露出王崧的哲学观念在本体论方面的极其薄弱，以及还隐约熏染着汉儒人格之天的影响，比较宋儒此论，在思想观念的深刻性上，就显得黯然失色了。

二 消弭理学的气质之性

王崧否认人有气质之性，且态度非常明确。其在理论上对气质之性的消弭，是循着两个理路进行的。

其一是在本体论的层面，认为人之性即天地之性，无不善。王崧说："愚窃以为，言贵绎理，名当副实。天也，命也，性也，气质也，析之为四，而其类有二：曰天，曰人。既曰性，又曰气质之性，气质之实缀以性之名，而理因言晦矣。""天之命有生有杀。生为善命，性所以无不善也。"③ 天、命、性均在本体的层面，换言之，既言性，它与天命本体合而

---

① （清）王崧：《乐山集》，《丛书集成续编》一九二，《文学类·诗文别集—清》，（台湾）新文丰出版公司1988年版，第402页。
② （清）王崧：《乐山集》，《丛书集成续编》一九二，《文学类·诗文别集—清》，（台湾）新文丰出版公司1988年版，第402页。
③ （清）王崧：《乐山集》，《丛书集成续编》一九二，《文学类·诗文别集—清》，（台湾）新文丰出版公司1988年版，第402页。

第八章 白族王崧儒学的思想特质

为一，与气质是不相杂的。这一思想观念宋儒程颐已有明确论述："在天为命，在义为理，在人为性，主于身为心，其实一也。"① 严格说，程颐只承认形而上的天地之性或天命之性，并不承认有气质之性。因为，在程颐看来，"性无不善，而有不善者才也。性即是理，理则自尧、舜至于涂人，一也。才禀于气，气有清浊。禀其清者为贤，禀其浊者为愚"②。气质之性的根源在于气禀。只是天命之性必须通过"气禀"，才能成为现实的人性。"'天命之谓性'，此言性之理也。……若性之理也则无不善，曰天者，自然之理也。"③ 程颐是从宇宙本体出发，经过先天禀受，转化为道德本体，成为价值论上的至善。宇宙本体原本就是善的，因此，逻辑的结论应当是"继善"而后"成性"。王崧对程颐的这一思想是有所承接的。

其二是在宇宙论的层面。人的本善之性降至宇宙论层面，其善存在着程度上的差异，犹如水之冷有差等一样。"且夫人性之善，犹水性之冷；善之有等，犹冷之有等。不曰善相近，而曰性相近，言性不必言善，犹言水不必言冷。"④ 应该说，王崧在这里主要是基于经验性的或者类比推理的维度，阐明人性之善犹如现实生活中水有不同温度一样也是有差等的。王崧以比较具体的量化观念描述了这样的差别："善者性之德也，相近者得善多寡之等也。耳之德曰聪，目之德曰明，性之德曰善。聪以师旷为极，明以离娄为极，善以尧舜为极。常人之聪明，有逊于师旷离娄什之一二以至什之八九者；常人之善其逊尧舜也亦若是已。暗昧者聪明之反，善者恶之反。聪明各有分量，善亦各有分量。聪明之德什八九，暗昧即什二三；善之德什八九，恶即什二三。上推而近善，下推而近恶，性所为相近也。"⑤ 据此，王崧分人为五等，即圣人、贤人、中人、不肖、凶顽。说："圣人者，天人之转关也；亚乎圣者，其贤乎，其于圣也亦若圣之于天也。介乎贤不肖之间者，其中人乎。中人而下，则不肖。不肖而纵情性恣睢，则凶顽相去不甚远。……凶顽之人，人兽之转

---

① 《二程集》（第一册），中华书局1981年版，第204页。
② 《二程集》（第一册），中华书局1981年版，第204页。
③ 《二程集》（第一册），中华书局1981年版，第313页。
④ （清）王崧：《乐山集》，《丛书集成续编》一九二，《文学类·诗文别集—清》，（台湾）新文丰出版公司1988年版，第403页。
⑤ （清）王崧：《乐山集》，《丛书集成续编》一九二，《文学类·诗文别集—清》，（台湾）新文丰出版公司1988年版，第402—403页。

关也。"① 显然，王崧不是从人性的善与不善，而是从善之差等来区分人的类型，就是说，性从质上看在本体论层面，无不善；降至宇宙论层面，善从量上有差等。这样，人之性即天地（命）之性，天地（命）之性无不善，宋儒所言气质之性以此而消弭。进而来说，从善之"分量"分析诠释人性的差异，是王崧作为清代一位少数民族儒者的独特理论创造。

三 以人性善之"有等""有对"或善之迁变释"恶"

根据王崧对于人性的理论诠解，人之性即无不善的天地（命）之性，而现实中人性善则有等、各有分量。作为"天人之转关的""圣人"，应该是全善的；而贤者亚乎圣；中人者介乎贤不肖之间；中人以下则为不肖。就是说，不同类型的人所具有的善性"分量"是不等的，那么除全善者外，不同类型的人所具有的非善"分量"，甚至会降至"近乎兽"的"凶顽之人"，这在宋儒张载、程颐、朱熹那里基本上围绕着"气质之性"或曰以气质论性，即"不善"是由于气质或"气禀"。王崧于此显然不同于张子程朱，而与陆九渊只讲天命之性有某种相近，甚至回归于孟子"若夫为不善，非才之罪也……其所以放其良心者，亦犹斧斤之于木也，旦旦而伐之，可以为美乎"②的观念上来。也就是说，这并不是性本身资质的问题，而是因为没有好好地养护，致使良心善性遗失了。孟子所回答的实际上是何以由"善"之性会出现"不善"之行为的问题。王崧对此问题的解释，似乎是在孟子的基础上，又援引了汉儒的某些思想理论，从而作出了体现其一定特色的结论。

王崧援引《易传》"一阴一阳之谓道，继之者善也，成之者性也"，"立天之道曰阴与阳，立地之道曰柔与刚"的理论命题，来阐明何以有"不善"或"恶"的问题。也就是说，"不善"或"恶"是作为"善"的对立面而存在的，有"善"不能无"恶"或"不善"，它们在本体论层面分别属于天之道的"阴"与"阳"，在宇宙论层面分别属于"生"和"杀"。王崧说："立天之道曰阴与阳，立地之道曰柔与刚，……阴阳刚柔

---

① （清）王崧：《乐山集》，《丛书集成续编》一九二，《文学类·诗文别集—清》，（台湾）新文丰出版公司1988年版，第394页。

② 《孟子·告子上》，（宋）朱熹：《四书章句集注》，中华书局2011年版，第307、309页。

第八章 白族王崧儒学的思想特质

之于天地,有分有合,天生而地成,言天可以该地。……善属阳而恶属阴,阳主生而阴主杀。天之所生,即善之所生。一阴一阳之谓道,天也。继之者善,命也;成之者性,人也。子思综其理而为言,《易》以道属天,《中庸》以道属人。人之道出于天,故尽人可以合天。""天之命有生有杀。生为善命,性所以无不善也。然而孔子曰相近何也?命属天而性属人,善自天而之人。天之道有阳不能无阴,于是人之性有善不能无恶。"① 王崧还援引汉儒董仲舒的论述说:"董子曰:'天两有阴阳之施,身亦两有贪仁之性是已。'善者,性之德也。相近者,得善多寡之等也。"② 表面看,王崧似乎亦承认人性中有恶。其实,在王崧的观念中,人虽有不善或恶的表现,但是这不善或恶不属于人性中的内容,而应该是近于物或者"近乎兽"的。他说:"形人而实亦人,为贤为知;形人而实鸟兽,为不肖;形人而实鳞介草木,为愚。""凶顽之人近乎兽,仁慈之兽近乎人。凶顽之人,人兽之转关也。"③ 这样,王崧在理论上不仅消弭了"气质之性",并且将"不善"或"恶"划出了人性之外。

王崧认为,人与物的根本区别就在于善与不善。然而,"人之性或有恶,犹水之性或有温。""人性善水性冷,常也;人生而恶,水生而温,变也。""性善常,性恶变也。"④ 此处王崧论人性之恶,建立在感性经验的基础上。以人性的本体、本质而论,性本善而无不善;而在后天的生长中,人之善性或许会发生改变,犹如水之性冷会发生升温的变化。王崧又引入传统儒学中的性善情恶论加以诠解。说:"愚以为,不善其性何以能至于命?人之性发而为情,有和有戾;天之性发而为情,有醇有骏。和戾之等不一,醇骏之等亦不一。"⑤ 性静情动的观念似还内蕴于其间。性静是性善无不善之本;情动"有和有戾","和戾"显然是善恶分途。

---

① (清)王崧:《乐山集》,《丛书集成续编》一九二,《文学类·诗文别集—清》,(台湾)新文丰出版公司1988年版,第402页。
② (清)王崧:《乐山集》,《丛书集成续编》一九二,《文学类·诗文别集—清》,(台湾)新文丰出版公司1988年版,第402页。
③ (清)王崧:《乐山集》,《丛书集成续编》一九二,《文学类·诗文别集—清》,(台湾)新文丰出版公司1988年版,第394页。
④ (清)王崧:《乐山集》,《丛书集成续编》一九二,《文学类·诗文别集—清》,(台湾)新文丰出版公司1988年版,第403、404页。
⑤ (清)王崧:《乐山集》,《丛书集成续编》一九二,《文学类·诗文别集—清》,(台湾)新文丰出版公司1988年版,第403页。

四 通过兴学施教葆淑人之德性

在王崧的思想观念中，本体论上的天、命、性（善），都是暗含着对立面的存在的，即天地之道曰阴阳刚柔，天地（命）之性曰善，但"善者，恶之反"①。"善属阳，而恶属阴。""天之道有阳不能无阴，于是人之性有善不能无恶。"② 降至宇宙论的层面，这种情况就表现为"善之有等""各有分量"，表现为从圣人而贤人而中人而不肖而凶顽之人的递降。那么，问题是如何反向提升，或者说如何葆淑人之善性或德性？从另一角度即从人类社会的治乱观察，王崧认为："曷谓治？人心正，风俗美，物各得其所也。""治也者，治人也。人有形体焉，有德性焉。治之者，养其形体葆其德性也。""人之形体德性并全而治，并亏而不治，有全有亏而亦不治。"③ 王崧把养人之形体和葆其德性置于了并重的地位，体现出王崧既重视人的物质生活，同时重视人的道德修养的精神生活的物质精神统一论的思想观念。

达到或实现上述治世目标，王崧给出的途径有二：农桑和学校。他说："农桑学校，治之纲也。有资于农桑学校者，兴之；有害于农桑学校者，除之。是以有兵刑礼乐焉。农桑学校备而不乱，未备则犹乱，既备而复败坏则又乱。""夫惟养形体葆德性而后能有礼义，有农桑学校而后能养且葆，然则治乱之故，可以晓然矣。"④ 由农桑而养人之形体，由学校而葆淑人之德性。即说，发展农业生产以满足人们的物质生活需要，为此王崧甚至进一步提出"抑商贾，贱货财，使游惰之人悉归田里"⑤ 的论断；而兴学重教则能够"淘淑其性情，使不放溢于五典之外，而尚德绌恶，辩论

---

① （清）王崧：《乐山集》，《丛书集成续编》一九二，《文学类·诗文别集—清》，（台湾）新文丰出版公司1988年版，第403页。

② （清）王崧：《乐山集》，《丛书集成续编》一九二，《文学类·诗文别集—清》，（台湾）新文丰出版公司1988年版，第402页。

③ （清）王崧：《乐山集》，《丛书集成续编》一九二，《文学类·诗文别集—清》，（台湾）新文丰出版公司1988年版，第408页。

④ （清）王崧：《乐山集》，《丛书集成续编》一九二，《文学类·诗文别集—清》，（台湾）新文丰出版公司1988年版，第408页。

⑤ （清）王崧：《乐山集》，《丛书集成续编》一九二，《文学类·诗文别集—清》，（台湾）新文丰出版公司1988年版，第410页。

官材之政寓焉。唐虞三代，上有敷教之典，下无不学之人，人伦明于上，小民亲于下"①。重农抑商，谨庠序之教，尚伦理道德礼义教化，是儒学的传统思想观念，并建构和演进为一种具有儒家思想观念特质的生活形态或方式。王崧明显地承继着这种儒学传统，只是在清代中叶的历史条件下，王崧并未能与时俱进地扬弃这样的儒学传统，进而吸收西学东渐所带来的能够弥补或矫正儒学思想观念中缺弱的方面和成分，其理论观念的局限和狭窄性于此处也突出地显现出来。而换一种角度来观察，其于云南边陲少数民族的集聚区，就其社会发展的现状和情势，王崧注重农桑葆淑德性的儒学论见，具有促进该地区的文明进步和民族素质提高的积极意义，也是毋庸置疑的。

五　王崧儒学的思想特质

王崧以人性思想为核心的儒家哲学，通过接引宋儒张载、程朱之天地（命）之性，比较多地以对孔孟、《易传》、《中庸》等先秦儒学和董仲舒、扬雄、韩愈等汉唐儒学的理论训解，在本体论和宇宙论两个理论层面阐发、推绎天地（命）之性的本善性质，表明人与物的根本区别及其在宇宙中的地位，表现出"天人之际，合而为一"（董仲舒语）的思想特色，从而在观念形式和理论内容上消弭同是宋儒张载、程朱所提出或辨析的气质之性，并进而在理论上揭示人之性善又何以在行为中有"不善"或恶的问题，以及通过兴学施教实现葆淑德性的目标。王崧儒学的这种理论构成和思想特色，明显具有醇而不杂的性质。尤其王崧作为一位白族儒家学者，在曾具有"佛国""妙香国"之称并深具深厚和浓郁佛教传统的苍山洱海间，在唐宋以来就以"释儒""儒释"或"师僧"面貌出现过的历史文化背景中，王崧没有涉入佛老，而是涵泳于从先秦至汉唐到宋明理学的儒学内部，并由宋明理学的接引而回归于孔孟原始儒学或汉唐儒学，这是王崧作为一位白族学者，其儒学所具有的独特而丰富的个性色彩。

但是，如果就王崧所处的历史时代，从宋明理学演进到清代儒学的观

---

① 转引自萧万源、伍雄武、阿不都秀库尔主编《中国少数民族哲学史》，安徽人民出版社1992年版，第656页。

念特征来审视，儒学经由了从经学而宋学而清代乾嘉汉学的演变历程，王崧儒学受到这样的学术影响而常常反观汉唐乃至先秦原始儒学，应该说又是十分自然的。不过从理论思维的水平和哲学形态的演进来观察，王崧儒学既反映着理学余脉的发展，也体现着理学衰落之下儒学发展的茫然情状。回归原始儒学或返承汉唐儒学，不仅掩饰不住王崧儒学的理论倒进之嫌，若与宋儒的性命义理之学比较，王崧儒学无论在本体还是工夫两大理论主题上都是十分单薄而大大逊色的。至于在理学形成和发展中，儒学之于佛老所获得的一个重要历史经验——不拒绝或沉溺于异己思想却能够积极地消化和吸收异己思想，作为一位白族儒学学者，在具有白族曾经举族信佛的民族和历史传统中，王崧本来可以收获更多理论成果但事实上未能得益或发挥优势。

对于形成于清代中后期我国偏远边陲少数民族地区的王崧儒学来说，不能似乎也没有必要进行这样的苛责。王崧儒学是继白族先民在南诏之后儒佛道共存并进、大理时期的"释儒"、明代李元阳参禅儒学，到清代白族哲学思想文化中儒学演进融摄的一个重要标志或环节，王崧不仅以天地（命）之性的人性论观念，在儒学的理论历史发展中具有"兼综群籍，成一家言"的思想成就，而且体现着白族哲学思想文化完全融合儒学思想理论的观念传统，对于白族作为我国一个少数民族在哲学和思想文化上的发展，并进而对于和谐融洽民族关系、促进民族团结文明进步，都具有重要的意义。

第九章 纳西族传统哲学文化融摄儒学观念蠡测

具有显著民族特色的纳西族东巴文化，在民族交融和文化交汇过程中，受到藏族苯教和藏传佛教的深刻影响，而其核心的哲学意识和文化观念，包括原始朴素和基于感性经验或神话的阴阳（卢色、铺咩）、五行（精威五行）、八卦（青蛙八卦及图）等理论认识，突出体现着与中国传统儒学文化的思想关联，透射着深受中原儒学的重要影响及对其实际地吸纳融摄的信息。元明以降，云南丽江纳西木氏"好礼守义"的儒学观念传承，更有所加焉。

一 纳西族及其独特文化和渊源

现在拥有30多万人口，主要分布在我国云南、四川、西藏几省区交界处之横断山脉与金沙江上游两岸的纳西族，与我国诸多少数民族一样，也是一个历史悠久、文化璀璨的民族。其先民大致可追溯到远古时期居住在河、湟地区的古羌人之"牦牛种""越嶲羌"[①]，他们曾向南迁徙并定居繁衍于当今滇川这一地带。另有一种说法认为，纳西族先民"一部分是源于今甘肃省和青海省的黄河流域和湟水流域一带的古羌人。……另一部分则系古代我国西南民族中称之为'旄牛夷''白狼夷'的夷人族系，经多年的发展演变而渐成为纳西族先民中重要的一支。还有一部分便是较早时期

[①] 《后汉书·西羌传》：古羌人"子孙分别，各自为种，任随所之，或为牦牛种，越嶲羌是也"。"牦牛、白马羌在蜀、汉，其种别名号，皆不可纪知也。"（《后汉书·西羌传》，中华书局1982年版，第2876、2898页）

就居住在当今云南省丽江县一带的土著居民,由于这部分人世世代代居住在这一地区,当为纳西族先民中人口较多的部分"①。另有学者认为,纳西族的族源"除有川滇毗邻地区与横断山区土著成分外,还有北方南下的古羌人和藏地氏族部落的成分"②,是一个多源形成的古老民族。纳西族先民从原始部落到建立越析诏(亦称"摩些诏"),从游牧民族到农业生产,经历了漫长的经济、政治、社会和思想文化发展。其族称也出现了自称"纳""纳西""纳日""纳恒"等③,他称"牦牛种""牦牛夷""越嶲羌""摩沙夷""麽些""摩梭(娑)"等。20世纪50年代,遵从本民族之愿,定名为"纳西族"。

据记载,纳西族在历史上曾是"土多牛羊……男女皆披羊皮,俗好饮酒歌舞"④,善于冶铁铸造,所制"铎鞘"宝刀,"状如刀戟残刃""夷人尤宝,月以血祭之"⑤。纳西族拥有本民族的语言,属汉藏语系藏缅语族(亦称藏彝语族)的纳西语,有象形文字和"格巴"文字。象形文字以纳西语读音,为民间宗教祭司东巴独通,故又称东巴文或东巴象形文字。东巴象形文字和"格巴"文字记载和传承了纳西族的文化和思想观念。在纳西族主要的宗教信仰——原始宗教东巴教的宗教实践中产生形成的东巴经,几乎可以视为纳西族在传统社会中的基本精神文化载体,有纳西族"百科全书"之称,其传统的哲学意识、文化观念当然也蕴含其中。

东巴教与以藏民族为主体的原始苯教具有较深的渊源关系⑥,但在其发展中,与以儒学为主体的中国传统文化,亦显示出所受深刻影响和重要的认同吸纳,以及彼此的交融发展。于是,一定意义上儒学在其发展中也称得上拥有了东巴文化这种纳西族的民族宗教文化形式,东巴文化也呈现出与儒学一定时期的内容具有同构性特征。从纳西族社会历史发展的时代性质和文化水准,以及纳西族古代哲学思想文化观念与儒学的某种观念联系或一致性特征来看,我们判定,纳西族传统哲学思想文化观念受到儒学

---

① 和少英:《纳西族文化史》,云南民族出版社2001年版,第15—16页。
② 赵心愚:《纳西族历史文化研究》,民族出版社2008年版,第12页。
③ "还有一部分人自称'摩梭''阮可'以及'玛莎'等。"(见和少英《纳西族文化史》,云南民族出版社2001年版,第15页)
④ (唐)樊绰撰,向达校注:《蛮书校注》,中华书局1962年版,第96页。
⑤ (唐)樊绰撰,向达校注:《蛮书校注》,中华书局1962年版,第204页。
⑥ 参见赵心愚《纳西族与藏族关系史》,四川人民出版社2004年版,第207—215页。

第九章 纳西族传统哲学文化融摄儒学观念蠡测

思想的重要影响。

溯其源，根据河湟一带古羌人南迁、西南民族中"牦牛夷""白狼夷"的夷人族系发展演变为纳西族先民的重要一支，和丽江土著居民这"三部分人为主体形成的纳西族先民族群，不断吸纳融合汉族以及周边一些少数民族的先民，逐渐发展壮大而形成了今天的纳西民族"①之说，"白狼夷"为发展演变中的纳西族先民的重要一支，或者说"留在川西高原的白狼部落则逐渐再往南迁徙，与其他古羌人及土著融合，形成纳西族等彝语支民族，所以白狼语与彝语支相对接近。……《白狼歌》……证实了纳西族与藏族在族源上存在关系"②。学者们的诸多研究表明，"白狼夷"、白狼部落、《白狼歌》与纳西族先民具有某种族源、语源上的渊源关系，那么，考察研究儒学与纳西族哲学文化思想观念的关系，就不能不涉及历史上以至于今天仍具有重要影响的《白狼歌》。

《后汉书·南蛮西南夷列传》载："永平中，益州刺史梁国朱辅，好立功名，慷慨有大略，在州数岁，宣示汉德，威怀远夷，自汶山以西，前世所不至，正朔所未加，白狼、槃木、唐菆等百余国，户百三十余万，口六百万以上，举种贡奉，称为臣仆。辅上疏曰：……今白狼王唐菆等慕化归义，作诗三章。路经邛来大山零高坂，峭危峻险，百倍岐道，襁负老幼，若归慈母，远夷之语，辞意难正。……有犍为郡掾田恭，与之习狎，颇晓其言，臣辄令讯其风俗，译其辞语，……帝嘉之，事下史官，录其歌焉。"③ 史官记录之歌，即学者所称的《白狼歌》。《东观汉记》载，《白狼歌》"诗三章"，分别是《远夷乐德歌》《远夷慕德歌》《远夷怀德歌》，有白狼语记音和汉语意译，据方国瑜先生等考释，白狼语即今藏彝语族的纳西（麽些）古语。④ 根据史籍记载和研究，"白狼为牦牛羌的一支，摩沙夷亦为牦牛羌的一支，二者同种"，"白狼人为纳西族唯一来源的看法虽然值得商榷，但史籍记载和大量传说等材料说明白狼人与纳西族族源确实存在联系，为其族源之一"⑤。由此看来，在东汉时期，中原儒家文化就对至少

---

① 和少英：《纳西族文化史》，云南民族出版社2001年版，第16页。
② 赵心愚：《纳西族与藏族关系史》，四川人民出版社2004年版，第127—128页。
③ 《后汉书·南蛮西南夷列传》，中华书局1982年版，第2854—2855页。
④ 《方国瑜论学集》，民族出版社2008年版，第18、25页。
⑤ 赵心愚：《纳西族与藏族关系史》，四川人民出版社2004年版，第105页。

说是纳西族族源之一的白狼人产生了重要影响,"白狼王唐菆"等对"汉德"有"慕义向化"的价值取向,文化意识中对以伦理道德为核心的中原儒学文化持认同仰慕态度及具有初始的吸收习染。当然,白狼人和白狼王唐菆尚不能真正被视为纳西族先民的代表,但《白狼歌》这一历史文化现象毕竟与纳西族先民具有上述这样那样、间接直接的联系,当属事实。儒学与纳西族先民哲学思想文化观念真正发生广泛深入的关系,恐怕应在我国的宋元之际,这需要而且也具有较多的史料以作说明,篇幅所限,于此也就不再详述了。由于纳西族东巴象形文字大致形成于唐代之后,时间序列相对不确,故而以下仅仅或偏重于从纳西族哲学文化思想观念与儒学的某种观念联系或相似相近性质方面进行考察。

二 纳西族原始阴阳观念对儒学思想的融摄

应该说,纳西族先民具有根深蒂固的阴阳思想观念,并与中原儒学的阴阳观念具有相似或相同的观念性质、抽象过程甚至思想变化发展的内容。二者之间的交流融合,纳西族精神文化对于中原儒学的接纳吸收、融摄改造,中原儒学传播影响于纳西族的思想文化观念,还是比较显见的。

纳西族及其先民的阴阳观念大体经历了由具体观念到抽象观念,再到与中原儒学阴阳观念融合的过程和阶段。其表示阴阳观念的概念为"卢""色"或"铺""咩",表现为纳西族观念中具象的"卢""色"(阳、阴),抽象的"卢""色"(阳、阴)以及融摄了中原儒学阴阳观念之后的"卢""色"。这一观念历程发展的阶段性标志,应该在明代前后。[①] 就是说,汉唐之间,由于纳西族文化尚处于有语言无文字阶段,传统儒学的阴阳哲学观念对纳西族的传播影响,只可以从汉文典籍的记载中寻绎发现,难以从纳西族文化方面找出印迹。宋明以降,纳西族有了本民族的象形文字和"格巴"文字,以自己的特色文化、民族原始宗教——东巴教的东巴经形式,承传了纳西族的哲学思想观念之萌芽生长和思维之进步,反映出其与中原儒学的交流融合或对儒学的吸收改造、扬弃转化。

---

① 参见萧万源、伍雄武、阿不都秀库尔主编《中国少数民族哲学史》,安徽人民出版社1992年版,第234页;李国文《东巴文化与纳西哲学》,云南人民出版社1991年版,第63页。

第九章　纳西族传统哲学文化融摄儒学观念蠡测

纳西族具象的阴阳观念"卢""色"或"铺""咩",主要代表着人类社会的男人和女人、丈夫和妻子、父亲和母亲、兄长和妹妹,动物世界的雄性和雌性,天地万物形成过程中或自然界中的清浊之气,神话传说中的卢神、色神或石神、木神等。这里且以一类事物举证并探讨其与中原文化或儒学的观念联系。纳西族东巴经《创世纪》①中说:"很古的时候,天地混沌未分,东神(按即'卢神'、男神或阳神)、色神(即'阴神'或'女神')在布置万物。"②"东神""阳神"与"色神""女神"就是纳西族先民认为的天地之初混沌世界所包含和分化为的阴阳、清浊之气。混沌指太古之时阴阳未分,"阴神""阳神"表明混沌之气已经阴阳分别。"阳神""阴神""在布置万物",表达了纳西族先民关于阴阳、清浊二气相混杂而演化为天地万物的观念。纳西族先民的这种观念,在儒学或中原文化先秦、汉魏典籍中具有丰富的思想内容。《易·系辞下》说:"子曰:'乾坤其易之门邪?乾阳物也,坤阴物也。'"乾坤代表阳阴两类事物,仍体现出阴阳为具体事物的观念。《淮南子·精神训》载:"古未有天地之时,……有二神混生,经天营地,孔乎莫知其所终极,滔乎莫知其所止息。于是乃别为阴阳,离为八极,刚柔相成,万物乃形。"③《淮南子》不是专一的或精粹的儒学文献,但其杂糅阴阳、墨、法、道、儒为一体,确是其基本的思想特征,《汉书·艺文志》将其列为杂家类。现代古史及考古学家徐旭升先生研究认为,"这混生的二神同泰古的二皇","有同条共贯的关系",只不过"二神表现为'刚柔',为'阴阳'。阴阳在人就成了男女。二皇同它相应,……只可能为伏羲和女娲"。④由此看来,纳西族所谓最初世界由阴阳二神"布置万物",与《淮南子》所谓"阴阳""二神""经天营地",使"万物乃形"相似。由此可以推想,《淮南子》所说的"经天营地"的"二神",或"二神""经天营地",最初一定与某种神话

---

① 纳西族东巴经《创世纪》,纳西语称《崇搬图》,"崇"即人类,兼有种族含义,"搬"即迁徙,兼有分支之意;"图"即出世、由来。因该文本多为反映开天辟地、创世造物的内容,故汉语多译为《创世纪》。

② 参见萧万源、伍雄武、阿不都秀库尔主编《中国少数民族哲学史》,安徽人民出版社1992年版,第242页。

③ 刘文典撰,冯逸、乔华点校,《新编诸子集成·淮南鸿烈集解》(上),中华书局2013年版,第262—263页。

④ 徐旭升:《中国古史的传说时代》,广西师范大学出版社2003年版,第278页。

换个维度看儒学：中国少数民族视阈的儒学初论

传说有关。纳西族基本上属于古羌人遗裔，而纳西族先民所谓"阳神、阴神""混杂"形成天地之语，最初是否根本就与《淮南子》的神话同出一源，这是值得进一步研究的。① 我们根据纳西族先民与中原文化发展演进的时代性差异，也可以进一步推测，纳西族先民的阴阳"二神"观念，或许也可能是受到中原文化如《淮南子》"二神"观念的影响，融会"二神"概念，与其本有的卢色（铺咩、阴阳）观念相结合，而形成了"卢神""阳神""东神""男神"和"色神"、"阴神""女神"等，用以表达其天地万物形成的哲学意识和宇宙论观念，并且其"神"的概念，也如儒学《易传》以及汉代天人儒学的"太极"那样，只是一种"气"而已，是一种"清气""浊气""声气""佳气"等，彼此结合变化而产生形成天地万物。

纳西族抽象的阴阳观念即"卢""色"，或者说其抽象的阴阳观念仍然以"卢""色"两概念来表达，但二者已具有了一定的概括抽象性质。应该说，纳西族先民的"卢""色"（阳、阴）观念，其抽象化程度并不是很高很深，其基本的思维特点和性质是建立在经验思维、直观认识基础上的。然而，随着实践的发展深化，对世界及人类自身事物认识的增多和认识能力的增强，与其他少数民族先贤的认识特点相同相近，纳西族先民亦是以经验类比的认识方法，将男女、公母或雄雌等进行推展，并从中概括出"阳""阴"范畴来，这样，其"卢""色"的观念在纳西族先民的思维中也就发生了潜移默化的抽绎，而且其表达顺序也由纳西古语的多为女男、妻夫、色卢等，演变为"卢""色"或"卢—色"（阳阴）。这种变化，不仅"有一个外在原因，那就是受到儒家'阳尊阴卑'思想的影响"②，而且反映着纳西族抽象思维和认识能力的提高。纳西族这种抽象思维和阴阳观念的阶段性特征或许不够鲜明，然而其受到中原先进文化阴阳观念影响的迹象却更为显著。在先秦儒家文化典籍《易传》中或者说易学思想中，阴阳观念在起点处就显示出颇高的抽象性特征，"一阴一阳之谓道"（《易·系辞上》）、"观变于阴阳而立卦"（《易·说卦》）、"是以立天

---

① 参见萧万源、伍雄武、阿不都秀库尔主编《中国少数民族哲学史》，安徽人民出版社1992年版，第243页。
② 龚友德：《儒学与云南少数民族文化》，云南人民出版社1993年版，第90页。

第九章 纳西族传统哲学文化融摄儒学观念蠡测

之道曰阴与阳"(《易·说卦》)等,就已经从"道"的层面来概括事物和认识世界了。"阴""阳"是《周易》文化的基本范畴和观念,代表着宇宙中包括自然界和人类社会与生活领域里一切对立统一的事物和现象。不仅如此,阴阳关系也在先秦、两汉及其后,具有深入广泛的理论探究,如"阳伏阴迫""阳主阴辅""阴阳合德""阳尊阴卑""阳德阴刑""阳实阴虚",等等。从这种情况判断,结合前述《后汉书·南蛮西南夷列传》载白狼王唐菆等"远夷"所受"汉德"之影响,纳西族先民之"卢色"(阳阴)观念的抽象提升,向哲学思想的理论化趋近,也应该渗透着中原儒学和文化的熏染与播化,或者说,在中原儒学和先进文化内容丰富深广的阴阳观念传播影响下,纳西族先民在宋明之前,亦形成了具有一定抽象化程度的基于宇宙论思维层面的卢、色(阳、阴)观念。特别是古代纳西族人关于"天(男、阳)"和"地(女、阴)"、有生命世界之两性(雄、阳和雌、阴)、自然界中相对应的两种事物(阳物、阴物),二者之间的"奔巴别",即相互交合、结合,而产生和形成了新的生命与事物,这是对于卢、色(阳、阴)对立统一关系的观念表达和以经验形式呈现的朴素直观性理论的概括和把握。

纳西族卢、色(阳、阴)观念的进一步发展是与儒学阴阳思想理论观念的融合,包括概念形式的统一和观念内容的增益。大致在宋明之间,[1]纳西族在本民族语言的基础上,创造出东巴象形文字和"格巴"文字[2],以此书写的纳西族经书,即东巴经。在"格巴"文字书写的东巴经中,表示"卢、色"(阳、阴)观念,便由"卢、色"(阳、阴)之象形文字转换成符号"—""--",即儒家易学中的阳爻"—"和阴爻"--"两种观念符号。"方国瑜、和志武谓以'—''--'代表'阳阴',是纳西族后起的'独创的标音字',即音缀文字,亦即'格巴'字。……它是对《易》八卦符号的直接借用,然后附之于原有阳阴观念的'卢、色'读音。"[3]"从代表'阳、阴'象形文字的创造,到'—''--'符号的援用,不仅反映出纳西族阳阴观念最后达到与祖国古代阴阳观念的交融合

---

[1] 见李国文《东巴文化与纳西哲学》,云南人民出版社1991年版,第4、63页。
[2] "格巴"文字,"格巴"意为"弟子",该种文字由人名而来,故称"格巴"字或"哥巴"字,字迹与彝族老彝文(爨字)相类,一字一音,每字有固定音读,属标音文字。
[3] 见李国文《东巴文化与纳西哲学》,云南人民出版社1991年版,第63页。

流，而且反映出纳西族是一个既善于思维、创造，又善于吸收、改造和利用汉文化的民族。"①

包括"卢、色"（阳、阴）观念在内的纳西族精神思维和文化意识，在其演变发展中，与藏族苯教的密切渊源关系，以所尊祖师与许多信仰、礼仪、法事基本相同的特点呈现出来。但东巴教与东巴经，在与苯教分派后，其文化走向有了明显的改变。如纳西族的"卢、色"（阳、阴）观念与中原儒学，在发源处、演进中和最终的融汇统一，都如此这般地表现出趋近、趋同，或者受到儒学和中原先进文化的影响熏染，但从集中反映纳西族思想观念和文化意识的东巴经中，却又难以寻觅到其对于儒学、"汉德"和中原文化比较直接的在语言文字上的表露，或曰援用与接引，有实际的观念融摄、文化内容的吸纳借鉴而基本无语言文字上的认同表达，这就是纳西族思想观念和文化意识的独特性，及其与儒学若即若离扑朔迷离的关系。

三 纳西族原始五行观念及其对儒学思想的吸纳

纳西族原始而朴素的五行观念亦表现出既有对中原儒学五行观念的吸纳融摄，又无任何援引承接在本民族语言文字中的明确表达和记载。然而透过对这两种异质中又有同构的五行观念内容的考察，即能发现纳西族与中原儒学五行学说一定的相同、相近或相似的观念成分。这样奇特的哲学文化现象，该作何释解，仍然值得深究。

第一，纳西族与中原儒学有基本一致的五行观念内容。纳西族东巴经中指称"五行"的四个象形文字，汉语转译有"勋韦五样""精吾五种""精威五行""阴阳五行"等多种表述，有学者研究以为，其汉译名称统一为"精威五行"，似为妥帖。② 纳西族"精威五行"的内容，即五种基本的物质材料，东巴经大多指称的是木、火、土、铁、水（个别也有指风、木、火、金、土的），其内容以及"在排列顺序上与汉代董仲舒所谓五行相生的顺序

---

① 李国文：《东巴文化与纳西哲学》，云南人民出版社1991年版，第64页。
② 参见萧万源、伍雄武、阿不都秀库尔主编《中国少数民族哲学史》，安徽人民出版社1992年版，第272页；李国文《东巴文化与纳西哲学》，云南人民出版社1991年，第155—157页。

相同"①。董仲舒《春秋繁露·五行之义》载:"天有五行:一曰木,二曰火,三曰土,四曰金,五曰水。木,五行之始也;水,五行之终也;土,五行之中也,止其天次之序也。"② 和志武《东巴经典选译》顺序为:"五样'精威'(即木、火、铁、水、土五行)。"③ 东巴经记载为:"很古的时候,……天和地来做变化,产生了绿树般精威五行的木,产生了青青火星般精威五行的火,产生了绿黑蚂蚁般精威五行的金(按:原意即'铁'),产生了蛋黄般精威五行的水,产生了花镜子般精威五行的土。"④ 此种记载,与中原先秦儒学文献《尚书·洪范》中"五行:一曰水,二曰火,三曰木,四曰金,五曰土",内容一致,顺序有别。中原儒学经典《尚书·洪范》水火木金土的五行顺序,汉代郑玄据此与《易传》"天地之数"结合,提出五行生数与成数的观念。"纳西族象形文字和东巴经最初描述的木、火、土、铁、水,虽不如《洪范》深刻,但所说火生于雷、电、铁、石,铁生于泥土之类,都是对自然物质性能、功用、变化的观察,是对自然界实践经验的总结。……精威五行和汉族五行的原始形态,最初都是具体的自然物质,抽象、概括的五行和精威五行观念,最初摄自民间对自然物质的实践和认识。"⑤ 纳西族精威五行的观念,木、火、土、铁、水,就一般而言或者按照中国文化传统的认识,其中"铁"的观念,即属"金"的范畴,《说文》曰:"铁,黑金也。"在纳西族的语言概念中,是否"铁"与"金"亦可以混用,或者"金"的概念也可以用"铁"来表述?假如这样,我们就可以说,纳西族与中原儒学和文化的五行观念,有基本一致的内容,这种一致性,很可能承载和蕴含着彼此间一定关系的未知信息。

第二,纳西族与中原儒学和文化的五行观念或"同出一源"。纳西族

---

① 关于五行,在先秦儒学文献和汉代经学中分别以三种不同的理论观念进行排列顺序,一是五行相生顺序:木火土金水(见董仲舒《春秋繁露·五行之义》),二是五行相胜顺序:水火金木土(见《白虎通·五行篇》);三是五行生成顺序:水火木金土,此是《尚书·洪范》中的排列顺序,郑玄将此顺序与《易传》"天地之数"结合,提出五行生数与成数的观念。萧万源、伍雄武、阿不都秀库尔主编《中国少数民族哲学史》(第272页)说:"纳西族的精威五行,……在排列顺序上也与汉代董仲舒所谓五行相similar生的顺序相同。"
② 曾振宇、傅永聚注:《春秋繁露新注》,商务印书馆2010年版,第227页。
③ 和志武译:《东巴经典选译》,云南人民出版社1994年版,第1页。
④ 转引自李国文《东巴文化与纳西哲学》,云南人民出版社1991年版,第169页。
⑤ 李国文:《东巴文化与纳西哲学》,云南人民出版社1991年版,第176—177页。

换个维度看儒学：中国少数民族视阈的儒学初论

先民精威五行观念的产生和形成，有多种阐释和诠解。① 其中源于金黄神蛙的说法，与中原儒学《尚书·洪范》的汉唐诠注及《易·系辞传》所记载，确有某种意义上的同源或同构关系。精威五行源于金黄神蛙之"叫声"，据东巴经所记载的内容，透露出纳西族先民获得精威五行观念的某种史影。东巴经《白蝙蝠求取祭祀占卜经》载："金黄色的神蛙，在将要断气的时候，从口里说出了五个字，'木、火、铁、水、土'。五行就由此而出。因此，在居那若罗山上出现了一口白色的泡沫。神蛙死的时候，蛙头朝南方，蛙尾朝北方。神蛙死之后，神蛙的气作变化，产生了东方的木巴格；神蛙的血作变化，产生了南方的火巴格；神蛙的骨作变化，产生了西方的铁巴格；神蛙的胆作变化，产生了北方的水巴格；神蛙的肉作变化，产生了天和地中间的土巴格。"② 这个居那若罗山，据学者研究，就是与古羌戎有关的昆仑山。纳西族为远古羌戎后裔，古羌戎原始居住地域与神话昆仑山有关，"居那若罗山实即纳西族先民西北甘、青远古羌戎活动中心的昆仑山"③。另据东巴经记载，这个连叫五声而变精威五行的"神蛙"，背上生有纹理，住美利达吉神湖。纳西族东巴经所记载的这两方面信息，与中原儒学或历史文献所载内容或具有某种曲折的联系，或具有某种内容上的相似性。《易·系辞传》说："成天下之亹亹者，莫大于蓍龟。是故天生神物，圣人则之。天地变化，圣人效之。天垂象，见吉凶，圣人象之。河出图，洛出书，圣人则之。"④ 据此，汉唐儒学多认为，黄河、洛水有龙马负图、神龟负书，伏羲、夏禹等古圣则画八卦并依"神龟负文而出，列于背，有数至于九。禹遂因而等之，以成九类，常道所以次叙"，亦即"天乃锡禹洪范九畴"，⑤ 其中第一畴即"五行"。《汉书·五行志》曰："伏羲氏继天而王，受《河图》，则而画之，八卦是也；禹治洪水，赐

---

① 关于纳西族精威五行的观念渊源，一说源于金黄神蛙将死时发出五种"蛙声"，即产生了木、火、土、铁、水五行；一说源于金黄神蛙死时其毛、血、骨、肉等变化而生木、火、土、铁、水，（此金黄大蛙据悉是纳西族东巴经中所记载的居住于美楞达吉神海曾吞食了占卜经书的一只神蛙）；一说源于世界天地之初上下方所发出的"佳音""佳气"相结合变化而产生了精威五行等。
② 和万宝、和家修主编：《纳西东巴古籍译注全集》（第24卷），云南人民出版社1999年版，第242—243页。
③ 见李国文《东巴文化与纳西哲学》，云南人民出版社1992年版，第165页。
④ 高亨：《周易大传今注》，齐鲁书社1998年版，第404—405页。
⑤ （清）王先谦撰：《尚书孔传参正》，何晋点校，中华书局2011年版，第545页。

第九章 纳西族传统哲学文化融摄儒学观念蠡测

《洛书》，法而陈之，《洪范》是也。"[①] 神龟负书、龙马负图而有五行、八卦，或曰《洪范》五行由禹依"神龟负文"而得，远古羌戎属裔纳西族的原始精威五行由湖中负纹理而出的金黄神蛙所派生，这样的观念与中原儒学对《尚书·洪范》所诠释的五行观念，尤其与汉代儒学对《尚书·洪范》"天乃锡禹洪范九畴"的疏解，具有很大的相似性。另外，《史记·六国年表》称"禹兴于西羌"（"西羌"即"羌戎"），《史记集解》称："皇甫谧曰：'孟子称禹生石纽，西夷人也。'传曰：'禹生自西羌'是也。"（"西夷"或即西羌）《史记正义》云："禹生于茂州汶川县，本冉駹国，皆西羌。"[②] 西汉扬雄《蜀王本纪》云："'禹本汶山郡广柔县人也，生于石纽。'《括地志》云：'茂州汶川县石纽山在县西七十三里。'"[③] 学界对"禹兴西羌""禹生石纽"看法不一，多有认同，也有质疑者。[④] 但假如我们从历史文献记载和学界认同"禹兴西羌""禹生石纽"的意义上来探讨，"依此寻根究底，抑或纳西族精威五行产生于金黄大蛙与'禹'依'神龟负文'而悟得五行的神话传说同出一源"[⑤]。

第三，纳西族与中原儒学和文化五行配五方、五色的观念完全相同。在纳西族丰富的原始五行观念中，五行与空间方位的五方、事物色彩属性的五色常紧密地联系在一起。这种观念与中原儒学和文化的五行、五方、

[①] 《汉书》（第五册），中华书局1975年版，第1315页。

[②] 《史记》（第二册），中华书局1975年版，第686页。

[③] 《史记》（第一册），中华书局1975年版，第49页。

[④] 当代学界根据历史文献记载，认为"禹兴（生）于西羌"说可信。如徐中舒先生认为羌人是夏民族的后裔，夏王朝的主要部族也为羌人，根据汉至晋500年间流传的羌族传说，没有理由否认夏即羌（徐中舒：《中国古代的父系家庭及其亲属称谓》，《四川大学学报》1980年1期）。冉光荣、李绍明等所著《羌族史》，引徐中舒先生言，认定大禹为羌人后裔（冉光荣、李绍明、周锡银：《羌族史》，四川人民出版社1984年版，第7页）。李绍明根据传世文献中大禹生于"石纽"，"出于西羌"等记载，以及相关地区的考古发现和羌地流传的一些颂扬大禹治水的民间歌谣、石崇拜等人类学材料，认为"禹兴于西羌"是有根据的（李绍明：《从石崇拜看禹羌关系》，载于四川联合大学历史系编《徐中舒先生百年诞辰纪念文集》，巴蜀书社1998年版；李绍明：《"禹兴西羌"说新证》，《阿坝师范高等专科学校学报》2006年3期），等等。认为"禹兴（生）于西羌"说不可信亦不乏其人，如顾颉刚先生有翔实论辩（顾颉刚：《古代巴蜀与中原的关系说及其批判》，《顾颉刚全集》第5册《顾颉刚古史论文集》卷5，中华书局2010年版，第291—352页）。李健胜认为，今四川、重庆一带为蜀国、巴国领地，大禹无论如何不可能远徙至巴蜀一带治水，更遑论其出生、兴起之地为川西羌地；大禹出生、兴起之地不仅不在巴蜀一带，其治水活动亦当与巴蜀无关（李健胜：《"大禹出于西羌"辨》，《中原文化研究》2014年第3期）。

[⑤] 李国文：《东巴文化与纳西哲学》，云南人民出版社1991年版，第166页。

换个维度看儒学：中国少数民族视阈的儒学初论

五色观念内容上的同构性特征，更应为我们考察儒学与少数民族哲学文化之关系所关注。

根据纳西族东巴经中诸多记载和其象形文字所标示，那只金黄大蛙的方位即其摆置方式和所包含的意义是："那只金黄大蛙，头向南方，尾向北方，箭尾向东方，箭镞向西方。其毛来变化，在东方出现了甲乙木的方位；血来变化，在南方出现了丙丁火的方位；骨来变化，在西方出现了庚辛铁的方位；胆来变化，在北方出现了壬癸水的方位；肉来变化，在中央出现了戊已土的方位。八卦八方之门从此去。"[①] 同时，根据东巴经以纳西语所称为的五方、五行，转译过来大致为：尼美突—森—东方—木，依赤蒙—咪—南方—火，尼美古—署—西方—铁，火古洛—几—北方—水，美能堆滤箍—知—中央—土。此外，射死青蛙之神箭，箭杆为木，木色青；箭镞铁，铁色白；蛙尾洒出的尿水，水色黑；蛙嘴吐出的火，火色红；蛙腹变土，土色黄。这样，纳西族五方精威五行又对应着五色，具体是：东方—箭杆—木—青；西方—箭镞—铁—白；南方—蛙嘴—火—红；北方—蛙尾—尿水（水）—黑；中央—蛙腹—土—黄。综而言之，纳西族东巴经记载金黄神蛙象征和代表的方位、精威五行和五色的配属，可以表示如下[②]：

表9-1　纳西族东巴经金黄大蛙与精威五行、五方五色对应表

蛙体分解	蛙腹右	蛙头	蛙腹	蛙腹左	蛙尾
	箭杆			箭镞	
象形文字方位标示	𓆏	𓆏		𓆏	𓆏
纳西语读音	尼美突	依赤蒙	美能堆滤箍	尼美古	火古洛
意译方位	东	南	中	西	北
精威五行读音	森	咪	知	署	几
意译精威五行	木	火	土	铁	水
颜色分配	青	红	黄	白	黑

[①] 转引自萧万源、伍雄武、阿不都秀库尔主编《中国少数民族哲学史》，安徽人民出版社1992年版，第276—277页。

[②] 该表见萧万源、伍雄武、阿不都秀库尔主编《中国少数民族哲学史》，安徽人民出版社1992年版，第277页，表题为本书作者所加。

第九章　纳西族传统哲学文化融摄儒学观念蠡测

先秦两汉中原文化和儒学的五行、五方、五色观念具有更丰富广博的内容。五行联系五方，各住一方；五行配属五色。五行、五方、五色的宇宙论结构，体现着先秦两汉乃至唐代中原文化和儒学的重要哲学观念。不仅如此，五行五方五色甚至还联系着五音、五味、五脏、五常、五官等。《礼记·月令》的论述如此，董仲舒之论、《淮南子》之文皆然。董仲舒说："五行之随，各如其序；五行之官，各致其能。是故木居东方而主春气，火居南方而主夏气，金居西方而主秋气，水居北方而主冬气，……土居中央为之天润。"① 《淮南子·天文训》说，东方曰苍天，北方曰玄天，西方曰颢天，南方曰炎天；东方木也，其兽苍龙；南方火也，其兽朱鸟；中央土也，其兽黄龙；西方金也，其兽白虎；北方水也，其兽玄武。② 从西汉文翁在蜀，扬雄尚儒，到《后汉书·南蛮西南夷传》记载的"宣示汉德，威怀远夷"③，和包括纳西族先民在内的少数民族"慕化归义"等综合观之，历史上我国西南多民族的少数民族地区，儒学的传播发展意识是与日俱增、与时俱进的。同样纳西族先民的五行五方五色观念受到中原文化和儒学的深刻影响，其可能性依然很大。或者说，纳西族先民的五行五方五色观念与中原文化和儒学的这些思想内容如此一致，同时还联系着五音、五味、五性以及人的社会性质的"五德"等许多方面，且更主要的是将这种有机自然观用来说明疏解人类社会的政治伦理秩序，形成一种天人合一甚至天人感应的思想理论，表明了纳西族先民五行五方五色的宇宙论观念，既体现着深受中原文化和儒学的重要影响，又显示出其后生性、单薄性的观念特征。当然，纳西族先民的上述五行五方五色观念，与其阴阳等观念文化一样，仍然具有看似自行演绎及本民族语言等个性化的民族特色。

第四，纳西族与中原儒学和文化的五行干支纪时学说十分相近。纳西族精威五行宇宙论观念在其历法中具有天干的意义，且与十二生肖相结合构成类似或几近于华夏族文化中的干支纪法。东巴经所载纳西族精威五行又各分为一公一母，并仍然称之为前述表示阳阴雄雌的"铺""咩"，而形

---

① 曾振宇、傅永聚注：《春秋繁露新注》，商务印书馆2010年版，第228—229页。
② 刘文典撰，冯逸、乔华点校：《新编诸子集成·淮南鸿烈集解》（上），中华书局2013年版，第104、105、106页。
③ 《后汉书·南蛮西南夷传》，中华书局2011年版，第2854页。

成森（木）：森铺、森咩（公木、母木）；咪（火）：咪铺、咪咩（公火、母火）；知（土）：知铺、知咩（公土、母土）；署（铁）：署铺、署咩（公铁、母铁）；几（水）：几铺、几咩（公水、母水）。汉译中分别与甲乙丙丁戊己庚辛壬癸十天干相对应。其实在纳西族东巴经的青蛙八卦图中这种精威五行分公母已具有了十天干之义，其又与十二生肖属相相配，或以虎为首或以鼠始配。在以鼠始配的情况下，构成为公木鼠、母木牛、公火虎、母火兔、公土龙、母土蛇、公铁马、母铁羊、公水猴、母水鸡、公木狗、母木猪、公火鼠、母火牛……直到公水狗、母水猪六十个公母精威五行十二生肖属相序数周期，用以表示纪年时序。① 纳西族这样的公母（阳阴）精威五行配合十二生肖属相纪年亦称为布托纪年或花甲纪年②，与干支纪年法具有同样的功能作用，或者说其实质内容基本一致。

有学者认为："以鼠为首的十二兽配精威五行的纪时结构，则可能是学自汉族。"③ 我们分析，在以东巴（或格巴）文字记载的东巴经为标志的纳西族原始宗教文化问世之前，以儒家为主体的典籍从先秦至唐宋经历竹简、帛书和纸质文献载体形式就已存续了一两千年之久，纳西族公母（阳阴）精威五行配合十二生肖属相纪年之法与华夏族（汉族）干支纪法基本内容一致，二者之间一定有文化交融、认同吸纳的可能。例如，中原儒学的《周易》象数派在战国两汉至宋代的理论发展中，就具有引进或注入五行思想观念和儒家经典之外的当时的天文、历律等科学知识等的鲜明特色。在汉易中有以卦象解说一年节候变化的"卦气说"和将干支历法、十二律法引入卦体的"纳甲""爻辰"说。西汉时期的京房易说，以十干和十二支配八宫卦各爻形成了"纳甲纳支"理论，以五行配八宫卦及卦中各爻形成"五行爻位"说；东汉时期的郑玄将十二支（十二辰）纳入乾坤两卦之十二爻，形成乾坤爻辰的"爻辰"说；《易纬》更是将十二支（十二辰）纳入每对对立两卦之十二爻，代表十二个月，为一年的"爻辰"说，等等。按儒家典籍《礼记·月令》的说法，一年四季的春季之德在木，夏德在火，秋德在金，冬德在水，土属夏秋之间，故为中央土，其德分布于

---

① 见李国文《东巴文化与纳西哲学》，云南人民出版社1991年版，第215、221页。
② 喻遂生：《〈纳西东巴古籍译注全集〉中的花甲纪年经典》，《纳西东巴文化研究丛稿》（第二辑），巴蜀书社2008年版，第303页。
③ 李国文：《东巴文化与纳西哲学》，云南人民出版社1991年版，第222页。

四季之中。一季有三个月（孟、仲、季），土德则散布于季月之中，又分别配以十二支则如下：

$$\text{春}\begin{cases}\text{正月，寅，木}\\\text{二月，卯，木}\\\text{三月，辰，土}\end{cases} \quad \text{秋}\begin{cases}\text{七月，申，金}\\\text{八月，酉，金}\\\text{九月，戌，土}\end{cases}$$

$$\text{夏}\begin{cases}\text{四月，巳，火}\\\text{五月，午，火}\\\text{六月，未，土}\end{cases} \quad \text{冬}\begin{cases}\text{十月，亥，水}\\\text{十一月，子，水}\\\text{十二月，丑，土}\end{cases}$$

京房的五行爻位就是按此季节顺序和纳支顺序，将五行分别配入八宫卦各爻。五行爻位说把先秦思想观念中的两个最重要的自然哲学观念系统——八卦与五行，在儒家思想体系中贯通融会在一起了。不仅如此，京房的"纳甲纳支"说以十干之甲乙壬癸配乾坤父母卦之内外卦，六子卦以少男少女至长男长女次序配丙丁戊己庚辛，此即"纳甲"；以十二支之子寅辰午申戌六奇位支（阳支）分配入阳卦六爻，未巳卯丑亥酉偶位支（阴支）配阴卦六爻，此即"纳支"。如此，京房的五行爻位和纳甲纳支易说，把阴阳、四时、五行、八卦、十天干、十二地支（十二辰）等均融贯了起来，其解释宇宙自然、世界事物、人事天道的功能越来越庞大。纳西族青蛙八卦图所含原始公母精威五行与干支纪法的十天干相一致，公母精威五行配以鼠为首的十二兽所形成的六十花甲（布托）时序结构，也与干支纪年的六十甲子相吻合。这样，纳西族的原始精威五行、公母（阳阴）精威五行、公母（阳阴）精威五行配十二生肖属相时序结构，与中原文化和儒学的阴阳五行、天干地支、汉代易学的五行爻位、纳甲纳支等文化内容，就具有了彼此相关相似、相近相同的观念联系，甚至潜蕴着更为深刻的思想关系和文化因缘。

四　纳西族原始八卦宇宙论及其与儒学《周易》思想的关联

简要地说，纳西族囊括于东巴经内的传统哲学文化思想观念中，有原始的富有民族特色之阴阳五行理论，亦有其殊异的以卜算为主要功用的

"八卦"学说，根据大多研究者的转译，一般将其称作"青蛙八卦"及"青蛙八卦图"。甚至在当今，有的纳西族东巴经师所掌握的这一文化内容，已经紧密地与儒学《周易》八卦渗透交融在一起，演变成为纳西族象形文字、汉语文字、卦象符号"混搭"表达的八卦图。①

萧万源、伍雄武、阿不都秀库尔主编的《中国少数民族哲学史》，对于纳西族青蛙八卦图及其所包含的卦位、卦序、卦象和类似卦名，与儒学经典《周易》八卦的对应卦名，列一表如下：

表9-2　　　　　　　　纳西族青蛙八卦表②

蛙体	蛙右脚	蛙右手	蛙头	蛙尾	蛙左手	蛙左脚	蛙腹右	蛙腹左
卦画								
卦位	肯子登（西北）	余子登（西南）	依赤蒙（南）	火古洛（北）	鲁子登（东南）	嗯子登（东北）	尼哗突（东）	尼哗古（西）
与汉族八卦对应卦名	肯一（狗）（乾）	余一（羊）（坤）	依赤蒙（离）	火古洛—北（坎）	鲁—东南（巽）	嗯—东北（艮）	尼哗突—东（震）	尼哗古—西（兑）
卦序	厄史（父）	阿哗（母）	若等（长男）	命等（长女）	若滤（中男）	命滤（中女）	若纪（少男）	命纪（少女）
卦象	美枯天（门）	堆枯地（门）	咪（火）	几（水）			森（木）	署（铁）

并阐述说："青蛙八卦图作为古代纳西族用于推演自然、预择吉凶的占卜图，就其结构本身而言，它是一个既包含有八卦卦序、卦位等内容，同时又包含有公母（阴阳）、精威五行及十二生肖等内容的复杂体系。纳西族东巴经师就应用这一复杂体系来进行卜算。其推算可用于天文、历法的观象和测定，其占卜则用于生死、疾病、婚丧嫁娶、起房盖屋、远行出游等等。"青蛙八卦图"具有象征宇宙事物结构的意义，……就是早期纳西族的八卦，或叫作原始青蛙八卦"。③

---

① 见李国文《东巴文化与纳西哲学》，云南人民出版社1991年版，第203页。
② 见萧万源、伍雄武、阿不都秀库尔主编《中国少数民族哲学史》，安徽人民出版社1992年版，第278页，表题为本书作者所加。
③ 萧万源、伍雄武、阿不都秀库尔主编：《中国少数民族哲学史》，安徽人民出版社1992年版，第279—280页。

纳西族青蛙八卦图在其观念源头处及丰富发展中，应该有属于它自身的文化资源和独立演进的观念序列，但存在着与之有诸种联系的特别是来自中原儒学的文化融会，也是十分明显的。青蛙八卦图与易学八卦在内容结构、功能作用上具有基本的初阶相似、趋同一致性，二者对于宇宙自然、人事天道的解释，构成各自的思维取向，关联亦十分密切。只是纳西族青蛙八卦图的原始朴素特色、观念内容不够完备系统（如尽管吸收融摄了中原儒学和周易文化的阳"—"、阴"– –"两种观念符号，却没有将其纳入青蛙八卦学说之中，以致缺少卦画的组成结构）、对于宇宙自然人事天道的解释功能比较有限，等等，这种与中原儒学和周易文化的无法断开又明显差别的关系，恰恰构成了中华传统文化的多元丰富性、和谐共生性，以及在和而不同的促动中不断走向辉煌的精神生命力。

五 云南丽江纳西木氏"好礼守义"的儒学观念传承

《明史·云南土司传》载："云南诸土官，知诗书好礼守义，以丽江木氏为首云。"[1] 丽江木氏是明代初御赐的汉姓纳西族世袭土官知府（至清代雍正年间改为土通判），基本上代表着元明以降丽江纳西族政治文化阶层的精神面貌。《徐霞客游记·滇游日记七》载："国初汉人之戍此者，今皆从其俗矣。盖国初亦为军民府，而今则不复知有军也。止分官、民二姓，官姓木，民姓和，无它姓者。"[2] 丽江木氏作为纳西族土官，享有政治、经济、文化等对外交流的优越条件，正因如此，他们加速了其本民族的社会历史进程，从元、明至清代雍正改土归流，丽江纳西族社会在近500年的木氏土官统摄下，其政治、经济、文化诸方面的实践和创造，既与中原社会已相差无多，也在更大程度上实现了融合性发展，其中儒学观念思想的传播影响和以木氏为土官的丽江纳西族人的吸纳融摄儒学文化，是突出的。或者说，丽江木氏在文化观念上的最大特点是兼容并包，不仅彰显本民族的东巴文化，而且儒、佛（包括汉、藏）、道三教并尊，概不拒斥。但从历代木氏的文化修为看，其越来越呈现出将儒学文化观念置于主要地

---

[1] 《明史》（第二七册），中华书局1974年版，第8100页。
[2] 《徐霞客游记·滇游日记七》，中华书局2010年版，第515页。

位的精神情形和价值取向,透射着其所处社会历史条件和主体取向紧密结合的特征。

首先,纳西木氏表现出崇儒尚学的文化价值观念。方国瑜先生《纳西学论集·丽江府儒学》说:"惟土官家族,雅好儒学。"他引证并论述道:"按《土官底簿》,丽江军民府知府自洪武年木得受职,六传至木公,嘉靖六年继袭,所作《木氏勋祠记》曰:'我祖太父本安(木泰)读书史,木氏之盛未有加于此者。'以知书为盛事。木公以后,五传至木增。冯时可作《丽江木氏六公传》,盛称六代读儒书,习礼义,……木增邀徐霞客至丽江,求批点其著作,又命其子从学,谓:'此中无名师,未窥中原文脉。'得一日之师以为荣,则非负隅自封,而与中原相通也。"① 明代冯时可撰《明丽江知府木氏雪山、端峰、文岩、玉龙、松鹤、生白六公传》述介文岩(即木公孙木东,号文岩)云:"好读书,招延邻郡学生与研穷理性,昕夕无倦。"② 丽江木氏"读儒书,习礼义"的一个集中见证,是明万历年间的土司木增"好读书,多与文士往还",纂辑《云薖淡墨》一书,"是书盖其随笔摘抄之本"③,凡1211页④,足见其内容之丰富。其中卷一"三教嘉言",为首者即"儒"学,仅其注明出处的儒学文献、经典和人物,就有《论语》、《孟子》、《荀子》、《春秋》、《春秋后语》、《诗经》、《朱子语录》、《尚书注》、《礼记》、《孝经》、《大戴礼》、《五经通论》、《易经》、《学记》、《尔雅》、《白虎通》、《东莱博议》、《诗经注》、扬雄及各代史书,等等,反映出儒、释、道三教在木增思想中的实际地位。"传统的儒家学说,更是渗透到木增的灵魂深处,成为他思想的主导方面。崇尚礼制,尊天重祖,笃于忠孝。他忠于君王,以国事为重,数十年如一日;……为传播儒学,他曾捐资于鹤庆建文庙学宫。崇儒学经,'求其精一执中之旨'。"⑤ 同时,丽江木氏不仅读书史,且收藏包括儒学典籍在内的大量图书文献。明嘉靖间土司木公(号雪山)"闲来独看历朝史",还斥

---

① 《方国瑜论学集》,民族出版社2008年版,第205页。
② 见余嘉华等《木氏土司与丽江》,云南人民出版社、云南大学出版社2014年版,第244页。
③ 《四库全书总目提要》卷一百三十二子部·杂家类存目九,海南出版社1999年版,第681页。
④ 见余嘉华等《木氏土司与丽江》,云南人民出版社、云南大学出版社2014年版,第249页。
⑤ 余嘉华等:《木氏土司与丽江》,云南人民出版社、云南大学出版社2014年版,第264页。

第九章　纳西族传统哲学文化融摄儒学观念蠡测

巨资购置图书，建藏书楼，名曰"万卷楼"，清光绪《丽江府志稿》称："楼中凡宋明各善本以数万计，群书锓版，亦备其大要。"据载，木增"藏儒书，甚为敬重"。① 概言之，从元明至清代的丽江木氏历代土司及其后裔，形成了一种儒家思想、佛学观念、道家道教、东巴文化等多元文化兼容并包的精神传统，且在思想根底处以儒学观念为主导，见证于其历代的文化修为、事迹表现的历史变迁之中，具有传承弘扬的发展趋向，以至到了清代康乾之世，书院庠序兴盛，丽江纳西族社会已较多地受到了以儒家文化为主的中华文化的熏染。康熙四十九年（1710）末任丽江府通判的余文耀撰《玉河书院记》曰："丽自设学以来，不数年间，丽人士争自濯磨，群相淬励，骎骎乎化鄙陋之习而闻弦诵之声矣。"② 乾隆元年（1736）任丽江知府的进士管学宣《丽江学记》曰："丙辰（乾隆元年）与土著诸生十数人言论丰采，且喜且惧，昔为王化所及，今则泮宫俎豆俨然中土。"③

其次，纳西木氏融摄了"列君臣父子之礼，序夫妇长幼之别"④ 的儒家伦理观念。儒学作为一种以伦理道德为思想特质的观念体系及其所建构的生活形态、生活方式，其基本的伦理原则是"父子有亲，君臣有义，夫妇有别，长幼有序，朋友有信"⑤，即"五伦"关系，汉儒称之为"王道三纲"⑥。丽江木氏针对儒学的这种观念特质和伦理精神而采取了一种易于在少数民族中产生影响的接纳方式和行为实践，即重视宗谱编纂、树碑立祠与镌立《木氏历代宗谱碑》，这种文化行为也是中原历史悠久的宗谱、碑谱、碑祠文化所影响的结果。丽江木氏从明正德年间木公编纂《木氏宦谱》《木氏勋祠记》开始，相继编纂了《木公碑》《木高碑》《木东碑》《木青碑》《木氏宦谱·图谱》《木氏历代宗谱碑》等。尽管这些谱牒、碑记、祠记为木氏家族或碑主后嗣所撰，多为功德称颂之词，但其中所透射出的文化信息无不充满着儒家思想及其伦理道德观念。具体表现在以下三

---

① 余嘉华等：《木氏土司与丽江》，云南人民出版社、云南大学出版社2014年版，第149—150页。
② 《方国瑜论学集》，民族出版社2008年版，第206—207页。
③ 《方国瑜论学集》，民族出版社2008年版，第207页。
④ 《史记》（第十册），中华书局1975年版，第3290页。
⑤ 《孟子·滕文公上》，（宋）朱熹撰：《四书章句集注》，中华书局2011年版，第242页。
⑥ 如董仲舒说："君臣、父子、夫妇之义，皆取诸阴阳之道……王道之三纲，可求于天。"（《春秋繁露·基义》，张世亮、钟肇鹏、周桂钿译注，中华书局2012年版，第465页。）

个方面。

一是功德评价乃以儒家仁礼思想为标准。如明嘉靖三十三年（1554）丽江土知府木高为其父木公（号雪山）撰立的《木公碑》称："雪山，……我严君……仁而黎庶熙和，义而作事得宜，礼而进退中节，智而决胜千里，信而九夷归化。……温良恭俭让自守，智仁信勇严自持。忠孝廉节为心，文武刚柔为表，诗书礼乐为志，……所谓君子不器，得圣人誉也。"[①] 以仁义礼智信、温良恭俭让、忠孝廉节、诗书礼乐等儒家仁礼观念表彰家严先考。其后丽江木氏诸碑记，内容文字亦多如是，如《木东（号文岩）碑》称"严君一儒者""忠孝文武"；《木青（号松鹤）碑》曰"生而忠孝""文雅忠义"等。值得指出的是，明嘉靖间木公土司修造木氏勋祠，并作《建木氏勋祠记》，记中称颂其祖父木泰（字本安）"读书史"，告诫子孙"惟立身行己，克恭克敬"，"学书学礼，忠君至恳，孝亲至勤"；勋祠大门匾额"诚心报国"，中门匾曰"崇德"。勋祠为木氏家庙，庙内立历代木氏祖先牌位。据悉此与纳西族东巴教是相抵牾的，纳西族人殁，魂被送归祖源地，后人会祈愿其在祖源地过生前一般的生活，祖先不能留供在家中。故土司木公建木氏勋祠显然是受中原儒家文化的影响，而与纳西东巴文化相悖逆，表明丽江木氏作为纳西族土官，至木公时代基本上已是中原儒家文化的完全崇奉者了。

二是碑谱行文内容多有儒家孝敬观念。《木公碑》云："呜呼，父母天地大德，洪荒一寸之心，何由补报？孝男木高泣血立石于木氏勋祠右，子子孙孙于万代诚心奉祀焉。……孝男知府木高谨记。"《木高碑》云："呜乎！我翁深恩，昊天罔极！我翁之厚德，造化咸参！东诚惶诚恐，稽首顿首，……于我木氏子子孙孙，亿万斯年，永膺奉祀。……孝男嗣世袭土官知府木东熏沐百拜勒石于右。"《木青碑》文末署"孝男木增熏沐顿首立"。[②] 等等，这些文句主要反映出丽江木氏晚辈对碑主尽"孝"的观念。在儒家学说中，对"孝"的道德实践有许多解说，其中比较周延的是《礼记·祭统》之说："孝子之事亲也有三道焉：生则养，没则丧，丧毕则祭。养则观其

[①] 见余嘉华等《木氏土司与丽江》，云南人民出版社、云南大学出版社2014年版，第284—285页。

[②] 见余嘉华等《木氏土司与丽江》，云南人民出版社、云南大学出版社2014年版，第285—290页。

顺也，丧则观其哀也，祭则观其敬而时也。尽此三道者，孝子之行也。"① 丽江木氏诸碑记中所显示的应是"祭则观其敬而时"的"孝"观念。《木氏历代宗谱碑》文中，自廿一世祖阿甲阿得即木得获赐拥有了汉姓木后，凡述及其汉姓名时，均用"讳木谋"，这同样是承袭了中原儒学名讳文化的礼数。《春秋公羊传·闵公元年》曰："春秋为尊者讳，为亲者讳，为贤者讳。"② 为尊者、亲者、贤者之名讳，体现了了对于尊、亲、贤者的虔敬之礼，丽江《木氏历代宗谱碑》同样为亲者讳，彰显的是敬亲思想。敬亲孝亲，在丽江木氏历代家族成员中不乏其人其事，冯时可《木氏六公传》称：木公"君所自砥砺，惟忠孝修持"；木高父病，他"割股吁天"；木东"父寝疾，君经月不解衣带"；木增"慈孝性成，奉亲丧，哀毁几绝，情礼并至"。③

三是多有夫妇长幼之序的儒家伦理观念。《木氏历代宗谱碑》为木氏四十代孙木载阳等立、四十一代孙木斐等千秋奉祀，立碑时间在清道光二十二年（1842），从碑文中体现出的文化观念、思想意识来看，此时的丽江木氏家族，具有了更加浓厚的儒家伦理精神。"如从一世祖秋阳开始，在祖名之后，都要明确写出正妻为何人。据碑文记载，一世祖正妻为弥均习鼠，二世祖正妻名阿室阿挥，三世祖正妻名阿室阿尧……各代正妻，一一写明。但在秋阳之前，各代只记娶某某，并无正妻一说。这种变化，实际上是汉文化影响下婚姻观念的变化。当然，汉文化的这种影响可肯定不是秋阳在世时就已存在，而是木氏后人写族谱时已受到汉文化的相当程度影响，所以从一世祖开始就为祖先一一明确了正妻。"④ 这样，《木氏历代宗谱碑》即从一世祖秋阳始，至立碑时的第四十代，对丽江木氏各代男祖、先考、正妻（郡夫人、淑人、恭人、夫人）、继妻、次妻、子辈之记载，清晰地显示出了"序夫妇长幼之别"的儒家伦理观念；在绍述各代男祖时，又无不突出其官职或所袭继父职，所以该碑谱实际上也是"列君臣父子之礼"。"《木氏历代宗谱碑》的性质肯定是家谱，刻碑目的也是为了刻之于石，以垂永久，告之族人。这种汉文化特点非常突出的家谱为木氏

---

① 《十三经》（全一册），中州古籍出版社1992年影印本，第176页。
② 《十三经》（全一册），中州古籍出版社1992年影印本，第32页。
③ 见余嘉华等《木氏土司与丽江》，云南人民出版社、云南大学出版社2014年版，第67页。
④ 赵心愚：《纳西族历史文化研究》，民族出版社2008年版，第242页。

家族所刻，其反映出的受汉文化影响是十分深刻的。"① 它是儒家伦理观念在丽江木氏这一纳西族特殊家族中的接引和表现，作为一种我国西南少数民族的历史文化现象，所蕴含的"和而不同"的思想观念、民族文化交融意义，确是十分深刻的。

最后，纳西木氏凸显了忠义内聚、惟奉正朔的儒家政治观念。在儒家以周延的伦理关系建构的传统社会生活中，孝、忠、信（诚信）应是最重要的德行，分别践履个人与家庭、个人与国家、个人与其他一切人之间的伦理原则，显现着社会生活的主要方面。其中儒家伦理观念表现于政治生活中，也就是以仁忠为核心观念的政治伦理、政治行为、政治道德。孔子说："君使臣以礼，臣事君以忠。"②《左传》评价为国家而捐躯的人物时每说："将死不忘卫社稷，可不谓忠乎？"③ "临患不忘国，忠也。"④ 将忠基本诠定为高于个人和家庭的某种伦理共同体（国家、君主）尽心尽力，直至献出生命的道德行为。忠的实践隆起了儒家生活中的壮烈和崇高。丽江木氏深刻地融摄了这些儒学观念，进而变成了其家族历代政治生活的忠实践履。如木公曾说："忠君至恳。"总的来看，丽江纳西木氏为忠君，多谨遵朝命，拓边守域，不遗天子忧；遵守朝纲朝纪，从不离叛；按期朝贡、朝贺和纳赋；为中原王朝出木、出银；国家有事，出兵捐银助饷。帝王诰命中曾褒扬：木初"能用夏以变夷，摅诚报国"；木森"夙志怀忠，远而蘢川烽警，募兵勤旅"；木嶔"恭事中廷，输忠效诚"；木公"效力输忠，辑宁边境"；木东"诚心报国，克移孝以摅忠"；木增"世安臣节，恪守官常"，"丕著忠勤"⑤，等等。几代丽江木氏土司的诗作中即使是山水田园之咏，亦往往寄意报国的政治情怀。木增《输饷喜感新命》诗谓："每爱潜夫论，其如东事何？主忧臣与辱，师众饷尤多。薄贡惭毛滴，天恩旷海波。狼烟旦夕扫，泉石葆天和。"⑥ 另有"塞北经年罹虏尘，远臣忧瘁日眉颦"⑦，"驽钝

---

① 赵心愚：《纳西族历史文化研究》，民族出版社2008年版，第244页。
② 《论语·八佾》，（宋）朱熹：《四书章句集注》，中华书局2011年版，第66页。
③ 《左传·襄公十四年》，《十三经》（全一册），中州古籍出版社1992年影印本，第238页。
④ 《左传·昭公元年》，《十三经》（全一册），中州古籍出版社1992年影印本，第309页。
⑤ 余嘉华：《木氏土司与丽江》，云南人民出版社、云南大学出版社2014年版，第68、265页。
⑥ 余嘉华：《木氏土司与丽江》，云南人民出版社、云南大学出版社2014年版，第68、265页。
⑦ 余嘉华：《木氏土司与丽江》，云南人民出版社、云南大学出版社2014年版，第68、265页。

愧当屏翰寄，忠贞惟训子孙遵"① 等诗句，爱国忠君之情溢于言表，自觉地将其作为中华民族大家庭的一员，表现了很强的内聚力。《木氏历代宗谱碑》碑文纪年自一世祖秋阳始，或者说从唐武德年间以降，每世祖纪年均用中原王朝年号，包括唐武德、天宝、贞元、太和、咸通、天复，宋至和、政和、宝祐，元至元，明洪武、永乐、正统、景泰、成化、正德、嘉靖、隆庆、万历、天启、崇祯，清顺治、康熙、乾隆、道光等，"一世祖之后，各代时间均用中原王朝年号，立碑时间更是如此，这是奉中原王朝为正朔的做法，更是受汉文化影响的反映。当然，这种汉文化影响下的政治观念的变化并不是始于唐代，同样是木氏后人写家谱时已受汉文化巨大影响，所以在记祖先们的事迹时也一一加上中原王朝年号"②。正朔，本即历法，《史记·太史公自序》说："汉兴五世，隆在建元，……改正朔，易服色。"③ 但在中国历史上早已越出历法之义而衍变为朝代更替、标识王权的政治观念范畴，是国家权威、天下一统的象征，董仲舒说："王者必改正朔，易服色，制礼乐，一统于天下"④。丽江纳西木氏，作为纳西族的一个家族群体，这种奉中原王朝之正朔所显示的文化观念，明显是坚持国家统一、中华文化认同、民族和谐凝聚的精神意涵，它已成为一种家族文化传统，弘扬的是在我国传统社会民族团结统一的正能量，造成的积极影响同样是深刻旷远的。

六 本章结语

综上所述，阴阳（卢色、铺咩）、五行（精威五行）、八卦（青蛙八卦），是纳西族古代哲学思想文化中的核心观念。这种核心观念还比较原始朴素或充满神话色彩，纳西族先民所处之社会历史发展阶段也远滞后于广大中原地区，而这种错位的历史进程在中华大一统的政治格局中，恰恰提供了纳西族先民哲学意识和文化观念习染接纳中原儒学和文化思想的契

---

① 余嘉华：《木氏土司与丽江》，云南人民出版社、云南大学出版社2014年版，第68、265页。
② 赵心愚：《纳西族历史文化研究》，民族出版社2008年版，第242页。
③ 《史记》（第十册），中华书局1975年版，第3303页。
④ （汉）董仲舒：《春秋繁露》，张世亮、钟肇鹏、周桂钿译注，中华书局2012年版，第223页。

机。其接受儒学文化传播影响的途径在明代以前的历史文献中甚至颇少记载，但其能够孕育形成非常近同于先秦汉唐儒学的某些观念内容，可能是从同地域的诸如云南白族释儒先贤中得到的播化。而古代纳西族东巴文化兼容并蓄有儒学思想观念，促进了古代纳西族原始哲学意识和文化观念的发展变化，使得其哲学文化的民族性特征愈益彰显，原始的哲学意识和思维水平得到改变；同时中华传统文化的多民族成员队伍活力增强，尤其是丽江纳西木氏历代土司于元明以降所形成的"知诗书好礼守义"和儒释道东巴多元文化兼容并蓄的传统，更加增亮了我国纳西族这一西南地区少数民族的哲学文化光彩。当然，中原儒学和文化也同时得到进一步传播影响。如此，既丰富了中华传统文化的民族多样性，也在百花齐放的斑斓演进中深刻地培壅了和谐统一性。史伯曰："夫和实生物，同则不继。以他平他谓之和，故能丰长而物归之；若以同裨同，尽乃弃矣。故先王以土与金木水火杂，以成百物。"① 纳西族东巴经所孕育的哲学文化思想观念，自觉不自觉地搭建起来的这种与中原儒学和文化的交融关系，以及丽江纳西木氏至少半个千年的文化积累，应该成为当今我们建设中华民族共有精神家园的一种重要精神财富和宝贵资源。不过，纳西族传统的富有民族特色的阴阳五行和青蛙八卦等原始哲学意识和思想观念、朴素的感性经验直观或神话般的观念建构、缺乏深刻的思想理论抽绎、囿于民族原始宗教的文化氛围等，确实也构成了其哲学思维的突出短板或精神局限性。

---

① 《国语》，陈桐生译注，中华书局2013年版，第573页。

第十章 彝族哲学与汉代天人儒学的异同[*]

彝族哲学和文化可谓悠久丰厚，其哲学观念和思想理论显现出与中原文化具有十分密切的交流融合关系，是中华民族文化重要的有机组成部分。由于历史的原因，从较高理论形态的层面来看，《宇宙人文论》《宇宙源流》《西南彝志》《土鲁窦吉》（宇宙生化[①]）等典籍，代表着彝族传统哲学和文化发展的理论思维水平，记载了彝族先贤对宇宙起源、天地万物生成变化、宇宙结构等宇宙图景、自然哲学的理论观察，以元气、阴阳（哎哺）、五行、八卦、干支、河图（付托、联姻）、洛书（鲁素）等观念元素或范畴所构成的思想体系。我们尽管还未能寻觅到直接的资料来判定其形成发展的理论渊源，但它们至少与先秦至两汉间的中原儒学具有某种程度的契合与互应，却是令人为之惊羡的。

一 彝族哲学丰富的元气、阴阳观念与《易传》及汉代天人儒学的契合

有学者把彝族典籍《宇宙人文论》记载的内容与汉文古书中相应的内容进行比较，认为该著中"没有涉及宋代的理学，至少是宋以前写成的"[②]。我们从包括《宇宙人文论》在内的几部彝族典籍（其成书年代可能还有很大差异）来分析，其中丰富的元气、阴阳观念与《易传》及汉代天人儒学确有太多的契合。

---

[*] 本章内容载于《西南民族大学学报》（人文社会科学版）2014年第4期，此处有修改。
[①] 王子国译：《土鲁窦吉》禄文斌序，贵州民族出版社1998年版，第1页。
[②] 陈英、罗国义译：《宇宙人文论·前言》，民族出版社1984年版，第2页。

换个维度看儒学：中国少数民族视阈的儒学初论

彝典《宇宙人文论》载："在天地产生之前，是大大的、空空的'无极'景象，先是一门起了变化，熏熏的清气、沉沉的浊气产生了。清浊二气相互接触……天地同时出现了。"其中对"无极"注释说："'无极'，指天地形成以前广阔无边的混沌景象，古汉文记载宇宙的形成由'无极'生'太极'，太极生'两仪'，两仪生'四象'，四象生'八卦'，与彝文记载……的概念相同。"① 显然，彝族先贤是以"无极"为宇宙本源，而"无极"在中原先秦哲学中本是道家的思想概念，宋儒吸收并加以改造，而有"无极而太极""太极本无极"（周敦颐）之说，即把"无极""太极"视为"虽有二名，初无两体"（朱熹）。我们再返回到汉儒的观念中来看，《易传·系辞》中的"太极"和《春秋》中的"元"等儒家经典中具有"最后根源"内涵的范畴，汉代时在道家思想影响下，曾被经学家作实体性的解释。如郑玄训释"太极"为"淳和未分之气也"（王应麟《周易郑注》卷七），何休训释"元"曰："变一为元，元者，气也。无形以起，有形以分，造起天地，天地之始也。"（何休《公羊解诂·隐公元年》）但经典本身是看不出这种含义的。② 也就是说，汉代经学家或汉儒均以"气"训释儒家经典中"太极"和"元"的概念。而在彝典《土鲁窦吉·十生五成》篇中也说："清浊元气足，充满天地间，布满了大地，在那个时期，宇宙大地间，生宇宙九宫，独一归中央，确实真的啊。""还不止这些，这青赤元气，春夏秋冬易，四季由天定，就是这些了。"③ 彝族先贤以"清浊二气"为"无极"之演化，即原始"无极"（混沌）剖判，分别为清浊二气；也以"元气"论宇宙之始。这些观念与汉代儒学的"元气""太极"观念是颇为契合的。

彝典《西南彝志》的彝文名音译为《哎哺啥额》。在彝文中"啥""额"意即"清气""浊气"。"哎哺"有"阳阴""天地""形影""乾坤"等多义。《西南彝志》说："啥与额一对，它俩相结合。啥变为哎，额变为哺。""最初的哎哺，是由阴啥、阳额形成的。阴阳交合变化，天地有天象时代，天地形成了。"④ 在彝族哲学的宇宙演化系统中，"无极""元

---

① 陈英、罗国义译：《宇宙人文论》，民族出版社1984年版，第15—16页。
② 参见崔大华《儒学引论》，人民出版社2001年版，第270页。
③ 王子国整理翻译：《土鲁窦吉》，贵州民族出版社1998年版，第69—70、75页。
④ 王运权、王仕举编译：《西南彝志》（修订本）第1—2卷，贵州民族出版社2004年版，第141、24页。

第十章　彝族哲学与汉代天人儒学的异同

气"演化为清浊（啥额）二气，继而有哎哺天地，其中贯穿着一个核心观念：阴阳。换言之，阴阳观念在彝族哲学中尽管还主要是一种实体性存在，但已显示出一定的抽象化程度。如《西南彝志》中反复出现的"阴阳交合变化""阴阳两结合""阳升阴降""哎阳与哺阴"等，这样的阴阳对立统一观念，在极其朴素直观和经验性认识的思维形式里，却孕育着向更高观念形态演变发展的理论种子。在中原儒学中，《易传》把道家的阴阳二气生万物的思想观念，上升为具有抽象意义的概念，但阴阳主要还是表示自然界两类对立事物或性质的思想范畴，即所谓"乾，阳物也；坤，阴物也。阴阳合德，而刚柔有体"①；其表现出理论上的升华从而抽象为泛指任何两种对立的现象的，则如"一阴一阳之谓道"②，"立天之道，曰阴与阳"③。在汉代儒学中，阴阳的这些内涵被保留、承袭了下来，同时又增添了新的具体的内涵。阴阳作为两种气，在汉代儒学获得了属于空间结构的方位的规定性。"阳气始出东北而南行，就其位也，西转而北行，藏其休也。阴气始出东南而北入，亦就其位也，西转而南入，屏其伏也。是故阳以南方为位，以北方为休；阴以北方为位，以南方为伏。"④阴阳作为两种对立现象的表征，汉代儒学还赋予了其尊与卑、德与刑等具有政治伦理性质的具体内涵。如董仲舒认为，"阳贵而阴贱"，"故曰：阳，天之德；阴，天之刑也。阳气暖而阴气寒，阳气予而阴气夺，阳气仁而阴气戾，阳气宽而阴气急，阳气爱而阴气恶，阳气生而阴气杀"。⑤在先秦已形成的阴阳观念中加入表示方位的空间观念内涵和政治、伦理含义，正是汉代儒学的一种理论创造。彝族哲学中的阴阳观念，首先表示清浊二气，具有升降、结合的特征和规律，亦具有成为天与地、位于上和下的空间方位内涵，这些思想观念基本上完全契合于《易传》和汉代儒学，具有大致相同的理论水平和性质。而在阴阳观念的政治、伦理性内涵方面，彝族哲学的阴阳观念，其哎（阳）君哺（阴）臣、阳男阴女的政治、伦理性意识，则是远远逊色于汉代儒学而显得较为简单疏浅的。

---

① 《周易·系辞下》，邵汉明：《周易本义校注》，长春出版社2012年版，第191页。
② 《周易·系辞上》，邵汉明：《周易本义校注》，长春出版社2012年版，第169页。
③ 《周易·说卦传》，邵汉明：《周易本义校注》，长春出版社2012年版，第206页。
④ 曾振宇、傅永聚注：《春秋繁露新注》，商务印书馆2010年版，第245页。
⑤ 曾振宇、傅永聚注：《春秋繁露新注》，商务印书馆2010年版，第233页。

二 彝族哲学五行论的宇宙图景对汉代天人儒学 五行论宇宙系统的回应

五行是彝族哲学宇宙生成论中的一个重要环节[①],无极之元气,在"天地未产时,混混沌沌的,空空旷旷的;阴与阳二者,二者相结合,产生了清气,产生了浊气"[②]。清浊二气接触变化,产生天地;天地形成后,"清浊二气起变化,从四方漫到中央,金、木、水、火、土门门产生"[③]。"'五行'包括了天地间的各种物体元素;'五行'自身变化成各种事物。"[④] 简言之,彝族哲学宇宙生成论的自然演化轨迹是清浊二气—天地(哎哺)—五行—万物。其中,在五行这个环节,彝族哲学发散性地展开为多个方面。

第一,世界图景的五行—五方观念。即在世界图景中属于空间结构的五方,其性质和特色以五行来体现,并分别由五行来主管。"东方木行青,南方火行赤,西方金行白,北方水行黑,中央土行黄。"[⑤] "五行中的木,它主管东方,掌握东方权;五行中的金,它主管西方,掌握西方权;五行中的火,它主管南方,掌握南方权;五行中的水,它主管北方,掌握北方权;五行中的土,生产宇宙中,它主管中央,掌握中央权。"[⑥] 彝族哲学这种五行—五方观念,完全对应于汉代儒学。或者说,汉代儒学具有空间结构的五行观念基本被彝族哲学所继承下来。如董仲舒说:"是故木居东方而主春气,火居南方而主夏气,金居西方而主秋气,水居北方而主冬气。是故木主生而金主杀,火主暑而水主寒,使人必以其序,官人必以其能,

---

[①] 彝族哲学中有时甚至直接将"五行"视为万物的本原或构成宇宙的基本元素。如说:"这宇宙八方,统属于五行。土地的产生,生命的来源,都出自五行。"《西南彝志·论宇宙八方变生五行》,贵州省民族研究所、毕节地区彝文翻译组译:《西南彝志选》,贵州人民出版社1982年版,第165页。

[②] 贵州省民族研究所、毕节地区彝文翻译组译:《西南彝志选》,贵州人民出版社1982年版,第165页。

[③] 陈英、罗国义译:《宇宙人文论》,民族出版社1984年版,第33页。

[④] 陈英、罗国义译:《宇宙人文论》,民族出版社1984年版,第46页。

[⑤] 王子国整理翻译:《土鲁窦吉》,贵州民族出版社1998年版,第240页。

[⑥] 毕节地区彝文翻译组译、毕节地区民族事务委员会编:《西南彝志》(第3—4卷),贵州民族出版社1991年版,第346—347页。

第十章　彝族哲学与汉代天人儒学的异同

天之数也。土居中央，为之天润。土者，天之股肱也。"① 只是董仲舒具有空间结构的五行观念中，所突出出来的生杀寒暑润等道德属性，在彝族哲学中并没有得到复制。

第二，人体的结构、生长发育及福禄威荣受五行支配。"当清、浊二气充溢，由'五行'而形成天地之后，随着'五行'的变化，形成人体的根本。'五行'中的水，就是人的血，金就是人的骨，火是人的心，木是人的筋，土是人的肉。在'五行'成为人体雏形之后，就开始有生命会动，仿着天体去发展变化，成为完整的人。"②"在天地之间，天气与地气，金、木、水、火、土'五行'，门门都在变化呢。先从左边变化，又转向右边变化，左右交替往来变化，福禄就花蓬蓬地繁荣起来了。"③ 彝族哲学中这种以"五行"比人体结构等具有感性经验特色的现象，显示的是突出的类比推理的特征，这是彝族哲学现有典籍中所显示的非常普遍的一种认识方法。汉代儒学也同样如此。不过，汉代儒学运思中的类比推理，表面上看来，具有十分明显的甚至比先秦原始儒学还要粗浅的感性经验的性质，但实际上，这是汉代儒学哲学理性的一种特殊的反映，它同时还具有一种理性的觉悟和很高的理性追求，即"天意"或"天道"，并且认识并达到这一哲学认识目标是很艰难的，它要以易见难地推知"天道""天意"。汉代儒学所凸显的人格之天的神秘性与很高的理性追求和觉悟，基本上为彝族哲学所缺乏，而汉代儒学建立在感性经验事实上的类比推理，难免其认识上的狭隘性和思辨能力的贫弱，却是彝族哲学与汉代儒学所共有的特征。

第三，五行相生相克。五行之间的相生相克关系是彝族哲学和汉代儒学共同拥有的重要内容。彝族哲学中的五行相生关系，表现为《河图》之变，即"五生十成"。具体说，即天一变化生水，地二变化生火，天三变化生木，地四变化生金，天五变化生土，并且是"天一生水地六成，地二生火天七成，天三生木地八成，地四生金天九成，天五生土地十成。一样主管一门，这'五生十成'，是天地间事物产生和发展的图形"④。简言之，

---

① 曾振宇、傅永聚注：《春秋繁露新注》，商务印书馆2010年版，第228—229页。
② 陈英、罗国义译：《宇宙人文论》，民族出版社1984年版，第95—96页。
③ 陈英、罗国义译：《宇宙人文论》，民族出版社1984年版，第52页。
④ 陈英、罗国义译：《宇宙人文论》，民族出版社1984年版，第60页。

五行有相生的关系，《河图》中五行相生的顺序为土生金，金生水，水生木，木生火，火生土。彝族哲学中的五行相生的关系，可以视为就是把汉代儒学中董仲舒按木火土金水次序，提出的"五行比相生"观点，与宋易《河图》中的顺序相结合并加以改造而成的。董仲舒说："五行者，五官也，比相生而间相胜也"①，"天有五行：木、火、土、金、水是也。木生火，火生土，土生金，金生水"②。彝族哲学中的五行相克关系，表现为《洛书》之变，即"十生五成"。具体说，"《洛书》图：'一变生水，六化成之'（左变右化），'二化生火，七变成之'（右化左变），'三变生木，八化成之'（左变右化），'四化生金，九变成之'（右化左变），'五变生土，虚十四应'，这样左变右化"③。"《洛书》的'五行'顺序是'相克'，即土克水，水克火，火克金，金克木，木克土。"④ 在汉代儒学中，关于五行相克的关系，董仲舒以社会政治生活中的春官司农（木）、夏官司马（火）、季夏君官司营（土）、秋官司徒（金）、冬官司寇（水）等五官（五行⑤）失职，为解释对象，阐明五官失职则间相制约、诛克，比如"司马为谗……执法诛之，执法者，水也，故曰水胜火"⑥。而《白虎通》还援用人的社会生活经验来说明"五行相胜"之意，例如"众胜寡，故水胜火也。精胜坚，故火胜金。刚胜柔，故金克木。专胜散，故木胜土。实胜虚，故土胜水也"。⑦ 在五行框架内填充进伦理道德⑧和社会政治的内容，是汉代儒学五行相生相胜思想的特色。彝族哲学的五行相生相克思想则多属自然观的范围，即使论及人的生命由五行主管，如"金、木、水、火、

---

① 曾振宇、傅永聚注：《春秋繁露新注》，商务印书馆2010年版，第272页。
② 曾振宇、傅永聚注：《春秋繁露新注》，商务印书馆2010年版，第221页。
③ 陈英、罗国义译：《宇宙人文论》，民族出版社1984年版，第54页。
④ 陈英、罗国义译：《宇宙人文论》，民族出版社1984年版，第53页。
⑤ 董仲舒说："天地之气，合而为一，分为阴阳，判为四时，列为五行。行者，行也，其行不同，故谓之五行。五行者，五官也，比相生而间相胜也。"（曾振宇、傅永聚注：《春秋繁露新注》，商务印书馆2010年版，第272页。）
⑥ 曾振宇、傅永聚注：《春秋繁露新注》，商务印书馆2010年版，第277页。
⑦ （清）陈立撰：《白虎通疏证》（上），吴则虞点校，中华书局2014年版，第189页。
⑧ 如董仲舒说："春主生，夏主长，季夏主养，秋主收，冬主藏。藏，冬之所成也。是故父之所生，其子长之；父之所长，其子养之；父之所养，其子成之。诸父所为，其子皆奉承而续行之，不敢不致如父之意，尽为人之道也。故五行者，五行也。由此观之，父授之，子受之，乃天之道也。"（曾振宇、傅永聚注：《春秋繁露新注》，商务印书馆2010年版，第221页。）

第十章 彝族哲学与汉代天人儒学的异同

土,抚养着人的生命,五行相生就顺,就有福禄"。"五行的根底厚实,(人的身体就好。)若是寒暑时刻差错,饥饱不正常……五行相克,人体就会生病。"① 也仍然没有越出自然观的哲学范围。

三 彝族八卦宇宙图式丰富了《易传》及汉代天人儒学的八卦宇宙系统论

彝典《宇宙人文论》中有两种关于宇宙万物的世界图景。一种是上述由清浊二气产生的天地(哎哺),天地(哎哺)产生五行,五行生成万物;另一种则是由清浊二气而哎哺,继而产生四方八角(四正四维),又由四方八角产生四时八节,宇宙八方(四正四维)又变化出五行,五行生成万物。这种宇宙演化生成的过程,比前一种更为细致周详,增进了"四方八角""四时八节"这一时空环节和宇宙的时空结构内容。"四方八角"的"四方",即南北东西;"八角",即"八方",也即哎、哺、采、舍、哼、哈、鲁、朵,这是彝族八卦。"四时八节"的"四时",应是春夏秋冬;"八节"即立春到春分,立夏到夏至,立秋到秋分,立冬到冬至,八个节气相连。彝族哲学的八卦宇宙系统,彝典《土鲁窦吉》中的"彝族八卦综合简表"和"后天八卦综合简表",全面地表达了这一内容。

表 10-1 彝族八卦综合简表②

卦名	方位	自然数	自然物	人	体	季节	日数
哎	乾	南	9	金	父	首	孟夏仲夏	72
哺	坤	北	1	水	母	腹	孟冬仲冬	72
采	离	东	3	木	中男	目	孟春仲春	72
舍	坎	西	7	火	中女	耳	孟秋仲秋	72
木确	宫	中	5	土			季夏	

---

① 《训书·人生论》(《训书》亦译为《宇宙源流》),马学良主编:《爨文丛刻》(增订版)(上),四川民族出版社1986年,第23、24页。
② 王子国整理翻译:《土鲁窦吉》,贵州民族出版社1998年版,第68页。

换个维度看儒学：中国少数民族视阈的儒学初论

续表

卦名		方位	自然数	自然物	人	体	季节	日数
鲁	震	东北	8	山木	长男	足	季冬季春间	18
朵	巽	西南	2	土火	长女	股	季夏季秋间	18
哼	艮	西北	6	石水	少男	手	季秋季冬间	18
哈	兑	东南	4	禾金	少女	口	季春季夏间	18

此表下的"说明"为："东南西北四隅的二、四、六、八偶数，与四方的一、三、七、九奇数并列，四时变通，中央的五生十成，相逢相克……"①《土鲁窦吉》在该表前面还有一幅"鲁素"（洛书）之图，下亦附有"说明"："'鲁素'彝图名，意为'龙书'，又称'十生五成'图，相当于先天八卦。是以老阴老阳为主体，图示南与北相应，乾与坤，壬与甲，九与一是金生水；东与西相应，离与坎，丙与庚，三与七是木生火；东北隅与西南隅相应，震与巽，辛与乙，八与二是木生火；东南隅与西北隅相应，兑与艮，丁与己，四与六是金生水；五居中央，戊与癸生土，土生万物。阴居于四隅，阳居于四方，阴与阴相生，阳与阳相生，阴阳分明，相生相合，是十个月为一年的历法推理依据。"②

表10-2　　　　　　　　　后天八卦综合简表③

卦名		方位	自然数	自然物	人	体	季节	日数
哎	乾	西北	2—5	天	父	首	秋冬间	
哺	坤	西南	2—5	地	母	腹	夏秋间	
鲁	震	东	8—3	雷	长男	足	春	90
朵	巽	东南	2—5	风	长女	股	春夏间	
舍	坎	北	6—1	水	中男	耳	冬	90
木确	宫	中	5	土				
采	离	南	7—2	火	中女	目	夏	90
哼	艮	东北	2—5	山	少男	手	冬春间	
哈	兑	西	9—4	泽	少女	口	秋	90

---

① 王子国整理翻译：《土鲁窦吉》，贵州民族出版社1998年版，第68页。
② 王子国整理翻译：《土鲁窦吉》，贵州民族出版社1998年版，第67页。
③ 王子国整理翻译：《土鲁窦吉》，贵州民族出版社1998年版，第227页。

第十章　彝族哲学与汉代天人儒学的异同

此表下的"说明"内容同上表："东南西北四隅的二、四、六、八偶数，与四方的一、三、七、九奇数并列，四时变通，中央的五生十成，相逢相克……"①《土鲁窦吉》在该表后面还有一幅"付托"（河图）之图，下亦附有"说明"："'付拖'彝图名，意为'联姻'，又称'五生十成'图，相当于后天八卦。是以少阴少阳为主体，图示北为坎，一与六生水，甲与己合；南为离，二与七生火，乙与庚合；东为震，三与八生木，丙与辛合；西为兑，四与九生金，丁与壬合；中央为宫，五与十生土，戊与癸合。阴阳并列，故用甲乙逢木，木居于东，木旺于春；丙丁逢火，火居于南，火旺于夏；庚辛逢金，金居于西，金旺于秋；壬癸逢水，水居于北，水旺于冬；戊己逢土，土居中央，土旺中央的理论规律论定四象。西南调位后，南与北，东与西不相应，相逢相克，是十二个月为一年的历法推理依据。"②

彝族哲学有机自然观中这种以八卦为框架的宇宙系统，八卦所表示的空间结构（方位）是主要的，尽管"鲁素"（龙书、洛书）、"付托"（联姻、河图）所代表的两种世界图式中，八卦各自所显示的空间方位有所区别，但每卦一方的空间观念特征是共同的。"鲁素"（龙书、洛书）所表示的是以哎哺采舍（乾坤离坎）为南北东西"四正"，以鲁朵哼哈（震巽艮兑）为东北、西南、西北、东南"四隅"的空间结构。"付托"（联姻、河图）所表示的是以鲁采哈舍（震离兑坎）为东南西北"四正"，以哎哺朵哼（乾坤巽艮）为西北、西南、东南、东北"四隅"的空间结构。在此基础上，八卦又表示人体结构（首腹目耳足股手口）、自然万物（天地金水木火土山石禾泽雷风）及其发生发展，以及时令节气，等等。

彝族哲学有机自然观中这种以八卦为框架的宇宙系统，与《易传》和汉代天人儒学亦基本相似，或者说大体沿袭了汉代天人儒学主要是在《易传》所确定的八卦空间结构（方位）内，填入时令等内容，并给予万物发生过程一个十分细致的描述。为了进行简易的比较，从而观察到彝族哲学的八卦宇宙图景与汉代儒学的八卦宇宙系统的同异关系，以及二者所共同包容的完整世界，这里也将汉代儒学八卦的宇宙系统列为下表：

---

① 王子国整理翻译：《土鲁窦吉》，贵州民族出版社1998年版，第227页。
② 王子国整理翻译：《土鲁窦吉》，贵州民族出版社1998年版，第228页。

表 10 – 3　　　　　　　　汉代儒学八卦宇宙系统表①

对应项 八卦			八节	八风	八音	
					乐器	乐音
坎	水	北	冬至	广莫风	管	竹
艮	山	东北	立春	条风	埙	土
震	雷	东	春分	明庶风	鼓	革
巽	风	东南	立夏	清明风	笙	匏
离	火	南	夏至	景风	弦	丝
坤	地	西南	立秋	凉风	磬	石
兑	泽	西	秋分	阊阖风	钟	金
乾	天	西北	立冬	不周风	柷敔	木
〔注〕所出自之汉代儒学文献			《乐纬·叶图徵》	《春秋纬·考异邮》	《乐纬·叶图徵》 《白虎通·五声八音》	

《周易·说卦传》以八卦配四时，分一年为八个季节，每卦配一个季节，占四十五日。如《震》卦为正春四十五日之季节，其余可以类推。《说卦》又以八卦配八方。如《震》卦配东方，余则由东转南而类推。因此，《说卦》曰："万物出乎震，震，东方也。齐乎巽，巽，东南也。齐也者，言万物之絜齐也。离也者，明也，万物皆相见，南方之卦也。圣人南面而听天下，向明而治，盖取诸此也。坤也者，地也，万物皆致养焉，故曰：'致役乎坤'。兑，正秋也，万物之所说也，故曰：'说言乎兑'。战乎乾，乾，西北之卦也，言阴阳相薄也。坎者，水也，正北方之卦也，劳卦也，万物之所归也，故曰：'劳乎坎'。艮东北之卦也，万物之所成终，而所成始也，故曰：'成言乎艮'。"② 不难看出，彝族哲学"付托"（联姻、河图）之八卦的宇宙系统所表示的空间结构（方位）与《周易·说卦传》完全相同。

汉代天人儒学的八卦宇宙系统中，还有一个对万物发生过程或阶段的细致的描述。《易纬·乾凿度》说："有太易，有太初，有太始，有太素也。太易者，未见气也。太初者，气之始也。太始者，形之始也。太素

---

① 见崔大华《儒学引论》，人民出版社 2001 年版，第 278 页。此处据原图表，增加了表题。
② 《周易·说卦传》，邵汉明：《周易本义校注》，长春出版社 2012 年版，第 208 页。

者，质之始也。气形质具而未离，故曰浑沦……形变之始。清轻者上为天，浊重者下为地。"又说："易始于太极。太极分而为二，故生天地。天地有春秋冬夏之节，故生四时。四时各有阴阳刚柔之分，故生八卦。八卦成列，天地之道立，雷风水火山泽之象定矣。"① 彝族哲学的宇宙生成演化过程，由清浊二气而哎哺（天地），而变化产生四方八角，四方八角产生四时八节，宇宙八方（四正四维）又变化出五行，五行生成万物，与汉代儒学的八卦宇宙系统对万物发生或发展阶段的细致描述，也基本吻合。所不同者是彝族哲学富有鲜明的民族特色。

四 彝族哲学"人仿天成"的天人关系论与汉代"人副天数"儒学的同异

在彝族哲学中，人与天地万物始终是彼此关联、密不可分，处于同体结构之中的，人与天的关系极其切近于汉代天人儒学的"人副天数"之说。彝典《宇宙人文论》的"人生天为本"及"人类天地同"章，《西南彝志》的"论人体和天体"及"论人的气血"章等均饱含有"人仿天成"的思想观念。"天上有日月，人就有一对眼睛；天上有风，人就有气；天会雷鸣，人会说话；天有晴明，人有喜乐；天有阴霾，人有心怒；天有云彩，人有衣裳；天有星辰八万四千颗，人有头发八万四千根；天的周围三百六十度，人的骨头三百六十节。这样看来，人本是天生的，是仿天体形成的。"② 汉儒董仲舒说："人之人本于天……人之形体，化天数而成；人之血气，化天志而仁；人之德行，化天理而义；人之好恶，化天之暖清；人之喜怒，化天之寒暑；人之受命，化天之四时；人生有喜怒哀乐之答，春秋冬夏之类也。"③ "是故人之身，首妢而员，象天容也；发，象星辰也；耳目戾戾，象日月也；鼻口呼吸，象风气也；胸中达知，象神明也；腹胞实虚，象百物也。……颈以上者，精神尊严，明天类之状也；颈而下者，丰厚卑辱，土壤之比也。足布而方，地形之象也。""天以终岁之数，成人之身，故小节三百六十六，副日数也；大节十二分，副月数也；内有五

---

① 林忠军：《〈易纬〉导续》，齐鲁书社2002年版，第79、81—82页。
② 陈英、罗国义译：《宇宙人文论》，民族出版社1984年版，第96页。
③ 曾振宇、傅永聚注：《春秋繁露新注》，商务印书馆2010年版，第223页。

脏,副五行数也;外有四肢,副四时数也;乍视乍瞑,副昼夜也;乍刚乍柔,副冬夏也;乍哀乍乐,副阴阳也;心有计虑,副度数也;行有伦理,副天地也……于其可数也,副数;不可数者,副类,皆当同而副天一也。"① 以天比人、以人类天,天以阴阳五行、天地风云、日月星辰等自然现象发展变化,相应地就形成人在生理、心理和生活上的类天结构;人的生理、心理和生活结构与已认识到的自然现象间存在着一一对应的关系。这是彝族哲学和汉代天人儒学共同具有的有机自然观之特质或特色。但是,汉代天人儒学中那种周密的天人感应观念和人格、意志、目的之天的理论内容,却基本上是彝族哲学中的观念盲区。循着这一思维理路进行延伸,我们甚至还可以寻绎出彝族哲学与汉代天人儒学更多、更为深刻的同与不同来,从而以见彝族哲学与汉代天人儒学间在思想观念上非常亲密的对接关系。

五 本章结语

经过上述简要的考察我们观察到,彝族哲学和汉代天人儒学在两个显著问题上具有共同的观念特质或思维特色:一是基本哲学观念上的有机自然观,一是思维方式方法上的类比推理。彝族哲学和汉代天人儒学的有机自然观,包括两个分别以阴阳五行和八卦为框架而建构的、既有联系亦有区别的宇宙系统。只是细辨之,彝族哲学的阴阳五行和八卦宇宙系统,基本上是按照有机自然观进行建构的,而汉代天人儒学在先秦已形成的阴阳观念中不仅增益进方位的空间观念内涵,亦同时填充进政治的和伦理的含义。在五行框架内填充进伦理道德和社会政治的内容,是汉代儒学五行相生相胜思想的特色。同时,汉代儒学起在八卦框架内既增益进伦理道德和社会政治的内容,与八卦有对应结构关系的还有八节、八风、八音等,对于各种物候、物性与八卦的对应性及万物的发生过程,汉代儒学描述得更加细微和广泛。这可以说又是彝族哲学与汉代天人儒学有机自然观的同中之异。思维方式运思方法上的类比推理在彝族哲学和汉代天人儒学中都是凸显的,这种类比推理建立在感性经验事实的基础上,以此认识和把握自

---

① 曾振宇、傅永聚注:《春秋繁露新注》,商务印书馆2010年版,第266、267页。

然现象、社会现象，体现出思辨能力上的很大短板。但汉代天人儒学在这样的有机自然观背景下又表现出对"天道""天意"很高的理性追求，彝族哲学于此却又相对显得十分淡漠，或者说只是局限于感性经验的思维层面而疏于更进一步向"天道"的理论内涵升进。

建立在有机自然观和类比推理基础上的彝族哲学和汉代天人儒学，还存在着两个最明显的思想观念区别：天人感应和自然现象的社会伦理性质属性。汉代儒学在有机自然观基础上凝成的一个最主要的思想观念就是天人感应，这是汉代最发达、最活跃的思想观念。这一思想基本的含义是天人相通，人的善与恶的不同行为，会得到来自天的祥瑞和灾异的不同反应；天的某种兆象，预示着、对应着人世的某种事态的发生与结局。与此相联系，也就相应地引申出汉代儒学"天有意志"的目的论观念，形成具有人格特质的"天"的观念。汉代儒学中所描述的许多天人感应现象，现在看来都是很荒诞的。而同样是建立在有机自然观基础上的彝族哲学，却基本没有天人感应的思想观念，天地万物和人类及其社会生活，无不基于清浊二气基础上的哎哺（天地、阴阳）、五行、四时、八节、日月星辰、风霜雨雪，包括人的福禄威荣等，都是自然变化的结果，有目的有意志的人格之天的观念在彝族哲学中几乎是不存在的，这是彝族哲学与汉代天人感应儒学的一个重大差别。赋予自然现象以社会伦理道德属性，也是汉代儒学的鲜明特质，而彝族哲学中除在八卦宇宙系统中论述哎哺采舍鲁朵哼哈之间具有父母子女的伦理特色外，一般来说是不与社会伦理道德、政治制度牵扯联系起来的，彝族哲学的有机自然观显现出非常的单纯性，也因此相比汉代天人儒学而显得比较单薄了。

第十一章　我国西部西北少数民族思想观念中的儒学精神

我们姑且将主要分布在当今我国西藏、青海、甘肃、宁夏、新疆等地区的诸少数民族称为西部、西北的少数民族。因为这些省区在历史上基本被称为广义的西域之地。在我国西部、西北地区众多的少数民族中，从儒学与我国少数民族哲学和文化互动发展的关系看，我们主要集中或注目于藏、羌、回、维吾尔等几个少数民族。如今我国700多万藏族人口中，西藏、青海、甘肃三省区藏族人口约占全国藏族总人数的七成以上。青海省有藏、回、土、撒拉、蒙古5个世居少数民族，占全省人口的将近一半。甘肃全省现有54个少数民族，世居甘肃的有回、藏、东乡、土、裕固、保安、蒙古、撒拉、哈萨克、满10个少数民族，其中东乡、裕固、保安为甘肃的独有民族。宁夏回族自治区，宋时属西夏。西夏是我国历史上由党项羌少数民族为主导建立的一个政权。元灭西夏后曾设西夏、宁夏行省，始有宁夏之名，新中国成立后设宁夏回族自治区。回族是我国少数民族中分布最广的民族，有"回回遍天下"之说，呈现"大分散、小集居"的特点，据2020年全国第七次人口普查的情况，我国回族人口在千万以上，其中宁夏、甘肃和新疆是我国回族的主要聚居地区。我国的维吾尔族人口总数也在千万之上，当然主要是集中在新疆维吾尔自治区。因此，我们于本章主要对藏、羌、回、维吾尔等几个少数民族历史上的哲学文化观念发展与儒学的互动关系，以及藏族传统思想观念之苯、佛、儒在激荡融汇中的演进进行考察；羌族尽管基本聚集于当今四川阿坝藏族羌族自治州，但由于历史、地域和民族形成变迁等原因，在今宁夏地区以历史上的党项羌为主导建立的西夏政权，在其存亡发展的近200年间，党项羌族的哲学和文化与儒学有着深刻的密切联系，我们认为，历史上以党项羌族为主体所形成的西夏儒学应该被视为一个重要案例，其达到了一定的思维高度；由于回族"大分小聚"的分布特色，对于回族哲学和文化与儒学之考察，我们又以民族为重而不为地域所限；维吾尔族与儒学之关系，则表现为，自汉唐间儒学之初步传播，至宋元时期而产生了几位有代表性的畏兀儿大儒，其典籍《福乐智慧》便可代表这一时期维吾尔族儒学之高峰。

一 我国西部西北少数民族哲学文化孕育发展历程中与儒学精神的融会

（一）藏族传统思想观念之苯、佛、儒在激荡融会中的演进

以吐蕃政权的建立并统一青藏高原诸部落为标志，历史上的藏族社会形成了苯教文化的基础和传统，接纳了佛教，引入了儒学，出现了苯、佛、儒会合激荡的精神文化面貌。

"吐蕃王朝建立之前藏族社会处于部落时期。这一时期，不仅有象雄文明的灿烂，更有雅隆部落的崛起。随着社会文明程度的不断提高和社会生产力的不断发展，进入部落时期的藏族社会各种朦胧的思想开始清晰起来，人们对宇宙和社会的视域更加开阔，认识也更加深刻。也正是在这一时期，产生了藏族社会体系化的本土宗教——苯教，并且出现了一些著名的思想家。辛饶米沃且是这一时期中当之无愧的代表人物。"[①] 雅隆部落即"吐蕃"或"吐蕃部落"。如果从思想文化的源流演进来看，能够作为藏族传统社会标志性的文化符号者，与其说是其后形成的藏传佛教，毋宁说是苯教。苯教文化既是发源于藏族先民中的古象雄部落和地区，又是对于之后的吐蕃以及整个藏族文化都产生了重大而深刻影响的藏民族之原生态宗教，它是藏族传统社会中的一种原始宗教文明或文化。

传统藏族社会的佛教（俗称喇嘛教），据《土观宗派源流》称："自从最初藏王聂赤赞普起到朗日松赞之间，约传二十六代，还没有佛教之名，在号称为普贤化身的拉妥妥日宁协时，始从天空降下《诸佛菩萨名称经》等经书于王宫顶，当时还无人能了解此等经义，遂命名为'玄秘神

---

① 余仕麟：《藏族伦理思想史略》，民族出版社2015年版，第40页。

物'供奉起来，这是藏地有佛法之始。"① 拉妥妥日宁协，即拉妥妥日宁赞，为吐蕃第二十八代赞普，约生活在 2 世纪。赞普能够将佛经以"玄秘神物"供奉，显然是在吐蕃悠久的苯教文化土壤和思想观念基础上的反应。至吐蕃第三十三代赞普松赞干布时期，始创立藏文，派人赴天竺学习梵文和佛经，迎请佛像，建立大小二昭寺，译《华严》等佛经，等等，由此开始在吐蕃传播佛教。此后经历了兴佛、灭佛与再兴，或者根据一般而论的所谓"前弘期""后弘期"，毋庸置疑，应该说，藏传佛教在传统的藏族社会获得了弘扬光大，成为藏族乃至今日也无法割舍掉的传统文化精神的主体内容。

儒学传入藏族社会，应于吐蕃松赞干布时期起，其传入途径，大致为文成、金城二公主嫁于赞普而带至吐蕃。其后，儒学传播形式也各种各样，或请儒家经典，或吐蕃派贵族子弟到长安和中原留学，或政治交往中到藏族社会任职的中原王朝儒士、儒官，或儒家经典和文化的藏文翻译，即藏文儒典或充满儒学精神的史籍文献的出现，或开办儒学教育，等等。从历史时序看，自儒学入藏以来，吐蕃与唐朝、宋元明清时期，可以说有逐步深入、渐行渐隐的趋势，却一直未曾中断。吐蕃以来藏族传统社会的精神文化领域，始终浸润着儒家文化的潮流，尽管它可能越来越不会超过后来得到弘大发展的藏传佛教。

在传统藏族的精神文化世界里，曾经发生了苯、佛之争，佛教遭灭，同时儒学有不断增进传播和深入影响的趋向。继松赞干布之后，历四代赞普，至赤松德赞赞普初立时，当时的吐蕃全境佛教的影响尚微。吐蕃仍保持着古老的传统和信念，佛教的象征只不过是松赞干布和赤德祖赞时期所建立的几座庙堂而已。即使这样，连同这仅有的几座庙堂一起，佛教又遇到玛香仲巴杰等对于藏族传统有着深厚感情的人采取严厉的措施加以抵制，他们希望这来自异域的佛教在吐蕃永远消失。②"玛香仲巴杰等人颁布法规，下令吐蕃的辖区内禁止信仰佛教，今后凡信仰佛教者皆流放，信仰佛教的大臣除革职外，并要发往芒域，一切应以苯教为指南；驱逐唐朝的僧人和泥婆罗的僧人；把大昭寺改成屠宰场；把文成公主带去的佛像埋入

---

① （清）土观·罗桑却吉尼玛：《土观宗派源流》，刘立千译，民族出版社2000年版，第28页。
② 才让：《吐蕃史稿》，人民出版社2010年版，第177页。玛香仲巴杰，为赤松德赞赞普的摄政大臣。

第十一章 我国西部西北少数民族思想观念中的儒学精神

地下,后又送到拉萨以外的地方;拆毁赤德祖赞所建的佛堂等;废除对死者的追悼和超度的习俗;佛教传入吐蕃后第一次遭受到严重挫折,这也是藏族历史上的第一次禁佛。"[①] 吐蕃继赤松德赞赞普之后,又历四代,至朗达玛也即吐蕃最后一位赞普时,发生了吐蕃史上第二次禁佛运动,且这次禁佛产生了深刻而重要的影响,由禁佛而致灭佛。不仅释迦牟尼佛像再次被埋,寺院被毁,而且译经场撤销、佛经被毁,天竺、内地的译师和班智达被逐出境,吐蕃僧人沦为奴仆,或者让这些吐蕃僧人去充兵和狩猎。朗达玛灭佛之后的吐蕃社会不仅进入分裂时期,而且"由于当时吐蕃社会信仰苯教,其核心文化是苯教文化,因而藏民族对佛教的接受在当时是有所顾虑的,也是有限的。这从朗达玛灭佛之后经历了将近两个世纪,到了11世纪藏族社会才出现对佛教的热情就可以看出"[②]。也就是说,在传统的藏族社会,经历了前后两次禁佛、灭佛,特别是后一次的朗达玛灭佛,应该说佛教在藏族社会于9世纪、10世纪面临着十分残酷的拐点,前途黯淡、命运未卜,藏文佛教史籍中认为从此吐蕃进入没有佛法之光的"黑暗时代"。[③] 这种苯佛之争实质上是传统的以苯教为主体的本土文化与以佛教为标志的外来文化之争,苯教文化具有得天独厚的传统优势和社会根基,佛教文化尽管自松赞干布以来已历时两个世纪,但依然处于风雨飘摇的境地,在传统的藏族社会还立足未稳,更甭说是扎下了根来。

藏民族的传统文化,从演进的最终结果看,佛教(当然是其后的藏传佛教)取得了从前弘到后弘的巨大发展,苯教式微,儒学沉潜于其思想观念的结构之中而嫌得有些隐没不彰。何以如此呢?

佛教入藏尽管在整个前弘期都遭遇了苯佛之争及思想碰撞,直至吐蕃后期几次遭遇禁佛灭佛。但是,在藏族社会精神文化的未来发展中,以佛代苯似乎具有某种必然的性质。首先,其直接原因是政治上的吐蕃赞普崇佛抑苯。在整个吐蕃时期,佛教从松赞干布时期起以至其后的历代赞普,大多不仅信佛,而且弘佛扬佛。例如,在赤松德赞赞普时期,"传统的维护者们仍然反对信仰和传播佛教,主张信仰苯教,为此佛教大师寂护提出

---

① 才让:《吐蕃史稿》,人民出版社2010年版,第178页。
② 余仕麟:《藏族伦理思想史略》,民族出版社2015年版,第247页。
③ 才让:《吐蕃史稿》,人民出版社2010年版,第233页。

佛苯间公开进行辩论,以决优劣。……佛苯双方展开辩论,结果苯教面对佛教极有逻辑性的一整套说教显得无能为力,似乎除了法术外苯教徒并不擅长辩论,结果苯教徒败北,苯教的部分典籍被丢入河中,部分压伏于塔下,废除了苯教以动物血肉祭祀鬼神的做法。赤松德赞借机压制和打击苯教,后期的苯教徒将这一时期称为'灭法期'"[1]。其次,其根本原因则是二者在宗教性质上的本质差异。苯教毕竟在本质上属于原始宗教,义理粗糙,苯教思维的原始意识状态最终难抵理论完备、体系庞大、规范精致的佛教及其文化观念,并且在对立统一中佛教恰能整合、融汇苯教的诸多文化因素而超迈苯教及其观念意识,最终在政治、社会和意识形态诸方面取苯教而代之。最后,其历史原因是在争取传统藏族社会意识形态地位的策略上,佛苯二教双方存在明显的差异和不同特点。后吐蕃社会的分裂时期,"苯教徒利用吐蕃民众多年来受到天灾人祸的折磨而强烈期盼社会能够安定的愿望,首先在民间恢复发展起来。苯教在恢复发展过程中,注意吸收了过去在与佛教的斗争中遭受失败的教训,积极借鉴和吸收佛教文化。一方面,学习佛教尊奉经典的做法,把苯教原有的极少量的著作也改编成为经典,并在内容上逐渐佛化;另一方面,将大量的佛教经典经过译改而变为苯教的经典,如《十万白龙经》《黑龙经》等;同时,还在苯教信徒较为聚集的地方兴建庙宇,以扩大影响,凝聚教徒。然而,苯教终究是一种较原始的本土信仰,缺乏政治活动力量,虽然传留下来,但始终没有能够形成地方实力集团。相反,佛教在这一段时间里,注意借鉴和吸纳受藏民族欢迎并接受的苯教的某些教义,来迎合藏族地区这种特殊的政治、社会环境的需要,同时大力宣传抑恶从善、因果轮回和超脱生死等观念。……由此佛教在藏族地区再次得到了复兴和弘传,最终形成了独具特色的藏传佛教"[2]。就是说,佛教巧借苯教教义及观念影响而得到了"复兴和弘传",苯教却在援佛以图发展自己的过程中,其实是客观上帮助和支持了佛教的再度兴起。

儒学文化入藏受到的礼遇非吐蕃时期的佛教所能比,迄至吐蕃统治敦煌时期,儒学文化在藏族社会的传播影响,可谓达到巅峰。吐蕃及其后长

---

[1] 才让:《吐蕃史稿》,人民出版社2010年版,第185页。
[2] 余仕麟:《藏族伦理思想史略》,民族出版社2015年版,第249—250页。

第十一章　我国西部西北少数民族思想观念中的儒学精神

期的儒佛关系在友善中发展，这种佛儒关系为后来兴盛发展起来的藏传佛教认同、参照、比拟和吸收一定儒学观念奠定了重要基础，就像儒学发展中宋明理学吸收改造佛道思想而成就了儒学的哲理化、思辨化一样，后弘期的藏传佛教哲学也始终牵绊着儒学的影响、映照和渗透。土观·罗桑却吉尼玛的《土观宗派源流》将儒学五经与格鲁派五部大论、儒学与佛典、内地科举制与藏传佛教学经制相对照，说："五经，如同五部大论，儒学如同所摄一切佛典，精通儒书后则得先生、秀才、状元等名位，与博通佛典后则得格西、甘迦居巴、然降巴等学位的规制相同。"[1] 这种富有深意的比较蕴含着儒学在藏传佛教及其哲学中的地位、影响和作用。敦煌藏经洞发现有许多文书是寺学生员的学习笔记，笔记中既有佛教教义，又有关于《尚书》《论语》《孝经》《左传》《穀梁传》等儒家经典内容；吐蕃占领时期的敦煌寺院译场、经场，不仅把大批的佛经而且将一些重要儒典译成藏文，对于儒学深刻地融合于藏族社会世俗的政治、伦理道德和日常生活，成为藏族世俗文化观念中的重要成分，产生了更加深刻的影响。据考证，问世于8世纪的藏族《礼仪问答写卷》，从内容到形式，均显示出对儒家思想观念和《论语》语录问答体的吸收借鉴，乃至于在13世纪初叶又诞生了虽然多与佛教教义相关，却极富儒家精神和受儒学思想影响的《萨迦格言》，彰显着蕴含改造性、创进性发挥儒学思想的基本特征，是儒学思想观念融入藏民族思想文化血脉之中的典型体现。"对照《萨迦格言》和《论语》，不难发现二者在道德观念、治学态度等方面有着许多相似之处。"[2] 一定意义上说，儒家思想、"儒家伦理思想已经相当广泛而深入地在藏族地区产生着影响，并融入（到）藏民族的道德意识之中，成为其民族精神的一部分"[3]。儒学以伦理道德为思想特质的观念体系，其仁礼之德所孕育出的人格形象、所模塑出的生活方式，构成为一种文化类型或文化精神，自身具备较强的传播辐射影响力。自孔子及其后不断增益演变所形成的理论积淀，以其浩繁的儒学典籍，形成"声名洋溢乎中国，施及蛮貊"的文化潮流，在中原王朝与藏族传统社会政治的、经济的、文化的和

---

[1] （清）土观·罗桑却吉尼玛：《土观宗派源流》，刘立千译注，民族出版社2000年版，第208—209页。

[2] 赵永红编著：《神奇的藏族文化》，民族出版社2003年版，第293页。

[3] 余仕麟：《藏族伦理思想史略》，民族出版社2015年版，第411页。

宗教的等交流交往之间徜徉，例如和亲、请经、留学、传教、兴教，儒家文化和思想观念习染浸润于藏族传统社会，可以说中原儒学西渐使其成为首善之区。"仁忠""礼敬""孝道""温良恭顺"等，已经构成了藏族传统社会精神文化生活中的重要观念，尽管它们往往蕴含在藏传佛教哲学的思想体系内。历史中的藏族经过长期的接触认同、兼收并蓄儒学思想文化观念，构成了儒学与藏族传统哲学文化间双向良性互动发展的关系，这种关系一直涌动于藏传佛教哲学的理论形态之中和藏族世俗的精神文化生活里。

（二）全面仿学：以党项羌族为主体的西夏儒学

儒学思想观念是以党项羌族为主体的西夏文化的有机组成部分。一定程度或意义上，西夏儒学代表着我国历史上党项羌这一少数民族的文化水准和精神高度。换言之，佛教和佛学在党项羌族社会有着广泛的基础和深厚传统，但是以党项羌族为代表的西夏统治者，为什么不把西夏建成一个佛教一统天下的佛国，而是在国家的官僚体制、政治文化、人才选拔、学术教育等各方面，尽仿"中国"、要用儒家思想为主导的"汉礼"来架构呢？我们认为，以党项羌族为代表的西夏统治者及其民众，在精神信仰和思想意识上保持着佛教与佛学，而在价值观念、国家建构和治世理政上，已有了新的定位、目标和追求，即推尊汉礼、倡扬儒学，至少说要儒释并尊皆用。实际上，西夏的上层建筑舞台，其政治和思想文化领域，多半已是儒家思想文化观念起支配作用了。以党项羌族为主体的西夏社会，在已拥有佛教和佛学的前提下，思想观念和文化意识要面向中原王朝寻求新的也就是儒学思想和精神之体，即体而延用，延用而即体。

西夏的政治制度基本仿照唐宋而建立。仿北宋设置的中央行政机构有：中书省、枢密院、三司、御史台、开封府、翊卫司、官计司、受纳司、农田司、群牧司、飞龙院、磨勘司、文思院、蕃学、汉学等。唐宋的政治制度、法令、礼仪、图书器物等，显然是以儒家思想和文化为主导在社会各层面的体现。西夏模仿中原的政治、经济、文化制度，同样是学习、接受儒家政治、伦常思想在官僚体制与政治文化上的反映。

大致在崇宗、仁宗时期，西夏开始实行科举取士制度，设进士科，继而复立童子科。仁宗人庆四年（1147）"秋八月策举人。立唱名法，复设

第十一章 我国西部西北少数民族思想观念中的儒学精神

童子科,于是取士日甚"①。西夏统治者通过建学校、兴科举、倡儒学,为西夏培养了大量重要人才。金国使臣斡喝出使西夏回国后,称夏国多才,较昔为盛。《西夏书事》载:"西夏子弟多贤俊。"②

西夏立国所启用的各种称号,包括庙号、年号、尊号、谥号、名号等,也充分体现出以党项羌族为主体的西夏社会的价值观念和思想理念,及其尊孔崇儒的核心文化精神。如仁宗赵(李)仁孝于人庆三年(1146)令"尊孔子为文宣帝"③,并令各州、郡建庙祭祀。封孔子以"帝号",唯见于西夏。西夏统治者的"惠宗""仁宗"等帝号,"福圣""承道""礼盛""礼定""贞观""元德""正德""大德"等年号,均显示出西夏党项统治者仰慕仁德儒风、深受儒学影响的政治景观。

西夏的教育,大致设立有蕃学、国学、小学、宫学、太学五种学校。仁宗仁孝时期,学校设立更为完备,学生人数大增,兴学促进了西夏的儒学教育进一步发展。1144 年,仁孝"令州、县各立学校","复立小学于禁中,凡宗室子孙七岁到十五岁皆得入学。设教授,仁孝……亦时为教训导之"④。表明西夏的儒学教育,已延伸到对于童蒙教育的重视。"夏重大汉太学……弟子员赐予有差。"⑤ 又体现出中原儒学董仲舒"兴太学以养士"思想观念的重要影响。董仲舒"素养士"的思想,是他在向汉武帝《对贤良策》(即《天人三策》)中提出来的。他说:"夫不素养士而欲求贤,譬犹不琢玉而求文采也。故养士之大者,莫大乎太学;太学者,贤士之所关也,教化之本原也。今以一郡一国之众,对亡应书者,是王道往往而绝也。臣愿陛下兴太学,置明师,以养天下之士,数考问以尽其材,则英俊宜可得矣。"⑥"素养士"实质是重视人才培养的思想,与此相联系,是重视教育。董仲舒所对贤良策之"贤良",当然是指儒之贤良之士,实现和欲得到这

---

① (清)吴广成撰,龚世俊等校证:《西夏书事校证》卷三十六,甘肃文化出版社 1995 年版,第 417 页。
② (清)吴广成撰,龚世俊等校证:《西夏书事校证》卷三十九,甘肃文化出版社 1995 年版,第 461 页。
③ (清)吴广成撰,龚世俊等校证:《西夏书事校证》卷三十六,甘肃文化出版社 1995 年版,第 416 页。
④ (清)吴广成撰,龚世俊等校证:《西夏书事校证》卷三十五,甘肃文化出版社 1995 年版,第 412 页。
⑤ 《宋史》卷四百八十六,《夏国传》,中华书局 1997 年版,第 14025 页。
⑥ 《汉书》卷五十六,《董仲舒传》,中华书局 1962 年版,第 2512 页。

样的国家栋梁,即"养士之大者,莫大乎太学;太学者,贤士之所关也,教化之本原也",即要重视"太学"教育,加强儒学教育。董仲舒这种"素养士"的一系列思想,在西夏得到了多方面的回应和施行。对太学的重视,为儒学典籍在西夏的传播提供了更为有利的条件。

西夏积极输入儒典或儒学文献。要办学兴教,教学内容是主导和灵魂,于是儒学典籍和文献便成为基本和重要的教材。西夏曾向北宋求《九经》《唐史》《册府元龟》等;还曾"请市儒、释书于金。仁孝遣使请市儒、释诸书,金主许之"①。对于儒学典籍和文献的需求,在于满足西夏社会教育发展和士人研读。将以儒学为代表的中原文化与蕃学相结合、融合,也是西夏学术文化和教育的一个重要特点。精通五经的蕃汉教授斡道冲,曾将汉文《论语注》译成西夏文,并作《解义》30卷,称为《论语小解》,另以西夏文著《周易卜筮断》。党项籍学者骨勒茂才编著的《番汉合时掌中珠》,是一部夏汉文字对音字典,对字词意义的释解,充满了儒家文化和思想观念。又如《新集慈孝传》《德行集》(曹道乐撰集),仁孝时期刻印的大型辞书《圣立义海》,等等。不难看出,西夏文化中逐渐全面地渗透着儒学思想观念,以党项羌族为主体的文化生命中,儒学思想观念已是不可或缺的重要组成部分。无论汉籍或党项籍的儒臣、儒士,凡有贡献于儒学者,在西夏都受到礼重,这是一种高调彰显的儒学价值观。

西夏仁孝时期制定并颁布的《天盛改旧新定律令》(又称《天盛律令》《开盛律令》;天盛为仁宗年号1149—1170),是一部深受儒家伦理思想影响的西夏法典。"唐宋法律制度是其借鉴和学习的主要依据。唐宋法律的立法准则与法律精神——儒家思想,对西夏法典的编纂影响显著"②,"有些条款明显是西夏人从唐宋律条全文移译来的"③。儒家的纲常伦理、明德慎刑观念,基本上是制定该法典的准则和标准。如该法令设"十恶"之法,计十门:"一谋逆;二失孝德礼;三背叛;四恶毒;五为不道;六

---

① (清)吴广成撰,龚世俊等校证:《西夏书事校证》卷三十六,甘肃文化出版社1995年版,第421页。
② 邵方著:《西夏法制研究》,人民出版社2009年版,第30页。
③ 史金波、聂鸿音、白滨译注:《天盛改旧新定律令》(前言),法律出版社2000年版,第7—8页。

第十一章 我国西部西北少数民族思想观念中的儒学精神

大不恭；七不孝顺；八不睦；九失义；十内乱"①。凡是触犯"十恶"法令的一律视为"不赦"之罪，科以重刑，以示对不忠、不敬、不孝的严惩。其中"失孝德礼门"规定，对于失孝之人规定从严从重惩罚，惩治标准与"谋逆门"同。"庶民自身有因，有过错，不念不服，因欲思行抱怨，生恶心，在宗庙、地墓、碑表、堂殿等上动手及损坏官鬟金抄等，一律与向官家谋逆者已行为之罪状相同。"② 该律令卷二"亲节③门"规定，"族、姻二种亲节，依上下服五种丧服法不同而使区分，其中妇人丧服法应与丈夫相同"④。根据服丧对象的亲疏关系，规定了三年之丧至三月之丧，如"子对父母，妻子对丈夫，父死长孙对祖父、祖母，养子对养父母，子对庶母，未出嫁在家之亲女及养女"⑤，应服丧三年；"对祖父、祖母、兄弟、伯叔姨、亲侄，父母对子女，在家之姑、姐妹，在家之亲侄女，丈夫对妻子，父死对改嫁母，祖父长子死对长孙，父母对养子，养子对原来处父母，父死改嫁庶母对往随子，改嫁母对原家主处所遗子，亲女及养女等出嫁后对父母"⑥，应服丧一年等。运用国家法令制定的五等服制与中原王朝的斩衰、齐衰、大功、小功、缌麻服制基本一致，遵从的是历代儒家倡导的孝亲"礼"制，突出反映了西夏律法的儒家化特点。"父为子隐，子为父隐"⑦ 的"亲亲相隐"是我国古代法律制度的重要原则，是法律儒家化的典型体现。主张亲属间隐罪的"亲亲相隐"并不是单方面的包容私权的法律制度，它与"告奸""连坐"之制是相辅相成的，是相互配套的司法

---

① 史金波、聂鸿音、白滨译注：《天盛改旧新定律令》卷一，《失孝德礼门》，法律出版社 2000 年版，第 110 页。

② 史金波、聂鸿音、白滨译注：《天盛改旧新定律令》卷一，《失孝德礼门》，法律出版社 2000 年版，第 114 页。

③ "节"是党项人亲属称谓的基本修饰词，相当于划分亲属称谓的坐标用来表示辈分，以己为中心，与己同辈为"同节"，"节上"为长辈，"节下"为晚辈。又用"节"表示第几旁系，如"一节"近似汉语"堂、从"，"二节"即"再从"，"一节""二节""三节"分别对应"第二旁系""第三旁系""第四旁系"等。

④ 史金波、聂鸿音、白滨译注：《天盛改旧新定律令》卷二，《亲节门》，法律出版社 2000 年版，第 134 页。

⑤ 史金波、聂鸿音、白滨译注：《天盛改旧新定律令》卷二，《亲节门》，法律出版社 2000 年版，第 135 页。

⑥ 史金波、聂鸿音、白滨译注：《天盛改旧新定律令》卷二，《亲节门》，法律出版社 2000 年版，第 135 页。

⑦ 《论语·子路》，杨伯峻译注：《论语译注》，中华书局 1980 年版，第 139 页。

原则。这一点首先为《天盛改旧新定律令》所吸纳。"许举不许举门"规定"谋逆、失孝德礼、叛逃、亲祖父母、父母、庶母等为子、孙、媳所杀","谋逆、失孝德礼、叛逃、内宫淫乱、对帝随意口出恶言、杀及主谋杀亲祖父母、父母、庶母等,诋毁国家,撒放毒药,咒人死,盗中杀人,有意杀人,对亲母、岳母、庶母、姑、姐妹、女、媳等行不轨"[①]者不适用"亲亲相隐"。《天盛改旧新定律令》"不孝顺门"也规定"除谋逆、失孝德礼、背叛等三种语允许举告,此外不许举告,若举告时绞杀"[②]。可见,《唐律》中已然定型的谋逆、失孝等大罪不可隐罪的规定为西夏律法所承纳。儒家哲学体系中,以德治国、慎用刑罚等理念,也为《天盛改旧新定律令》所借鉴和采用。其"老幼重病减罪门"规定,"诸人老年至九十以上,年幼七岁以下者,有一种谋逆,当依时节奏告实行。其他犯各种罪,一律勿治"[③]等,儒家倡导的"慎刑""明德"等立法原则,皆被西夏此律令所吸取,并成为这一律令的重要立法原则。儒家"三纲五常","为亲者讳,为尊者隐","慎刑""明德"等伦理观念在西夏以律法形式确定下来,使其具有浓厚的国家强制色彩,集中体现了儒家伦理哲学对西夏党项羌族伦理观念的影响。

儒学与以党项羌族为主体的西夏社会的思想文化的关系,后面专章加以论述,因此这儿的内容简要述其大概。

(三)理论会通:明清回族学者的哲学观念对儒学的融摄

该部分内容详见本书第十四章。

(四)儒学精神在维吾尔族传统思想观念中的影响和地位

放眼而观,我国历史上的"通西域",实可谓政治、经贸、文化之通。就文化说,从汉至唐,以儒学为核心的中原文化或中原儒学文化在西域的传播影响,具有与日俱增、不断扩展、逐步深入的趋向。上自官吏要员、

---

① 史金波、聂鸿音、白滨译注:《天盛改旧新定律令》卷十三,《许举不许举门》,法律出版社 2000 年版,第 445 页。

② 史金波、聂鸿音、白滨译注:《天盛改旧新定律令》卷一,《不孝顺门》,法律出版社 2000 年版,第 128 页。

③ 史金波、聂鸿音、白滨译注:《天盛改旧新定律令》卷二,《老幼重病减罪门》,法律出版社 2000 年版,第 150 页。

第十一章 我国西部西北少数民族思想观念中的儒学精神

国王郡守下至童蒙教育、民间学术,从儒家文献典籍、写本注本到泮宫庠序、礼仪写卷,等等,无不以儒家文化、思想观念为重要内容。当然,我们也认为,汉唐间儒学在西域的传播,从中原王朝方面而言,或有自觉性质;从西域方面而言,对于当时大部分少数民族先民来说,可能尚不明白其所具有的深刻而积极的价值和意义。

据悉,古代丝绸之路西域段出土的儒家经典写本至少有《尚书》《诗经》《礼记》《左传》《论语》《孝经》《尔雅》等。考古发现,"在楼兰土垠出土了汉代木简。土垠在汉代是烽燧亭,位于孔雀河末端,罗布淖尔北岸,同时也是汉代重要的仓储和西域道上的邮置,具有交通枢纽的地位,而且存在汉代屯田。这里有实施汉王朝基层行政管理制度的聚落,这一聚落,必为汉王朝屯戍的移民,他们采取与内地一样的行政管理制度。作为一个新的移民点,他们把老家的一切都带到了西域,在严密的组织下,平时务农,教育学习,孝敬父母,有敌人来则全民皆兵。所以这里的儒家典籍和识字课本不仅仅是守边戍卒学习之用,更是他们子女也就是'边二代'和'军二代'童蒙学习之用。所出的木简中,即有《论语》残文,残文是:'□□亦欲毋加诸人,子曰:赐,非。'(简59)当为《论语·公冶长》一章中:'子贡曰:我不欲人之加诸我也,吾亦欲无加诸人。子曰:赐也,非尔所及也。'之残文,说明《论语》类儒家经典,在边防驻军及屯戍基地中,也是文化学习的主要内容"[1]。《周书》卷五〇《异域传下》载高昌:"文字亦同华夏,兼用胡书。有《毛诗》《论语》《孝经》,置学官弟子,以相教授。"[2]《魏书》卷一百一《高昌传》载:"(麴嘉)又遣使奉表,自以边遐,不习典诰,求借《五经》、诸史,并请国子助教刘变以为博士,肃宗许之。"[3] 说明儒家经典从北魏引进高昌。唐灭高昌建立西州,"由于高昌的儒学长期受到北魏的影响,具有浓厚的北方儒学特点,与唐代融通南北的儒学还有所不同。我们相信在唐灭高昌的一段时期内,原有的高昌儒家经典和注文还会存在下去。难怪唐西州的《论语》有那么多的郑氏注写本,有不少《急就篇》写本,但同时又有大量的《千字文》

---

[1] 王启涛:《儒学在古代丝绸之路流传写本考》,《西南民族大学学报》(人文社会科学版)2017年第8期。
[2] 《周书·异域传下》卷五十,中华书局2011年版,第915页。
[3] 《魏书·高昌传》卷一百一,中华书局2011年版,第2245页。

《开蒙要训》写本,这些都说明,唐西州的儒学既有唐代儒学的总体特色,又有高昌国时代传下来的地方特色"①。这些是汉唐间儒学在西域的传播影响情况。唐朝后期(9世纪中期)起从蒙古高原西迁到今天新疆地区的回鹘人的一支高昌回鹘,除已经与当地原住民(属白色人种)以及部分吐蕃人、契丹人融合,并于10世纪起改信伊斯兰教并译为"畏兀儿"之外,如今又吸收了蒙、汉、藏等民族成分,逐渐发展为近代的维吾尔族。换言之,我国古代维吾尔民族与儒学的接触,或者受到儒学文化的影响而在思想观念之根底处经长期的积累沉淀,已潜存着一定的儒家文化观念元素,并在以后的发展中逐渐彰显甚或光扬起来。

北宋年间即维吾尔喀喇汗王朝时期(840—1212)问世的优素甫·哈斯·哈吉甫哲理长诗《福乐智慧》(约成书于1069年②),与儒学文化的关系比此前则有了较大变化和演进。对于这种变化和演进,有学者的研究作了如是观:"虽然古代维吾尔民族进入西域的当时及以后,在其文化中保留了许多中原儒家文化的因素,但却不能以此来判断《福乐智慧》就是《四书》儒家学说的翻版。""无论在喀喇汗王朝的管辖领域是否发现儒家经典的文物出土,汉族文化和儒家思想都必然通过驻边官吏和戍边军队的传播,深入到那些地方。儒家思想的传播是不以人的意志为转移的,而《福乐智慧》正是承担起将儒家文化向西方传播的使命,是'东学西渐'的成功范例。"③ 支撑这一观点或看法的学术依据和思想根由大致有两点:一是《福乐智慧》一书的散文体序言:"此书十分珍贵,它以秦国(指中国)贤者的箴言写成,以马秦国(此处似指黑汗王朝。一说指南宋)智者的诗歌装饰而成。……秦国和马秦国的学者和智者都同意这一点。"④ 二是思想内容的相近、相似和思维结构的相通。优素甫·哈斯·哈吉甫的《福乐智慧》,原文是用古代维吾尔语写成的,书中贯穿着维吾尔民族的语言风格、伊斯兰宗教信仰和思维特点,当然也凸显着西方文化的智慧和科学

---

① 王启涛:《儒学在丝绸之路上的传播》,《光明日报》2017年6月3日第11版。
② 见热依汗·卡德尔《东方智慧的千年探索——〈福乐智慧〉与北宋儒学经典的比对》,民族出版社2009年版,第1页。
③ 热依汗·卡德尔:《东方智慧的千年探索——〈福乐智慧〉与北宋儒学经典的比对》,民族出版社2009年版,第18、22页。
④ 优素甫·哈斯·哈吉甫:《福乐智慧》,耿世民、魏萃一译,新疆人民出版社1979年版,第1页。

第十一章 我国西部西北少数民族思想观念中的儒学精神

精神,尤其是古希腊哲学的思想观念,这是毋庸置疑的。但是,仔细品读,或者从该著形成的时代与中原社会发展的历史节律相参照,尤其让人觉得其与中原文化特别是儒学思想的紧密相融性。进一步说,《福乐智慧》整篇的思想内容,如果仅从语言论述和观念形式上看,很少发现有儒学命题和概念范畴,但就其精神理念、总体思维架构来说,它与《论语》的关联、与《大学》的契合、与《中庸》的衔接、与《孟子》的犀通,简直使人不能不得出上述结论。其相融性表现在《福乐智慧》基本上是以"智者""贤者""诗人"的思想观念为价值取向,而"智者""贤者""诗人",根据该著序言,应该是指"秦国(指中国)""马秦国(如果视马秦国为宋朝或南宋)"的"智者""贤者""诗人",换言之,即中原儒家圣贤和学者,只是优素甫·哈斯·哈吉甫作为一位喀喇汗王朝的学者,他将这些形象、哲人和儒学暗暗地转译成了带有本民族特色的语言概念罢了。在思维结构上,可以把《福乐智慧》概括为"仁爱""智慧"和"美德",或者是以"仁智"为核心的理论体系。在字里行间,《福乐智慧》不仅有"以和为贵"[①]、"宽大待人"[②]、"知礼恭顺"[③] 等,同时充溢着"诚信""智敏""德惠""民本""公正无私""存理去欲""谨言慎行""言行一致"等儒学思想。这里我们引用一位学者的论述:"有时我们在考察某种文化相似性的时候会发现,某种相似文化现象的背后,有时还隐藏着许多我们尚未发现的秘密。这种秘密之一,就是它们之间有可能存在的某种隐性接触。""优素甫·哈斯·哈吉甫很好地将东西方的政治哲学思想融和进维吾尔文化之中,总结人类关于社会发展的经验而提出了古代维吾尔人的主张。因此,武断地判断《福乐智慧》不受中国儒家文化影响,或武断地认为《福乐智慧》只有在接受儒家文化的基础上才能产生的观点,都是不能令人信服的。"[④] 以《福乐智慧》为代表的古代维吾尔思想观念与儒学的"隐性接

[①] 优素甫·哈斯·哈吉甫:《福乐智慧》,耿世民、魏萃一译,新疆人民出版社1979年版,第65页。

[②] 优素甫·哈斯·哈吉甫:《福乐智慧》,耿世民、魏萃一译,新疆人民出版社1979年版,第122页。

[③] 优素甫·哈斯·哈吉甫:《福乐智慧》,耿世民、魏萃一译,新疆人民出版社1979年版,第130页。

[④] 热依汗·卡德尔:《东方智慧的千年探索——〈福乐智慧〉与北宋儒学经典的比对》,民族出版社2009年版,第20、24页。

触",或者说这种"潜隐性质",却体现了二者间关系的一定深刻程度。

维吾尔族儒学发展到元朝时期,可以说由上述"潜隐性质"而显化为光扬外彰的形态了。出现了像廉希宪、贯云石等这样的维吾尔族儒学名士,对于元代儒学和我国少数民族儒学作出了应有贡献。廉希宪,畏兀儿氏,元世祖忽必烈曾对其有"廉孟子"之称,一生为官,鲜有著述。但其儒家气象、儒者观念、儒学价值,却名副其实,影响甚大。陈垣先生说:"元色目人中,足称为理学名臣者,以希宪为第一。"[1] 作为维吾尔族理学名臣的廉希宪,其儒学贡献和影响,概而言之,表现有三:一是师从元代名儒许衡、姚枢,并推举许衡为京兆提学。许衡"为学以明体达用为主",继承北宋以来明体达用之学,发扬二程洛学,推尊理学,积极推而广之,身体力行,致力于说服元代蒙古族贵族统治者"行汉法",兴学重教,以儒家思想教育蒙古族贵族子弟,与廉希宪等,推进了元代儒学的发展。二是价值观上笃定儒学信念。《元史》载:"时方尊礼国师,帝命希宪受戒,对曰:'臣受孔子戒矣。'帝曰:'孔子亦有戒耶?'对曰:'为臣当忠,为子当孝,孔子之戒,如是而已。'"[2] 三是"笃好经史,手不释卷",以儒治政。《元史》载:"国制,为士者无隶奴籍,京兆多豪强,废令不行。希宪至,悉令著籍为儒。""世祖渡江取鄂州,……希宪引儒生百余,拜伏军门,因言:'今王师渡江,凡军中俘获士人,宜官购遣还,以广异恩。'世祖嘉纳之。还者五百余人。"[3] 即廉希宪任京兆宣抚使时,提请忽必烈将儒士另立户籍;元宪宗九年(1259),廉希宪随忽必烈攻宋鄂州时,曾率儒生百余人拜伏于军门,呈请忽必烈在王师渡江后,"但凡军中所俘士人由官府出钱赎身,遣归原籍,以广圣恩"。忽必烈同意,因此有五百多儒士被遣还。廉希宪19岁时就入侍忽必烈王府,一日正在读《孟子》一书,忽闻忽必烈召见,匆忙将书揣入怀中。忽必烈问《孟子》书中所言何事,廉希宪陈说性善、义利、仁暴等。忽必烈嘉奖其学问,称他为"廉孟子",于是知名于世。

陈垣先生《元西域人华化考》云:"元时隆礼国师,过于孔子,苟无二三西域人之服膺孔学者撑拄其间,释氏之徒,且欲以其道易天下,借兵

---

[1] 陈垣:《元西域人华化考》,上海古籍出版社2008年版,第10页。
[2] 《元史》卷一百二十六,《廉希宪传》,中华书局1976年版,第3092页。
[3] 《元史》卷一百二十六,《廉希宪传》,中华书局1976年版,第3085、3086页。

第十一章 我国西部西北少数民族思想观念中的儒学精神

威之所及,非尽变中国为佛教国不止。中国儒者,其得国主之信用,远不逮西域儒者,……而孔子之道之所以能见重于元者,亦纯赖有多数异教西域人,诵其诗,读其书,倾心而辅翼之也。"① 贯云石就是一位这样的西域畏兀儿人。他作为翰林侍读学士,在元仁宗践祚之时,"上疏条六事。一曰释边戍以修文德,二曰教太子以正国本,三曰设谏官以辅圣德,四曰表姓氏以旌勋胄,五曰定服色以变风俗,六曰举贤才以恢至道。书凡万余言,未报"②。像元时的畏兀儿氏阿鲁浑萨理一样,贯云石也是进谏元统治者以儒术治天下。贯云石儒学,师承于元代名儒姚燧。姚燧曾官至元翰林学士承旨、集贤大学士,早年师事大儒许衡,其伯父(亦为其养父)是姚枢。贯云石自幼至成年都受到其外祖父廉希闵和廉希闵之兄廉希宪的重要影响。贯云石的儒学著作曾行于世者为《孝经直解》一卷,《元史》作《直解孝经》③,原作全称为《新刊全相成斋孝经直解》(即元刻本),贯云石用白话汉语译注《孝经》,并请人配15幅绣像式插图,集经传、译文、插图合刻为一书。其为该著所写序言称:"《孝经》一书,实圣门大训,学者往往得之于口,失之于心。""古之孝者,父母爱之,喜而不忘;父母恶之,劳而不怨,犹常礼之孝也。立身行道,扬名于后世,其犹远哉。"④由此可见,贯云石以儒家经典沟通各民族思想之意图。不仅如此,贯云石的儒学思想和观念,更多地贯穿于他的文学作品散曲之中。如贯云石[双调·新水令]《皇都元日》:"江山富,天下总欣伏。忠孝宽仁,雄文壮武。功业振乾坤,军尽欢娱,民亦安居。军民都托赖着我天子福,同乐蓬壶。""赛唐虞,大元至大古今无。架海梁对着擎天柱,玉带金符。庆风云会龙虎,万户侯千钟禄,播四海光千古。三阳交泰,五谷时熟。"曲中尽显"忠孝宽仁"、乾坤阴阳、周易《泰》卦等儒家思想。尽管贯云石至谢世前的思想在一定程度上可能走向了佛教,但终其一生不能不视其为以儒为主,其儒学观念的深刻性和思想水平,足以代表着我国维吾尔族在历史上所拥有的哲学文化高度。

---

① 陈垣:《元西域人华化考》,上海古籍出版社2008年版,第26页。
② 《元史》卷一百四十三,《小云石海涯传》,中华书局1976年版,第3422页。
③ 《元史》卷一百四十三,《小云石海涯传》,中华书局1976年版,第3423页。
④ 见杨镰《贯云石评传》,新疆人民出版社1983年版,第54页。

二 我国西部西北诸少数民族思想观念中儒学精神的特点

我国西部西北诸少数民族思想观念的历史演进与变迁，所呈现出的基本特点和观念特征，以及我国西部西北诸少数民族儒学，始终是与宗教观念和文化紧密牵绊、相互联系在一起的，主要是佛教（包括藏传佛教）哲学和伊斯兰教哲学，儒佛或儒伊之间彼此交流交融、渗透交锋，构成了其主体的思想文化历史画卷，在儒佛、儒伊之间尽管也有过对立诘辩，但是激烈的对抗甚或势不两立却是鲜见或未曾发生的。这是我们在今天仍然十分值得总结和重视的思想文化经验与积极价值资源。

（一）儒学思想观念与佛教哲学文化的交流交融或并行不悖

我国西部西北诸少数民族在历史上思想观念的确立和演进、精神文化的选择和积累，表现为佛教和儒学主要在藏族、党项羌族、维吾尔族等民族群体中传播影响、回旋驻足。这几个少数民族群体在历史上主要是以"逐水草而居"的游牧文化为其原生态文化，因此，对于这几个民族来说，佛教和儒学则因历史的、地缘的、政治的等契机均带有某种引进或导入性质，一旦引入，我国西部西北的这些少数民族群体的思想观念和精神文化世界里，却又表现为认同吸纳、借鉴融合继而尊崇隆礼的特征。

首先是儒学思想观念与佛教哲学文化的交流交融。这一特征主要在藏族和历史上的党项羌族哲学文化中表现较为突出，同时又以藏族传统的哲学思想观念和文化发展为最。如前已述，吐蕃时期，儒学和佛教几乎同时传入。之后的发展变化中，曾连续发生过佛苯之争甚而禁佛、灭佛，儒学不仅未曾与佛苯有过思想文化的抵制颉颃、冲突交锋，相反，客观上却存在一种精神默契。尽管儒佛从本质上是两种异质的思想观念体系，但是由于二者各自的宽容性、包容性，因此，儒佛之间不仅在中原之地一直在总体上处于彼此逐渐融会吸纳的趋势，转移至雪域高原上的藏族传统社会中，二者仍然葆有这样的文化姿态和精神风貌。从儒学来看，《尚书·大禹谟》有"诞敷文德"，《论语·季氏》云："故远人不服，则修文德以来之。"《中庸》讲："万物并育而不相害，道并行而不相悖，小德川流，大

第十一章　我国西部西北少数民族思想观念中的儒学精神

德敦化。""诞敷文德，以来远人"是其基本思想倾向和格调。再者，在中原地区，自汉末至隋唐佛教遭到来自以儒家理论立场为主的，相当激烈地批评反对佛教佛学的传统，如唐代傅奕、韩愈的那种简括沙门、废弃佛法的主张，在传统藏族社会则未曾出现这种情况，因为传统藏族社会历史的、思想文化的、理论思维的、政治的和精神的条件都是不具备的。佛学的精神更是"慈悲为怀"；佛教理论尤其是汉传佛教如禅宗一派的理论曾在藏区广泛传播，也是藏传佛教发展的一个重要思想资源，对后弘期藏传佛教各派的形成和发展起到了不可忽视的重要作用。如萨迦班智达·贡嘎坚赞说："后期灭佛法，汉地和尚之教理，虽仅依字义，然彼之本名隐去，立名大手印，现时之大手印，基本是汉地之禅法。"① 而汉传佛教的禅宗已是中国化的佛教，甚至说是"儒学化了的佛教"，这也是学界共识。对于禅宗六祖慧能的《坛经》，有学者指出："《坛经》是中国佛教儒学化的代表作，它的最大特点是把佛性心性、人性化。"② "《坛经》在思想理论方面的最大特点，是用儒学的心性、人性学说去理解、诠释传统佛教的佛性理论，把印度佛教作为抽象本体的'真如''实相''佛性'落实到具体的'心性''人性'上。这一转变富有'革命性'，使东传的印度佛教，自'六祖革命'之后，就完全变成了中国化的佛教……或者准确地说，变成了一种'儒学化了的佛教'。"③ 汉地禅宗所弘扬的含有儒学心性、人性论的思想，通过摩诃衍等汉地和尚传播到藏区之后，对藏传佛教各派产生了重要的影响。"《坛经》的说法与大圆满所说基本上是一致的。"④ 基本一致主要是就藏传佛教宁玛派的独特教法——大圆满的特性而言的。宁玛派心之体、相、用三位一体的理论很可能是受到了慧能禅宗思想的启发之后构建的，而禅宗心性思想又是儒学化的结果。藏传佛教噶举派的大手印法同样体现出所受禅宗儒学化了的心性论的影响。而萨迦派萨迦班智达·贡嘎坚赞所著《萨迦格言》更是较多且明显地吸收了儒学思想。

---

① （元）萨迦班智达·贡嘎坚赞：《三律仪论说自注》，西藏人民出版社1986年版，第87页。
② 赖永海：《慧能与中国佛教的儒学化》，《六祖慧能思想研究——"慧能与岭南文化"国际学术研讨会论文集》，学术研究杂志社1997年版，第61页。
③ 赖永海：《慧能与中国佛教的儒学化》，《六祖慧能思想研究——"慧能与岭南文化"国际学术研讨会论文集》，学术研究杂志社1997年版，第61—62页。
④ 刘立千：《藏传佛教各派教义及密宗漫谈》，民族出版社2000年版，第25页。

其次是儒学思想观念与佛教哲学文化的并行不悖。如果说儒学与佛教思想文化在传统藏族社会中，主要是以相互影响渗透、交流借鉴、吸纳融合为特征，那么在一定程度或意义上，西夏以党项羌族为主体的儒学观念，其鲜明的观念特征则是儒释并存并尊而始终未曾一枝独秀，甚至于通过蕃表儒里的观念形式，促进了蕃汉文化逐渐得到融合。如有研究说："藏传佛教对党项人影响甚深。从元昊始，西夏政权还致力于翻译佛经，推行佛学。"① 西夏的佛学、佛教的兴盛，主要表现在西夏建国前后向宋朝赎取佛经或大藏经；用本民族文字西夏文翻译佛经，自元昊时起至西夏崇宗时止，前后 53 年共译成 3579 卷西夏文佛经；大力兴建佛教寺庙，进行佛事活动，如所修建的高台寺、承天寺、卧佛寺和重修凉州感通塔及寺庙等；每年在每一季第一个月的朔日进行礼佛活动，即"圣节"官民礼佛，甚至在法律上给予佛教僧人一定的特权。这样的赎经、译经、建寺、礼佛等活动构成了西夏社会上下重要的文化生活内容和精神活动，佛学、佛教在西夏的社会地位是崇高的，从而形成了与崇儒尊孔、尚仁敬德并行不悖的思想文化局面。另一方面，西夏政权同时又自觉地创蕃学，兴汉学，科举取士，翻译和到邻国搜求儒典或儒学文献，推行儒学，重用儒学人才。儒学文化在西夏的推行过程中，当然与本民族的党项文化也有过相持或对立，西夏统治者每当推尊汉礼、倡兴儒学时，往往会受到一定阻力。如西夏崇宗乾顺亲政后，对"士皆尚气矜，鲜廉耻，甘罹文网"的精神状态感到忧患，想恢复汉礼，就遭到了一些主张蕃礼大臣的激烈反对，不过乾顺最终采纳了儒臣之议，以文治国，一改"重法尚武"为"重法尚文"之策，使儒学在西夏推广流行，也形成和出现了儒释逐步融合发展的趋向。如西夏学者曹道乐著《新集慈孝传》《德行集》，既褒扬儒家的伦理道德、慈孝节义等观念，也充满饱含"慈悲""施舍"等的佛家之说。

（二）儒学文化精神与伊斯兰教哲学义理的融合会通或对举

明清时期回族学者通过"以儒诠经"方式创立的"伊儒"哲学思想形态，代表着我国回族传统哲学的最高理论成就，其所显示出的儒学文化精神与伊斯兰教哲学义理的融合会通或对举，是我国少数民族儒学中非常典型、

---

① 李健胜等：《儒学在青藏地区的传播与影响》，人民出版社 2012 年版，第 33 页。

第十一章 我国西部西北少数民族思想观念中的儒学精神

融合度甚深、特色十分突出的思想成果。有关此点,无论是从他人评价,还是回族学者自述,都能够资以说明。清代内阁学士兼礼部侍郎徐元正,在为刘智《天方性理》作序时说:"中国将于是书,复窥见尧舜禹汤文武周孔之道,则是书之作也,虽以阐发天方,实以光大吾儒。"① 马德新弟子马开科在《大化总归》序中称马德新"笃于天方之学,而又深于儒"。"此集一出,而回教中之业儒者,当无不共勉为真回,以进于真儒也。即不业儒者,亦无不共知吾教有真回之即可为真儒也。此回教之可羽翼儒教者此也。"② 明清时期回族学者即伊即儒、亦伊亦儒的思想观念和理论著述,马注认为,对于伊斯兰经义和儒学义理两者应该兼通,明确地表达了伊儒融汇的思想取向和理论观念。"故回之与儒,教异而理同也。"③ 明清时期回族学者这种伊儒融合的哲学,实际上也是将伊斯兰经义和儒学义理两者对举起来,既推展了儒学的影响,也扩大了基于回回民族精神信仰的伊斯兰教及其经义和哲学思想的传播。

(三) 精纯的少数民族儒学思想观念和儒家文化精神形态尚不凸显

据《元史》载,元代忽必烈时期的赛典赤·赡思丁,作为回族人,在其治滇期间,"创建孔子庙,明伦堂,购经史,授学田,由是文风稍兴"④,赡思丁崇儒尊孔之政在云南少数民族地区产生了重要的深刻影响。甚至于到了赡思丁儿子忽辛在任云南行省右丞时,继续了赡思丁的治政理路,遍立庙学,选文学之士为之教官,夺归被佛寺占去的庙田,于是文风大兴。赡思丁忽辛父子的作为,显示的是在云南少数民族地区推崇传播儒学的价值取向和治政实践,尚无学术建树。元代后期的回族学者兼政治家赡思,自幼受到儒学熏染,精通经史,著有《四书厥疑》《五经思问》《奇偶阴阳消息图》等儒学著作,具有一定影响,可惜其著作已佚而不存。明清时期的回族学者"以儒诠经",具有"伊儒"哲学的思想面貌,已如前述。由此可见,我国回族传统的哲学思想文化中,伊斯兰教和儒学为其两大观念构成,但精一或单纯的儒学思想观念和儒家文化精神形态尚难寻觅。

---

① 周燮藩主编:《中国宗教历史文献集成》第17册,《清真大典》,黄山书社2005年版,第20页。
② 周燮藩主编:《中国宗教历史文献集成》第17册,《清真大典》,黄山书社2005年版,第206页。
③ (清)马注:《清真指南》,余振贵标点,宁夏人民出版社1988年版,第77—78页。
④ 《元史》卷一百二十五,《赛典赤赡思丁传》,中华书局2011年版,第3065页。

第十二章　藏族哲学文化与儒学[*]

从当今的现实面貌来看，藏族传统社会的文化符号几乎可以毋庸置疑地说是藏传佛教。而以历史的眼光而观，古代藏族社会的思想意识和精神文化血脉里，流淌着的则至少是苯、佛、儒几种主要的观念成分。就彼此间的相互关系而言，既有苯佛之争，事实上也存在佛儒之辨，苯儒之间的聚合似乎可能没那么密切，但依稀仍能透过一定的文化现象发现其联系或儒学对于苯教文化的影响。这样的观念历程和精神蜕变，不仅构成了藏民族传统文化富有特色的深层结构，其互动发展融会演变更具有重要的积极意义和历史进步作用。以下我们从苯教文化与儒学、藏族世俗社会思想观念与儒学、藏传佛教文化与儒学三方面作简要考察。

一　苯教文化与儒学

据藏文文献记载，苯教是约在公元前5世纪产生和形成于青藏高原古象雄部落的一种原始宗教，以自然崇拜、万物有灵的观念为思想基础，以于"下方作镇压鬼怪、上方作供祀天神、中间作兴旺人家的法事"[①]为基本特征，经辛饶米沃且进行系统且深化的改革，创立发展成为雍仲苯教而在吐蕃"藏地流传"，而从聂赤赞普开始以此"治理（吐蕃）王政"。也就是说，一般认为苯教在发展中经历了笃苯、伽苯和局（觉）苯三个阶段。至

---

* 本章二、三两部分内容，吸收了我的同仁和同事西南民族大学刘俊哲教授在我主持完成的国家社科基金一般项目《儒学与我国少数民族哲学互动发展研究》（批准号08BZX035）中的研究成果：《儒学向藏区的传播与影响研究》，载于舒大刚主编《儒藏论坛》第九辑，四川大学出版社2015年版，第225—317页，特此向作者和该刊致谢！

① （清）土观·罗桑却吉尼玛：《土观宗派源流》，刘立千译，西藏人民出版社2000年版，第194页。

少应在松赞干布时期及其后，苯教与儒学、佛教两种文化之间，出现了彼此碰撞激荡、交融发展的精神面貌。

（一）苯教发展中与儒学的交集

中央民族大学王尧先生在《古代哲学思想的交流——〈河图、洛书〉〈阴阳五行〉〈八卦〉在西藏》中论述说："藏族接受阴阳五行学说甚早，远者可以上推到周初，姬、姜两大部落的流动和转徙时，姜姓一支曾在西北从事放牧的事业，被称为羌人，就是藏族先民某支的祖先。羌人部落有100多种，其中最为偏远的叫'发羌''唐旄'，大概是藏族的直接祖先。他们既然与姬姓的华夏部落有过广泛的接触，当然具有天然的姻娅渊源。故五行学说的思想和方法在藏族中流传也是很久的事。""但藏文是公元7世纪中叶才创造推行的。远古的传说，于史无征，难以确认，只好从有文字以后的文献中寻求。"[①]"我们还知道，在藏族苯教古典经籍《钥匙》一书中，有孔子与恰·亢孜兰梅的对话记述，是旅法藏族学者桑木旦·噶尔迈先生介绍出来的。此外，我们还不能忘掉孔子在苯教众神殿中也有他的座位，被奉为神变之王。"[②] 因此可以认为，古代藏族苯教在儒学文化传播至藏族先民社会之后就有了接触交集。藏族苯教典籍如《钥匙》记述了孔子的事迹，苯教神殿也奉祀孔子神位，长期受苯教影响的藏族社会民众在思想观念、宗教意识支配下所表现出来的社会习俗和精神文化现象中涵有儒家文化元素等，是其突出例证。

（二）苯教文献中的孔子形象及其对于儒学的态度

在藏汉交界地区，由于受中原文化影响相对较深，这里的藏族同胞较易理解中原儒家文化，对孔子颇熟悉，认孔子为德之圣。作为儒家的创始者，孔子被后世称为世俗间富有智慧和崇高德性的圣人，而不是超人间的神人，且孔子本就"不语怪力乱神"。但在西藏腹地的古代藏民族那里，孔子的圣人形象被提升超拔为披上神圣光环的神人，因为他被视为神秘的占卜、禳灾、咒语、仪式以及历算、工巧等文化的创造者。古代的藏民

---

① 王尧：《西藏文史探微集》，中国藏学出版社2005年版，第233、234页。
② 王尧：《西藏文史探微集》，中国藏学出版社2005年版，第187页。

族，往往把具有超然脱俗、有大智慧、有创造性和对文化作出贡献者奉为神灵，同时他们又具有圣王的文化特征，于是把孔子视为神、圣、王三位一体的贡则楚吉杰布：神的色彩、超凡的能力、帝王化的特色，三者统一。孔子的这种角色转换，表明藏民族既崇敬孔子，又充分认同其所创立的儒家文化，这一转换是藏民族宗教崇拜、思维方式和文化需要的必然产物。在藏文文献中，不称孔子或子而称"贡则"或"贡策"。据敦煌藏文写卷《汉地儒教智慧格言集》第987号、第988号文献，"贡则"多写为"贡则楚吉杰布"，简称"贡则楚布"，用来指与孔子或孔子学说相关者。"楚"在吐蕃原始信仰中，被赋予"神圣"性，本指赞普所拥有的上天所赋予的神秘的力量和智慧。近代藏族学者工珠·云丹嘉措所著《知识宝库》，明确指出藏文化中的"贡则楚吉杰布"即孔子，并认为他是"无数算学与消灾仪式文献的创造者"。这一创造性转化表明，藏民族既认同孔子，同时也认同儒学，孔子是儒家文化的符号，而且与藏民族的文化内涵相对接，实现了有机融合，成为藏文化中的重要内容。

苯教在发展中既吸取藏传佛教义理，也精心改造、建构了一个具有苯教化特色的孔子。据苯教文献载，"贡则楚吉杰布"身前，是一个国王塞秋当巴，由于累计功德，来世转生为王子。"贡则楚吉杰布"有汉王室血统，出生时双手掌上有30个环状的"贡则幻变字母"，以此预测未来，他擅长念诵咒语。"贡则楚吉杰布"为宣扬苯教教法，云游各地，建造苯教寺庙，在苯教教主辛饶米沃且帮助下，保存该寺庙不被鬼怪破坏，他成了辛饶米沃且之弟子。后来辛饶米沃且娶"贡则楚吉杰布"之女为妻，生有一子名楚布琼，辛饶米沃且将360余种占卜法传授给了楚布琼。苯教把"贡则楚吉杰布"扮成苯教大师，认为他是苯教教主辛饶米沃且的化身，还是苯教仪式文献的创造者。[①] 不难看出，苯教中的"贡则楚吉杰布"之原型即孔子。之所以认孔子为苯教仪式文献的创造者，在于唐时传播汉文化到吐蕃的过程中，与占卜、历算、风水及禳灾相关的神秘文化最容易为藏民族所认同和接受。这些神秘文化的源头与周易及其他儒家文化典籍相关联，孔子整理删定六经，故而孔子就被改造成神秘文化的创造者或象征人物。而"贡则楚吉杰布"演化为辛饶米沃且的岳丈，大致是唐太宗李世民与松赞干

---

① 见魏冬、益西群培《藏族传统文化中的孔子形象》，《西藏研究》2009年第1期。

第十二章 藏族哲学文化与儒学

布的翁婿关系之苯教化的反映,这样的演绎极易得到藏族百姓的认同。

藏族苯教古典经籍《钥匙》一书中有关孔子对话的记述,旅欧藏族学者桑木旦·噶尔迈先生有专文介绍。[1] 该文首先叙述了《钥匙》第八章的故事梗概,说:"孔子想要为自己准备去世之后的所需冥粮。由于他天生两只手的手心上就有奇异魔力的文字,所以,他有可能去请教这些文字,看看是否可能建造一座与常人所造不同的庙。他在这些具有奇异魔力的字中看出,要想完成这座工程,他需要来自非人的帮助。因此,他借助于法力,迫使鬼的头子黑哈塔答应帮他在海上建一座庙宇。这个鬼答应派一百名小鬼立即同他一起开始工作,到这时为止,他还没有把这项工程告诉他的双亲,这是他与小鬼们发誓要保守的机密,但是他牵挂他的父母,于是便把这个计划告诉了他们(以免他们担心),可是没把这事告诉他的妻子。其妻便威胁(父母)说,要是不告诉她孔子的行踪,她就要自杀。孔子的父母被迫将这事告诉了她。于是她领着孩子动身前去看望孔子。小鬼们看见他们过来,为孔子违反誓约而替他害臊。所有的小鬼都放弃了这项工作。孔子只好领回家人,然后,重又离家出外去东北流浪,心里感到异常痛苦与失望。"[2] 并对《钥匙》中第八章的节录部分中有关孔子对话的记述进行了汉译,其中他假借对话中的少年说:"啊,圣王,汉族人孔子!你的提问非常好。你的信念和从事善业的勇气究竟怎样,我已考验过了。在这方面,你的信念很坚定,而且你的耐心也未耗尽。你由于苦恼失望而外出流浪,由于积累了功德而遇到了我。现在你的愿望就要实现了。……我们三人之中……穿着破旧的毛织斗篷、拿着水晶念珠的少年就是我,叫做'恰更孜岚麦'。前两者正用金骰子进行较量,一个是为了神,一个是为了魔鬼,我则做谁胜谁负的见证人。恰好碰上了你,你来得太好了!"[3] 根据噶尔迈的叙述,由于孔子的帮助,神胜利了。在《钥匙》第八章里,作者把一个汉族的世俗故事,改编成了一则有头有尾的苯教神话,作者所接触

---

[1] [英]噶尔迈:《〈钥匙〉中有关孔子对话的记述》,王青山译,见《国外藏学研究译文集》(第四辑),西藏人民出版社1988年版,第276页。

[2] [英]噶尔迈:《〈钥匙〉中有关孔子对话的记述》,王青山译,见《国外藏学研究译文集》(第四辑),西藏人民出版社1988年版,第277页。

[3] [英]噶尔迈:《〈钥匙〉中有关孔子对话的记述》,王青山译,见《国外藏学研究译文集》(第四辑),西藏人民出版社1988年版,第285页。

到的究竟是这个故事的什么文本,只有靠《钥匙》成书的准确年代来确定。《钥匙》可能存在于 11 世纪初年。①

藏族苯教典籍《钥匙》和噶尔迈的研究,所传达出的重要信息,显然是苯教把孔子视为一个具有奇异魔力的神,一个具有很高功德和坚定信念的圣王,在神话孔子的基础上,对于孔子是崇拜的,并充分肯定孔子的智慧及其学说。王尧先生认为:"所以后来我们发现苯教徒把孔子作为神灵就不足为怪了。"② 就是说,苯教典籍《钥匙》中关于孔子对话的记述,以及苯教奉孔子为神灵和圣王,与在藏区流传的《孔子项橐相问书》有某种联系。由于苯教典籍《钥匙》和孔子在苯教众神殿中神变之王的地位,"《孔子项橐相问书》的故事能在藏区流传,也就非常自然而合乎情理了"③。《孔子项橐相问书》系敦煌文献吐蕃文书的英国伦敦大英博物馆、图书馆和法国巴黎国家图书馆收藏的藏文写卷,我国学者对此又有汉文译文问世。王尧先生论述说:"我们不妨从《孔子项橐相问书》汉藏两种文字相比较和从民族文化交流的角度,来……作一次检讨:这一卷子主要是表彰项橐的聪明、智慧和敏捷的才思、雄辩的口才。对孔夫子的不敬和挪揄倒不会引起读者(或听者)的反感和沮丧。惟其如此,藏文本才会在众多内地民间故事中被选中并翻译,从而得到了广泛的流传。"④

(三)苯教影响下藏族先民思想意识中的儒学内容

我们于此选取藏族同胞经常佩戴于腰间起护身符作用的铜镜图案的文化内涵试加分析。藏族同胞佩戴的护身铜镜图(见图 12-1、图 12-2),如图内圆中有 9 个藏文数字 1—9,排成一个三三幻方,即上、下、左、右、斜、直,其横、竖、斜三数和均为 15,藏族称之为 pho-brang-dgu-gling,即九宫。中圆内为五行、五方,上南、下北、左东、右西,两圆内中心的藏文 5,既是数目字码,代表 5,又与藏文土"sa"写法一致,一举双用,即五行、五方相配,东木、西金、南火、北水、中土。外圆的方格

---

① [英] 噶尔迈:《〈钥匙〉中有关孔子对话的记述》,王青山译,见《国外藏学研究译文集》(第四辑),西藏人民出版社 1988 年版,第 287 页。
② 王尧:《西藏文史探微集》,中国藏学出版社 2005 年版,第 33 页。
③ 王尧:《西藏文史探微集》,中国藏学出版社 2005 年版,第 188 页。
④ 王尧:《西藏文史探微集》,中国藏学出版社 2005 年版,第 189 页。

内是八卦，与《周易》的卦象和后天八卦顺序相同。外圆是十二生肖图像（右图藏人护身铜镜示意图中，把十二生肖图像，改成了藏文字，取其意而已）。可见，至今仍流行于藏族社会中这种护身铜镜上的文化信息，显然就是藏族传统文化与中原儒学文化融合的一种结果。

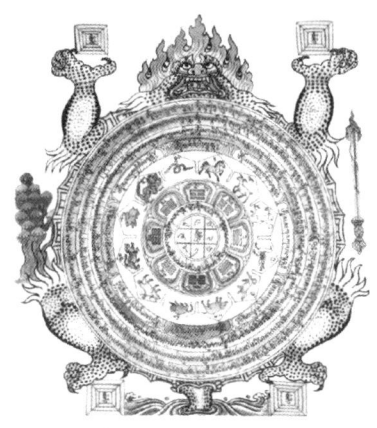

图 12-1　藏人护身铜镜平面图　　图 12-2　藏人护身铜镜示意图

西藏苯教与佛教在传播各自教义的过程中发挥特殊的创造力，以中国孔子的印象为基础，塑造出一位属于自己系统的神秘人物。……这位神秘人物被公认为西藏禳解仪式及西藏命理学的创始人。在西藏命理学中，五行、十二生肖、八卦、九宫是其理论基础，据此发展出多种算法来占卜吉凶。[①] 藏族护身符是民间宗教信仰的一种表现形式，其来源及内容借鉴吸收了佛教密宗文化、藏族民间巫术与苯教、中原儒学等多种文化元素。具体分析，藏族这种护身铜镜的文化内容和观念结构，一是受到印度佛教密宗的影响。因为在藏族民间制作护身符的过程中运用大量的密宗咒语，咒语具有的特殊效能，能根除人间的一切灾难，增加幸福，具有较大的威力。二是藏族民间巫术和苯教也是其重要的文化资源。尽管现在的嘎乌（即护身符）被归入藏传佛教文化的范畴，其实嘎乌的最早形态并不属于佛教而属于原始的灵物崇拜。最早的嘎乌有可能是戴在脖子上的一种草、一种树枝或者一种野兽的皮子、骨器等，那时候的人类相信戴上这些东西

---

① 参见拉毛吉《苯教文献中的"九宫"纪年法探究》，《北方民族大学学报》（哲学社会科学版）2017年第6期。

可以消灾免难、大吉大利。作为藏族本土宗教的苯教，主要以下降鬼怪、上敬神灵、中调家事为内容，其中包括诸多巫术、占卜等方面的仪式，也不乏护身符或符咒。辛绕所传授的教义可分为两大主要教法，其中一个为《四门一库》，分5部，即白水、黑水、盆域、指南、顶点。白水是神秘教义之意，主要是符咒。可见苯教中也有大量护身符或符咒。三是蕴含了诸多中原儒学的元素。据传作者为孔子的护身符有"众生心想事成轮""风马威慑大众轮""保护乾卦雷电轮"等，以孔子直接命名的护身符有"孔子所制文殊像护轮增福寿、增文化知识"之功能。藏族护身符在制作过程中，还吸收了阴阳、五行、八卦、九宫等中原传统文化元素。另外，藏族的历算、占卜、祭祀等文献中也会经常出现这些文化元素。[①] 说明藏族传统社会的精神文化生活，常常是集苯教、藏传佛教和儒学观念为一体，三者彼此交集，互相密切地联系着、渗透着。在激荡交融、演变发展中，苯佛对立统一的历史所包括的苯佛之争是极其显著的，甚至是残酷的；苯儒之间却显示出苯对于儒的吸纳、融摄和汇入，儒对于苯的影响、浸染和改造，苯教与儒学、佛教（包括藏传佛教）与儒家思想，始终都是以融洽关系为主流的。

二 藏族世俗社会思想观念与儒学

藏族传统社会的思想观念受儒学影响，是广泛而深刻的。包括从松赞干布时期开始派遣豪酋子弟到长安学习中原王朝的礼仪和典章制度，把汉文尤其儒学典籍译为藏文，如《尚书》《战国策》等，请赐儒家经典如《毛诗》《左传》《礼记》《周易》等，"请儒者典书疏"。从广泛的意义上说，藏族苯教和藏传佛教等宗教观念在受到儒学影响之下再传播于普遍的藏族民众，均可视为儒学浸润藏族传统世俗社会的泛化表现。于此以《礼仪问答写卷》为例，试述儒学观念对于藏族传统社会世俗思想意识影响的广泛深远性及其普遍性。

《礼仪问答写卷》是敦煌藏经洞发现的，编号为 P. T. 1283 和 P. T. 2111，前有序言、后有小结、中为文献主体的问答体，原无标题，大致形成于

---

① 参见看本加、林开强《信仰、符号与疾病治疗——丝路文化视野中的藏族护身符》，《西南民族大学学报》（人文社会科学版）2017年第11期。

第十二章　藏族哲学文化与儒学

8—9世纪，译为汉文后将其定名为《礼仪问答写卷》。该写卷标志着藏族世俗道德准则和规范的创立以及对儒家思想的吸取与开拓。王尧先生说："这篇文章中几乎看不到宗教的影子，看不见宗教（不管是苯教还是佛教）的影响。这是否可以说明，在吐蕃时代，宗教（特别是佛教，因为苯教本来就没有什么理论）还没有能统治人们的意识形态；或者说，这一类卷子所反映的思想是远离佛教教义的，是佛教还未占统治地位时的作品。"①

《礼仪问答写卷》主要反映的是伦理道德和思想观念，涉及各社会问题、人际关系等诸多方面，是研究吐蕃社会的珍贵资料，也反映了中国传统文化特别是儒家文化对吐蕃社会的全面深远的影响。② 关于《礼仪问答写卷》是不是改造吸取儒家伦理而形成的藏族世俗伦理道德文献，需要加以甄别。首先，在唐代时，敦煌被吐蕃占领，而且吐蕃在该地区统治达半个多世纪。这里居住着藏民族和其他民族，且处于杂居状态。十六国时期③，敦煌地区就开始有正规的学校教育，特别是前凉统治者非常重视敦煌的学校教育，并以儒学教育为主。唐代时，该地区苯教有官学、私学，还可能有寺学，在这些教育机构中，儒家文化是传授的重要内容。同时，儒家经典在该地区也就得到了广泛学习流传。相应地，儒家伦理道德在该地区即得以广泛传播。从更广的地域视野来看，早在7世纪，文成公主就已将一些儒家经典带到西藏，从而使儒家思想，包括儒家伦理道德在藏区逐渐传播开来。特别需要指出的是孔子伦理思想对《礼仪问答写卷》的影响。从历史资料看，至少从7世纪后期开始，孔子就为藏民族所了解，使《礼仪问答写卷》吸取儒家伦理道德观念有了现实的根据。敦煌藏经洞出土的吐蕃历史文献，产生于8—9世纪，直到9世纪吐蕃势力退出敦煌止，几乎和藏文的创建同时。这批资料无疑是西藏最早的文字记录，记载了西藏从有文字以来的早期历史即吐蕃历史。敦煌古藏文文献的研究，对于全面了解西藏历史，诠释藏族文化，认知藏汉文化双向交流，具有决定性意

---

① 王尧：《西藏文史探微集》，中国藏学出版社2005年版，第41页。
② 参见韩锋《吐蕃佛教文化中的儒家文化——以敦煌文献为中心》，《中国藏学》2010年第1期。
③ 十六国："五胡十六国"的简称，304—439年，是西晋末年到北魏统一中原的时期，北方内迁的匈奴、鲜卑、氐、羌、羯五个民族在中国北部及蜀地建立政权，其中封邦命氏有16国，即前凉、后凉、南凉、西凉、北凉、前赵、后赵、前秦、后秦、西秦、前燕、后燕、南燕、北燕、胡夏、成汉。

· 195 ·

义。从撰作形式看,《礼仪问答写卷》似乎参照了《论语》孔子与其弟子的对话问答,其内容,多有儒家伦理道德思想和道德规范等观念。说明该写卷是藏民族吸取儒家伦理道德的产物。如孔子提出了仁、义、礼、智、信、忠、恕、孝、悌、恭、宽、敏、惠、勇等道德准则,《礼仪问答写卷》也提出应当遵循公正、孝敬、和蔼、温顺、怜悯、报恩、不怒、知耻、谨慎、勤奋等"做人之道","非做人之道"则是偏袒、暴戾、轻浮、无耻、忘恩、无同情心、易怒、骄傲、懒惰等。

其次,8世纪,吐蕃不仅有原始的苯教,而且有印度佛教在藏区传播,《礼仪问答写卷》几无宗教伦理的观念成分,或较少宗教色彩,彰显的是世俗为人处世、待人接物、父子、夫妇、师生、长幼、朋友、主奴、君臣之间的伦理道德关系,即为人、为友、为政、为学之道等。不难看出,儒学伦理道德在《礼仪问答写卷》中几乎全有涉及或论述。故而《礼仪问答写卷》是关于藏族世俗伦理道德的文献,"受儒家伦理思想的影响的痕迹亦非常明显"[1]。

最后,《礼仪问答写卷》是对儒家伦理道德的吸纳运用。若仅是因袭儒家伦理道德思想观念,就不成其为是藏族文献。只有经过吸收并进行创造性转化,才是藏民族的,才能标志为藏民族的伦理道德观念并真正地加以践行。因此,《礼仪问答写卷》是在吸纳和创造性转化儒家伦理道德观念基础上,而形成的藏民族的伦理道德文献,这是我们基本的学术判定。简要分疏如下。

(一)《礼仪问答写卷》的贤愚教化说与儒学的人性论思想

众所周知,儒家孟子的性善论,荀子性恶论,董韩等圣人之性、中民之性、斗筲之性(或上、中、下)的"性三品"说,都有通过后天教化培养,使先天善性进一步扩充而不致放逸,恶性去除并转化为善,以及荀子"化性起伪"、董仲舒"性待渐于教训,而后能为善"[2]的教化与为善思想。《礼仪问答写卷》未明确提出人性是善还是恶,但提出人的禀性有贤愚,如第30问说"贤愚不同之辈"。应该说贤即善,愚即恶,贤愚就是对

---

[1] 余仕麟、刘俊哲、李元光等:《儒家伦理思想与藏族传统社会》,民族出版社2007年版,第335页。

[2] 曾振宇、傅永聚注:《春秋繁露新注》,商务印书馆2010年版,第218页。

第十二章 藏族哲学文化与儒学

儒家先天善恶之性的吸纳和创造性转化。《礼仪问答写卷》认为，贤愚是先天的，有至贤至圣者却很罕见。"弟问：如何役使性情野犷之奴及愚奴？兄云：无论何时，缙绅以恩养之，劣者以严法役使之。但对贤愚不同之辈，恩与罚皆不可废。对桀野之奴仆，严以驯之……使其归于正道。对愚骏者应尽力设法劝说、诱导。"①《礼仪问答写卷》结合唐蕃奴隶制社会的实际，把人性的教化方式具体化，对于被当成会说话工具的奴隶采取严刑酷法，如同对待动物一般加以驯服；对于一般"愚骏"者循循善诱地劝说、诱导。也就是说，对奴隶和"愚骏"的教化采取了双重标准和方法。尽管这是对于奴隶的严重歧视和迫害，但也表明，《礼仪问答写卷》吸取整合了儒家的心性教化思想，并加以实际的运用。

（二）融通儒学的道德规范与准则

如上所述，《礼仪问答写卷》参照儒学仁、义、礼、智、信、忠、恕、孝、悌、恭、宽、敏、惠、勇等道德规范，创造性地融合发挥，提出了十个做人的道德准则，即公正、孝敬、和蔼、温顺、怜悯、报恩、不怒、知耻、谨慎、勤奋。这些内容显然既有藏民族哲学文化中自身的道德观念元素，又在较大程度上受到了儒学影响。如"孝敬"是对儒家"孝敬"观念的直接运用，"'和蔼来自于'恭'；'温顺'来自于'宽'；'怜悯'来自于'惠'；'不怒'来自于'恕'；'报恩'来自于'忠孝'；'知耻'来自于'智'；'谨慎而勤奋'来自于'敏'"②。"来自"并非"等同"，二者的观念差异还是存在的。儒学伦理道德观念偏于理论的理性思考，抽象而蕴含颇深；藏族道德准则通俗易懂，喜闻乐见，易习易行。《礼仪问答写卷》明确提出了"公正"的道德规范，可谓对儒学公正伦理观的进一步彰显。概而言之，《礼仪问答写卷》中一系列藏民族的道德准则，既继承了本民族哲学文化中优秀的道德内容，又吸取了儒家的道德观念和规范，并经过消化吸收、转化应用，甚至独特的创造而形成。

儒家提出的君臣、父子、夫妇、长幼、朋友五伦之序的伦理思想及

---

① 《礼仪问答写卷》第30问，见王尧《王尧藏学文集》（卷四），中国藏学出版社2012年版，第220—221页。
② 余仕麟、刘俊哲、李元光等：《儒家伦理思想与藏族传统社会》，民族出版社2007年版，第338页。

仁、义、忠、孝等道德规范，能充分满足以家庭为单位的农业社会和君主专制政治制度的社会生活需要，即以"列君臣父子之礼，序夫妇长幼之别"① 为思想核心，这是儒学的基本理论主题和所具有的道德功能。其中"孝"的观念在这一伦理序列中占有十分突出的地位，具有非常丰富的精神内涵。《礼仪问答写卷》可以说进行了充分的吸收转化和具体发挥。如提出："对子女来说，父权为大，必须顺从父意。"② "儿辈能使父母、师长不感遗憾抱恨，即为最上之孝敬。……儿子敬爱父母之情应如珍爱自己的眼睛。父母年老，定要保护、报恩。养育之恩，应尽力报答为是……应听从父母之言，不违其心愿，善为服侍为是。……不孝敬父母、上师，即如同畜牲，徒有'人'名而已。"③ 而且《礼仪问答写卷》还以佛教的因果报应论对不孝行为加以鞭挞、惩罚，认为如果子女不孝，就会遭到来自冥冥世界的惩罚和报应。

（三）借鉴儒学的"君臣"之义阐明君臣上下伦理关系

孔子说："君使臣以礼，臣事君以忠。"④ 孟子说："君之视臣如手足，则臣视君如腹心；君之视臣如犬马，则臣视君如国人；君之视臣如土芥，则臣视君如寇仇。"⑤ 君臣之间是一种相互爱敬的伦理关系，也各有其不同的道德责任，否则就是"君不君，臣不臣"，背离了君臣正当的伦理关系。后来，为了封建统治的需要，发展为"君为臣纲"的单向性关系，甚至把臣忠于君绝对化，变成"君要臣死，不得不死"的愚忠，则有违人性而极其不合理。《礼仪问答写卷》把儒家合理的"君臣"之义及伦理公正原则，纳入本民族的伦理道德思想体系中来，不无增益地提出，"居高位"者应"行为正直"，"高尚而爱惜下人"，要"有礼度"，"不欺凌、役使下人"（《礼仪问答写卷》第 27 问，为了简便，以下只略为"第某问"）。根据

---

① 司马谈《论六家要旨》对儒学理论功能之概括语，见《史记·太史公自序》，中华书局 1975 年版，第 3289 页。
② 《礼仪问答写卷》第 60 问，见王尧《西藏文史探微集》，中国藏学出版社 2005 年版，第 56 页。
③ 《礼仪问答写卷》第 32 问，见王尧《西藏文史探微集》，中国藏学出版社 2005 年版，第 49—50 页。
④ 《论语·八佾》，（宋）朱熹：《四书章句集注》，中华书局 2011 年版，第 66 页。
⑤ 《孟子·离娄下》，（宋）朱熹：《四书章句集注》，中华书局 2011 年版，第 271 页。

当时藏族社会处于奴隶制的历史实际,把君臣关系改变成"居高位者"与"下人"、"主"与"仆"的关系。同时把"居高位"者的"教诲",释解为给"下人"以智慧、以奖赏,"乃是树立全心全意赤忱办事之榜样","主""指责过失时,应恰如其分"等(第31问);此外,对于"主人""官长"之仁慈给以较高的推许,认为"主人仁慈,比授予政权还好"(第35问),"若主人、官长仁慈,无论何处,不会没有温暖"(第33问),并且能使"居高位"者与"下人"之间"和睦相处"(第27问)。《礼仪问答写卷》对"下人""奴仆"同样提出了明确的伦理要求,即要对"居高位者"和"主人""忠心耿耿"(第29问),"奴仆能使主人、长官不指责斥骂,即为最上之侍奉"(第32问)。经过这样结合藏民族实际的创新性转化借鉴,使儒家的君臣伦理观念推展为藏族奴隶制社会君臣、官民、主仆之间的道德规范,既体现出一种君对臣、主人对奴仆、官长对百姓的人文主义道德关怀,又包含着臣下、奴仆、百姓不能犯上作乱,要绝对服从统治的奴隶制伦理思想。

(四)吸收儒学的"夫妇"纲常伦理思想,规定藏民族复杂的夫妻伦理关系

《礼仪问答写卷》没有继承儒学的"夫妇之序"伦理观念,却在本民族奴隶制社会实际历史条件下,比较明显地受到儒学发展中而形成的"夫为妻纲"之纲伦思想影响。一方面说:"妻子无论怎样美貌都可以买来、找到"(第32问),以极其轻蔑的口吻贬低妻子,而抬高丈夫地位。在当时藏民族的婚姻关系中,存在着买卖关系,妻子的地位很低下。同时非常看重财富,在选妻时"要选有财富与智慧者,若二者不兼备,应选有财富者"(第57问)。而且重视妻德,"若为人不厚道,无论多么美貌,也不要结合"(第62问)。另一方面,《礼仪问答写卷》是以当时藏族的实际立言的,藏族夫妻关系不像中原之民后来封建社会那样紧张,妻子在家庭中的地位甚至要高些,这也是藏族夫妻关系的传统,反映这种传统,《礼仪问答写卷》对丈夫的权利进行了限制,提出丈夫"于家庭之中,勿过于专横"(第27问),并提出丈夫对妻子要给予爱的伦理要求,妻子"善好妩媚,应该相爱","她无过错,顾虑别人讥笑而弃她,这怎么行?"(第62问)非但如此,《礼仪问答写卷》还提出丈夫要听取妻子的正确意见,"妻

子若无不妥之处,是好话,立即将其所言之正确部分与其他分开来"(第58问)。这无疑在一定程度上有着尊重妇权的观念因素。

(五)吸取儒学长幼之序的伦理观念,赋予藏族同胞更为广泛具体内容

儒家孔子提出:"弟子入则孝,出则弟。"① 孟子倡导:"老吾老,以及人之老;幼吾幼,以及人之幼。"② 《礼记》主张:"年长以倍则父事之,十年以长则兄事之,五年以长则肩随之。群居五人,则长者必异席。"③ 《左传》则有:"兄爱而友,弟敬而顺。"④ 这些都是关于"兄友弟恭"的道德训诫。长幼关系是儒学五伦观念的重要内容。藏族《礼仪问答写卷》对于这一基本伦理思想的吸取,表现在明确提出"应有长幼之序"(第27问)的道德训诫,且进行了多种具体的疏解。如根据藏区特别尊敬师长或上师的现状,强调对师长或上师的尊敬,认为只有这样才能"师长不感遗憾抱恨",否则"徒有人之名而已"(第32问)。"媳妇也应将公婆当作父母看待。相争、乱说均不妥,应尊敬而有(等级)长幼,善为侍奉为是。"(第61问)婆媳关系在一定条件下是相互转化的,"任何人,年轻时为媳,年老时为婆。人生要经历两个阶段,要看到自己也会衰老为是"(第61问)。媳妇敬公婆,而后自己做了婆婆也会得到儿媳的尊敬。"兄弟如何丑陋,不能另外找寻。"(第32问)从自然的血缘关系角度阐释处理兄弟间的关系,《礼仪问答写卷》认为,兄弟之间的伦理关系同样是双向的,兄对弟以爱、帮助和教育培养,弟对兄要予以尊敬,听从兄长的教诲,《礼仪问答写卷》开篇叙述:"兄年二十九,弟年十八……临别时,请兄垂训、教诲弟云:……弟友之中,于我仁慈,疼爱如君者罕矣。""训练他们忠心耿耿更为紧要者。"(第53问)兄长对弟弟和晚辈进行训教,是其不可推卸的道德责任。另有"弟与兄同心"(第26问),即心心相印,齐心协力,真心相待的教诲。与儒学的"序长幼之别"基本无异,藏族《礼仪问答写卷》也在倡导长幼之礼。

---

① 《论语·学而》,(宋)朱熹:《四书章句集注》,中华书局2011年版,第51页。
② 《孟子·梁惠王上》,(宋)朱熹:《四书章句集注》,中华书局2011年版,第195页。
③ 《礼记·曲礼上》,《十三经》(全一册),中州古籍出版社1992年影印本,第2页。
④ 《左传·昭公二十六年》(下册),郭丹等译注,中华书局2012年版,第2009页。

第十二章 藏族哲学文化与儒学

（六）在儒家思想影响下把真心和忠诚作为藏民族的交友之道

《中庸》说："天下之达道五……曰：君臣也，父子也，夫妇也，昆弟也，朋友也，五者，天下之达道也。"儒家认为，忠信原则更要贯彻于朋友之道。孔子说："言忠信，行笃敬，虽蛮貊之邦行矣；言不忠信，行不笃敬，虽州里行乎哉？"① 如果"匿怨而友其人……耻之"②。曾子言："君子以文会友，以友辅仁。"③《礼仪问答写卷》说："与友同心，不能损人。"（第19问）朋友之间要相互帮助，若有不对，"忠直规劝"（第37问）。还特别提出交友要有原则，"无论何时，结交朋友要有分寸"（第48问）。"任何时候，能为知友抛弃财宝，是为好友；如不能与友有益，待别人陷入罪恶，再以财物相助是为恶友。"（第43问）宣示了好友、恶友的道德标准，实质是不以看重钱财而要以义或谊为标准，只有有义、有谊才愿意舍弃钱财助友，如果朋友之间都是如此，社会道德就是高尚的。那种不把义或谊置于优先地位，平时不对友以有益的帮助，或者不进行道德规劝，等到别人已经陷入了罪恶，才去仅仅以物质相助则是恶友，绝不能与这样不可依靠的人交友。可以说，强调以真心和忠诚待朋友，是儒学与藏族《礼仪问答写卷》共同的观念特征。

（七）将儒家爱民惠民、正道正民的为政伦理原则融会于藏民族的伦理观念

《礼仪问答写卷》把孔子"为政以德"④、孟子"仁政""王道"的思想充分地融入藏族的伦理观念中，认为："世上并无既需要而可抛弃者，其至上者，生命和社稷不能抛弃。"（第3问）视生命和社稷为为政的至上原则。"无论何时，国王之律令，应使百姓生命与国家社稷二者安稳，事事皆以法度为是。若与此相违，以友为敌，以王做靠山（王言代替律令），则无人不骄横，而争辩不休，无公理……岂能稳固。"（第2问）提出"安稳"百姓之生命，百姓生命至上，为政者就要保护百姓的生命财产，保证

---

① 《论语·卫灵公》，（宋）朱熹：《四书章句集注》，中华书局2011年版，第152页。
② 《论语·公冶长》，（宋）朱熹：《四书章句集注》，中华书局2011年版，第80页。
③ 《论语·颜渊》，（宋）朱熹：《四书章句集注》，中华书局2011年版，第132页。
④ 《论语·为政》，（宋）朱熹：《四书章句集注》，中华书局2011年版，第55页。

其衣食住行的满足，不能使之饿死、冻死，不能滥杀无辜鱼肉百姓，这就是为政以德，就是施以仁政。水可以载舟，也可以覆舟，只有为施仁政，社稷的稳固才有根本保障。百姓和社稷安稳的前提条件是要有法度，依法行事，若无法或有法不依，社会就会动乱、暴力四起，百姓就不能安居乐业，甚至生命不保，社稷也就会倾覆。这些思想体现了《礼仪问答写卷》对于儒学仁政思想创新性吸收的特点。《礼仪问答写卷》明确提出仁政的公正原则。认为公正才能做到真正的仁政，它能使百姓在政治、法律等方面享受平等待遇，从而使他们的利益不受侵犯而得到维护。"王之国法"，必须推行"均等的"（第5问）公正原则，施政者"若能不偏不倚，则谁能对之不钦佩折服"（第6问），"若为长官，应如虚空普照天下，应如称戥一样公平，则无人不喜，无人不钦"（第5问）。这种公正原则，主要是对于统治者提出的伦理要求，反映和代表了藏族百姓的愿望与心声。

（八）推展和增益儒学重视道德教育、道德修养的伦理理念

孔子说："道之以德，齐之以礼，有耻且格。"① 藏族《礼仪问答写卷》非常重视民众乃至官员的道德教育和道德修养。有学者指出，《写卷》本身就是一部"施以真言，更为德行"的进行道德教育和提倡道德修养的极好读本。② 进行道德教育和道德修养是为了更好地行善，前提是要提高智慧。孔孟无不重视智慧的提高，因为"智者不惑"③。孟子认为："是非之心，智也。"④ 仁人君子根本的是知仁和知义，次而是有丰富的知识，儒典《大学》有格物致知之说。《礼仪问答写卷》汲取这些思想，反复说明："若无智慧，不能行善。"（第18问）"如无智慧及无教育之可能，一切教诲与讲说均不会接受，而空废。"（第54问）"无论何时，决无不讲（宣讲）而有识，不修学（教诲）而有领悟之事，聪明人凡事皆知，但教诲后则更勤奋，宣讲后则更听话。"（第53问）"对长远有利，虽困难也要修学。"（第53问）"正确无误之理，无论出自何人之口，均我大师。"（第

---

① 《论语·为政》，（宋）朱熹：《四书章句集注》，中华书局2011年版，第55页。
② 王尧、陈践编著：《敦煌古藏文〈礼仪问答写卷〉译解》，载中央民族学院藏族研究所编《藏族研究文集》（第二集），内部资料1984年，第113页。
③ 《论语·子罕》，（宋）朱熹：《四书章句集注》，中华书局2011年版，第110页。
④ 《孟子·告子上》，（宋）朱熹：《四书章句集注》，中华书局2011年版，第307页。

第十二章 藏族哲学文化与儒学

19 问)"有时,可能未懂他人之言",也"勿存羞意应再请教"(第 19 问)。《礼仪问答写卷》要求主人、官员进行仁德修养,并将仁慈与嗔怒(怨恨恼怒)结合而论,认为:"仅行仁政亦不可,一味嗔怒必有错失,一味嗔怒不可行,专施仁政有错失。有人虽不是从心里嗔怒,但如一味迎合其心意行之亦为不善,亦为过失。"(第 36 问)这些论述与孔子"以直报怨,以德报德"①的行为宗旨显现出了差异,或者说有所改造和变化。

《礼仪问答写卷》吸取儒家取财有道、节俭、廉洁,反对贪欲的思想观念,明确提出为政者要廉洁奉公,绝不能放纵贪欲。"身为人之长官,欲望如此之多,就会贪婪无边。贪得无厌,歪门邪道即由此产生。"(第 65 问)主张生活俭朴、知足而乐的思想,"肚不饥,背不寒,柴火不缺不断,即可足矣!这些目的达到,富裕而安逸;超过以上财物,不会安宁富裕。财宝役使自己,财宝即成仇敌"(第 64 问)。非常朴实地说明了"小富即安"和贪财必为财所害的深刻道理。不过,《礼仪问答写卷》将儒学取财有道、节俭、廉洁,反对贪欲的普遍性伦理规范,转化为对官员的伦理要求,具有灵活运用发挥的特色,而孔子所谓"君子去仁,恶乎成名?君子无终食之间违仁,造次必于是,颠沛必于是"②的仁之原则,乃《礼仪问答写卷》所未及。

应当指出,儒学强调修身养性的目的,是"修己以敬"③,"修己以安人""修己以安百姓"④,在于提升自己的道德境界和使民安乐。藏族《礼仪问答写卷》提倡加强道德教育和道德修养,一方面是为了提高藏民族的善性之德,使官员施行德政,"主人仁慈,比授予政权还好",这一精神方向与儒学相通相融;另一方面,又有"对不甚好者,勿过分仁爱",即对于造起事端的百姓,尤其奴隶就可以不施以仁,而是要进行强力压制,甚至施以严刑酷法予以震慑。对臣民的奴使则主张"恰如其分",目的是保全施政者,得到臣民的亲近,这种观念表明,《礼仪问答写卷》既反映要求统治者为善于藏族百姓的愿望,又反映如何才能更好地维护奴隶主统治的根本思想,这是《礼仪问答写卷》与儒学特别是与原始儒学的一个重大区别。按照《礼仪问答写卷》所阐述的道德结构层面,从人性观、人伦

---

① 《论语·宪问》,(宋)朱熹:《四书章句集注》,中华书局 2011 年版,第 147 页。
② 《论语·里仁》,(宋)朱熹:《四书章句集注》,中华书局 2011 年版,第 69 页。
③ 《论语·宪问》,(宋)朱熹:《四书章句集注》,中华书局 2011 年版,第 149 页。
④ 《论语·宪问》,(宋)朱熹:《四书章句集注》,中华书局 2011 年版,第 149 页。

观、忠孝观和人生观几个政治角度来分析，吐蕃伦理文化对中原儒家文化兼收并蓄的同时，又赋予了藏民族鲜明的文化特征，分析比较中可以看出吐蕃伦理文化和儒家伦理文化具有的不对称关系。[①] 实际上，《礼仪问答写卷》对于儒家伦理观念是在精心地抉择的基础上，结合本民族、本地区的实际而加以吸收改造和运用，并从经济生活、人际交往、家庭关系、亲友关系、道德教育、道德修养等方面全方位地展现了藏民族的伦理思想、伦理准则和伦理规范。

三 藏传佛教与儒学

9世纪中叶以后，朗达玛灭佛，吐蕃王朝瓦解，西藏社会进入分裂时期。藏族文化尤其是宗教文化中的苯教尽管也积极地谋求发展，如大量翻译佛经以寻求与佛教的契合点而确保其在藏族社会的根基，但由于其本身的原始落后性和缺乏强有力的上层贵族的支撑，最终未能形成像先前那样的兴盛气候。相反，佛教却迎合了藏族社会民众逃避现实苦难、祈求神灵保护、祈福求善的精神需求，逐渐形成了藏传佛教这一显著的文化成果。藏传佛教派系众多、理论繁密，之后在政教合一的政治历史条件下，不断得到巩固发展。这样一来，藏族哲学文化中长期形成的苯、佛、儒互动融合发展的关系，也因此发生了格局上的巨大改变，形成了由藏传佛教文化和藏传佛教哲学主导下的佛苯儒彼此相互影响、吸收融摄关系。本节主要以藏传佛教萨迦派的《萨迦格言》和格鲁派重要学者土观·罗桑却吉尼玛所著《土观宗派源流》为文本，阐述藏传佛教哲学文化与儒学间的相互影响和彼此激荡融合的性质及状况。

（一）政治观、人生观的构建：《萨迦格言》对儒家思想的吸取和创进

《萨迦格言》是由藏族学者和宗教政治活动家萨迦班智达·贡嘎坚赞撰著，广泛流传于藏区的一部哲理格言诗集。萨迦班智达·贡嘎坚赞

---

① 参见周云水《从〈礼仪问答写卷〉看唐蕃伦理文化与儒家伦理的关系》，《阿坝师范专科学校学报》2007年第4期。

第十二章　藏族哲学文化与儒学

(1182—1251)，简称萨班，藏传佛教萨迦派第四代祖师，藏历第三绕迥水虎年出生在后藏，自幼从至尊扎巴坚赞学习并掌握了显密二宗精要，23岁留学印度，拜师卡却班禅，刻苦学习，精大小五明，获得班智达①学位，成为西藏第一位班智达。藏历第四绕迥木龙年（约1244年），应元世祖忽必烈之孙阔端邀请，萨班携侄子卓贡帕巴（八思巴）和恰那去凉州（今甘肃武威）会见阔端，商定将西藏置于元朝管辖之下。萨班是藏族历史上一位热爱祖国、维护祖国统一的先行者。

《萨迦格言》，亦称《格言大宝藏》《善说宝藏》等，该著是独具藏族风格、以四句七音步为基本格律的格言诗，全书9章457首，每首4句，既有很高的文献价值，亦包含丰富深刻的哲学、宗教、心理学和史学等方面的内容。《萨迦格言》的具体撰作时间已无法知晓，但萨班为12世纪后期至13世纪中期藏传佛教高僧，从641年吐蕃赞普松赞干布迎娶文成公主入藏时起，到13世纪中期，汉藏两民族间具有一定规模的政治、经济和文化交流已有600余年历史。其间，儒家思想文化在藏区广泛传播并业已向纵深发展。作为一位藏区上层僧人，具有广博知识和政治智慧的萨班，既谙熟藏区政治文化和宗教实际，又比较熟悉汉地政治状况和儒家文化，这是萨班能够将藏族政治宗教与汉地儒学会通融合并创作出声名远播、影响深远的《萨迦格言》的独特优势。萨班顺应时代潮流和藏族人民愿望，以强烈的政治敏锐性和发展眼光，探索作为藏民族世俗伦理道德，特别是作为神学的藏传佛教和作为世俗精神文化的儒学的有机结合，以此达到藏区社会稳定和政教合一制度的巩固，于是撰著《萨迦格言》。该格言诗脍炙人口、通俗易懂，学理上是世俗伦理、藏传佛教义理与儒学的融会贯通，实质上由于藏传佛教带有消极出世（当然，也有一些积极的入世思想）的精神特质，儒学具有积极的入世精神，故而《萨迦格言》可说是熔出世和入世双重文化精神于一炉。藏族世俗伦理、藏传佛教没有儒学那种丰富的关于社会纲常礼教、处理人际关系和待人接物的思想规范；儒学也无藏传佛教大乘菩提心、空性光明的如来藏、因果关系、正理等精义教言。在萨班看来，吸取儒学精髓与藏传佛教精义教言加以会通融合才是藏民族最需

---

① 班智达之称源于印度，意为学识渊博的大学者，故班智达在印度并非佛教概念，而是泛指不受宗教局限的博学者。

· 205 ·

要的，因而他以博大胸怀、兼容并包精神，努力吸取藏族世俗伦理、藏传佛教义理和汉地儒学思想于《萨迦格言》中，实现了佛教义理和儒学思想的有机融合。《萨迦格言》所要解决的是社会发展需求与藏族社会政治、文化、伦理道德等之间的矛盾，以及解决上层统治者与平民百姓、入世和出世等方面的对立。

《萨迦格言》并非对儒家典籍某些字句的移植，而是对基本概念的吸纳；也非形式上的借用，而是精神实质的采摄。从对其的研究看，无论汉族学者还是藏族学者，大多认同《萨迦格言》吸取了儒学思想，认为其直接间接地受到了儒学影响。有学者认为："《萨迦格言》……主张的仁政、处世为人、勤学求知以及修身养性等等，明显受到儒家伦理思想的深刻影响。"[1] "就拿《萨迦格言》的产生来说，也同样受到了外民族优秀文化的影响。它除了受到印度文化的影响外，也受到了汉族儒家文化的影响。"[2] 然而，《萨迦格言》对儒学的融摄是经过抉择选取的，具有隐含性特征。因此，《萨迦格言》中所体现的儒学思想，彰显出其对儒学的改造和创造性发挥，把儒学融入藏民族思想文化血脉之中，以丰富发展藏族思想文化并构成为其重要组成部分的特色。《萨迦格言》是藏民族思想文化深刻融合儒学思想精华而发生转型的一次生动体现。《萨迦格言》汲取的主要是儒家的伦理道德思想，重视的是社会伦理道德和治国理念等儒家思想的核心思想观念，表明其当时主要是为解决政治和提高藏民族社会的伦理道德水平。《左传》说："德，国家之基也。"[3] 提高藏族社会的伦理道德水平也是为了更好地治理国家，使藏族社会政通人和、稳定有序。

其一，仁政和忠君思想。孔子提出："为政以德，譬如北辰，居其所，而众星共之。"[4] 孟子继承和发展孔子德政思想，倡导"以德服人"[5]。为政不仁，就要亡国。"天子不仁，不保四海；诸侯不仁，不保社稷。"[6] 为政者要有慈爱之心，"爱民如子"，并主张富民、惠民、教民，"因民之所

---

[1] 余仕麟：《〈萨迦格言〉与儒家伦理思想》，《西南民族大学学报》2008年第4期。
[2] 李钟霖：《〈论语〉与〈萨迦格言〉》，《西藏研究》1994年第2期。
[3] 《左传·襄公二十四年》（中册），郭丹等译注，中华书局2012年版，第1330页。
[4] 《论语·为政》，（宋）朱熹：《四书章句集注》，中华书局2011年版，第55页。
[5] 《孟子·公孙丑上》，（宋）朱熹：《四书章句集注》，中华书局2011年版，第219页。
[6] 《孟子·离娄上》，（宋）朱熹：《四书章句集注》，中华书局2011年版，第259页。

第十二章　藏族哲学文化与儒学

利而利之，斯不亦惠而不费乎？"① "曰：'既富矣，又何加焉！曰：'教之'。"② "行仁政而王，莫之能御也。"③ 在藏民族地区，作为一位开明的萨迦派领袖和积极促进西藏政治统一的萨班，他吸取藏族历史上统治者失败的教训，深受儒家仁政思想影响，极力倡导仁政和以德治国的思想。

在藏区历史上封建农奴主分裂割据时期，穷兵黩武，强取豪夺，横征暴敛，不顾广大藏族百姓的安危和疾苦。《萨迦格言》说："天下的国王虽然多，奉法爱民的却很少。"④ 藏区广大奴隶和农民火热水深，被迫揭竿，以武装斗争的形式同农奴主和统治者顽强抗争，严重危及统治者的统治和根本利益。萨班认为救治良方乃是实行德治、施仁政，要求"国王切莫欺凌百姓，只能合理征收税赋；娑罗树里蕴藏香脂，流得太多就要枯死"⑤。"少征一点积满仓；蚁垤、蜂蜜、上玄月，都是积少而成多。"（第124页）为了"治国安民，何必吝惜财物"⑥。国王对百姓要慈善和蔼，"国王要特别和蔼，不可因小事发狠"⑦。《萨迦格言》坚信佛教因果报应论，"因果循环不相欺，这是佛法真精神"⑧。统治者对百姓施以慈爱，百姓就会给予相应善的回报，"经常仁慈的主人，很容易找到仆从；在莲花盛开的湖里，水鸭自然会来聚集"⑨。萨班提出了"仁"的观念。藏民族早期信奉的苯教，有善、恶神之分，信奉善神，鞭笞恶神，企求善神发善，施舍善行恩赐于人。藏传佛教义理中有佛性之善的观念，大力宣说大慈大悲的菩提心。但苯教、藏传佛教都没有仁的观念，仁是儒学的核心范畴和思想。《萨迦格言》仁的观念，显然受到了儒家思想的深刻影响，它提出统治者、农奴主对民予以仁爱，爱护和保护他们，就会得到民众的拥护和支持，统治者的统治就会稳固。相反，如果统治者对百姓横征暴敛，残酷欺压，就会遭到相应惩罚，百姓会奋起反抗。其中尽管体现着善恶因果报应的伦理

---

① 《论语·尧曰》，（宋）朱熹：《四书章句集注》，中华书局2011年版，第181页。
② 《论语·子路》，（宋）朱熹：《四书章句集注》，中华书局2011年版，第135页。
③ 《孟子·公孙丑上》，（宋）朱熹：《四书章句集注》，中华书局2011年版，第212页。
④ （元）萨迦班智达：《萨迦格言》，王尧译，当代中国出版社2012年版，第78页。
⑤ （元）萨迦班智达：《萨迦格言》，王尧译，当代中国出版社2012年版，第124页。
⑥ （元）萨迦班智达：《萨迦格言》，王尧译，当代中国出版社2012年版，第136页。
⑦ （元）萨迦班智达：《萨迦格言》，王尧译，当代中国出版社2012年版，第125页。
⑧ （元）萨迦班智达：《萨迦格言》，王尧译，当代中国出版社2012年版，第166页。
⑨ （元）萨迦班智达：《萨迦格言》，王尧译，当代中国出版社2012年版，第89页。

原则——善有善报，恶有恶报——但亦融入了儒学的仁政原则而要求对百姓施以仁政。不仅如此，《萨迦格言》奉劝国王要依法行政，不要弄权专权而胡作非为。"国王要依法治理国政，否则他就会走向衰败"①。仁和礼是儒家的重要思想，仁是内在的，礼是外在的，所谓"内仁外礼"。内在的仁解决的是道德修养问题，外在的礼是以规范典章来协调和处理人与人、人与社会之间的关系和行为。儒学渗透于法律，就使仁、礼转化为法，即以仁、礼入法。故而仁治即礼治，礼法结合或并举。法靠权支持，权由人掌握行使，最高权力者即帝王，所以法治也就演绎为人治，王法即国法。藏族社会有所不同，藏族社会早期，就有法律施行，即藏族早期的刑法和审判法，其重要特征是褒奖善者，惩治恶者。吐蕃时期，松赞干布制定《六类大法》。藏族法律受到原始宗教、佛教戒律等的深刻影响，佛教戒律融入藏族法律中的主要是五戒十善。此后，藏民族社会的各个时期几乎都有法律制定和颁布。经过长期积淀，藏民族形成了强烈的法律意识。《萨迦格言》反映了这一藏民族特色，认为不依法行政会走向衰败，而且，"国王过分炫耀权势，会导致最后的毁灭；将鸡蛋扔向高空，只能是摔得粉碎"②。"如果常常欺凌下属，长官就会身败名裂"③。《萨迦格言》认为，统治者要对百姓施以仁德，以德治国，但在现实政治领域中，"天下的国王虽然多，奉法爱民的却很少"④。可见，萨班提倡仁政，一方面反映了藏族百姓的愿望和利益，另一方面是为了维护封建农奴主的统治秩序。因此，《萨迦格言》又提出要掌握好施仁政的尺度，对百姓仁爱而又不能过度；过分的仁慈亲近，是造成怨恨的根源。对于所谓"品质恶劣的小人"，更是要予以及时严惩，绝不姑息养奸。"想让桀骜者发善心，只有用暴力来制伏。要想对身体有裨益，用放血疗法把病除。"⑤《萨迦格言》没有具体提出区分好人与坏人、品质高尚和品质恶劣的人的标准，也没有具体指出哪些人或哪类人是好人、坏人、品质高尚者和品质恶劣者，这是其明显的局限和不足。

---

① （元）萨迦班智达：《萨迦格言》，王尧译，当代中国出版社2012年版，第64页。
② （元）萨迦班智达：《萨迦格言》，王尧译，当代中国出版社2012年版，第81页。
③ （元）萨迦班智达：《萨迦格言》，王尧译，当代中国出版社2012年版，第65页。
④ （元）萨迦班智达：《萨迦格言》，王尧译，当代中国出版社2012年版，第78页。
⑤ （元）萨迦班智达：《萨迦格言》，王尧译，当代中国出版社2012年版，第129页。

第十二章 藏族哲学文化与儒学

在君臣关系上,《萨迦格言》受到儒家君爱臣、臣忠君,视忠君为为臣的道德品质和责任思想的影响,极力维护君的尊严和至高无上地位,提出忠君思想,并根据藏族社会政教合一的政权实际,认为忠君既是忠于世俗社会首领,又是忠于宗教首领。"尽管地方首领生气,对他还得和悦亲近;正如在地上滑倒,还得把大地依靠"①。作为臣子要紧紧依偎在首领的身边,对其感恩戴德,忠贞不贰;作为首领之属民,也要规规矩矩服从首领的统治,做俯首听命的顺民,带有对臣子特别是百姓奴化教育的思想特征。当然,《萨迦格言》亦对首领提出了道德要求,即对百姓慈爱,否则即"暴君"。暴君就会被百姓疏远,更凄惨者,他使百姓难以安身。"坏妻、恶友和暴君,这三者谁敢亲近?在猛兽横行的林中,懂事的人谁敢安身?"②《萨迦格言》奉劝国王信奉佛教教法,"做奴仆的骄傲自大,修苦行的讲究衣着,做国王的不行教法,三者都是不合情理"③。国王修行佛法,就是为了对百姓发慈悲之心而做善事。"如果愿意做善事,无论如何听佛言;任何时候都坚持,舍命也要护佛法。"④ 萨班作为一个藏传佛教派别——萨迦派首领希望统治者以佛法修行对百姓发善心,施仁政,把宗教和政治相结合,表明《萨迦格言》仁政思想与儒家的政治异趣和观念差别。

其二,与人为善,不作恶。孔子强调要"守死善道"⑤,主张"子欲善,而民善矣"⑥。孟子提出人性本善,赋予善以深刻内涵。认为"可欲之谓善"⑦,"可欲"即人之本性,人之本性即善性,善性的本质即仁、义、礼、智。换言之,仁、义、礼、智就是人之可欲的或先天的善性,这样的"欲"就是善性之"欲"。"可欲"绝非不仁、不义、不礼、不智。不仁、不义、不礼、不智即恶,是人所不可欲的。"无恻隐之心,非人也;无羞恶之心,非人也;无辞让之心,非人也;无是非之心,非人也;恻隐之心,仁之端也;羞恶之心,义之端也;辞让之心,礼之端也;是非之心,智之端

---

① (元)萨迦班智达:《萨迦格言》,王尧译,当代中国出版社2012年版,第122页。
② (元)萨迦班智达:《萨迦格言》,王尧译,当代中国出版社2012年版,第65页。
③ (元)萨迦班智达:《萨迦格言》,王尧译,当代中国出版社2012年版,第100页。
④ (元)萨迦班智达:《萨迦格言》,王尧译,当代中国出版社2012年版,第169页。
⑤ 《论语·泰伯》,(宋)朱熹:《四书章句集注》,中华书局2011年版,第101页。
⑥ 《论语·颜渊》,(宋)朱熹:《四书章句集注》,中华书局2011年版,第130页。
⑦ 《孟子·尽心下》,(宋)朱熹:《四书章句集注》,中华书局2011年版,第346页。

也。"① 因此,"尽其心者,知其性也。知其性,则知天矣。存其心,养其性,所以事天也"②。告诫为人要知善、持善、养善、行善。《萨迦格言》中也将善与恶根本对立起来,告诫人们要识破恶的伪装:"恶人有时变得善良,那是他的伪装;玻璃涂上宝石的彩釉,遇见水就会露出本相。"③《萨迦格言》所讲之善又有本民族特有的思想内涵,如对人以爱、以和气、以友好等。反之即恶,如对人以恨、以仇、以损害、以愤怒等。"要想消除敌人的危害,只有克服自己的嗔恨;嗔恨自有轮回以来,苦害人们无穷无尽。"④"本领高强而狂暴的人,嗔怒特别有害自身,高尚而和气的人,哪有事情使他嗔恨?!"⑤ 故而人要有善心,行善事,防止为恶。儒家所提倡之善,《萨迦格言》中也有体现,即提出对人仁慈、求知识、知耻及不为自己打算而给人以利等,切近于儒学仁、义、礼、智的思想观念。

其三,做爱人利人的君子,不做贪婪害人的小人。仁爱思想是儒学最核心的观念,从儒学创始人孔子始,即赋予了仁爱广泛深刻的精神内涵,含有"爱亲"与"爱众"两方面内容。"爱亲"或"亲亲"是建立在血缘关系上的道德观念,是儒家道德规范中的伦理原则的基础。《中庸》说:"仁者人也,亲亲为大。"⑥《礼记》说:"亲亲尊尊长长,……人道之大者也。"⑦"爱众"是建立在群类的关系上的道德观念,是儒家道德规范中的功利原则的基础。在孔子看来,为民众谋取功利,也是实现"仁"的重要标志,也是"仁"的重要内容,所谓"博施于民而能济众,可谓仁乎!"在儒家的道德实践中,"爱亲"能够产生道德义务,"爱众"可以产生道德责任。从一方面说,这种仁爱的道德底线至少是不损人,不害人而利己,"仁爱"是区分君子、小人的根本性内涵。

《萨迦格言》或受儒学君子小人和仁爱等思想观念的影响,亦有君子小人、高士恶人,以及仁爱利人进而施舍的突出观念。"要想使自己上进,

---

① 《孟子·公孙丑上》,(宋)朱熹:《四书章句集注》,中华书局2011年版,第221页。
② 《孟子·尽心上》,(宋)朱熹:《四书章句集注》,中华书局2011年版,第327页。
③ (元)萨迦班智达:《萨迦格言》,王尧译,当代中国出版社2012年版,第26页。
④ (元)萨迦班智达:《萨迦格言》,王尧译,当代中国出版社2012年版,第160页。
⑤ (元)萨迦班智达:《萨迦格言》,王尧译,当代中国出版社2012年版,第160页。
⑥ 《中庸》,(宋)朱熹:《四书章句集注》,中华书局2011年版,第30页。
⑦ 《礼记·丧服小记》,《十三经》(全一册),中州古籍出版社1992年影印本,第118页。

就得专门利人；修饰容貌的人，首要擦拭铜镜。"① "君子温顺护己又护人，小人蛮横害己又害人；果树结果利己又利人，朽木干枯毁人又自焚。"② 《萨迦格言》毕竟具有民族特色，它主张护己利己又护人利人。"学习利己利人的知识，那是学者的标志；有些知识像射手，一旦学会就毁灭家族。"③ 护己利己与护人利人相对而言，要为他人就不是损人利己的自私自利。在藏传佛教自利利他的教义中，自利就是通过对佛学的修学而获得解脱，利他就是帮助他人（众生）获得解脱，而自己的解脱是为了更好地帮助他人（众生）解脱，实质上就是利他。《萨迦格言》把为人的品质或品格描述为："高尚之士经常检查自己的错误，邪恶之徒老是挑剔别人的缺点；孔雀剔洗自己的羽毛，猫头鹰却给人以恶兆。"④ 萨迦的这些格言，对应于《论语》中所说"吾日三省吾身，为人谋而不忠乎？与朋交而不信乎？传不习乎"⑤，"小人之过也必文"⑥ 等论述，可以说虽言殊而义近，二者的观念是相通的。《萨迦格言》说："愚人自己富有了心舒坦，高士使人家受益才心安；癞子抓痒时浑身痛快，智者见癞病心惊胆战。"⑦ 愚人或小人一心求己富，富了便兴高心舒，隐含着不富便心生痛苦，甚至做出损人利己之事来；高士或君子内心深处想的不是己富，而是为了使他人富有或使他人受益，即使自己贫穷也心安，"卑劣的人富有便骄傲，高尚的人富有更和好；狐狸吃饱了到处嚎叫，狮子吃饱了安静睡觉"⑧。契合于儒学中"富而不骄"⑨ 和"君子固穷，小人穷斯滥矣"⑩ 的思想观念。

《萨迦格言》爱人利人的思想既受到儒家思想影响，同时融入了藏传佛教大慈大悲、无私奉献的思想元素。佛教不求回报的施舍，包括财施、法施、无畏施等观念，《萨迦格言》以财施观念为多。"佛说收取的钱财，

---

① （元）萨迦班智达：《萨迦格言》，王尧译，当代中国出版社2012年版，第143页。
② （元）萨迦班智达：《萨迦格言》，王尧译，当代中国出版社2012年版，第44页。
③ （元）萨迦班智达：《萨迦格言》，王尧译，当代中国出版社2012年版，第142页。
④ （元）萨迦班智达：《萨迦格言》，王尧译，当代中国出版社2012年版，第44页。
⑤ 《论语·学而》，（宋）朱熹：《四书章句集注》，中华书局2011年版，第50页。
⑥ 《论语·子张》，（宋）朱熹：《四书章句集注》，中华书局2011年版，第176页。
⑦ （元）萨迦班智达：《萨迦格言》，王尧译，当代中国出版社2012年版，第45页。
⑧ （元）萨迦班智达：《萨迦格言》，王尧译，当代中国出版社2012年版，第54页。
⑨ 《论语·学而》，（宋）朱熹：《四书章句集注》，中华书局2011年版，第54页。
⑩ 《论语·卫灵公》，（宋）朱熹：《四书章句集注》，中华书局2011年版，第151页。

必要时就得施舍；积的钱财如蜂蜜，总有一天被人用。"① "进入轮回流转的众生，拼掉性命为钱财狂奔；知足的人得到钱财，心安理得地施舍予人。"② 辩证地对待施财与聚财的关系："吝啬鬼不会成富翁，施舍者不会成穷人；吝啬鬼好像不爱财，施舍者倒像贪财人。"③ 阐释了有舍才有得，吝啬即无得的深刻思想。"想积攒钱财的人们，施舍是最好的办法；想把河水引进池塘，先退水是养池良方。"④ 萨班提出施舍财物而变富，主要是劝导人们对于贫穷者要尽施舍的道德义务，救济贫穷者，提高道德水平，体现出萨班利用佛教六度之一的布施之理讲利他，彰显出有异于儒学善德思想的特色。

与爱人利人的高尚品格和君子人格相对立的就是有贪欲的恶人人格。贪欲就是一己之私，放纵久就会损人利己。贪欲或私欲历来为儒家所鄙弃。"欲仁而得仁，又焉贪?"⑤ "苟为后义而先利，不夺不餍。"⑥ "养心莫善于寡欲。"⑦ 儒学甚至把"义"与"利"、"天理"与"人欲"绝对对立起来。藏族萨班《萨迦格言》中对贪欲的反对和抨击同样是强烈的。"骄傲使人变得无知，贪欲使人寡廉鲜耻。"⑧ 针对有人把贪欲当作舒适和幸福，萨班认为："以为贪欲就是舒坦，其实是痛苦的根源；以为喝酒就是舒服，那是把疯狂当幸福。"⑨ 对物质的贪求之欲是无止境的，永远没有满足，所以要克服贪欲，首先就是要有知足之感。"一个人能够知足，财富就享用不完；追求财富不知足，痛苦像雨水连绵。"⑩ 把不知足视为痛苦的渊薮，因此要想不陷入无穷无尽的痛苦之中，就要知足而克制贪欲。要有爱人利人之心，在藏传佛教教义中就是大慈大悲之心。发大愿心，以拯救众生于苦海之中，为大慈；发大愿心，让众生幸福快乐，为大悲。萨班作为萨迦派的教主当然竭力提倡大慈大悲之心。但他又指出慈悲是有限度

---

① （元）萨迦班智达：《萨迦格言》，王尧译，当代中国出版社2012年版，第153页。
② （元）萨迦班智达：《萨迦格言》，王尧译，当代中国出版社2012年版，第156页。
③ （元）萨迦班智达：《萨迦格言》，王尧译，当代中国出版社2012年版，第153页。
④ （元）萨迦班智达：《萨迦格言》，王尧译，当代中国出版社2012年版，第97页。
⑤ 《论语·尧曰》，（宋）朱熹：《四书章句集注》，中华书局2011年版，第181页。
⑥ 《孟子·梁惠王上》，（宋）朱熹：《四书章句集注》，中华书局2011年版，第187页。
⑦ 《孟子·尽心下》，（宋）朱熹：《四书章句集注》，中华书局2011年版，第350页。
⑧ （元）萨迦班智达：《萨迦格言》，王尧译，当代中国出版社2012年版，第65页。
⑨ （元）萨迦班智达：《萨迦格言》，王尧译，当代中国出版社2012年版，第102页。
⑩ （元）萨迦班智达：《萨迦格言》，王尧译，当代中国出版社2012年版，第152页。

的:"倘若慈悲过了头,会变成仇恨根由;世上一般的纠纷,都因有关联产生。"① 慈悲有限度且有原则,对坏人、恶人、狡猾者不能发慈悲,"对老实者要仁慈,对狡猾者要抛弃"(第138页)。要警惕恶人、坏人,"和坏人交往虽久,还是断绝关系为好;摇动的牙齿虽美,还是把它拔掉为妙"②。"虽说自己没有坏心,也不轻信所有的人;食草小兽虽然心善,猛兽却把它当食品。"③ 若对坏人发慈悲,就会反成仇,到头来不仅伤害自己,还会危及他人。这里萨班与儒家"泛爱众"思想有区别,儒学爱有差等,由近及远,由人及物,倡导推爱;藏传佛教慈悲是对在生死轮回之苦海中的芸芸众生之慈悲,且把众生视为自己的母亲,无亲疏之别、差等之分。同时,萨班提出慈悲不能过以及对坏人、恶人不能讲慈爱的观念,既多了一层含义又富有佛的宗教特色。

其四,做人美德。"儒家思想中的道德观念系统是一个德目或道德概念众多的较为复杂的系统,且因缺乏明确的界定,相互间存在着一定程度的混乱、歧义。然而深入辨析则可以发现,它们原来可区分为归属于德性、德行、道德行为的底线原则和最高标准等不同层面,乃是一个有内在结构的、有序的道德观念系统。"④ 在这个"有内在结构的、有序的道德观念系统"里,诸如仁、义、礼、智、诚、信、孝、悌、忠、恕、谦恭、礼让、居敬、闲邪、慎独、刚勇、廉洁、知耻、尊德性、道问学、敏言、笃行、格物致知、知行合一、民胞物与,等等,每一种德性或德行,都具有相应的理论地位和实践取向。藏族萨班的《萨迦格言》,立足于藏族文化根基和藏传佛教思想观念,对于儒学系统的道德观念拥有充分而广泛的吸收融合、变异创生,不露声色地表现于其《格言》的整个精神体系之中。

具体表现在:第一,诚信观念。《萨迦格言》指出:"想用谎言欺骗人,实际是欺骗自身;说一次谎话的人,再说真话也不信。"⑤ 说真话而不骗人就是讲诚信,就是信而无欺。"只要知耻而又真诚,就是敌人也可信

---

① (元)萨迦班智达:《萨迦格言》,王尧译,当代中国出版社2012年版,第85页。
② (元)萨迦班智达:《萨迦格言》,王尧译,当代中国出版社2012年版,第136页。
③ (元)萨迦班智达:《萨迦格言》,王尧译,当代中国出版社2012年版,第139页。
④ 崔大华:《儒学的现代命运——儒家传统的现代阐释》,人民出版社2012年版,第5页。
⑤ (元)萨迦班智达:《萨迦格言》,王尧译,当代中国出版社2012年版,第113页。

任；因拯救了真诚的敌人，他会拼上命保护恩人。"① 只要对人真诚，就能以此换得真心，以及换得别人的信任和帮助。

第二，恕道、廉耻思想。"自己不爱的事情，绝不要强加于人！试想自己受害时，那会是什么感情？"② "让人从事他所会的，不会做的不能强迫；马车不能在水上走动，船舶怎么在陆上航行？！"③ 将心比心，设身处地为他人着想。"学者对待敌人，要像亲友待承，虽然不能和解，却是解怨良药。"④ "智者对敌人宽厚，敌人最后被制服；愚人对敌人报复，困难就会不断头。"⑤ 萨班的这些格言警句，简直就是对于孔子儒学"其恕乎！己所不欲，勿施于人"⑥，"夫仁者，己欲立而立人，己欲达而达人"⑦ 等思想的某种浅近阐释。关于廉耻，《萨迦格言》说："寡廉鲜耻之辈，以别人财物装门面；拿朋友衣服当坐垫，以表示对客人尊重。"⑧ "骄傲使人变得无知，贪欲使人寡廉鲜耻。"⑨ 甚至以佛法劝诫人们不要放纵贪欲，"应得的财物可取，贪得的欲望要除；树梢的果子可摘，超过树梢要摔跤"⑩。"不顾惭愧和羞耻，不懂尊敬和蔑视；专图吃喝与钱财，这种地方不该待。"⑪ 萨班真诚地告诫世人一定不要贪图钱财，只有廉洁而知耻，才能得到人们的信任和受人保护："只要知耻而又真诚，就是敌人也可信任；因拯救了真诚的敌人，他会拼命保护恩人。"⑫ "你有多大的羞耻，就有多大的功德；如果不顾羞耻，功德远离，臭名昭著。"⑬ 唾弃"寡廉鲜耻"是萨班强烈的思想观念，他将廉诚知耻与功德相联系，明廉知耻方能获得功德和好的名声。萨班所企望的是一个清廉无贪、充满施舍、博爱和诚信的人

---

① （元）萨迦班智达：《萨迦格言》，王尧译，当代中国出版社2012年版，第139页。
② （元）萨迦班智达：《萨迦格言》，王尧译，当代中国出版社2012年版，第132页。
③ （元）萨迦班智达：《萨迦格言》，王尧译，当代中国出版社2012年版，第138页。
④ （元）萨迦班智达：《萨迦格言》，王尧译，当代中国出版社2012年版，第144页。
⑤ （元）萨迦班智达：《萨迦格言》，王尧译，当代中国出版社2012年版，第52页。
⑥ 《论语·卫灵公》，（宋）朱熹：《四书章句集注》，中华书局2011年版，第155页。
⑦ 《论语·雍也》，（宋）朱熹：《四书章句集注》，中华书局2011年版，第89页。
⑧ （元）萨迦班智达：《萨迦格言》，王尧译，当代中国出版社2012年版，第61页。
⑨ （元）萨迦班智达：《萨迦格言》，王尧译，当代中国出版社2012年版，第65页。
⑩ （元）萨迦班智达：《萨迦格言》，王尧译，当代中国出版社2012年版，第121页。
⑪ （元）萨迦班智达：《萨迦格言》，王尧译，当代中国出版社2012年版，第126页。
⑫ （元）萨迦班智达：《萨迦格言》，王尧译，当代中国出版社2012年版，第139页。
⑬ （元）萨迦班智达：《萨迦格言》，王尧译，当代中国出版社2012年版，第49页。

间世道。

第三，谦虚谨慎之论。《萨迦格言》从正反两方面劝诫人们要像圣哲、学者、君子那样谦虚而不高傲："圣者虽然把学问腹中藏，他的声望却到处传扬；豆蔻花虽然被严密裹藏，它的香气却飘溢四方。"（第17页）"谨慎小心的人们，说话担心出差误；懂得这点不多言，就会受到人尊敬。"[1]"知识浅薄的人很骄傲，学者却谦虚而有礼貌；溪水经常哗哗响，大海从来不喧嚣。"[2]"假若过分狂妄自大，痛苦就会接踵而来；因为狮子傲慢太甚，就做了狐狸的脚夫。"[3]

第四，勤奋好学的主张。"要经常从长远着眼，谨慎小心，任劳任怨；勤奋学习，稳重机灵，即使奴仆也能做官。"[4]朴素地诠解着儒学"仕而优则学，学而优则仕"[5]的思想，甚至认为："靠勤奋成就事业，如同灯光还得依靠外力。"[6]"既聪明又勤奋的人，什么事情不能完成?!"[7]儒家学而不厌、多学厚积的精神，反映在《萨迦格言》中，表述为："即使十分衰老，也要广学博闻；知识有益于来世，布施对来世有何益?!"[8]"即使明早要死，也要学习知识；即使今生不成名，来世如同取储存。"[9]"当学者就在身旁时，却不肯向他学知识，此人不是魔鬼缠了身，就是受着命运的折腾。"[10]"如果自己没有才智，就应该去向学者请教；如果空手不能杀敌，难道不会拿起武器?!"[11]"愚人以学习为耻，学者以不学为耻；学者虽然年高迈，还为来生学知识。"[12]"不肯勤奋图安逸，今生来世无成就；不下功夫去耕耘，土地再肥也无收。"[13]"愚人以无天才为理由，作为不学知识的

---

[1]（元）萨迦班智达：《萨迦格言》，王尧译，当代中国出版社2012年版，第134页。
[2]（元）萨迦班智达：《萨迦格言》，王尧译，当代中国出版社2012年版，第42页。
[3]（元）萨迦班智达：《萨迦格言》，王尧译，当代中国出版社2012年版，第66页。
[4]（元）萨迦班智达：《萨迦格言》，王尧译，当代中国出版社2012年版，第16页。
[5]《论语·子张》，(宋) 朱熹：《四书章句集注》，中华书局2011年版，第177页。
[6]（元）萨迦班智达：《萨迦格言》，王尧译，当代中国出版社2012年版，第91页。
[7]（元）萨迦班智达：《萨迦格言》，王尧译，当代中国出版社2012年版，第93页。
[8]（元）萨迦班智达：《萨迦格言》，王尧译，当代中国出版社2012年版，第118页。
[9]（元）萨迦班智达：《萨迦格言》，王尧译，当代中国出版社2012年版，第4页。
[10]（元）萨迦班智达：《萨迦格言》，王尧译，当代中国出版社2012年版，第103页。
[11]（元）萨迦班智达：《萨迦格言》，王尧译，当代中国出版社2012年版，第120页。
[12]（元）萨迦班智达：《萨迦格言》，王尧译，当代中国出版社2012年版，第165页。
[13]（元）萨迦班智达：《萨迦格言》，王尧译，当代中国出版社2012年版，第114页。

借口;其实正因为没有天才,愚人更应该努力加油。"① 萨班对于博学、勤问、求知的反复规劝,可谓苦口婆心、不遗余力。

第五,学以致用、知行合一的见解。儒学丰厚的践履笃行、学以致用、知而必行、知统一思想,在藏族哲学文化中的传播影响,《萨迦格言》里的反映是突出的。如:"能讲各种道理的,这种学者特别多;但能身体力行的,世界上却很稀少。"②"懂得教义而不奉行,这种教义又有何用?!庄稼尽管长得茁壮,野兽对它哪会高兴?!"③"学者对一切格言,当作真理来领悟;懂道理而不奉行,学会经典有何用?!"④ 萨班撰著《萨迦格言》,目的就是要人们经常研读、很好践行,从而成为高尚的人、有知识和智慧的人,"假若世间有一人,自己想达到标准,就要研究这本书,对症下药勤修行"⑤。当然,萨班对于儒家知行先后问题的辩诘或争论似乎未遑关注,故而无这方面的论说。

第六,崇尚智者、藐视愚人的文化态度。"学者具备一切优点,愚人尽是一些缺点;宝贝使人如愿以偿,毒蛇只能产生孽障。"⑥ 萨班以优缺点表达肯定和崇尚智者,否定和藐视愚人。"学者在学者中受到尊敬,愚人哪懂得学者的重要?!旃檀虽然比黄金贵重,愚夫却拿它去当炭烧!"(第46页)"学者以学识闻名,英雄以英勇出众。"⑦"学者和黄金,骏马和英雄,名医和饰品,到处受欢迎。"⑧ 以比较手法,高度赞美智者,轻蔑鄙弃愚者。"没有分辨善恶的智慧,在学者面前躲躲闪闪,一味谈论吃喝钱财,那只能算是两条腿的畜生。"⑨ 如此等等,概而言之,不学知识,就缺乏智慧,分不清是非善恶,只探求物质享受,受着物的奴役,甚至妒忌智者,萨班崇尚并鼓励多学习知识拥有智慧,殷切劝人不要做愚者。

当然,《萨迦格言》区别于儒学思想的一个根本之点,在于其把入世

---

① (元)萨迦班智达:《萨迦格言》,王尧译,当代中国出版社2012年版,第165页。
② (元)萨迦班智达:《萨迦格言》,王尧译,当代中国出版社2012年版,第105页。
③ (元)萨迦班智达:《萨迦格言》,王尧译,当代中国出版社2012年版,第104页。
④ (元)萨迦班智达:《萨迦格言》,王尧译,当代中国出版社2012年版,第168页。
⑤ (元)萨迦班智达:《萨迦格言》,王尧译,当代中国出版社2012年版,第171页。
⑥ (元)萨迦班智达:《萨迦格言》,王尧译,当代中国出版社2012年版,第43页。
⑦ (元)萨迦班智达:《萨迦格言》,王尧译,当代中国出版社2012年版,第91页。
⑧ (元)萨迦班智达:《萨迦格言》,王尧译,当代中国出版社2012年版,第93页。
⑨ (元)萨迦班智达:《萨迦格言》,王尧译,当代中国出版社2012年版,第34页。

和出世紧密联系在一起并归属于神学意义的出世，儒学却以积极的入世精神和伟大智慧，一直努力于完善人性，完美人生，从不企望超越人性，超越生命。皈依佛法僧，虔信地修行佛法，是《萨迦格言》的最高理念。"要知一切世间事，他要把正法修行；修身炼性行佛法，乃是菩萨解脱行。"[①] 修行佛法的目的是脱离轮回之苦，或者成为大慈大悲的佛菩萨。"好好领悟佛法，禅定印入心中；抛弃一切过失，就会立地成佛。"[②] 体现出《萨迦格言》浓郁的出世观念，同时反映萨班的一种矛盾心理，即由于社会问题错综复杂，尽管有办法解决，但国难治、民难富、苦难除，最终只有诉诸信奉佛法僧，遁入空门，超脱现世，以求究竟大乐——涅槃的精神境界。

（二）价值认同与理论阐释：《土观宗派源流》对儒学在藏区传播影响发挥了重要作用

儒学对藏族哲学义化产生影响的一个重要前提是藏民族对儒家文化的价值认同，但这种认同又绝不是毫无所知的盲目认同。藏民族对儒学的认知水平决定着儒学对藏民族的影响及其被吸纳程度，在此基础上的价值评价又关系到对儒学吸纳借鉴的状况。藏民族第一次大规模地学习了解儒学是从7世纪松赞干布迎娶文成公主开始的。随着时间的推移，藏民族对儒学的了解和认知日益深入全面，对儒学的吸纳借鉴也更为理性化。到了清朝时期，藏族政要和学者到内地任职学习，研究儒学也更加深入，对儒学的认知达到了相当高的水平，而其中的一个代表人物就是土观·罗桑却吉尼玛。

藏传佛教长期在中原的传播，也不可避免对儒学产生了一定影响，形成儒学与藏传佛教互动融合的关系。形成这种互动融合关系的外在要素是多方面的，有二者能够互动融合的历史条件，以及具备二者相互接触、彼此了解的机缘，其中藏传佛教僧人及信仰者与儒家学者和儒学信奉者之间彼此有了解、吸纳对方思想的意愿，以及封建统治者的政治需要等是关键的因素。因此，宋元明清诸封建统治者都同时利用藏传佛教和儒学，竭力使二者共同发挥维护其政治统治的意识形态功能。这是儒学与藏传佛教互

---

① （元）萨迦班智达：《萨迦格言》，王尧译，当代中国出版社2012年版，第171页。
② （元）萨迦班智达：《萨迦格言》，王尧译，当代中国出版社2012年版，第167页。

动融合关系的政治基础。

　　从内在之因看,儒学和藏传佛教彼此间有相似或契合的思想以及互相补充、不致扞格的理论,如心性思想、善恶观念、修养论、中庸或中道思想等。善恶观念、修养之论也都源于心性论。儒家心性论由孔子开其端,孟子集其成,宋明理学推其极致。孟子提出恻隐之心、不忍人之心,有了不忍人之心才有不忍人之政,即仁政。而怵惕恻隐之心、不忍人之心本质上即仁爱之心。孟子心性论是在孔子仁爱思想基础上创成的。孟子四端,即"恻隐之心,仁之端也;羞恶之心,义之端也;辞让之心,礼之端也;是非之心,智之端也"①,从道德层面对心性进行开显,就是仁义礼智四德。四德是心性之德,是内在于人心的,所以"仁义礼智,非由外铄我也,我固有之也,弗思耳矣"②。"恻隐之心,人皆有之;羞恶之心,人皆有之;恭敬之心,人皆有之;是非之心,人皆有之。"③ 人的这种本有的道德良心就是善心,就是区别于动物的人的本性,因此人性本善。人虽有先天善心、本有善端,还需要将其进一步开发、扩充,而在后天的社会环境中,人之善心可能被放逸、丢失。为此,孟子提出尽心知性、求放心,即加强心性修养。

　　宋明理学继承发展传统儒学善之心性理论,做了进一步超拔向上的提升,提出了新观点并进行了系统化的分析论证,对传统儒学伦理领域的道德之心性进行了本体论的超越。理学中之心学派把心性论提升到本体论高度,提出"心即理"的形上哲学命题,由此把心性提升为世界万物的本原、本体。陆九渊提出:"宇宙便是吾心,吾心即是宇宙。"④ 王阳明"无心外之理,无心外之物",并认为作为世界本原的心是"无善无恶"的,即"无善无恶心之体"。"无善无恶者,理之静,有善有恶者,气之动。不动于气,即无善无恶,是谓至善。"⑤此至善之心对于人来说,先天固有,由此将本体论的本心伦理化道德化。王阳明的本体论和道德论是一体的,本体与工夫是统一的,所谓即本体即工夫,至善之心就是道德良心或良知,由于后天的习染,人们有了私欲,便将善之本心遮蔽或污染了,所以要进行

---

① 《孟子·公孙丑上》,(宋)朱熹:《四书章句集注》,中华书局2011年版,第221页。
② 《孟子·告子上》,(宋)朱熹:《四书章句集注》,中华书局2011年版,第307页。
③ 《孟子·告子上》,(宋)朱熹:《四书章句集注》,中华书局2011年版,第307页。
④ 《陆九渊集》,中华书局1980年版,第273页。
⑤ (明)施邦曜辑评,王晓整理:《阳明先生集要》(上册),中华书局2008年版,第77页。

第十二章 藏族哲学文化与儒学

道德修养，以此收回已丢失的本心，且将本心紧紧守住，即所谓致良知。

藏传佛教诸派都有自己的心性论，有的派别心性理论思想十分丰富。宁玛、噶举、萨迦、觉囊四派所论的心性就是佛性、佛心、如来藏、菩提心、心真如等，儿者在本质上是相同的。这是对印度佛教心性论思想的吸取。不过觉囊派主张他空见，因而认为如来藏是他空而非自空，如来藏是实有而不空，被称为不空如来藏。在佛心、佛性、如来藏的解释上，藏传佛教四派与儒学心性论十分契合，因其是从心性儒学化的内地禅宗吸取了儒学心性论的内容，如认为众生的心是清净空寂的，心具有光明之性，且是众生本有，心性之不净是被污染的结果，不是本来不净，与儒家孟子所说的人先天就有恻隐之心、不忍人之心，人之心性本善是一致的。藏传佛教格鲁派持有不同的观点，它否定佛性、佛性本有说，认为众生之佛性、佛心是通过后天的修行而形成的，并且不讲如来藏。然而格鲁派又大讲菩提心，且把菩提心视为宝，被称为菩提宝心，此又与宁玛派、噶举派、萨迦派、觉囊派一致。藏传佛教诸派的心性论虽罕言心性之善，但实际上佛心、佛性、菩提心、如来藏就具有伦理道德上的善性，且是最纯粹的善性。宗喀巴指出："发菩提心大乘道根本，诸大乘行基础与主体。完成二资粮之点金术，万般善缘汇集福宝藏。"[①]"万般善缘汇集福宝藏"即指菩提心是各种具体善之大汇集，又是各种具体之善即众善之根。宗喀巴认为菩提心就是大慈大悲利益一切有情众生之心，或者说"菩提心是为了普度一切众生而当愿成佛的宏愿"[②]。因此，菩提心就是悲心和慈心相结合的纯善之心。儒家和藏传佛教都主张对本元之心性进行认知体验，目的是持守住自己这个清净或纯善无染的心性；均主张心性修养论，儒家通过道德修养以持守本善之心或收回被丢失的本心，藏传佛教以修行尤其以密教的修行去亲证体悟佛心、佛性或如来藏，这样就可以觉悟成佛，不仅自己觉悟，而且使众生觉悟，即自觉觉他菩提心。二者只不过在修养方法上有所不同而已。藏传佛教继承印度佛教十善观念，弘扬十善之德，即十善业道。此是声闻、缘觉、菩萨三乘共修之根本，即永离杀生、偷盗、邪淫、

---

① （明）宗喀巴：《菩提道次修行原理集要》，见多识《宗喀巴大师佛学名著译解》，甘肃民族出版社2002年版，第210页。

② （明）宗喀巴：《菩提道次第广论》（上卷），华锐·罗桑嘉措译，内部流通本，第6页。

妄语、两舌、恶口、绮语、贪欲、嗔恚、邪见。藏传佛教心性之善是抽象的、大慈大悲的、本质意义上的善，与原始儒学、理学心性本善、至善之论，具有相通相契的精神；宋明理学中湖湘学派的胡宏尽管每每批评释氏，但却认为性是超越善恶的本然，将性定位在本体的层面上，朱熹曾评论胡宏性论说："胡氏兄弟既辟释氏，却说性无善恶，便似说得空了，却近释氏。"① 王阳明《答陆原静书》更是明确地说：佛氏"'本来面目'即吾圣门所谓'良知'"②。在答其弟子萧惠问时说："所谓汝心，却是那视听言动的，这个便是性，便是天理。"③ 此是以知觉，即以人之心理功能为内涵来界定人性。胡宏、王阳明的两种人性论，共同显示出某种具有佛禅色彩的观念内蕴。所以说，藏传佛教论佛心、佛性、菩提心、如来藏的清净空寂，而少言性善但本质实善，特别是在继承印度佛教十善业道时就是具体而实际的身语意之善了。儒学中无论原始儒学还是宋儒程朱皆持性善之论，胡宏的超越善恶之性、王阳明"无善无恶心之体"的"至善"，却是要么"近释氏"，要么"公然不讳之禅说"了。儒学与藏传佛教二者有本质不同，但都有善心之基本理论和善行的道德训诫，又存在着相同或相通之理论观念。

不仅如此，藏传佛教的中道思想与儒学的中庸思想亦相犀通，共为解决人生之事，均是进行人本关怀。藏传佛教中道观述论如何使个人脱离人生之苦，阐明只有觉悟了万事万物都是现象之"假有"和本质之"真无"的非有非无中道之理，才能摆脱无明烦恼，破除人法二执，以此脱离生死轮回之苦。这是一种宗教意义的人本理论。儒学中庸观乃是训解如何提升人生境界和树立道德理想。孔子说："中庸之为德也，其至矣乎！民鲜久矣。"④ 强调"适中""适度"的原则和方法，"允执其中"⑤，反对"过"与"不及"。"中和""中道""中庸"体现着儒家的道德原则和人格理想。"君子之中庸也，君子而时中；小人之中庸也，小人而无忌惮也。"⑥ "君子中庸；小人反中庸。"⑦ 能否做到中庸是君子和小人的分野。儒学"中庸"是一种

---

① （宋）黎靖德编：《朱子语类》卷一百一，中华书局1986年版，第2590页。
② 《王阳明全集》（上），上海古籍出版社2011年版，第75页。
③ 《王阳明全集》（上），上海古籍出版社2011年版，第41页。
④ 《论语·雍也》，（宋）朱熹：《四书章句集注》，中华书局2011年版，第88页。
⑤ 《论语·尧曰》，（宋）朱熹：《四书章句集注》，中华书局2011年版，第180页。
⑥ 《中庸》，（宋）朱熹：《四书章句集注》，中华书局2011年版，第21页。
⑦ 《中庸》，（宋）朱熹：《四书章句集注》，中华书局2011年版，第21页。

道德人格，其人生是一种道德人生。儒学的中庸观念与藏传佛教的中道理论，在共为人生寻绎途径同取其"中"的思想基点上奠立了二者能够融通的基础。当然，儒学中庸思想与藏传佛教中道观的区别是明显的，二者在人生目标的取向上，具有根本的不同。

总体而言，儒学和藏传佛教的入世与出世、道德与解脱等全面的思想观念中，存在着二者相互吸取、彼此借鉴从而各自得到丰富发展的精神资源。另外，藏传佛教在中原传播的过程中，与儒学在思想观念上既有对立冲突，也有互相犀通融摄、借鉴吸收，同时又有政治文化基础和理论根柢的性质和面貌。这里略举两例。保存至今的明代永乐大钟，钟壁内外铸满了经文、咒文，包括明成祖朱棣所著《诸佛世尊如来菩萨尊者神僧名经》《大明神咒回向》，以及佛经《妙法莲花经》《金刚般若波罗蜜经》等经文和百余种中、梵文咒语，共23万余言。其中，《大明神咒回向》，其内容主要是十二愿，可视为明成祖的施政纲领，被铸在大钟壁上经文环绕的显著位置。《大明神咒回向》之"回向"，梵文 parinama，为转向、施向之意，就是说，将自己所做的一切功德善根趋向菩提，或施向众生，或往生净土；"回向"也蕴含着佛教的因果观念，即虔信佛法，精心修养，行种种善事，就能有好的果报，甚至能够进入西方极乐世界。此好的果报既可以施予众生，也可以使修行者自己享用。佛教以"回向"理论教化民众，引导人们皈依佛法，累积善德，修成正果，往生西方极乐世界。明统治者利用佛教的这一功能和儒学政治教化的功能，把儒学和藏传佛教思想中有助于治国理政的精神文化铸在了永乐大钟上。明成祖"御制"《诸佛世尊如来菩萨尊者神僧名经》序说："凡发善心称赞诸佛世尊如来菩萨尊者神僧名号者，即得种种善报，轻薄侮慢不敬不信者即得种种恶报……所谓为善者，忠于君上，孝于父母，敬天地，奉祖宗，尊三宝，敬神明，遵王法，谨言行，爱惜物命……如是则生享富贵，殁升天堂，受诸快乐。所谓为恶者，不忠于君，不孝于亲，不敬天地，不奉祖宗，不尊三宝，不敬神明，不遵王法，不谨言行，残害物命……如是则生遭重遣，死堕地狱，受诸苦宝。"[1] 此序中的忠君上、孝父母、奉祖宗、遵王法、敬天地均为儒家

---

[1] （明）朱棣：《诸佛世尊如来菩萨尊者神僧名经·序》，《中华大藏经》第105册，中华书局1987年版，第718页。

思想，尊三宝、敬神明、因果报应等是藏传佛教之论。善恶观念是儒学和藏传佛教所共有。序中贯穿因果报应理论，其要旨是忠君、孝父、敬奉佛法、善言善行，目的在于维护三纲五常的纲常伦理和封建统治秩序。

清代乾嘉时期的格鲁派活佛、藏族学者土观·罗桑却吉尼玛（简称土观）所著《土观宗派源流》，对藏传佛教各派形成和发展的历史进行了详细论述，对藏传佛教各派的思想理论进行了深入的揭示，提出了自己的看法。尤其是他作为格鲁派学者，对格鲁派的主要思想理论及其特征进行了深入的探索和高度的评价；还对印度佛教、藏区苯教及汉地儒道二家的形成和发展历史进行了研究，不乏独到之见，其中对儒学思想提出了许多真知灼见，在藏民族中产生了重大的影响。《土观宗派源流》对儒学的研究，体现出藏族学者特别是藏传佛教学者对儒学深入的解读、精到的分析和思想理论上的认同和吸取，从一个侧面体现了儒学对藏民族的深刻影响，对于藏民族进一步认识吸纳借鉴儒学发挥了重要的积极作用。有研究认为："土观对儒家文化的观点对此后藏传佛教乃至藏民族认识和理解儒家文化有重大的影响。《土观宗派源流》成书后，即受到藏族学者的推崇和重视，不仅为研究藏传佛教的法脉源流和教义学说等提供资鉴，而且其中关于儒家文化的论述，已成为此后藏民族了解和认知儒家文化的主要根据。"[①] 该著用藏文撰写而成，成书后在藏区广泛传播，因此，其对于儒学广泛深入地传播影响于藏区，实起到了积极推动的作用。

（1）土观对儒家文化的价值认同。土观对儒家文化进行了高度评价和充分肯定。他以日月星辰喻儒、佛、道，明确指出："汉族正史中有如是语：'此地在学术上出了各种另（按：应为零。这里依原文）散小派，然大多近于偏颇，真正能明确揭示真理成为大宗的，则只有儒、道、释三教。初儒教如星，次道教如月，最后佛则如日。'云云。"[②] 尽管这里有着浓厚的宗教情结，但他把儒学喻为星辰，认为它具有真理性，表明其对儒学价值的充分肯定。这种肯定性评价和认同是土观对儒学进行较深入研究后所得出的理性结论。《土观宗派源流》涉及儒学的一些典籍和许多内容，

---

① 杨胜利、段刚辉：《藏传佛教文化视域中的儒家文化——以土观·罗桑却吉尼玛为例的初步探讨》，《西藏民族学院学报》2011年第5期。

② （清）土观·罗桑却吉尼玛：《土观宗派源流》，刘立千译注，民族出版社2000年版，第200页。

其对儒学内容的引用基本上是可信的,理解也基本准确。特别是《易经》所蕴含的深奥之理非常难以理解,但土观对先天八卦与后天八卦的形成、太极、两仪、四象、八卦、六十四卦、天地人之形成等都有较深的探索和理解,充分显示出作为一个藏传佛教高僧的深厚学养。

(2)土观对儒学起源和本质内涵的深刻揭示。土观认为儒学的起源,可追溯到最古的伏羲皇帝。伏羲将其通达的诸多学问和能辨一切取舍之理传授于其臣下仓颉,仓颉创造了文字,此后便有文字书写和各种书籍问世。儒家经籍的起源是伏羲造出连山八卦,又造《内经》(具体不知指的何书),此后又出现了最为流行的《易经》《诗经》《书经》《礼记》《春秋》五经,这是儒学之根本。值得指出的是,土观把儒学起源上溯至伏羲,是其深入研究所得。中原儒学一般认为,儒学道统思想在孔子即初露端倪,孔子盛赞尧、舜、禹之至德,褒扬周公制礼作乐的业绩,自己又以"祖述尧舜,宪章文武"为任。孟子对儒家道统也有自觉,主张孔子学说上承尧、舜、汤、周文王,并以承继孔子的正统而自认。韩愈亦有儒家道统之说,在《原道》中尽述尧、舜、禹、汤、文武、周公、孔子、孟子,认为此后中断,而韩愈自己得以承续。朱熹排韩愈于儒学道统之外,视二程为儒学道统的传承者。现代新儒家学者牟宗三阐释儒学道统说:"此尧舜禹汤文王周公孔子孟子一线相承之道,其本质内容为仁义,其经典之文为《诗》《书》《易》《春秋》,其表现于客观政治社会之制度为礼乐刑政。此道通过此一线之相承而不断,以见其为中华民族文化之命脉,即名曰'道统'。"①以上所论均没有将伏羲纳入儒学道统之中。汉地学界偶有将儒学道统追溯至伏羲者,与藏族高僧土观颇有一致处。土观等的儒学道统"伏羲说",可见于《易·系辞下》:"古者包牺氏之王天下也,仰则观象于天,俯则观法于地,观鸟兽之文,与地之宜,近取诸身,远取诸物,于是始作八卦,以通神明之德,以类万物之情……包牺氏没,神农氏作……神农氏没,黄帝、尧、舜氏作,通其变,使民不倦;神龙化之,使民宜之。"②并且相传周文王据伏羲八卦演为六十四卦。这样,纳伏羲于尧、舜和周文王之谱系,这是土观的独见。

---

① 牟宗三:《心体与性体》(上册),上海古籍出版社1999年版,第163页。
② 黄寿祺、张善文:《周易译注》,上海古籍出版社2004年版,第533页。

土观认为，孔子的学说被其弟子和再传弟子详细阐发，发展为曾子所著《大学》、子思所作《中庸》、子路子夏等编纂的《论语》、孟子所作《孟子》四书。土观从儒学原点及先秦时期儒学的主要经典来理解和把握儒学，并以其深刻的睿智发现："五经诸大典籍，其主要讲的是，仁义礼智信五件事，汉语名为五常，即五种教义或五种纲常之道。"① 这就把儒学理解为是关于社会伦理道德或纲常礼教之学。土观认为，儒家还有关于天地人的三才之学。土观以儒家《周易》阐释天地人的来源，《易·系辞上》曰："是故《易》有太极，是生两仪，两仪生四象，四象生八卦，八卦定吉凶，吉凶生大业。"② 土观认为未有天地之始，名为混沌，"混沌后有太极，是最终极的意思，为本性与本相之意，或法性与实相之义"③。把太极理解为在混沌之后，而非太极就是混沌，与通常视太极为混沌不同。但是土观又认为太极在天地之先，并运用佛教观念阐释太极，即以佛教的法性、本质实相诠解儒家之太极观念。所谓本质实相或法性就是终极的、真实之本性。太极在天地之先，《周易》持太极生阴阳两仪，土观认为两仪不由太极生出，而由天生。"天的自然动摇，则生两仪，即二相或二性。"④此两仪"一为阳象，一为阴象，是播种者与受种者，喻如父母二者的功能"。"阴阳两方和合，一动一静，则生四象，即太阳、太阴、少阳、少阴。又由其中二象各各交配则生八卦，即藏语谓之八喀和九共，即汉语之九宫等。此后由于两种功能，即清明，轻动，灵活而上浮者则名之为天，意即虚空。此时则谓为天辟之时。浑浊、坚重，钝笨而下沉者则名之为地，意指大地。斯时则谓为地翕之时。于是天地成形之后，天之精英下降，地之精英上升，二者相遇则生人类。此时则为人类生成之时。"⑤ 简言之，土观将天地人的来源或形成的最终极来源不归于太极，而归于天，

---

① （清）土观·罗桑却吉尼玛：《土观宗派源流》，刘立千译注，民族出版社2000年版，第206页。
② 黄寿祺、张善文：《周易译注》，上海古籍出版社2004年版，第519页。
③ （清）土观·罗桑却吉尼玛：《土观宗派源流》，刘立千译注，民族出版社2000年版，第206页。
④ （清）土观·罗桑却吉尼玛：《土观宗派源流》，刘立千译注，民族出版社2000年版，第206页。
⑤ （清）土观·罗桑却吉尼玛：《土观宗派源流》，刘立千译注，民族出版社2000年版，第207页。

"天指其有造化功能或大道之义"①。正因为天有这种功能，所以生出阴阳（阴气与阳气），再由阴阳（阴阳之气）的上升和下降生出天地，即清气上升为天，重气下降为地，天地形成之后再由天地之精英的下降和上升相遇而生出人类。土观实际上是以儒家《周易》的八卦论和儒学元气论相结合来阐释天地人的形成，改造了儒学"易有太极，是生两仪，两仪生四象，四象生八卦"的宇宙生成论秩序。

（3）土观以佛教的立场和情感评价和阐释儒家学说。土观作为藏地活佛，一方面肯认儒道，同时也囿于他的佛教立场和情感而把佛道儒分别誉为日月星。在人们的价值理念中，日月星的地位显然不同而以太阳为最高。有学者指出："土观选择以释为日，以道为月，以儒为星的观点，进而论述三教地位，表明了对佛教文化特有的宗教情感，尽量拔高佛教在主流文化中的地位。这正是土观对汉地儒释道三教文化进行'判教'时所具有特别立场的内在根由。"② 东晋净土初祖慧远针对儒者批评佛教摈弃忠孝、废弃礼敬，沙门（僧侣）应礼敬王者的观念，撰有《沙门不敬王者论》，认为在家佛教徒尊君奉亲，出家修行的沙门则不以世法为基准，不礼敬王侯，目的是破除世俗之愚暗，超脱世俗的贪执或妄欲。当然儒学对于佛教的"沙门不敬王者论"更是持尖锐批评的态度。土观·罗桑却吉尼玛对此进行反批评或辩驳，认为儒者不晓儒家的教法不仅是为了今生的国君和父母，而且是为了普遍救度一切在轮回之中受苦的众生，以度其进入那无穷无尽的究竟安乐之位，儒家的"报恩之理，若与佛法相较，实不啻如同虚空与针孔之大小的差别。如上举辟佛的言论，亦多散见于各书之中，但尽是全无能立其理的因明论断，惟由执著邪见，信口雌黄而已"③。充分表明土观坚执的佛教立场和浓郁的佛教情结，及其佛儒之间明确的观念分歧。

（4）土观澄清藏地对儒学理论的谬解或误读，合理对待儒学。如何正确理解儒家文化，不使儒家文化被误读，这是藏民族有选择地吸取儒学合

---

① （清）土观·罗桑却吉尼玛：《土观宗派源流》，刘立千译注，民族出版社2000年版，第207页。
② 杨胜利、段刚辉：《藏传佛教文化视域中的儒家文化——以土观·罗桑却季尼玛为例的初步探讨》，《西藏民族学院学报》2011年5期。
③ （清）土观·罗桑却吉尼玛：《土观宗派源流》，刘立千译注，民族出版社2000年版，第209页。

理成分的一个重要问题。若不能正确理解儒学的真正含义，不能把握其精髓甚至进行歪曲，对于儒学和藏民族合理地汲取儒学精华都是有伤害的。于此，土观积极地澄清儒学在藏区的各种误解谬读，恢复其真实精神，对儒学在藏区的良性传播和藏民族较好地融摄儒学思想文化，具有重要意义。一是土观批评神话孔子的倾向，恢复孔子的圣人形象。"藏人言公子神灵王，认为是灵异之王。又有些汉传历数禳解法中，制造了《公子现证修法》的仪轨。又有一类书中称工巧公子，认为他是一位善于工巧的能人。"土观明确说："这些全是暗中摸索之语。"① 藏人不能如汉语发音，将孔子"讹为""公子"。实际上，孔子不是"神灵王"或"灵异之王"，也不是善于工巧者和公子，而是儒家导师，"其生平事迹，汉地普遍传说他是一位最大的圣人。现今汉地的法制和贵、贱、中三等的人伦道德之实践，莫不奉他的现论著作为圭臬。从那时起直到现代，朝代虽然有所改移，然仍以孔子之学为宗，尊为各朝的至圣先师"②。土观对孔子的这种认识是确当的，以此纠正了有的藏族同胞对孔子的误解，恢复了孔子是世俗伦理道德和礼乐制度的创立者或制定者的地位，以及汉地尊孔子为圣人甚或至圣先师的真实情况，从而对藏民族重新认识孔子学说及实际的孔子形象有着重要作用。二是土观批评藏地有人认为灵龟创造一切自然事物的谬说。指出："依于此龟背之纹理而造历算，至于此灵龟便是一切之创造者，在汉书及纯正之史传中，皆无此说，而是藏地的汉历家根据这史实便附会制造摩诃金龟是永恒自然的创造者之说，此实为臆造的无稽之言。"③ 汉地相传伏羲根据灵龟纹理造出八卦之说，周文王在伏羲八卦（先天八卦）基础上推演出后天八卦。土观认为，先天八卦和后天八卦间是体与用的关系，先天八卦是体，后天八卦为用。土观所说"依于此龟之纹理而造历算"，可能是指后天八卦是以物候及社会活动特征来表达的气象人文历法。在后天八卦中，坎离震兑分别表示北南东西四方，节令为冬至、夏至、春分和秋分。

---

① （清）土观·罗桑却吉尼玛：《土观宗派源流》，刘立千译注，民族出版社2000年版，第202页。

② （清）土观·罗桑却吉尼玛：《土观宗派源流》，刘立千译注，民族出版社2000年版，第202页。

③ （清）土观·罗桑却吉尼玛：《土观宗派源流》，刘立千译注，民族出版社2000年版，第204页。

第十二章 藏族哲学文化与儒学

后天八卦所表达的历法,是基于自然界的春夏秋冬四季变化而确立的。无论是先天八卦还是后天八卦都没有神龟创造宇宙或自然之说。土观的疏解合于易传及儒学解易之说,对于藏地的某些不当之论有着"纠偏"的积极作用。三是土观纠正了藏地对神农、文王、周公、孔子的某些不正确读写。汉地尊伏羲、文王、周公、孔子为四圣,藏人中有人将其名为四位集大成者,但有的却把孔子读写为公子,周公读写为姬公,神农读写为吉农,文王读写为王太。土观分析其因"可能是由于字有错讹,或语言不通所致"[①]。四是土观纠正对汉历来源的不准确说法。指出藏地老辈们认为汉历最初是由文殊菩萨在汉地五台山讲学所说,抑或由尊胜天女头顶生出来的,抑或由莲华生阿阇梨宣说的。土观批评认为,实际上这是造作出来的"妄语"。

（5）土观对儒学与藏传佛教之间的相通性与异同的揭示。土观运用比较学原理和方法,揭示儒学和藏传佛教的相通性或相近性,以此说明儒学很容易被藏民族所理解和接受,这样的分析和结论,具有一定的深刻性。从名词概念看,土观认为《周易》中的太极与藏传佛教中的本性、本相和法性含义相同;两仪与二项或二性,阴阳二象与受种者、播种者内涵相同,等等。从义理看,儒家学说"外示人以治国平天下,内示以趋入圣道之次第,与如来所说,全不相悖"[②]。就是说,它们之间有契合一致处。《周易》中阴阳和合而动,形成天地人三才。藏传佛教禳解中"呼大力父天极顶,呼大力母地广博,彼二相会来受食",以此对天地的功用加以讴歌和赞扬,不仅与《周易》阴阳互动理论相同,而且它直接本于《周易》阴阳互动观念。藏民族还直接引进和吸纳了儒家的一些学说或思想,如儒家《易经》所讲之数理,后来得到不断丰富发展,唐朝时藏地便译有儒家有关数理或历数星算之书,藏语称之为博唐。就医学而论,"藏土所传的医明《四续经》,其最初来源,亦出自汉土。经内五行,不是按天竺所说的地、水、火、风、空,而说的是木、火、土、金、水"[③]。就修学与规制

[①]（清）土观·罗桑却吉尼玛:《土观宗派源流》,刘立千译注,民族出版社2000年版,第204页。

[②]（清）土观·罗桑却吉尼玛:《土观宗派源流》,刘立千译注,民族出版社2000年版,第206页。

[③]（清）土观·罗桑却吉尼玛:《土观宗派源流》,刘立千译注,民族出版社2000年版,第205页。

而言，儒学与藏传佛教有一些相同或相似之处。儒典《大学》首章为："大学之道，在明明德，在亲民，在止于至善。知止而后有定，定而后能静，静而后能安，安而后能虑，虑而后能得。物有本末，事有终始。知所先后，则近道矣。"土观的诠解认为，大学之道是为人处世之道，在于"求明此明德"。他以佛教的语言解释"在亲民"，说"在亲民"是指引导众生趋于善道之义，若欲引导他人，应当自身首先要达到至善之境，自身达于至善，方能去摄授他人。对于被摄授的对象，如果已得到安乐的，就使其安乐坚固起来，未得安乐者则令得安乐。只有得到了安乐，方才明示以取舍之教训，使其知晓生死涅槃之理（佛教所谓生死涅槃就是指达到无忧无虑、无生无死、无善无恶之究竟大乐的境界）。如果圆满地了解万物从最初的混沌中产生到最后的坏灭之边际的话，就近于大学之道。土观指出，《大学》所蕴含的意蕴与佛教相比，"可能是指先成熟本身相续，其次才成熟他身相续，这些言词内似已包含了大乘道法。虽未有佛的一名字，然说至于至善一语，难道不是指佛位而说的吗？"[1] 土观以大乘佛法为参照，弘扬自利利他的义理，所谓自利非自私自利，而是指先通过修行佛法自身成佛而获得解脱，成熟之后不进入涅槃享受究竟大乐，而是普度未有获得解脱的受苦众生，帮助他们修行佛法，懂得佛法之理，克服贪嗔痴等根本烦恼，脱离生死轮回，这就是成熟他身之相续。土观认为这些佛理与《大学》"在明明德，在亲民，在止于至善"相似。不过，土观自认"这仅是我的臆度而已"[2]。其"臆度"尽管近于牵强，毕竟有其道理在，这种以佛释儒之形式其实也具有融合儒释的意义，客观上是对儒释的双重播扬。

土观既从义理或教义上探讨儒学与藏传佛教的相通性或相似性，亦考究学习得名授位、处世中避退方面的相通性或相似性。指出汉地学者如若学习掌握了儒家经典之理，就会被授予相应的称号或学位。如研习儒家《四书》且通达者被称为先生，继续学习儒家《五经》，就会获得秀才、状元之名位。如果谙熟四书、五经便成为博士，继而可以出仕为官，辅佐朝

---

[1] （清）土观·罗桑却吉尼玛：《土观宗派源流》，刘立千译注，民族出版社2000年版，第208页。

[2] （清）土观·罗桑却吉尼玛：《土观宗派源流》，刘立千译注，民族出版社2000年版，第208页。

第十二章 藏族哲学文化与儒学

廷，治理万民。在藏区也有如同五经之著作，这就是佛教的五部大论，而且藏传佛教有浩如烟海的典籍，犹如儒家的一切典籍。如若博学和精通佛典就能获得格西、甘迦居巴、然降巴等学位，对应博通儒家典籍就能获得先生、秀才、状元等名位。藏地学法诵经优秀者，则委派为大小僧院的讲座，对应汉地儒者可以授以教化万民的官职。汉地有学富五车、精通儒家经典的儒生，专事授徒讲学，藏地出家为僧，隐居山林，精修佛法，抛弃世俗事务以终其一生，二者十分相似。

藏族文化与儒家文化虽然具有某种学理的或家族的相通性、相似性，但二者毕竟是在不同地域、不同社会历史条件下产生和发展的两种文化系统，有着各自不同的文化特质和内涵。土观仍以比较学方法考研其差异，认为儒学是关于人类世俗社会的学说。佛教关于六道众生、生死轮回、因果报应、佛性、涅槃等概念、义理在儒学典籍中"完全没有"，即使在至圣先师孔子那里也一点没有提及因果报应之理，有人问及人死后如何，孔子以"那是非属显见之事，应说现世之理"而答，"大多说人是重于现实生活"，儒家经典四书、五经中"主要惟说对当前有益的处世为人的道理"。[①]土观以儒学和佛教之间各种不同特质对举，确有见地，只是有些阐释也不免牵强附会之论。

在藏族社会传统的思想文化观念及其发展历程中，作为其主体内容的苯、佛、儒三种精神资源，既没有一种是作为封闭自洽、特立独行的学脉流传和演进，也没有能够完全相互取代任一观念构成而影响到其思想格局的根本改变。当然也无可否认，藏传佛教及其思想观念越来越成为藏族社会的文化符号，儒学文化始终可能也不曾占据过鳌头。可是，苯教中对孔子的神化，《孔子项橐相问书》故事在藏地的流传，苯教经籍《钥匙》等对于孔子的记载和演绎，以及藏族民间社会例如体现九宫八卦、五行观念的护身符、《礼仪问答写卷》所反映的伦理道德意识等，都透射出儒学观念和儒家思想文化在藏民族精神生活里的播种、浸染和深刻影响。而佛教和藏传佛教与儒道思想，虽有土观·罗桑却吉尼玛比喻为日星月的地位关

---

① （清）土观·罗桑却吉尼玛：《土观宗派源流》，刘立千译注，民族出版社2000年版，第205页。

系，但那只是土观作为藏传佛教高僧基于其宗教情感和佛教立场所导致的。其实，以 13 世纪的《萨迦格言》和 18 世纪的《土观宗派源流》为代表，凸显出或蕴含性地、或明确地融摄、会通儒学思想的精神特质。《萨迦格言》汲取藏族世俗伦理观念、藏传佛教义理思想和中原儒学文化精神，融会贯通而成为藏族社会和民众的"格言"；《土观宗派源流》则是从学理层面研究苯、佛、儒、道各种文化的理论著述，其在对于儒家文化起源、发展和义理的理论分析和对于佛儒犀通和相似的论述，在藏族学者和社会形成了重要影响，进一步为藏族社会了解和认知儒家文化奠定了根据，因而是一部藏传佛教思想和儒家文化在清代的融汇之作。藏族传统社会接纳并本土化和兴盛佛教，引入儒学，苯、佛、儒多元文化汇合激荡的精神面貌，促进了中华民族共同体意识的形成和发展。

第十三章　儒学在西夏党项羌族文化中的地位、特征和局限*

西夏是党项族建立的政权。党项是羌人的一支，曾游牧于今四川松潘以西和青海积石山以东的青藏地区，唐前中期以降，受吐蕃东进侵扰，党项各部迁至庆州（今甘肃合水）和横山一带，党项酋长拓跋赤辞率众归附唐朝，唐太宗赐他李姓。唐末，拓跋部酋长思恭因帮助唐政权镇压黄巢起义有功，被拜为夏州（今陕西省靖边县红墩界镇白城子）节度使。1038年，李元昊建国时以夏为国号，称"大夏"，因其在西方，宋称之为"西夏"。

在党项族建立的西夏，儒学与佛教一直受到尊崇。西夏党项少数民族重儒崇儒，在其官僚体制和政治文化、教育发展等中，较多地融入儒家文化和思想观念，如遵行儒学，以儒治国，奉孔子为"文宣帝"，《金史·西夏传》曰：夏国"崇尚儒术，尊孔子以帝号"①，由此西夏渐行中国之风；西夏元昊时开始创建"蕃学"，用西夏文字翻译儒家经典；设立"国学"，教授儒学，认为"经国之模，莫重于儒学"②。以党项贵族为代表的西夏羌人少数民族在哲学思想文化和观念形态上受儒学影响，表现在，"拓跋自得灵、夏以西，其间所生豪英，皆为其用。得中国土地，役中国人力，称中国位号，仿中国官属，任中国贤才，读中国书籍，用中国车服，行中国法令……中国所有，彼尽得之"③。

---

*　本章内容载于《西南民族大学学报》（人文社会科学版）2016年第1期。
①　《金史·西夏传》，中华书局2011年版，第2877页。
②　（清）吴广成撰，龚世俊等校证：《西夏书事校证》卷三十一，甘肃文化出版社1995年版，第359页。
③　（宋）李焘撰：《续资治通鉴长编》卷一百五十，中华书局2004年版，第3641页。

一　儒学对西夏官僚体制和政治文化的影响

儒学对西夏官僚体制和政治文化的影响主要表现在如下方面。其一，官制。西夏在前期像辽朝一样实行蕃汉二元官制。之后则尽采唐宋，渐趋汉法而变为一元化的制度。在中央行政机构层面，以中书省、枢密院、御史台、三司、开封府、文思院、蕃学、汉学等为主干。其所仿效的以唐宋为代表的中原王朝政治制度，显然是基于儒家思想基础上以礼为核心的中央集权专制制度，体现着家国一体的宗法关系。这样的西夏官制，例如视其中的汉学、蕃学官职政治地位相同，而且不仅汉学推行儒学思想和文化，蕃学也用西夏文翻译儒家经典以供各族子弟入学学习。

其二，科举制。西夏实行科举取士制度，大致在崇宗、仁宗时期，如名相斡道冲，就是仁宗时经科举进入仕途的。仁宗人庆四年（1147）"秋八月策举人。立唱名法，复设童子科，于是取士日甚"①。"唱名"法，乃是仿宋设进士科考试，凡经皇帝殿试被录取的进士按规定要公布名次，即唱名（又名传胪）。西夏科举取士的科目主要是儒家经典，西夏建国初期的"蕃学"中，即由野利仁荣主持翻译汉文儒家经典《孝经》《尔雅》及《四言杂字》等，毅宗李谅祚曾上表向宋朝求请《九经》《唐史》《册府元龟》等典籍，供西夏人学习。至仁宗以后，西夏科举取士几乎成为升官晋爵的主要途径。

其三，尊孔崇儒。仁宗赵（李）仁孝于人庆三年（1146）令"尊孔子为文宣帝"②，并令各州、郡建庙祭祀。我国历代帝王有尊孔传统，从唐明皇封孔子为文宣王，宋真宗加封至圣文宣王，元加封孔子为大成至圣文宣王，明嘉靖时改称为至圣先师，给以孔子的封号都是在圣人、先师层面，给孔子以"帝号"，则见于西夏。西夏仁宗人庆三年，"三月，建内学。仁孝亲选名儒主之。使臣曰：自乾顺建国学，设弟子员三百，立养贤务；仁孝增至三千人，尊孔子以帝号，设科取士，又置太学、内学，

---

① （清）吴广成撰，龚世俊等校证：《西夏书事校证》卷三十六，甘肃文化出版社1995年版，第417页。

② （清）吴广成撰，龚世俊等校证：《西夏书事校证》卷三十六，甘肃文化出版社1995年版，第416页。

选名儒训导"①。仁宗乾祐十四年（1183），儒臣斡道冲卒，为奖励其在儒学方面的贡献，仁孝"令图其像，从祀学宫，俾郡县遵行之"②。不仅党项籍儒臣受到礼重，汉籍儒士也是如此。

其四，仰慕仁德儒风。西夏统治者的庙号、年号、尊号等尽仿唐宋，庙号如"惠宗""仁宗"等，年号如"贞观""元德""正德""大德"等，取贞下起元、"贞观之治"之意，这些儒家观念被视为是最有秩序、最为安宁、国富民强、四夷臣服的治世的象征。西夏赵乾顺的贞观年间也正是建立国学、提倡儒学，崇尚以文治国，国力处于上升趋势的年代。儒学影响深入西夏党项统治者各方面，1108 年，乾顺妃辽国成安公主生子，取名仁爱。1124 年，曹妃生子，名仁孝，即后来的夏仁宗赵仁孝。如此等等，不一而足，儒家仁爱、德政、忠孝思想观念在党项统治者中得到了多方面显现和深刻的价值认同，他们在一定程度上重视了元昊临终时的遗言："异日力弱势衰，宜附中国，不可专从契丹。盖契丹残虐，中国仁慈，顺中国则子孙安宁，又得岁赐、官爵；若为契丹所胁，则吾国危矣。"③

其五，深受儒学伦理思想影响的西夏律法。此内容于本书第十一章已述，这里从略。

二　儒学对西夏教育发展的影响

儒学对西夏在教育方面的影响比较突出，主要表现在四个方面。其一，置蕃学、兴汉学，共同播扬儒学。1039 年，元昊为培养国家急需人才，在突出本民族特色的前提下，令野利仁荣负责建立蕃学。元昊自制蕃书，命野利仁荣演绎完善，教国人纪事用蕃书。又让野利仁荣用蕃语（西夏文）翻译《孝经》《尔雅》《四言杂字》等。选蕃汉官僚子弟俊秀者，入学教习，接受蕃、汉文化熏陶，所学精通且书写端正者授以官职。此外，还令

---

① （清）吴广成撰，龚世俊等校证：《西夏书事校证》卷三十六，甘肃文化出版社 1995 年版，第 418 页。

② （清）吴广成撰，龚世俊等校证：《西夏书事校证》卷三十八，甘肃文化出版社 1995 年版，第 447 页。

③ （清）吴广成撰，龚世俊等校证：《西夏书事校证》卷十九，甘肃文化出版社 1995 年版，第 219 页。

诸州各置蕃学，设教授教习之。可以看出，西夏的各级蕃学，其性质是以适宜本民族教育和语言文字的形式，推行儒学教化。景宗元昊几十年之后的崇宗乾顺，又在蕃学之外，始建国学，设置教授，设弟子员三百，立养贤务以廪食之。至此，国学、蕃学在西夏相辅而行。仁宗仁孝时期，学校设立更为完备，学生人数大增，西夏的儒学教育进一步发展。1144年，仁孝"令州、县各立学校，国中增弟子员至三千人，复立小学于禁中，凡宗室子孙七岁到十五岁皆得入学。设教授，仁孝……亦时为教训导之"[1]。表明西夏的儒学教育，已延伸到重视童蒙教育。不仅如此，翌年（1145），"夏重大汉太学，亲释奠，弟子员赐予有差"[2]。这一事件明显体现出中原儒学董仲舒"兴太学以养士"思想观念的重要影响。西夏统治者对太学的重视，为儒学典籍的传播提供了更有利的条件。西夏党项籍人士编著的《番汉合时掌中珠》序言称："凡君子者，为物岂可忘己，故未尝不学。为己亦不绝物，故未尝不教。学则以智成己，欲袭古迹。教则以仁利物，以救今时。兼备汉文字者，论末则殊，考本则同……今时人者，番汉语言，可以俱备。不学番言，则岂和番人之众；不会汉语，则岂入汉人之数。番有智者，汉人不敬；汉有贤士，番人不崇。若此者由语言不通故也。"[3] 这一番论述，以儒家的君子、贤人为价值参照，以"蕃言""汉文"相对应，阐明蕃汉两种文化间不同的语言文字形式是末，共同的儒学思想和价值观念则是本。从学校教育来说，蕃学、国学（汉学）都以儒学教化为旨趣，殊途而同归，百虑而一致。

其二，积极输入儒典或儒学文献以供教育学习之需。办学兴教，教学内容是主导和灵魂，儒学典籍和文献是基本载体。1062年夏，西夏毅宗赵谅祚"献马五十匹，表求太宗御制诗草、隶石本，欲建书阁宝藏之。并求《九经》《唐史》《册府元龟》及中国正至朝贺仪。仁宗赐以《九经》，还所献马"[4]。1154年秋，西夏"请市儒、释书于金。仁孝遣使请市儒、释

---

[1] （清）吴广成撰，龚世俊等校证：《西夏书事校证》卷三十五，甘肃文化出版社1995年版，第412页。
[2] 《宋史》卷四百八十六，《夏国传》，中华书局1997年版，第14025页。
[3] （西夏）骨勒茂才：《番汉合时掌中珠》，黄振华等整理，宁夏人民出版社1989年版，第5—6页。
[4] （清）吴广成撰，龚世俊等校证：《西夏书事校证》卷二十，甘肃文化出版社1995年版，第237页。

第十三章　儒学在西夏党项羌族文化中的地位、特征和局限

诸书，金主许之"①。或从宋求请，或到周邻女真族政权重金购置，西夏对儒典或儒学文献以及佛教之书的输入是积极的。说明在西夏这个以党项羌族为主体、主导的社会，对于儒学典籍和文献的需求，在于满足其教育的发展和士人的研读。尽管史籍中均未详明所求《九经》与所市儒书之目，显然是儒典或"儒书"则无疑。

其三，培养儒士人才以为国用。1147年，仁孝策举人，立唱名法，复设童子科，兴科举取士之风，对西夏培养儒士人才产生了重要作用。蕃、汉教授斡道冲，世掌夏国史职，五岁时以《尚书》中童子举。1148年，仁孝"复立内学，选名儒主之"②。桓宗纯祐于1203年，复策士，崇宗乾顺曾孙赵（李）遵顼博通群书，工隶篆，唱名第一，进士及第。遵顼后来做了西夏的皇帝，即西夏神宗。夏亡的前几年，赵（李）德旺继任皇帝后，1224年初再次策士，赐高智耀等进士及第。高智耀，"世仕夏国"，《元史》有传。西夏统治者通过建学校、兴科举、倡儒学，为西夏培养了大量的重要人才，金国使臣斡喝出使西夏回国后，称夏国多才，较昔为盛。《西夏书事》载："西夏子弟多贤俊。"③

其四，阐释儒学，与蕃学文化相融合。精通五经的蕃汉教授斡道冲，曾将汉文《论语注》译成西夏文（《论语注》应为东汉郑玄晚年之作，郑以《张侯论》为底本，校之以《古论》而为之注），并作《解义》30卷，称为《论语小解》，另以西夏文著《周易卜筮断》。斡道冲的著作"以国字书之，行于国中"④，对于沟通汉与党项文化的交流，促进中华民族统一，发挥了应有作用。另一党项籍学者骨勒茂才编著《番汉合时掌中珠》，这是一部夏汉文字对音字典，西夏乾祐二十一年（1190）刊行，其对字词意义的释解，充满了儒家文化和思想观念。如说阴阳和合，得成人身；学习文业，仁义忠信；五常六艺，尽皆全备；孝顺父母，六亲和合；……学习圣典，立身行道；世间扬名，行行禀德；国人敬爱，万人取则；等等。

---

① （清）吴广成撰，龚世俊等校证：《西夏书事校证》卷三十六，甘肃文化出版社1995年版，第421页。
② 《宋史》卷四百八十六，《夏国传》，中华书局1997年版，第14025页。
③ （清）吴广成撰，龚世俊等校证：《西夏书事校证》卷三十九，甘肃文化出版社1995年版，第461页。
④ （清）吴广成撰，龚世俊等校证：《西夏书事校证》卷三十六，甘肃文化出版社1995年版，第420页。

在西夏人自撰的文献中如此融合丰富的儒家思想观念者，再如《新集慈孝传》《德行集》（曹道乐撰集），仁孝时期刻印的大型辞书《圣立义海》等。《圣立义海》以"天地人"三才为纲领。如释"孝"："夫孝天之经也，地之义也，民之行也。天地之经，而民是则之，则天之名，因地之利，以顺天下，是以其教不肃而成，其政不严而治。"① 此是儒学经典《孝经》第七《三才章》的主要内容。

凡此种种，从学校教育到社会教化，儒学文化的思想观念至少说是逐渐全面地渗透到西夏文化中，儒学的文化结构已被移植于西夏的文化中，以党项羌族为主体的文化生命中，儒学实际上占据着核心的、主体的地位，具有蕃表儒里的鲜明特点。

三 西夏儒学的地位、特征和局限

在一定程度或者意义上，西夏儒学代表着我国历史上党项羌这一少数民族的文化水准和所达到的精神高度，其观念特征是鲜明的，但是其本身所具有的思想文化局限性在今天看来也在所难免。

首先，儒释并存而儒学始终未获一尊，蕃表儒里蕃汉文化逐渐得到很好融合。有研究认为："西夏文化的发展呈现出两条并行的路径，即在官僚体制及政治文化上鲜明地打着儒家的烙印，而在思想意识、宗教信仰上几乎是佛教的一统天下。这是一个很值得玩味的文化现象。"② 从民族成分的构成看，西夏所处的河西、河朔地区在汉唐时期深受汉文明泽被，自8世纪中叶后，从吐蕃占领到西夏亡于蒙古，400多年间，这一地区是以汉族人口为全体，而与吐蕃、党项、回鹘民族杂处，基本上形成了"蕃化"之貌。"藏传佛教对党项人影响甚深。从元昊始，西夏政权还致力于翻译佛经，推行佛学。"③ 西夏的佛学、佛事之盛，既有党项统治者的推尊提倡，又有民众广泛参与的社会基础。西夏佛教的兴盛主要表现在：据记载，西夏建国前后向宋朝赎取佛经或大藏经共有6次，多以献马赎取，宋

---

① 李范文：《李范文西夏学论文集》，中国社会科学出版社2012年版，第499页。
② 李华瑞：《论儒学与佛教在西夏文化中的地位》，杜建录主编：《西夏学》第1辑，宁夏人民出版社2006年版。
③ 李健胜等：《儒学在青藏地区的传播与影响》，人民出版社2012年版，第33页。

第十三章 儒学在西夏党项羌族文化中的地位、特征和局限

朝往往诏赐佛经或大藏经并还其马。西夏立国之初,元昊在发展佛教方面开始了一项浩大工程,即用本民族文字西夏文翻译佛经。这样的赎经、译经包括建寺、礼佛等活动构成了西夏社会重要的文化生活和精神生活,佛学、佛教在西夏的社会地位是崇高的,从而形成了与崇儒尊孔、尚仁敬德并行不悖的局面。相应地,西夏政权尽管创蕃学、兴汉学、科举取士、翻译和到邻国搜求儒典或儒学文献,推行儒学,重用儒学人才,但儒学在西夏始终并未取得一尊的地位。儒学文化在西夏的推行过程中,与本民族的党项文化是经历了相持或对立而实现融合的,西夏的统治者每当推尊汉礼、倡兴儒学时,往往会受到不小的阻力。如西夏崇宗乾顺亲政后,对"士皆尚气矜,鲜廉耻,甘罹文网"感到忧患,想恢复汉礼,御史中丞薛元礼上言:"士人之行,莫大乎孝廉;经国之模,莫重于儒学。昔元魏开基,周、齐继统,无不尊行儒教,崇尚《诗》《书》,盖西北之遗风,不可以立教化也。景宗以神武建号,制蕃字以为程文,立蕃学以造人士,缘时正需才,故就其所长以收其用。今承平日久,而士不兴行,良出文教不明,汉学不重,则民乐贪顽之习,士无砥砺之心。董子所谓'不素养士而欲求贤,譬犹不琢玉而求文采也',可得乎?"① 乾顺与薛元礼的尊孔尚儒思想遭到一些主张蕃礼大臣的反对,御史大夫谋宁克任疏言:"治法之要,不外兵刑;富国之方,无非食货。国家自青、白两盐不通互市,膏腴诸壤浸就式微,兵行无百日之粮,仓储无三年之蓄。而惟恃西北一区与契丹交易有无,岂所以裕国计乎?自用兵延庆以来,点集则害农时,争斗则伤民力,星辰示异,水旱告灾,山界数州非侵即削,近边列堡有战无耕。于是满目疮痍,日呼庚癸,岂所以安民命乎?且吾朝立国西陲,射猎为务,今国中养贤重学,兵政日弛。昔人云'虚美薰心,秦乱之萌',又云'浮名妨要,晋衰之兆'。臣愿主上既隆文治,尤修武备,毋徒慕好士之虚名,而忘御边之实务也。"② 不过最终乾顺采纳了儒臣之议,以文治国,一改"重法尚武"为"重法尚文"之策,儒学在西夏的推行,也促使了儒、释进一步的融合与发展。如西夏学者曹道乐的《新集慈孝传》《德行集》既褒扬儒家伦理道德、慈孝节义观念,也充满饱含

---

① (清)吴广成撰,龚世俊等校证:《西夏书事校证》卷三十一,甘肃文化出版社1995年版,第359页。
② (清)吴广成撰,龚世俊等校证:《西夏书事校证》卷三十二,甘肃文化出版社1995年版,第371页。

"慈悲""施舍"等的佛家之说。

其次,对于儒学的接纳、阐释基本处于浅表层次,西夏党项族的儒学精神文化未及走向深入。如上所述,西夏儒学兴起和发展的方向,是模仿中原王朝官僚体制与政治文化。换言之,为了维护和巩固党项族统治的西夏政权仿效中原的政治、经济、文化制度,因此学习、接受儒家的政治、伦常思想,其思想基点不在于积极地研究、阐释儒学经典,构建或深化儒学思想体系,推进儒学在观念形态上的深入或引进,更遑论能够产生某种儒学新学派、新学说了。以仿效中原的政治、经济、文化制度而学习、接受儒家政治、伦常思想,其实质是流于形式上的因袭,而非思想精髓和观念意识的深层渗透,充其量只是具有一种儒家文化的价值认同。这样一来,就难免不造成对于儒学文化接纳的选择性特征,即使对于所输入的儒学有所阐释,也是基于维护和巩固西夏政权的现实需要,而偏于政治上的阐解、疏于思想内容和哲学精蕴的发掘,因而总体上西夏党项族政权对于儒学文化的接纳、吸收是形式上的、表面的,有所阐释也近于肤浅,西夏儒学并没有明确的思想发展以推动儒家传统的前进。更何况,如上所述以党项族为主导或主体的西夏社会,包括党项羌族、回鹘、吐蕃甚至蕃化了的汉族群体,基本上是以佛教为精神信仰,思想意识中没有多少佛教文化之外的精神空间,佛教在西夏学说思想和民众信仰中占据主导地位,是西夏统治者刻意追求民族个性、保持文化传统的现实反映。

最后,发展水平远远滞后于中原儒学,拓跋羌人支等西夏少数民族的思想观念未遑能够升进。西夏在学术思想方面不仅没有表现出那种在政权建设方面的仿效、学习宋朝的热情,而是呈现出与宋朝学术思想发展很不相同的走向和远远滞后的儒家文化层次。西夏佛教在不受儒学的影响下,获得了独立甚至较大发展,相较之下,西夏儒学却基本上只是赎取、求赐和译介汉唐时期或说北宋之前的儒典和儒学文献。如《孝经》,大致成书于秦汉之际,自西汉至魏晋南北朝,注解者及百家。《尔雅》约是秦汉间学者缀缉春秋战国秦汉诸书旧文,递相增益而成,儒典至唐代有九经,等等。西夏儒学所引进和翻译成西夏文的多为这些,偶有宋初的《册府元龟》和北宋陈祥道的《论语全解》,至于南宋建立以后的儒学最新成果在西夏几乎是一无所传的。我们知道,魏晋以降,儒学虽然在政治上居于主导地位和支配作用,但在学说思想特别是在哲学理论上,佛学、道教尤

第十三章 儒学在西夏党项羌族文化中的地位、特征和局限

盛,汉儒章句之学相形见绌,至唐中后期,甚至出现了"儒门淡薄,收拾不住"的局面。入宋以后以复兴儒学至尊地位为己任的宋儒,在吸收、改造和批判释道特别是在消化佛学理论成果的基础上,再建孔孟传统,创新发展儒学成为哲理化和政治伦理化的理学。周敦颐濂学、荆公新学、二程洛学、张载关学、邵雍象数学、苏氏蜀学、朱熹闽学、陆九渊心学,等等,学派纷呈,儒学发展达到新的高峰。但在西夏现存文献中却很难找到相对应的蛛丝马迹,西夏儒学尚徜徉在汉唐之间的儒典或儒家文献移植、引进、译介的阶段和层面,还未及甚至不具备深入地消化、深层地吸收中原儒学的思想精髓、理论观念的内在精神和外在条件,更谈不上有所创新、发展。当然,这是以位于同一历史维度的中原儒学为参照来加以审视的。换个角度,从马克思所论证的野蛮的征服者总是被那些他们所征服的民族的较高文明所征服这一历史定律来说,在一个农牧并重而又以牧业为主的西夏社会里,大多数不懂汉语又笃信佛教的以党项、吐蕃族人为主体的地域群体,整体上处于后进文化的历史发展水平,加之当时某种客观的历史条件限制,西夏社会尽其所能地积极输入以儒学文化为代表的中原先进文化,在官僚体制及政治文化上效仿唐宋,在国家意识形态上推尊儒学、崇尚汉礼,已经具有深刻的历史进步意义。这里对于西夏建国之初元昊"建蕃学""思以胡礼蕃书抗衡中国"、译《孝经》《尔雅》等为蕃语、蕃书的举措,尚可作另外一种非苟同于一般阐释的疏解。元昊立国的翌年,即1039年,"建蕃学。……思以胡礼蕃书抗衡中国,特建蕃学,以野利仁荣主之。译《孝经》《尔雅》《四言杂字》为蕃语,写以蕃书。于蕃、汉官僚子弟内选俊秀者入学教之,俟习学成效,出题试问,观其所对精通,所书端正,量受官职。并令诸州各置蕃学,设教授训之"[①]。可以看出,元昊在主观上是欲使西夏政权立稳并强盛起来的,因此在治国策略上采取了移植儒学文化、仿效唐宋官僚体制和政治文化,所谓与中国"抗衡",或可认为是元昊欲使西夏也像唐宋那样成为盛世大国,至少构成与宋、金的掎角之势或鼎立局面,这样客观上必使西夏以儒立国,从而发展西夏党项、吐蕃、回鹘诸少数民族和文化,促使民族进步,"和而不同"。

[①] (清)吴广成撰,龚世俊等校证:《西夏书事校证》卷十三,甘肃文化出版社1995年版,第152页。

所谓"抗衡",其反对宋朝之意是极其微弱的,更何况这一观念总结并非出自元昊之口,我们所见诸史籍记载者如《西夏书事》,则是清人吴广成所述的概念,很难说不是著者的主观意识,或者说此是后人写出来的西夏历史,而并非一定是西夏党项族人的历史原貌。

第十四章 回族哲学文化与儒学

我国回族的哲学思想文化既具有鲜明的民族特色，又与以儒学为代表的中国传统思想文化深度融合。元代以来，在对于儒学高度价值认同的基础上，表现出用儒学观念诠释伊斯兰宗教神学经义，即"以儒诠经""伊儒结合"的突出特征，所形成的伊儒会通思想观念成果，与我国其他少数民族在历史发展中积淀而生的"释儒和融"思想观念相映成趣，构成我国少数民族儒学的又一种主要理论形态。

一 元朝时期儒学对于回族哲学思想文化的影响

回族在明清以前作为一个民族共同体刚刚形成，在思想观念上基本和主要的是继承、保持着唐至宋元以来蕃客、中亚各族、波斯人、阿拉伯人等所带来的伊斯兰教思想观念，但这个民族群体一开始即比较容易接受中国传统思想文化尤其是儒家思想文化的影响。

（一）忽必烈时期赛典赤·赡思丁以儒治滇

有元一代，成吉思汗胜利完成西征之后，东迁而来的大批穆斯林（元代称为"回回"）入居中国，在思想意识形态方面他们处身其间的是一个从内容到形式都丰富多彩、万象纷呈的中国传统思想文化体系，耳濡目染、"适者生存"地受到影响和自觉非自觉地接受着它的熏陶，于是在回族中相继产生了一批熟悉中国传统思想文化的学者和政治家。他们中有的甚至比较系统地接受了儒家思想文化的世界观、人性论、价值观和伦理道德观念，并在学习、践行和研磨体验中做出了一定成就。元末明初出现了"以回附儒"的初步倾向，即以伊斯兰教教义附会儒家学说，以扩大伊斯兰教的社会影响。①

忽必烈时期的回回赛典赤·赡思丁，在治滇期间，"创建孔子庙、明伦堂，购经史，授学田，由是文风稍兴"②，即在云南少数民族地区积极引进儒家思想文化，劝导各族子弟入学进取，改变观念，接受教化，传播儒学，兴起文明之风。赛典赤·赡思丁以儒治滇的治政实践及其影响，可以归纳为三点。一是积极传播推行儒学思想观念和文化，兴文明之风，既移风易俗又因俗而治。《元史》载："云南俗无礼仪，男女往往自相配偶，亲死则火之，不为丧祭。无精稻桑麻，子弟不知读书。赛典赤教之拜跪之节，婚姻行媒，死者为之棺椁奠祭，教民播种，为陂池以备水旱，创建孔子庙明伦堂，购经史，授学田，由是文风稍兴。云南民以贝代钱，是时初行钞法，民不便之，赛典赤为闻于朝，许仍其俗。"③

二是行仁政之治，亲践儒学仁礼观念。当有土吏诬告赛典赤在云南"专僭"时，赛典赤非但不治其罪，反而以宽仁的态度命之以官，使其"竭忠自赎"，收效奇显。《元史》载："有土吏数辈，怨赛典赤不已，用至京师诬其专僭数事。帝顾侍臣曰：'赛典赤忧国爱民，朕洞知之，此辈何敢诬告！'即命械送赛典赤处治之。既至，脱其械，且谕之曰：'若曹不知上以便宜命我，故诉我专僭，我今不汝罪，且命汝以官，能竭忠自赎乎？'皆叩头拜谢曰：'某有死罪，平章既生之而又官之，誓以死报。'"④另有，"交趾叛服不常，湖广省发兵屡征不利，赛典赤遣人谕以逆顺祸福，且约为兄弟。交趾王大喜，亲至云南，赛典赤郊迎，待以宾礼，遂乞永为藩臣"。"萝盘甸叛，往征之，有忧色，从者问故，赛典赤曰：'吾非忧出征也，忧汝曹冒锋镝，不幸以无辜而死；又忧汝曹劫虏平民，使不聊生，及民叛，则又从而征之耳。'"⑤赛典赤拒绝杀戮，以仁以礼"以理服人"，安抚百姓，表现出典型的儒官形象，"由是西南诸夷翕然款附。夷酋每来见，例有所献纳，赛典赤悉分赐从官，或以给贫民，秋毫无所私；为酒食

---

① 见孙俊萍《伊儒合璧的回族哲学思想》，宁夏人民出版社 2008 年版，第 18 页。
② 《元史》卷一百二十五，《赛典赤赡思丁传》，中华书局 2013 年版，第 3065 页。
③ 《元史》卷一百二十五，《赛典赤赡思丁传》，中华书局 2013 年版，第 3065 页。
④ 《元史》卷一百二十五，《赛典赤赡思丁传》，中华书局 2013 年版，第 3065 页。
⑤ 《元史》卷一百二十五，《赛典赤赡思丁传》，中华书局 2013 年版，第 3065—3066 页。

劳酋长，制衣冠袜履，易其卉服草履。酋皆感悦"①。

三是深刻的儒政影响。赛典赤治滇六年，元至元十六年（1279）卒，百姓巷哭，葬鄯阐北门。交趾王遣使者十二人，齐经为文致祭，其辞有"生我育我，慈父慈母"②之语。可见赛典赤在我国南部西南的交趾、罗盘等少数民族地区的重要影响，赛典赤以儒治滇的治政实践，表明其突出的以仁为核心的治政观、价值观的儒者身份，与他的回回民族身份联系起来，两种身份特征共同在我国云南边陲少数民族地区深深扎下了根，接续南诏大理的中原儒学之脉，进一步形成了云南少数民族儒家文化传统。当今云南地区的回族或有可能追溯到赛典赤者。然而，赛典赤只是在他的理政领域和社会层面推行儒学教化、儒家文化之影响，在学术思想上思考研磨儒学理论，尚缺乏自觉，因此并无建树。

（二）元代后期回族学者兼政治家赡思的儒学研究

元代后期的回回学者兼政治家赡思（1278—1351），自幼受到儒学熏染，精通经史，著有《四书阙疑》《五经思问》《奇偶阴阳消息图》等儒学著作，具有一定影响，惜其著作已佚，从《四书阙疑》《五经思问》两著作的名称来看，当属儒学研究之作。就《元史·儒学传》对赡思的记载来看，其儒学造诣或贡献可归结为两点。其一，赡思"邃于经，《易》学尤深"③。赡思的父亲斡直，是一位从儒问学、轻财重义、不干仕进的人。赡思幼年时能日记古经传至千言，后来曾博极群籍，召为应奉翰林文字，著《帝王心法》，并有《四书阙疑》《五经思问》《奇偶阴阳消息图》及文集30卷。赡思家贫，竟至馆粥或不继，其考订经传，常自乐也。其二，突出的儒学价值观和践履笃行的实学观。赡思在拜陕西行台监察御史时，曾上封事十条："法祖宗，揽权纲，敦宗室，礼勋旧，惜名器，开言路，复科举，罢数军，一刑章，宽禁网。"此十事中，充分显示出赡思对于儒家君臣礼义仁恕等思想观念以及诸如科举"礼制"的肯认。同时，《元史》载，赡思研读儒学，往往"见诸践履，皆笃实之学"④，"赡思历官台宪，

---

① 《元史》卷一百二十五，《赛典赤赡思丁传》，中华书局2013年版，第3066页。
② 《元史》卷一百二十五，《赛典赤赡思丁传》，中华书局2013年版，第3066页。
③ 《元史》卷一百二十五，《赛典赤赡思丁传》，中华书局2013年版，第4353页。
④ 《元史》卷一百二十五，《赛典赤赡思丁传》，中华书局2013年版，第4351页。

所至以理冤泽物为己任,平反大辟之狱,先后甚众,然未尝故出人罪,以市私恩"①。体现了赡思仁民爱物、公正无私的儒者情怀和仁义精神。

以元初的赛典赤·赡思丁和元后期的赡思为代表,标志着元代正在初步形成中的回回民族在哲学思想文化上与代表中国传统文化之一的儒学的密切关系。这种关系表明了元代回回民族在精神文化上的伊斯兰宗教信仰、代表中国思想文化传统的儒学,以及介于这二者之间的亦伊亦儒等观念取向的选择或徘徊状态,于是常常出现"以回附儒"的文化现象,也就是不难理解的了。这种情况在元代的一些碑文中较为多见。元代至正年间河北定州的《重建礼拜寺记》说:"予惟天下之教,儒教尚矣,下此而曰释与老",认为佛、道"虚无寂灭不免于妄,且其去人伦,逃租赋,天下之人而入无父无君之域,则其教又何言哉!"碑文对儒家学说取崇尚肯定的态度,并认为伊斯兰教与儒家思想在肯定人伦、社会、世间方面是相同的,"奉正朔躬庸祖,君臣之义无所异;上而慈下而孝,父子之亲无所异,以至于夫妇之别,长幼之序,朋友之信,举无所异"。伊斯兰教的认主、五功等根本教义,"夫不惟无形无象"与《周易》"无声无臭"之旨相吻合,抑且五伦全备与《周书》的"五典五义又符契而无所殊焉"。② 这种"以回附儒"的迹象和趋势表明,在回回民族的精神世界中,伊斯兰文化的中国化以及中国儒家文化因熏染伊斯兰文化而更富多样性特点,都是难以避免的,也预示了元代之后明清时期"伊儒会通"趋势和思想文化走向的到来。

二 明代海瑞奉儒与李贽的"异端"儒学思想

明代是理学大放异彩的时期,朱熹理学获得了独尊的学术地位和科考取士所依照之思想标准的政治教科书地位,出现了以罗钦顺、王廷相为代表的气本体论哲学理论形态,更有以王守仁为轴心的心学理论体系对朱熹理学的全面突破,当然也有明末清初回应理学衰落的理学批判思潮对于儒学发展的思考和努力。在这样的思想学术理论背景下,儒学对于有明一代

---

① 《元史》卷一百二十五,《赛典赤赡思丁传》,中华书局2013年版,第4352页。
② 甘肃民族研究所编:《伊斯兰教在中国》,宁夏人民出版社1982年版,第58—60页。

包括回族在内的各少数民族学者、思想家、政治家以及整个少数民族地区和社会的影响覆盖，就是很自然的了。我国回族在明代已逐渐形成为一个民族共同体。儒学对于回族哲学思想观念和民族文化的影响，总体上看，比较普遍的现象是回族群体在社会生活中使伊斯兰教礼制、规范及宗教活动，带有较多儒家文化的观念因素和文化内容，以至在回族的伊斯兰宗教习俗方面带上了一定程度的儒家色彩。从学者、思想家、政治家个体来说，比较显著的儒学影响表现出，奉行理学、儒学与从学理上批判理学以推进儒学发展两种方向，这两种方向以偏于奉行践履理学、儒学的海瑞和激烈反儒的李贽为代表。

（一）海瑞以心为本检讨朱陆的儒学思想及其奉行践履

海瑞（1514—1587），字汝贤，自号刚峰，生于海南岛琼山（今海口市），其祖辈是回族人海答儿，于明代洪武年间从军来到海南岛，此后落户于海南琼山。海瑞自幼清贫和受儒学熏陶，后官至右佥都御史、吏部右侍郎、右都御使等职，以清廉和刚直不阿而著称于世。从治政来说，海瑞属于清明儒官；从哲学观念和思想理论来看，海瑞受孟子、宋明陆王心学影响，强调"心"的地位和作用，反对离"心"外求，具有心本论的基本哲学立场，坚持"学也者，学吾之心也。先圣人得心所同然于古，是以有古之学，学非外也。问也者，问吾之心也。贤人君子得心所同然于今，是以有今之问，问非外也。学问之功，为求放心而设"① 的"学问人心""致知力行"合一之道。

海瑞在本体论、工夫论上都明显受到陆王心学的深刻影响。归结言之，大致有四个方面。其一，王学背景下坚定的心本论观念。《明史》谓："嘉、隆而后，笃信程、朱，不迁异说者，无复几人矣。""姚江之学，别立宗旨，……门徒遍天下，流传逾百年，其教大行（当然也'其弊滋甚'）。"② 即在明代中后期的百年间，阳明心学成为占据理学舞台的主要角色。成长和为官于16世纪明代嘉隆、万历年间的海瑞，自然深受陆王心学的熏陶和影响，并且养成和确立了坚定的心本论哲学观念。他说："天地

---

① 《海瑞集》，中华书局1962年版，第502页。
② 《明史》卷二八二，《儒林传》，中华书局2013年版，第7222页。

间止是此一个天理人心，夷狄盗贼亦止是此天理人心，无二道也。"①"维天之命，其在人则为性而具于心，古今共之，圣愚同之。得此而先，尧舜禹有'危微精一，允执厥中'之传；得此而后，孟子有'求放心'、'先立乎其大'之论。未有舍去本心，别求之外，而曰圣人之道者。轲之死不得其传，而人心之天则在也。"②"天地万物本同一体，自天子以至途人一也。……故天地万物，举而属之我一人之身，举而任之为我一人日用常行之道。人不我用，然而退而守之，而万物一体之心则未尝一日息也，从古圣贤，道盖如此。"③ 海瑞之心论，可以说是远承孟子"万物皆备于我"、近取陆王"先立乎其大""心之本体无所不该"之说。认为陆子"平日拳拳以'求放心，先立乎其大'为教"，"阳明致良知，……多说在心性上，……犹第一义也"。④ 然而比及陆王，海瑞犹然指出其"陆子不免少溺于俗"，"阳明鹘突其说诚有之"。⑤ 比起陆王来，海瑞甚至认为其心学要更为精纯。

其二，工夫论上的"求复其初（良）"和"发明本心"。建立在心本论哲学观念基础上，海瑞之修养方法即工夫论思想基本上也是承袭陆王，坚持"先立乎其大""存心养性""求复其初"和"求放心"，即"发明本心"。他说："学问人心，合一之道。……学也者，学吾之心也。先圣人得心所同然于古，是以有古之学，学非外也。问也者，问吾之心也。贤人君子得心所同然于今，是以有今之问，问非外也。学问之功，为求放心而设。……下焉者就学复其初，上焉者涵泳从容，得养以正。……维彼视学问为辞章，视为爵禄阶级，甚至假之以快其遂私纵欲之心，扇之以炽其伤善败类之焰，失圣人问学之意矣。"⑥ "然学求以复其良而已，……圣贤以识真诲人，其说备在方册，踊跃于讽咏而不能以自已，昂昂然张胆明目，直欲毫发终行之此日新之地也。"⑦ 海瑞把修养工夫分为"贤人君子"（"上焉者"）、"贤人而下"（"下焉者"）两种，认为"贤人君子"的"上

---

① 《海瑞集》，中华书局1962年版，第211页。
② 《海瑞集》，中华书局1962年版，第323页。
③ 《海瑞集》，中华书局1962年版，第320页。
④ 《海瑞集》，中华书局1962年版，第324、325页。
⑤ 《海瑞集》，中华书局1962年版，第324、325页。
⑥ 《海瑞集》，中华书局1962年版，第502—503页。
⑦ 《海瑞集》，中华书局1962年版，第3页。

第十四章　回族哲学文化与儒学

焉者"由于不失本心,所以能够"涵泳从容,得养以正";"贤人而下"的"下焉者"由于本心的放逸,所以需要"求放心""求复其初(良)""学复其初(良)",即复其本然之心。"求放心""求复其初(良)""发明本心",显然是承接孟子之传、绍继陆王之学,尤其近于陆九渊。陆九渊训"格物致知"为"研究物理"和"减担子",王阳明主"格心之非""知行合一""存心""不失德性"。在海瑞看来,从知行关系上说:"圣门之学在知行。德行属行,讲学属知。慎自修饬者,决无不讲之学。真实读书者,肯弃身于小人之归乎!是故知行非有二道也。""孟子曰:'学问之道无他,求其放心而已矣。'盖言所知所行,无非为存心设法也。"① 不难看出,海瑞对于"讲学""读书"的"道问学"工夫是肯定的,只是"所知所行,无非为存心设法"而已,即在宋明理学所辩论的"道问学"与"尊德性"的关系上,海瑞基本是王学的进路。②

其三,理论特点上的辨朱陆与是陆王而非朱子。《海瑞集》有"朱陆"篇,是辨析检讨朱陆的集中论述。首先,海瑞说:"朱陆之论定久矣。何自而辨之?辨之以吾之心而已。"表明了其鲜明的心本论和陆王心学理论立场,也决定了其必定抱有是陆王而非朱子的态度。其次,对于陆王的肯定,前已述及。认为陆子得乎孟子"精一执中"之旨,"圣人不废学以为涵养。是以《中庸》有'尊德性而道问学'之说。贤人而下,不废学以求复初,是以孟子有'学问之道,求其放心'之说。子思、孟子传自尧舜,陆子识之。""心知其然。平日拳拳以'求放心,先立乎其大'为教。闻彼也自闻而已。见彼也自见而已。犹有得之。"③ "阳明致良知,其什经不取朱子之说者,多说在心性上。……不失为本原之养也,犹第一义也。"④ 海瑞充分嘉许和认同陆王之学。但同时也指出,陆子不免"少溺于俗","不免应举子业,即其《语录》《文集》《年谱》,可见余力学文,尚不如是

---

① 《海瑞集》,中华书局1962年版,第14页。
② 王阳明说:"道问学即所以尊德性也,晦翁言'子静以尊德性诲人,某教人岂不是道问学处多了些子',是分尊德性、道问学作两件,且如今讲习讨论,下许多工夫,无非只是存此心,不失其德性而已。"(《王阳明全集·传习录下》)在王阳明这里,"尊德性"与"道问学",只是一种修养工夫中的目标与过程或目的与手段的关系。海瑞在修养方法上终归于王学之论。
③ 《海瑞集》,中华书局1962年版,第323、324页。
④ 《海瑞集》,中华书局1962年版,第325页。

· 247 ·

也。自传心之法视之,犹俗学也";"阳明鹘突其说诚有之"。① 最后,对于朱子的检审,认为朱子主要是"舍去本心"和"溺于诵说""读书为先,求心反为后"。② 其理据在于,"朱子笃信《大学》,平生欲读尽天下之书,议尽天下之事,'引而伸之,触类而长之,天下之事毕矣'"。朱子以"格物""致知"为《大学》"头一事"。其实是"入门一差,是以终身只做得《大学》先之之功,不尽得《大学》后之之益,无得于心,所知反限"③。"舍去本心,日从事于古本册子,章章句句之。好胜之私心,好名之为累,据此发念之初,已不可以入尧舜之道矣。"④ 海瑞总结朱熹平生把"读书""致知"作为"头一事","求心反为后",是颠倒了"道问学"与"尊德性"、"致知"和"力行"的关系。海瑞认为,其实"道问学"是为"尊德性"而设。朱熹重视《大学》之道,但认为其宗旨为"格物致知",也是误读了,《大学》之旨在于"正心诚意"而已。这些思想观念基本上可见之于王阳明"格物""致良知"之说。

因此,仅从修养方法的工夫论上而言,海瑞的辨别朱陆与是陆王而非朱子;如果转换视域,纵观海瑞一生的论述及其儒学践行,似可得出海瑞是经过朱子但不归结于朱子而归结于陆王,归结于陆王但又不拘泥或固守陆王,而是上宗孔孟兼取程朱之说。并且,如果再联系到海瑞所处的历史时代,已是明代中后期王学"大行""其弊滋甚"的时期,王学"良知本心""无善无恶"之说的风靡,虽然救正了程朱理学桎梏于章句经学之弊,但也给理学之道德实践带来了一种破坏性更大的结局。换言之,"在王学'无善无恶'、从心所欲的剥蚀下,使理学道德实践呈现'荡'的颓状固然是显著的,程朱理学教条带来理学道德'拘'的衰蜕,即使在王学风靡之势下亦不可掩"⑤。这个时期的海瑞在理论观念上尽管具有明确的心学倾向,但亦体现出徘徊于陆王程朱之间的特点,其奉儒以行的思想实践,更印证了当时在程朱理学权威压抑下,理学道德实践中理性因素的衰减,甚至带来了作伪的弊端,而且有时还有更严重的甚至是惨烈的结局。明人姚士

---

① 《海瑞集》,中华书局1962年版,第323—325页。
② 《海瑞集》,中华书局1962年版,第323、324页。
③ 《海瑞集》,中华书局1962年版,第323页。
④ 《海瑞集》,中华书局1962年版,第323页。
⑤ 崔大华:《儒学引论》,人民出版社2001年版,第664页。

麟《见只编》载："海忠介有五岁女，方啖饵，忠介问饵从谁与？女答曰僮某。忠介怒曰：'女子岂容漫受僮饵，非吾女也，能即饿死，方称吾女。'此女即涕泣不饮啖，家人百计进食，卒拒之，七月而死。余谓非忠介不生此女。"①（《见只编》卷上）如果确如明人姚氏所述，海瑞家庭生活中发生的这幕惨剧，虽尚不能玷其"忠介"之谥，却是理学弊端在他身上烙下的痕迹。就儒学理论的践行而言，海瑞的这种理学道德践履，对其影响更大的，恐怕不能说是陆王心学，而是程朱理学了。

（二）李贽与回族的关系及其在理学批判思潮中的"异端"儒学思想

接下来，我们再来考察与海瑞同样具有回族血统和族属且几乎同时期的士人学者李贽，他鲜明地反对理学，却从另一种意义上促进了对儒学的反思，促进了儒学的发展。

首先，李贽的家世和族别。应该说，明代李贽的回族族属，无论是从其先祖家世的血缘关系和近回环境，还是从他一生最终归伊、信佛染儒的信念或观念历程来看，都有些扑朔迷离、复杂难辨。但若一言以蔽之，似可谓李贽是一位有回族穆斯林血统且具有一定伊斯兰教认同的民族学者。其根据有二：一是当今学者林海权教授《李贽年谱考略》②附录二"李贽家世考"，李贽的家世从其二世祖以下七世祖而上"都信奉回教"。具体是："李贽的二世祖林驽于洪武年间奉命航海到忽鲁谟斯，娶色目人，信奉回教，受戒于清净寺，号为顺天之民。这是林驽一派子孙信奉回教的开端。泉州《李氏族谱》在《二十世祖》条下说：'祖伯讳驽，字景文，长子。航吴泛越为泉巨商。洪武丙辰九年（1376）奉命发舶西洋。娶色目人。遂习其俗，终身不革。今子孙蕃衍，犹不去其异教。'……这是说林间子孙自二世以下七世以上都信奉回教。李贽是林间的第八世孙，但他并不信奉回教。惠安白奇《郭氏族谱·适回辨》说：'清真寺……非华夏之教也。而自元明之乡贤论之，金讳时舒先生……林讳越先生，林讳奇材先生，李讳贽先生……虽父祖皆回，及诸先生发明圣道，昭贤哲于春秋，报馨香于俎豆，则可知吾儒之所学。'""李贽自幼不信仙释，年四十以后，

---

① （明）姚士麟：《见只编》，商务印书馆1936年版，第3—4页。
② 林海权：《李贽年谱考略》，福建人民出版社1992年第1版、2005年第2版。

大病欲衰，……这才深信佛道，晚年又因愤于被目为'异端'，遂尔落发为僧，但并'非谓真实应如此也'。"①

二是李贽卒年所写《遗言》。李贽于明万历三十年（1602）被捕入狱前的初春卧病，大致月余病转甚，于二月初五日草《遗言》付僧徒。《遗言》曰："倘一旦死，急择城外高阜，向南开作一坑，长一丈，阔五尺，深至六尺即止。既如是深，如是阔，如是长矣，然复就中复掘二尺五寸深土，长不过六尺有半，阔不过二尺五寸，以安予魄。既掘深了二尺五寸，则用芦席五张填平其下，而安我其上，此岂有一毫不清净者哉！我心安焉，即为乐土，勿太俗气，摇动人言，急于好看，以伤我之本心也……此是余第一要紧言语。我气已散，即当穿此安魄之坑。……未入坑时，且阁我魄于板上，用余在身衣服即止，不可换新衣等，使我体魄不安。但面上加一掩面，头照旧安枕，而加一白布中单总盖上下，用裹脚布廿字交缠其上。以得力四人平平扶出，待五更初开门时寂寂抬出，到于圹所，即可装置芦席之上，而板复抬回以还主人矣。既安了体魄，上加二三十根椽子横阁其上。阁了，仍用芦席五张铺于椽子之上，即起放下原土，筑实使平，更加浮土，使可望而知其为卓吾子之魄也。周围栽以树木，墓前立一石碑，题曰：'李卓吾先生之墓'。字四尺大，可托焦漪园书之，想彼亦必无吝。……幸勿移易我一字一句！二月初五日，卓吾遗言。"② 李贽《遗言》内容表明，在其卒后葬仪总体上符合穆斯林丧葬仪轨，且强调告诫"尔等不可不知重也"，尽管李贽并未明言按穆斯林葬仪安葬，但其实际交代的文字透露了其明显的倾向。那么，李贽这样的《遗言》，其观念认同除回族的伊斯兰教信仰外，又能作何解读呢！而且，又特别是他在临终遗言中所表达的这种对伊斯兰丧葬习俗的观念认同，更足以说明，李贽的出身血统和身后归宿，都没有脱离回族的族属和群体。这也是我们在考察儒学与我国少数民族哲学关系的历史发展这一课题的回族之本章中，将李贽儒学和其思想观念作为其中重要内容来考察的基本缘由。

其次，李贽思想的来源和承继。他是一个理学或宋明道学的反叛者，又是一个以反儒非儒且思想观念中浸透了佛学观念而阐释儒学命题、哲学

---

① 林海权：《李贽年谱考略》，福建人民出版社2005年第2版，第511、512页。
② （明）李贽：《焚书 续焚书》，中华书局2011年版，第407—410页。

理论的"异端"儒学家。从其思想观念的学术渊源来说，他主要继承阳明心学体系。如果按照正常或一般的学术统绪而言，应该说，李贽学无师承。但若从其道友胜己知己和所私淑者角度看，阳明学派重要或代表人物对李贽思想观念的影响，无疑是主要的、重要的和首要的。李贽说："故宏甫（李贽号）之学虽无所授，其得之弱侯（焦竑字）者亦甚有力。……故世之为不朽，故以交于侯者，非一宏甫也。然惟宏甫为深知侯，故弱侯亦自以宏甫为知己。"① 又说："心斋之子东崖公，贽之师。"② 心斋，即王艮（1483—1541），号心斋；东崖，即王襞（1515—1587），号东崖，王艮次子。李贽无疑又是弘扬王畿（1498—1583，字汝中，号龙溪，学者称龙溪先生，师事王守仁，为浙中王门创始人）之学之得力者。清末学者黄节《李氏焚书跋》谓："卓吾学术渊源姚江。盖龙溪为姚江高第弟子，龙溪之学一传而为何心隐，再传而为卓吾。……夫卓吾以孔子之是非为不足据，而尊龙溪乃至是。由是言之，亦可以知卓吾学所从来矣。"③ 李贽的人生道德学问同时受到王门后学罗汝芳（1515—1588，字维德，号近溪，江西人）的重要影响。他曾说："虽不曾亲受业于先生之门，而愿买田筑室厝骸于先生之旁者，念无时而置也。"④ 学界一般视李贽为阳明后学泰州学派之中坚，从其与焦竑的深入交往交流，对王襞、罗汝芳的尊崇态度，及其思想观念特质，确可如是说。同时，从他对于王畿包括何心隐之学的服膺而言，李贽"甚至更为看重王畿学"⑤。与李贽基本同时代的明儒许孚远（1535—1604）谓："姚江之派复分为三，吉州（罗念庵）仅守其传；淮南（王艮）亢而高之；山阴（王畿）圆而通之。而亢与圆者，各有其流弊，颜（颜钧）、梁（何心隐）之徒本于亢而流于业肆；盱江（罗汝芳）之学出于亢而入于圆；其后姚安（李贽）者出，合圆与肆而纵横其间，始于怪僻，卒于悖乱，盖学之大变也。"⑥ 统而言之，泰州学派、浙中王门，均属阳明心学、理学、儒学。李贽思想学术当然不只源于阳明之学，今有学者

---

① （明）李贽：《续焚书》，中华书局2009年版，第55页。
② （明）李贽：《续焚书》，中华书局2009年版，第90页。
③ （明）李贽：《焚书》（上），张建业译注，中华书局2018年版，第1440页。
④ （明）李贽：《焚书》（上），张建业译注，中华书局2018年版，第723页。
⑤ 王宝峰：《李贽儒学思想研究》，人民出版社2012年版，第112页。
⑥ 转引自吴震《泰州学派研究》，中国人民大学出版社2009年版，第31页。

论述说:"黄宗羲以正统观念批判王艮、王畿使阳明学堕入禅道,尤其是泰州后学(所谓狂禅派),更是直接挑战儒教社会道德底线,成为阳明学之罪人。以往学者顺黄宗羲此说,认为李贽即是此泰州后学,狂禅之代表人物。李贽虽受王襞、罗汝芳等泰州学派学者影响,然而,其学三教共进,百家兼许,经史并容,以探究性命下落为旨归,一心向道,殊非泰州一派所能拘囿。"① 还有学者说,李贽是一位超出当时任何学派的学无常师而又特立独行的思想家。② 我们认为,这些论说均是比较符合李贽的实际思想面貌的。关于李贽思想受到阳明学派之外如包括佛学等的深刻影响③,于此恕不再赘述。

再次,李贽自然人性论或童心说的哲学思想。从李贽立于反儒立场的理学批判精神来看,他主要是以自然人性论或"童心"说,揭露理学家虚伪的本质,判定理学欺世。换言之,自然人性论或童心说是李贽思想的主要哲学基础。如前所述,泰州学派的罗汝芳曾有赤子之说。李贽童心说,应是深受罗汝芳思想的影响。李贽说:"童心者,真心也。""童心者,绝假纯真,最初一念之本心也。""《六经》《语》《孟》,乃道学之口实,假人之渊薮也,断断乎其不可以语于童心之言明矣。"④ 童心即真心,真心即本心。本心包括人的私欲之心、势利之心等,即人的私欲之心、势利之心也是人的真心、本心。李贽说:"私者人之心也。人必有私而后其心乃见;若无私则无心矣。"⑤ "势利之心亦吾人禀赋之自然。"⑥ "口谈道德而志在穿窬。"⑦ "欺天罔人者必讲道学,以道学之足以售其欺罔之谋也。"⑧ 李贽关于童心、真心、本心的论述,应该说蕴含着深刻的思想观念:认为人应秉持必有皆有之童心、真心和本心,而不应或不要欺世盗名、欺天罔人,此其一。如果假圣人、道德、道学之名以济其私售其私,如以《六经》

---

① 王宝峰:《李贽儒学思想研究》,人民出版社2012年版,第113页。
② 吴震:《泰州学派研究》,中国人民大学出版社2009年版,第38页。
③ 如李贽在致友人书中自谓:"弟学佛人也,异端者流,圣门之所深辟。"(李贽:《焚书》,中华书局2009年版,第253页)
④ (明)李贽:《焚书》(上),张建业译注,中华书局2018年版,第585、590页。
⑤ (明)李贽:《藏书》卷三十二,《德业儒臣后论》,中华书局1959年版,第544页。
⑥ 《李贽文集》,社会科学文献出版社2000年版,第358页。
⑦ (明)李贽:《焚书》(上),张建业译注,中华书局2018年版,第262页。
⑧ (明)李贽:《初潭集》,中华书局1974年版,第345页。

《语》《孟》为口实，则是假圣人、假道德、假道学，此其二。其三是李贽所抨击的是那些不能秉持人所必有的童心、真心和本心，而处处沽名钓誉、虚假不实不真的假道学、假道德、假圣人，而非痛斥真正的道学和圣人。他曾说："孔尼父亦一讲道学之人耳，岂知其流弊至此乎！"① 就是说，孔尼父所讲的就是道学，但他并没有想到会造成后人假借其道学来达到其欺世目的的流弊。我们认为，这就是或者这才是李贽真正的思想观念——李贽实际的儒学思想观念。他甚至把孔颜思孟之后汉宋以来诸儒之言行，大都归于非真儒的行列，唯有阳明之良知、近溪赤子之心，或者"龙溪先生语""阳明先生书"，才是得道真人之论，才是能够和可以肯定的、推许的。不难看出，李贽"童心"之说在本质上是近于阳明良知之论的。他所谓之"童心"受到外来闻见、道理、名誉等种种刺激引诱就会失去本来面目，即阳明所谓"良知不能不昏蔽于物欲"；李贽所谓"古之圣人，曷尝不读书哉？然纵不读书，童心固自在也；纵多读书，亦以护此童心而使之勿失焉耳"②，即王阳明所谓"学以去其昏蔽，然于良知之本体，不能加损于毫末也"③。李贽在其《阳明先生年谱后语》里说："余自幼倔强难化，不信道，不信仙释。故见道人则恶，见僧则恶，见道学先生则尤恶，……不幸年甫四十，为友人李逢阳、徐用检所诱，告我龙溪先生语，示我阳明先生书，乃知得道真人不死，实与真佛、真仙同，虽倔强，不得不信之矣。"④

最后，李贽的儒学与理学批判思潮及释道伊三教。无论是阳明心学对其的直接接引，还是孔子儒学对其深刻的模塑，抑或理学之弊及当时假道学所造成的社会乱象对他的负面震动，都足以表明儒学对李贽这一具有特殊身世和民族身份的士人学者的重要影响。从完整的中国思想史的角度看，明清理学批判思潮中李贽在反儒立场上的理学批判是有价值的。"李贽思想是对理学弊端最激烈、狷急的回应形式，多有可深究之处。"⑤ 如李贽在骨子里和观念深处明确表示自己对于儒者身份的认同，即他自谓儒和"实儒"。他撰《初潭集序》开宗明义即说："夫卓吾子落发也有故，故虽

---

① （明）李贽：《初潭集》，中华书局1974年版，第345页。
② （明）李贽：《焚书》（上），张建业译注，中华书局2018年版，第586页。
③ 《王阳明全集》（新编本），吴光等编校，浙江古籍出版社2011年版，第68页。
④ 《王阳明全集》，吴光等编校，上海古籍出版社1992年版，第1064页。
⑤ 崔大华：《儒学引论》，人民出版社2001年版，第677页注①。

落发为僧，而实儒也。是以首纂儒书焉，首纂儒书而复以德行冠其首。然则善读儒书而善言德行者，实莫过于卓吾子也。"并称："余既自幼习孔氏之学矣，是故亦以其学纂书焉。"① 即说，李贽所致力追求、追寻的是基于道的真正的儒，是不随俗众甚至父师和儒先的、能够真正理解孔子和儒学思想精义的"实儒"，因此，他完全或丝毫不在乎被目为异端，且索性接过来"异端"之名，不遗余力地揭露、批判各色假道学、假道德、假儒学，甚至常常表现出一种普遍性、整体性的批判立场，而被视为"狂悖乖谬，非圣无法""敢为异论"之人，尤其对以程朱为代表或假程朱思想以求富贵的士大夫所秉持之理学，其径直就说他们为是宋儒而痛加挞伐。如他说："孔之疏食，颜之陋巷，非尧心欤！自颜氏没，微言绝，圣学亡，则儒不传矣。故曰：'天丧予。'何也？以诸子虽学，夫尝以闻道为心也。则亦不免士大夫之家为富贵所移尔矣，况继此而为汉儒之附会，宋儒之穿凿乎？又况继此而以宋儒为标的，穿凿为指归乎？人益鄙而风益下矣！无怪乎其流弊至于今日，阳为道学，阴为富贵，被服儒雅，行若狗彘然也。"② 李贽以激烈、狷急的形式反对道学或理学弊端，与当时的许多卓越学者共同汇成明清间的理论批判思潮，在当时社会处在具有法权性质的理学观念笼罩之下，理学弊端、颓败给社会生活带来伤害和不利影响的背景下，李贽参与其间的理学批判思潮无疑具有社会救赎和促使理学、儒学反思更新的重大积极作用和意义。当然，由于李贽的激烈和狷急，不仅是理学家，无怪乎就连同为理学批判思潮中的中坚学者如黄宗羲、顾炎武、王夫之等，也多对李贽持以排斥、诟病的态度。

如前已述，李贽思想浸透了佛学观念甚至信佛佞佛，对于道家、墨学等也无不给予肯定性论述。但是，我们认为，李贽在本质上是归于儒的。他在耳顺之年后写有《三教归儒说》，说："儒、道、释之学，一也，以其初皆期于闻道也。"③ 所谓"三教归儒"，即李贽认为，儒释道三教皆期于闻道，佛、道期于闻道则求出世以免除人世富贵所带来的痛苦，尧、舜、孔、颜对道本身有着超乎寻常之热情和追求，乃至可以朝闻夕死、疏食陋

---

① （明）李贽：《初潭集》，中华书局1974年版，第1、2页。
② （明）李贽：《焚书 续焚书》，中华书局2011年版，第388页。
③ （明）李贽：《焚书 续焚书》，中华书局2011年版，第386页。

第十四章　回族哲学文化与儒学

巷，不改其乐，李贽以此批判当时唯以富贵为念的假道学。李贽对于儒释道三教本质的理解未必完全正确，但其不是真正要归宗于和完全信仰于佛、道，则是非常明确的。亦如前文所引，李贽自谓"余自幼倔强难化，不信道，不信仙释"，只是后来在熟谙了阳明、龙溪之学，知其在与佛禅有一致性时，方才对于佛道有一定信服而已。至于李贽出身于有穆斯林血统和伊斯兰信仰的世家及临终遗言以穆斯林葬仪为归的这一点，也显示了李贽在明代与我国回回民族群体保持若即若离之貌，此也是毋庸置疑的。在这样的视角和学术维度上，把李贽儒学与我国少数民族中的回族哲学文化，置于其关系的历史发展序列中进行考察，其重要意义和价值，同样是不言而喻的。而且李贽的反儒和与他同时期的海瑞奉儒，共同构成并代表了明代中后期我国回回民族在思想观念上推进中华文化发展的贡献和特色。

　　这里还要阐明的是，李贽在思想观念和学术精神上反儒①，而在其理论研究、意识形态和治政实践中，却是或者同时包含着和合宽容、多元并包的精神与特色。这方面实有诸多可总结列举、概括落墨之笔，于此仅简略言三点。一是从李贽的整个思想面貌而观，因为要坚持求道闻道的理念而欲为真儒、实儒，其唯独苛责于儒家、儒学一脉的诸多附会穿凿和假儒伪学，而对于儒教之外的诸如释、道、伊、耶等所谓异教，一概不曾反对或抨击，例如关于佛教，他学佛、信佛甚至达到了佞佛的程度，其他文化体系亦皆或有所取，或有所用，或有所认同。二是李贽这样的思想态度和观念意识，同时构成了李贽生活和治政实践的思想理论基础。且看其所著《论政篇》的观点："盖余尝闻于有道者而深有惑于'因性牖民'之说焉。……夫道者，路也，不止一途；性者，心所生也，亦非止一种已也。……且夫君子之治，本诸身者也；至人之治，因乎人者也。本诸身者取必于己，因乎人者恒顺于民，其治效固已异矣。夫人之与己不相若也。有诸己矣，而望人之间有；无诸己矣，而望人之同无。此其心非不恕也，然此乃一身之有无也，而非通于天下之有无也，而欲为一切有无之法以整齐之，惑也。于是有条教之繁，有刑法之施，而民日以多事矣。其智而贤

---

① 通过我们的考察可知，李贽的"反儒"，其实确切地说应视为反"儒"，即他认为违背了尧、舜、孔、颜闻道、求道真精神和思想精义的所谓的"儒"，也就是那种假借孔子、圣人之名义以期求闻达富贵的所谓的儒或曰假儒学、假道学、假理学，由此，李贽不仅抨击揭露汉儒附会、宋儒穿凿，甚至就是孟子，也在李贽诟病批评之列。

· 255 ·

者，相率而归吾之教，而愚不肖则远矣。于是有旌别淑慝之令，而君子小人从此分矣。岂非别白太甚，而导之使争乎？至人则不然，因其政不易其俗，顺其性不拂其能。闻见熟矣，不欲求知新于耳目，恐其未寤而惊也。动止安矣，不欲重之以桎梏，恐其挚而颠且仆也。今余之治郡也，取善太恕，而疾恶也过严。夫取善太恕，似矣，而疾人之恶，安知己之无恶乎？其于反身之治且未之能也，况望其能因性以牖民乎？"[1] 李贽认为有"本诸身"的"君子之治"和"因乎人""因性牖民"的"至人之治"。与基于治者主观好恶，使天下顺从自己意愿的"君子之治"不同，"至人之治"，是施政以宽为要，以民俗民性为本，顺百姓之本性而不妨碍其才能的发挥。"因性牖民"可以说是李贽治政实践的重要思想观念基础。如其在云南姚安知府任上因地制宜，治效显著，得到了民众和时贤的嘉许。明代"释儒"李元阳有《姚安太守卓吾先生善政序》，说李贽"自下车以至今日，几三载矣。唯务以德化民，而民随以自化"。三是李贽在云南姚安的善政实践，实际上是在像云南姚安这样多为今日彝族为主体的少数民族地区，李贽坚持"边方杂夷，法难尽执。……与军与夷共享太平足矣"[2]，所秉持的是一种在宽政理念指导下的民族和谐、"共享太平"、稳定相安的精神，对于如何治理好民族地区以促进其发展，积累和提供了积极的经验。

总之，李贽的儒学和思想观念本身既"多有可深究之处"，作为学者和儒官来说，他与海瑞则代表了我国回族在有明一朝融会践行儒学思想文化，以及深刻思考儒学发展并与释道伊等宗教文化和融并育而不相害相悖的努力，这是在历史发展中我国各民族和谐并进、铸牢中华民族共同体意识的积极尝试和思想探索。

三 明清回族思想家"以儒诠经"的"伊儒"哲学

前文有述，明代末期至清中叶，儒学对我国回族哲学思想观念影响渗透最显著的表现，是一批回族学者的汉文译著活动。回族学者的汉文译著，即运用汉语言文字对伊斯兰教和回族的经典教义、哲学思想、历史发

---

[1] （明）李贽：《焚书》（上），张建业译注，中华书局2018年版，第517—522页。
[2] （明）李贽：《焚书》（下），张建业译注，中华书局2018年版，第1010页。

展、人物传记、典礼制度、伦理道德等进行译介、著述和研究，包括译注和著述两部分内容，核心是以伊斯兰教哲理为底蕴的回族哲学思想理论，特色是结合、贯彻中国传统思想观念特别是儒学或宋明理学思想文化精蕴，阐释、诠解伊斯兰教经典、教义和哲学思想，即"回回附儒以行"或"以儒诠经"的儒伊形态，有的学者将其称为明清"回回理学"或"回儒"[1]，主要代表是王岱舆、刘智、马注、马德新等。

（一）王岱舆的"真一"哲学和儒学思想

王岱舆著有《正教真诠》《清真大学》《希真正答》等，创建了其伊斯兰"真一"哲学体系，包括宇宙论、本体论、认识论、心性论、修养工夫论等。该哲学体系，一方面看，可以说是儒学化了的伊斯兰哲学；另一方面看，又可以说是儒家哲学在王岱舆这里获得了伊斯兰宗教哲学的理论形式。儒学尤其周敦颐、二程、朱熹理学对王岱舆伊斯兰哲学思想观念的影响渗透，已经深深浸入王岱舆哲学思想观念的骨髓里。所谓明清时期"回回附儒以行"或"以儒诠经"，在王岱舆的理论著述中得到了充分而集中的体现。

王岱舆"真一"哲学的细密辨析和充分论证中，阐发其宇宙本体论和认识论思想观念的有"真一""数一""体一"三个范畴。对于这些概念范畴及其之间关系的疏解，王岱舆借鉴了宋代理学的基本哲学观念。他界定"真一"说："真一单独无偶，固为原主……一无所同，谓之真一。"[2]"真一本然非从所生，亦无从生。"[3]"所谓本然者，原有无始，久远无终，不属阴阳，本无对待。独一至尊，别无一物。无岁月，无方所，无形相，无搀染，无阻碍，无远近，无伴侣，无比肩，无如何，能命有无而不落有无；造化万物而不类万物，绝无比似，此真主原有之本然也。"[4] 王岱舆对"数一"的诠释是："所谓数一者，乃一本万殊，即能有之首端，其称亦不同，曰首仆、曰元勋……曰至圣，名虽各异，其理本一。自能有之中，承

---

[1] 见孙振玉《王岱舆 刘智评传》，南京大学出版社2006年版，第24、25页。
[2] （明）王岱舆：《正教真诠清真大学希真正答》，余振贵点校，宁夏人民出版社1988年版，第242页。
[3] （明）王岱舆：《正教真诠清真大学希真正答》，余振贵点校，宁夏人民出版社1988年版，第19页。
[4] （明）王岱舆：《正教真诠清真大学希真正答》，余振贵点校，宁夏人民出版社1988年版，第233页。

命而显，此为万物本原而载万理，斯为无极。"①"真一乃单另之一，非数之一也。数之一，非独一也。曰'太极生两仪，两仪生四象'，数之一也。曰'一本万殊'，'万法归一'，亦数之一也。曰'无名天地之始，有名万物之母'，亦数之一也。以是观之，诸所谓一，乃天地万物之一粒种子，并是数一。真一乃是数一之主也。"②"体一"是表示王岱舆对真主、"真一"的认知的思想观念和过程的概念，"以当体之一，方可证数本之一，然后以此数一，始可证单另之一。循次而至，庶无歧误也。"③ 王岱舆将伊斯兰宗教哲学的"真主"观念，与宋儒理学的本体之理、无极太极、理一分殊、数理观念等有机地加以融合，或者说以周敦颐、二程、邵雍、朱熹的理学思想诠释伊斯兰宗教哲学，如果没有对宋代理学的深刻了解、契合认同和崇尚推尊，以及对于本民族伊斯兰宗教哲学的坚定信念，就不会形成王岱舆的"真一"哲学。王岱舆伊斯兰宗教哲学的观念信仰是毫不动摇的，其周、程、邵、朱的理学影响融摄也是深刻的。

当然，王岱舆的"真一"哲学观念中，阿拉伯伊斯兰哲学、佛道哲学的成分还是很多的，其所吸收的宋儒哲学观念往往也经过了改造和转化。例如，关于"无极""太极"以及"动静"，这些在宋儒已经相当纯化了的重要儒学观念，王岱舆则一方面又重新掺入了道家的观念成分，另一方面将其改造成为伊斯兰哲学的思想范畴。王岱舆在诠解"数一"集元勋、代理、代书三大逻辑要素为一体的逻辑结构时说："所谓元勋者，乃至圣之通称，性命之大源，……是为诸有之种子。彼所谓'众妙之门''无名天地之始'者即此。斯代真主保养之本然也。"④ 元勋即真主之第一被创造物数一本身，亦即王岱舆认为的伊斯兰教创始人穆罕默德的精神本体，同时是宋儒之"无极"观念。"所谓代书者，乃精粹之余，自然发露于外，名亦不一：曰数一之用、曰万形之纲、曰天地根、曰万物母、曰代书、曰

---

① （明）王岱舆：《正教真诠清真大学希真正答》，余振贵点校，宁夏人民出版社1988年版，第235—236页。
② （明）王岱舆：《正教真诠清真大学希真正答》，余振贵点校，宁夏人民出版社1988年版，第19页。
③ （明）王岱舆：《正教真诠清真大学希真正答》，余振贵点校，宁夏人民出版社1988年版，第238页。
④ （明）王岱舆：《正教真诠清真大学希真正答》，余振贵点校，宁夏人民出版社1988年版，第236页。

第十四章　回族哲学文化与儒学

象海，斯为太极。当此之际，气盛而理微，彼所以有名万物之母者即此。……是以经云：'能有之砚池，载其恩威；无极之亲笔，显诸性命。'太极之代书化为阴阳。"①"太极（之代书）"乃"数一"之"无极"在逻辑上的显现，"太极"（之理）含"理"与"气"，是理和气的统一体。"无极乃天地万物无形之始；太极乃天地万物有形之始。"② 这里与宋儒的理搭在气上有明显区别，且不仅处处用老子道家的观念加以阐释，某种意义上也表现出向汉儒含阴阳之气太极观复归的迹象。至于王岱舆造物主"真一"本然之"动""静"的观念，分为"本然之动静""维持之动静"和"静体动用"等，与宋儒朱熹的"太极（理）含动静""太极（理）有动静"和太极（理）不是动静之思想，亦显著不同。连同"无极""太极"及"动静"，于王岱舆，基本上是完全被改造成了服从、服务于其真主、真一、数一的伊斯兰宗教哲学观念了。

（二）刘智"阐发天方，光大吾儒"的哲学思想

儒学或理学对于我国清代另一位回族学者刘智③的影响，更是深入其思想最根柢的层次和结构。刘智经师袁汝琦在《天方性理·序》中称赞刘介廉（刘智字）说：介廉"惟于性命操持，一息不间，一学不遗"④。清内阁学士兼礼部侍郎徐元正为刘智《天方性理》作序说："作是书者伊谁，西方圣人创之于前，群贤宿学传之于后，白门刘子汉译以授中国。中国将于是书，复窥见尧舜禹汤文武周孔之道，则是书之作也，虽以阐发天方，实以光大吾儒。"⑤ 刘智与王岱舆等明清回族学者的汉文译著基本上具有共同的思想特质和观念建构理路。一方面看，其最高的观念范畴为真主、真一、真宰、真理；另一方面看，一进入阐释、诠解、论证这种最高观念范

---

① （明）王岱舆：《正教真诠清真大学希真正答》，余振贵点校，宁夏人民出版社1988年版，第237页。
② （明）王岱舆：《正教真诠清真大学希真正答》，余振贵点校，宁夏人民出版社1988年版，第26页。
③ 刘智的生卒年代，文献记载或研究者各持一说。据《王岱舆 刘智评传》（南京大学出版社2006年版）的作者孙振玉教授的考证，约为清康熙八年（即1669）前不久至雍正晚年（即1735）以前。（孙振玉：《王岱舆 刘智评传》，南京大学出版社2006年版，第211页）
④ 周燮藩主编：《中国宗教历史文献集成》第17册，《清真大典》，黄山书社2005年版，第14页。
⑤ 周燮藩主编：《中国宗教历史文献集成》第17册，《清真大典》，黄山书社2005年版，第20页。

畴的环节和层面，其实就是伊儒哲学，就是性理儒学了。换言之，刘智等回族学者的性理儒学实则是被冠以了伊斯兰哲学（真一独一）之冕而已。如刘智关于"真宰之本然"的性质特征以及与"理气"的关系："无物之初，惟一真宰之本然，至清至静，无方所，无形似，不牵于阴阳，不属于造化，实天地人物之本原也。一切理气，皆从此本然而出。所谓尽人合天者，合于此也。所谓归根复命者，复于此也。是一切理气之所资始，亦一切理气之所归宿。"① 刘智认为，"真宰无称"，象数未形，众理已具；有且实有，实有又一无所有，一无所有又无所不有；实有无称。真一、真宰之首品即数一，按伊斯兰造物说，这个数一即第一被创造物，又名之曰"命""理"或"真理"，这个"数一"之"理"，"一实万分，人天理备"，然而又"万殊一本"。这些观念把宋代儒学周子、程朱的"一实万分""理一分殊""无极太极"等观念基本完全地融合了进来。清黑鸣凤评述刘智的这一思想说："一实万分，万殊一本，所谓无极而太极也。色象未形，而理已具，若意识然。"② "回回理学所讲的理，除了讲它是'真宰之本然'的化身，即讲理是有出处的外，其他含义与宋儒基本上没有什么太大的区别。"③ 在宇宙生成论的理论层面，刘智将伊斯兰的火水气土"四行"与儒学中的"五行"相结合，构成"水、火、气、土、金、木、活类"七行，"这种把伊斯兰（四行）和儒家（五行）加在一起的做法，得出来的结果虽不是一个等式，但却体现了刘智糅合伊儒的深刻用意"④。刘智将阴阳二气仍然归属于观念性、精神性的气或事物之变化规律，"水、火、气、土、金、木"等，属于实体性的气的基本形态、构成天地万物的最基本物质元素，这些观念又显现出刘智对于儒学的改造。

（三）马注和马德新的伊儒关系融合论及其哲学思想

分别是元代忽必烈时期治滇并传播弘扬儒学的赛典赤·赡思丁之第15世孙和第21世孙、明清两朝的云南马注、马德新，作为明清间的回族典籍

---

① （清）刘智撰：《天方典礼》，张嘉宾、都永浩点校，天津古籍出版社1988年版，第27页。
② 周燮藩主编：《中国宗教历史文献集成》第17册，《清真大典》，黄山书社2005年版，第41页。
③ 孙振玉：《王岱舆 刘智评传》，南京大学出版社2006年版，第235页。
④ 孙振玉：《王岱舆 刘智评传》，南京大学出版社2006年版，第239页。

汉文译著学者,其理论建树和受儒学影响之深或者说他们伊儒融合的观念特色,与王岱舆、刘智共同形成并代表了明清"回回理学"的学术思潮。马注的主要著作是《清真指南》,马德新深研伊斯兰信仰的理学著作主要有《四典要会》《大化总归》《性命宗旨》《会归要语》等。马注《清真指南》自序和其弟子序称:鉴于"儒习罔闻","正教湮灭,异端左道眩惑人心,著为是集,经号《指南》"。① 马德新弟子马开科在《大化总归》序中称马德新"笃于天方之学,而又深于儒"。"此集一出,而回教中之业儒者,当无不共勉为真回,以进于真儒也。即不业儒者,亦无不共知吾教有真回之即可为真儒也。此回教之可羽翼儒教者此也。"② 马注、马德新的观念基础和著述背景,都紧密地联系着儒学的影响与关注以及伊斯兰教的信仰和弘扬;他们的哲学思想理论面貌,可以判定说为即伊即儒、亦伊亦儒。他们的主要理论观点主要有以下三点。

第一,伊儒关系融合论。马注主张对于伊斯兰经义和儒学义理两者应该兼通,倘"经不通儒,若苗而不秀;儒不通经,若秀而不实"③。"经不通儒,不能明修齐治平之大道;儒不通经,不能究原始要终之至理。"④ 马注这种喻伊斯兰经义与儒学义理如同禾苗与花卉果实的关系,极其明确地表达了其伊儒融汇的思想取向和理论观念。马注认为:"故回之与儒,教异而理同也。"⑤ 马德新伊儒关系的融合取向与王岱舆、刘智、马注等"回回理学家"是共同的。他曾说:"余幼习吾教经典,不暇学儒,年过四十,方从事儒道,惜已晚矣!"⑥ "不暇学儒""从事儒道""惜已晚矣",透显着马德新对于儒学价值的充分肯定,实际上他确实从事伊斯兰教和"儒道"互融的理论工作,对于儒学对伊斯兰教哲学深刻而重要具有一定洞识作用。马德新把伊儒间的渗透融合关系再一次推向了峰巅。

第二,冠以伊斯兰哲学之下的儒学"无极太极"宇宙论。马注、马德

---

① (清)马注:《清真指南》,余振贵标点,宁夏人民出版社1988年版,第2、8页。
② 周燮藩主编:《中国宗教历史文献集成》第17册,《清真大典》,黄山书社2005年版,第206页。
③ (清)马注:《清真指南》,余振贵标点,宁夏人民出版社1988年版,第429页。
④ (清)马注:《清真指南》,余振贵标点,宁夏人民出版社1988年版,第435页。
⑤ (清)马注:《清真指南》,余振贵标点,宁夏人民出版社1988年版,第77—78页。
⑥ 马安礼译:《天方诗经·颂一》马德新序,转引自孙振玉《王岱舆 刘智评传》,南京大学出版社2006年版,第336页。

新是坚定的伊斯兰信仰者,真主"独一""真一"之"一"本原、本体地位的思想观念是首要的,且又无可动摇。在此前提下,一进入论证"真主""真一"为"造化原主"的理论层面,他们均与王岱舆、刘智等回族理学家具有共同的思维理路,即无不步入儒学园地,或者说以儒证伊,俨然就是儒学观念、儒家话语、理学逻辑了。宋儒周敦颐"无极而太极"的理论观念,本来经朱熹的辨析、解说,在儒学内已明确地诠释为纯化为表述"道体"、界定宇宙本体"太极"之"理"的命题了,而马注等回族理学家却完全地本于周敦颐,予以宇宙生成论的训解,且在"自无极而为太极"之先,又安立一"独一""真主",以此建构其"大能真主"造化天地万物的宇宙生成论序列。马注说:"然则,由无极而成太极者谁欤?……盖无极生太极,太极本无极也。无极为大能,太极乃原种,万物之理,自微而显,反之本身,便是造化天地一个样子。"① "然万物不能自立,必赖于两仪,两仪必本于太极,太极必本于无极,无极必本于真一。真一乃造化之原主,无极乃万命之原种,太极乃万性之原果,两仪乃万形之原本。形不离性,性不离命,命不离理,理不离真一。真一有万殊之理,而后无极有万殊之命,太极有万殊之性,两仪有万殊之形。"② 真一—无极—太极—两仪—万物,"在宇宙生成问题上,回回理学基本上接受了儒家无极而太极,而阴阳,而五行,以至天地万物的生成理论"③。

第三,具有"回回理学"特色的儒学"格物穷理"工夫论。"回回理学"与儒学各有其终极的精神追求或最高精神境界。若不深入其具体内涵,二者这种终极追求或最高的精神境界就是圣人境界。分别来看,理学在本体论上给儒学周延地、准确地揭示和表述圣人精神境界提供了一个最好的理论观念——"理"或"天理"。程颐在诠释孟子"大而化之之谓圣"一语时说:"'大而化之',只是谓理与己一。"④ 亦曾对其弟子说:"圣人与理为一。"⑤ 张载也说:"儒者则因明致诚,因诚致明,故天人合一,致学而可

---

① (清)马注:《清真指南》,余振贵标点,宁夏人民出版社1988年版,第73页。
② (清)马注:《清真指南》,余振贵标点,宁夏人民出版社1988年版,第77页。
③ 孙振玉:《王岱舆 刘智评传》,南京大学出版社2006年版,第404页。
④ 《二程集》(第一册),中华书局1981年版,第156页。
⑤ 《二程集》(第一册),中华书局1981年版,第307页。

以成圣。"①"回回理学"的终极追求或最高的圣人精神境界被诠释为"认主"或与真主本体为一。马德新《大化总归》的"大化流行""复命归真"思想,及其《四典要会》等著述,即把伊斯兰教称为"圣人之教",穆罕默德作为唯一的至圣,"德无不备,化无不通,……与日月同光,与天地同久"②,后人应"体圣人之言行,而循规蹈矩,守圣人之典则,而成己成物,斯为笃信圣人者也"③。"格物穷理"是理学的一种重要的偏重于通过认知途径达到圣人精神境界("尽乎道体")的修养工夫论。本体("理""道")的可认知性是理学本体论在中国传统哲学中表彰的最重要特色,而这种可认知性,正是在理学的修养工夫中被实现的。"回回理学家"马注在阐述认主独一的途径时,同样是主张"穷理""格物",认为:"心能格万物之理,理得而物不染于心。"④"盖有一物,必有一物之理。""我不见一物便罢,但见一物,便认得主。"⑤"凡人认得自己,始认得造化之真主。""参己身之动静,足以证真主之全品。先天无色相,证于真主之本然;后天有形神,证于真主之妙用。此清真之至理也。至理不察,则德不能明;德不能明,则身不能修;身不能修。则家不能齐;家不能齐,则国不能治;国不能治,则天下不能平。盖天下同此德也。""故明德之本,莫先于认主"⑥。"格物穷理,不可不知。"⑦"致知格物,归真复命。直与东鲁圣学并济,寰宇洪名;与日月俱长圣德,共乾坤永久。"⑧马注等"回回理学家"在主张通过"格物穷理""致知格物"的途径与工夫,而达到"察至理""明明德""归真复命"的修养目标上,与儒学尤其是程朱理学的"穷理尽性以至于命""致知力行"等思想观念,并无二致,不同只是在于"认得真主"与"与理为一"或"与物同体"的目标内涵之别。当

---

① 《张载集》,中华书局1978年版,第65页。

② 周燮藩主编:《中国宗教历史文献集成》第17册,《清真大典》,黄山书社2005年版,第239页。

③ 周燮藩主编:《中国宗教历史文献集成》第17册,《清真大典》,黄山书社2005年版,第239页。

④ (清)马注:《清真指南》,余振贵标点,宁夏人民出版社1988年版,第78页。

⑤ (清)马注:《清真指南》,余振贵标点,宁夏人民出版社1988年版,第50页。

⑥ (清)马注:《清真指南》,余振贵标点,宁夏人民出版社1988年版,第76页。

⑦ (清)马注:《清真指南》,余振贵标点,宁夏人民出版社1988年版,第84页。

⑧ (清)马注:《清真指南》,余振贵标点,宁夏人民出版社1988年版,第22页。

然马注等"回回理学家""我不见一物则已,第见一物,便认得主"① 的"易简"工夫,与理学由积累而贯通的穷理过程论,亦显示出一定的差异来。正因为这样的差异和不同,也才彰显出明清间由"回回理学家"建构起来的"伊儒"哲学的独特性。

四 本章结语

在儒学与我国回族哲学文化关系之历史发展的学术的和思想理论的考察维度上,元明清三朝即 13—19 世纪的六七百年间,儒学对于回族哲学思想文化的融入影响,以及回族学者和思想家融摄改造、转化创新儒学,探索、践行与构建儒学与伊斯兰宗教哲学文化密切结合的思想观念形态的努力及过程,显然是本章的基本视域范围,揭示其中的本质内涵,寻绎相应内在联系,总结发掘某些积极的思维经验和思想理论成果,则是与其他各章一样的共同目的。

元代回回作为色目人的身份及其与元代政权间的关系,奠定了在中国思想史上儒学与伊斯兰宗教哲学影响对接的社会政治基础,蒙古族统治者"施行汉法"和对待释道伊等各种宗教的意识形态立场,无疑则是一种重要的有利条件和积极因素。忽必烈时期的回回赛典赤·赡思丁,以儒治滇,建孔庙,明伦堂,购经史,在云南少数民族地区积极引进儒家思想文化,传播儒学,兴起文明之风;回族学者兼政治家赡思以考订儒家经传为乐的儒学研究,研读儒学,"见诸践履,皆笃实之学"②,对于君臣礼义仁恕等儒家思想观念及"礼制"的肯认,仁民爱物、公正无私的儒者情怀和仁义精神;元代社会出现的诸多"以回附儒"文化现象,例如河北定州的《重建礼拜寺记》认为伊斯兰教与儒家思想相同不异,等等,标志着和表明了元代时期这个正在初步形成中的回回民族在哲学思想文化上对于代表中华传统文化之一的儒学的认同接纳,融摄结合,也预示了元代之后明清时期"伊儒会通"的思想文化走向和未来趋势。

明代从海南边陲走出来的回族儒官海瑞,思想观念上以心为本、发明

---

① (清)马注:《清真指南》,余振贵标点,宁夏人民出版社 1988 年版,第 77 页。
② 《元史》卷一百二十五,《赛典赤赡思丁传》,中华书局 2013 年版,第 4351 页。

本心、求复其初和辨别朱陆,治政和生活实践中奉儒以行;与回族族属有染在思想观念学术理论上被视为"异端"的李贽,这两位作为具有重要影响的历史人物和特立独行的儒者,其儒学意识、理学聚焦、心学取向、为道精神,深刻地揭示和释放着我国回族社会群体在思想文化、哲学观念上进一步走向深入儒学内在精神、思考检讨和真正促进儒学发展的努力,构成回族哲学思想文化将伊斯兰宗教哲学文化中国化、中国传统文化民族多元性发展的一个重要环节。

明代末期至清中叶,回族学者的汉文译著活动,可谓硕果累累。王岱舆、刘智的"真一"哲学,清代学者有"虽以阐发天方,实以光大吾儒"之论;马注、马德新论伊儒融合,阐发"真主""独一""无极""太极""格物穷理",核心思想同样是以伊斯兰教哲理为底蕴,结合、贯彻中国传统思想观念特别是儒学或宋明理学精蕴,阐释诠解伊斯兰教经典、教义和哲学思想。"以儒诠经"的儒伊形态,换言之,则构成了回族哲学文化中的"伊儒"面貌。从元代的"回回附儒以行",到明朝间的回族儒官学者海瑞、李贽等探讨儒学真谛,辨析理学真伪,践行儒学精神,跻身理学批判思潮,再到清代回族学者的"以儒诠经"、形成"伊儒"理论形态,这就是以儒者和精英思想家为代表的我国回族哲学文化与儒学观念,由交集融会到深入发展的历史进程和理论逻辑。

第十五章　我国北方少数民族哲学的儒学熏染及其对儒学发展的贡献和作用

从现代来说,我们把主要聚居在我国华北和东北地区的蒙古族、满族、朝鲜族、达斡尔族、鄂温克族、鄂伦春族、赫哲族等称为北方少数民族。从我国北方少数民族的演变来看,历史上众多的少数民族如匈奴、鲜卑、羯、氐、女真、党项等已发生分化、融合或演变,这些少数民族的族称今日已不复存在。现在满族、蒙古族和朝鲜族的人口都在百万至几百万,有的甚至超千万。因此,我们考察儒学与我国北方少数民族哲学思想文化的互动发展,姑且以蒙古族、满族和朝鲜族为主,兼及历史上北方的诸主要少数民族。

一　内蒙古东北少数民族地区的儒学传播和影响

我国北方少数民族有着自己的原生态哲学和绚烂多彩的文化。历史上北方少数民族与中原地区及其以儒学为代表的传统文化有着甚多的接触激荡、交融互动。特别是有的少数民族入主了中原,建立起统一的封建中央政权,出于巩固政权的需要,儒学尤其在这样的时期不仅大放异彩,而且对于我国北方少数民族的思想观念和哲学文化产生了深刻影响;同时在与北方少数民族的思想观念和哲学文化碰撞激荡交流融合中,儒学也得到了北方少数民族思想观念和哲学文化的反哺与基因合成,北方有的少数民族思想家、哲学家或文化代表人物对于儒学的发展作出了较大贡献。这就再次表明传统儒学是中华各民族共同的精神创造,儒学的传播影响及其与我

第十五章 我国北方少数民族哲学的儒学熏染及其对儒学发展的贡献和作用

国北方少数民族哲学和文化的交融互动,对于促进民族团结、增强民族凝聚力,具有深刻的积极意义。

与在南方少数民族中的儒学传播影响具有很大的差异性,儒学在我国北方少数民族中的传播影响表现出迥然不同的突出特点:主要是北方少数民族在汉代以后陆续建立的众多的汗(王)国政权,在其存续期间,其所辖地区(本民族聚居区、各民族杂居地区),崇尚并推行儒家文化;北方少数民族入主中原,统一全国后,崇尚儒学,推尊儒术,从而形成儒学在这些时期以主流意识形态的面貌在北方诸少数民族以及全国各民族中强势传播和影响的态势。

晋"十六国"南北朝时期(265—589),两汉儒学为玄学所代替,当然,玄学也可以视为是一种儒学形态[1],同时佛学潮兴。在这样的思想文化背景下,其间在我国北方建立的诸多兄弟民族政权,常常将儒学作为其主流意识形态,在与佛教的关系上,无论是出于建立封建秩序的礼制需要,还是从重视传统儒学、尊孔读经、礼待儒生等方面,这些兄弟民族政权或是儒佛并尊,或是兴儒抑佛甚而反佛斥佛,儒学在该时期获得空前的多民族认同。在匈奴族建立的汉(前赵)国,统治者刘渊、刘聪父子博览汉族文化经籍,尤好儒学,拜汉儒为师,习《诗》《易》《春秋》等儒家经典。建立后赵国的羯族石勒,常让"儒生读史书而听之","朝贤儒士听者莫不归美焉"[2]。前燕后燕的建国者鲜卑族慕容氏,前燕慕容廆、慕容翰父子,后燕慕容垂、慕容宝父子等,重儒学,爱儒学,敦崇儒学,接纳儒士,委以重任。前秦氐族苻坚,崇儒之笃,达到"诸非正道,典学一皆禁之"[3]的程度。后秦羌族姚兴,儒佛并用,提倡儒学。南北朝时期北朝,拓跋鲜卑氏建立的北魏始终尊孔崇儒,并且斥佛除佛,北魏献文帝拓跋弘、孝文帝元宏(改拓跋为汉姓元)时达到巅峰。北周更加雅重儒学,至北周文帝、武帝时,崇儒兴学,成为时尚。同时,匈奴、鲜卑、羯、氐、羌诸少数民族统治者,崇尚儒学,以儒为重,大都重视设馆立学,推行儒学教育,致使儒风隆盛,儒术昌明,促进了北方少数民族与汉族间的团结

---

[1] 参见崔大华《儒学引论》,"丙篇:儒学的理论形态二",人民出版社2001年版,第322—367页。

[2] 《晋书·石勒载记》,中华书局1974年版,第2741页。

[3] 《晋书·苻坚载记》,中华书局1974年版,第2895页。

融合，推进了少数民族的封建化过程，儒学传统亦得以延续和保存，儒家文化得到弘扬，中华民族凝聚力进一步增强。

我国北方的契丹族建立的辽国政权存续三百多年，党项族建立的西夏和女真族建立的金存续一两百年，元朝蒙古族贵族入主中原，统一全国。在这些少数民族政权存续期间及蒙古族贵族统治时期的元朝，儒学无一例外得到了尊崇传播，或者倡扬发展。辽朝从建国之初到中后期，统治者从辽太祖耶律阿保机到以后各代，与日俱增地重视儒学，使儒家政治伦理思想居于统治地位，儒学思想文化渗透到辽朝社会生活各领域，对契丹这一少数民族的心理结构和价值观念产生了重大影响。《辽史·耶律倍传》载："时太祖问侍臣曰：受命之君，当事天敬神。有大功德者，朕欲祀之，何先？皆以佛对。太祖曰：佛非中国教。倍曰：孔子大圣，万世所尊，宜先。太祖大悦，即建孔子庙，诏皇太子春秋释奠。"[①]

女真族素有崇尚汉族文化的传统，金继辽后，成为我国北方另一少数民族政权。此时在北宋兴起并初步发展的性理儒学，已届南宋而发扬光大。与南宋对峙而立的金朝，随着女真族封建化的加深，儒家思想亦渐行渐盛，尤其金熙宗完颜亶、金世宗完颜雍、金章宗完颜璟统治时期，兴儒学，修孔庙，行科举，重儒典，《周易》《尚书》《论语》《孟子》等皆被译为女真文字并颁行于世，儒家文化浸透至女真全民族之中。《金史·选举志一》载："辽起唐季，颇用唐进士法取人。"[②] 辽初基本上沿用了唐、五代以来的科举取士之法。金天会元年（1123）始设科举，因袭辽宋制，分词赋、经义、策论、律科、经童等制。金章宗明昌元年（1190），诏"乡试，府试"，以《六经》《十七史》《孝经》《孟子》及《荀》《老子》出题，皆命于题下注其本传。其中"经童"科的设置，成为金代儒学传播的一个重要推动力。"经童"制是指："凡士庶子年十三以下，能诵二大经、三小经，又诵《论语》诸子及五千字以上，府试十五题通十三以上，会试每场十五题，三场共通四十一以上，为中选。"[③] 由此可见，"经童"科的中选者均为少年，他们自幼熟读儒家经典，打下了良好的儒学基础。

[①]《辽史·义宗倍传》，中华书局2011年版，第1209页。
[②]《金史·选举志一》，中华书局2011年版，第1129页。
[③]《金史·选举志一》，中华书局1970年版，第1149页。

第十五章　我国北方少数民族哲学的儒学熏染及其对儒学发展的贡献和作用

在制度的倡导和推动下，越来越多的人开始学习儒学，民间读经成为风气，客观上极大地促进了儒学在辽金的传播。

儒学在西夏所受到的礼遇不亚于辽。西夏党项少数民族重儒崇儒，其特点有：创建"蕃学"，用西夏文字大量翻译儒家经典；设立"国学"，教授儒学，认为"经国之模，莫重于儒学"①；遵行儒学，以儒治国，奉孔子为"文宣帝"，《金史·夏国传》曰：夏国"崇尚儒术，尊孔子以帝号"，致使西夏渐行中国之风。

有元一朝，佛儒并举，他们把藏传佛教奉为国教，同时尊崇儒学。元世祖忽必烈主政秦陕时，闻儒学家许衡之名，征召委为京兆提学；即帝位后，又召他入京顾问，授国子祭酒、中书左丞。

蒙古族贵族建立元朝，统一全国，与其贵儒崇儒，具有密切关系。元代赵复、姚枢、许衡等儒学家，以及曾从释为僧的光禄大夫刘秉中等在传播推广儒学，以儒立国，广育人才，使蒙古族统治者施行汉法，蒙古族人和子弟接受儒学教育等方面，均发挥过重要作用。太宗窝阔台时，耶律楚材即大力推行汉法，考选儒士，任之以官。他曾向太宗窝阔台建议："制器者必用良工，守成者必用儒臣。儒臣之事业，非积数十年，殆未易成也。"②并建议"以科举取士"，其后不久，下诏中原诸路以"论""经义""词赋"三科进行考试，"得士凡四千三十人，免为奴者四之一"③。元仁宗自幼师从名儒学习儒学经籍，"通达儒术"，深知儒家思想的作用，曾命大臣节译《大学衍义》，认为："治天下，此一书足矣。"④定理学为"国是"，使理学成为官学，至此，理学在元代的统治地位得以确立，其影响直至明清。

后金政权在进入辽沈地区后与汉文化的接触更加频繁，以努尔哈赤为代表的后金统治者意识到了儒学的重要性，于是采取了一系列措施引进儒学。如在赫图阿拉设文庙，尊崇孔子，并接受儒家的"五常"思想；在政权建设方面，效仿明制，重视教育。努尔哈赤命额尔德尼和噶盖创制满族

---

① （清）吴广成撰，龚世俊等校证：《西夏书事校证》，甘肃文化出版社1995年版，第359页。
② 《元史》，中华书局1976年版，第3461页。
③ 《元史》，中华书局1976年版，第3461页。
④ 《元史》卷二四《本纪·仁宗》："时有进《大学衍义》者，命詹事王约等节而译之，帝曰：'治天下，此一书足矣。'因命与《图象孝经》、《列女传》并刊行，赐臣下。"（《元史》，中华书局1976年版，第536页）

文字，天命六年（1621）七月，下令选派师傅教育八旗子弟，接受儒家的天命观，认为人的所作所为天会有所感应，其继承者皇太极也认为："皇天无亲，唯德是辅。"皇太极即位后进一步重视儒家思想，第一次提出以儒家的"三纲五常"作为政治的指导思想。同时，重视对八旗子弟的儒学教育，宣布让八旗子弟读书，目的在于"使之习于学问，讲明义理，忠君亲上"①，大量翻译儒家典籍，优待汉官，重视对人才的选拔，坚持"人才为本""量才录用"的原则。

建立清朝的满族是从我国北方建立后金政权的女真族演变而来的。清朝历代统治者深受汉族文化濡染、熏陶，崇尚儒学。本来作为儒学发展巅峰形态的理学于明清之际已趋衰落之势，但由于清代统治者鼎力提倡，以及理学内蕴着新的发展契机，儒学不仅在整个清朝始终居于统治地位，而且还以其旧有的汉学形态复兴演进。由此便形成儒学在清朝满族统治者上层的再度隆兴，和在包括满族等少数民族在内的全国各族社会中的延续。具体而言，儒学在满族社会中的传播影响，一是清代最高统治者身体力行，率先敦崇儒学，如康熙帝玄烨"夙好程朱，深谈性理"②。二是以国家政权之力"表章经学，尊重儒先"③，如诏令购求与编纂、诠释儒学典籍，因袭元、明旧制继续以程朱理学为思想理论内容和标准进行科举取士，优宠理学名士选任为官等，满族社会中出现了"今观八旗，各令子弟专习诗书"④的局面。

二 内蒙古东北少数民族受儒学习染的主要哲学思想观念及其对儒学发展的贡献

北方少数民族普遍崇拜"天"，并逐渐发展成为独特的天命观。据史料载，匈奴人就有了"天命所生"的观念，冒顿单于自称"天所立匈奴大单于"⑤，老上单于自称"天地所生日月所置匈奴大单于"⑥。蒙古族腾格里（天）的观念源远流长，曾有"天佑""以诚配天""汗权天授"等思想。《蒙古

---

① 《太宗实录》卷一〇，《清实录》（第二册），中华书局1985年影印本，第146页。
② 赵吉惠等：《中国儒学史》，中州古籍出版社1991年版，第789页。
③ 赵吉惠等：《中国儒学史》，中州古籍出版社1991年版，第790页。
④ 《世祖实录》卷九十八，《清实录》（第三册），中华书局1985年影印本，第759页。
⑤ 《史记·匈奴列传》，中华书局1975年版，第2896页。
⑥ 《史记·匈奴列传》，中华书局1975年版，第2899页。

第十五章　我国北方少数民族哲学的儒学熏染及其对儒学发展的贡献和作用

源流》中称成吉思汗为"奉苍天之明命而生，人中之狮我圣主天子"，这种天命所生的观念与匈奴人的天命观念完全一致。满族和朝鲜族在萨满教传统的影响下，天之信仰的观念同样根深蒂固。北方少数民族"天"的观念与儒学之天、天命、天理、天人合一等哲学观念，在思想理论的本质上具有相当大的同构性，在其形成和演变过程中充分显示出儒学观念的深刻影响，经与儒学文化的激荡融合后，在提升本民族理论思维水平的同时，也使儒学融入了具有少数民族文化特色的精神因素。如蒙古族忽必烈的改元诏书中"应天者惟以至诚"，"至诚"思想完全是来自中原儒学。

我国北方少数民族无论个人、家庭、社会或政治制度诸层面，均受到儒学伦理价值观的影响，形成了具有北方少数民族特色的儒家伦理价值观念。蒙古族史诗《江格尔》在长期传承流布的过程中，其所描绘的英雄人物具有疾恶如仇、英勇善战、忠于人民、注重义气、珍视友情等道德品质，很难说与"舍生取义""富贵不能淫，贫贱不能移，威武不能屈"等儒学伦理没有观念上的融合和吸收。家庭伦理层面，金代王朋寿《增广分门类林杂说》主旨即在于宣示儒学的伦理观念，篇首的《孝行篇》言："孝乎为孝，百行之先。"《孝悌篇》说，"人之爱厚，莫甚天伦"[1]。金代王若虚《跋王进之墨本孝经》亦云："孝悌百行之冠冕，孝经六艺之喉衿。"[2] 在这种"百行孝为先"观念的影响下，女真族和汉族都出现过许多孝行故事。契丹建国后，其最高统治者像中原帝王一样，将忠孝作为维护自身统治地位和巩固社会秩序的手段以及臧否世人道德行为的准则。辽中期以后，忠孝等儒学伦理价值观念逐渐成为包括契丹民族在内的普遍认同的道德律令。《耶律仁先墓志铭》赞曰："于国忠也，于家孝也，于民惠也，于官廉也，于人信也。"[3] 女真人的忠孝观念也是在金朝建立后逐渐形成和发展起来的。社会政治伦理层面，《成吉思汗的箴言》（亦称《成吉思汗遗言录》）作为蒙古族历史上一部道德训诫箴言集，突出反映的就有蒙古族统治者希望巩固其国家疆土，维护其统治秩序和利益，以保"天下太平""长治久安"的政治道德要求。蒙古族学者保巴（一说色目人）在其

---

[1] （清）张金吾：《金文最》，中华书局1990年版，第264页。
[2] （金）王若虚：《滹南遗老集》，《丛书集成初编》，商务印书馆1935—1937年本，第298页。
[3] 陈述辑校：《全辽文》，中华书局1982年版，第198页。

所著《周易原旨》中，认为要忠君，应"致身""竭力"；君主应当施"仁"，仁而有"信"而行为"正"，即可"上以风化下"，"君正莫不正"，强调君臣之间的伦理关系应是双向要求，彰显的是忠君保民的政治伦理观。

如前所述，满族早在其先民（女真）建立金朝时，就积极汲取中原文化，在其朴素淳厚的民风习俗的基础上形成崇德重仁的精神。金朝历代君主都宣称以德治国，接受儒家"天命无常，惟德是辅"的观念，及至后金和清朝，努尔哈赤和皇太极虽以武功创业，但于立国之初就强调：为恶者天谴之，其国衰败；为善者天佑之，其国炽昌。[①] 虽以天为最高主宰，实以德为国家、民族生存和发展的首要原则。1618年努尔哈赤出兵，以"七大恨"即明王朝欺辱、压迫女真的不道德行径为由，因此得到了女真族的一致拥护，其反抗明朝、争夺天下的战争一开始就建立在了道德优势的基础上，迄至顺治、康熙朝及之后，更是全面深入地接受和融会了儒家传统的崇德重仁思想。蒙古族以武力兴起，而后忽必烈则突出地接受了中原儒学仁德至上的传统。蒙古、满等北方少数民族，建立政权后融合中原儒学文化，接受崇德重仁等儒学思想，大都已见诸史书记载。

崇德重仁的伦理价值观，作为中华民族的核心精神之一，引导着各民族和睦相处，交流文化，认同思想，彼此亲近，相互凝聚，最终成为共同的民族实体。其积极作用可从两个方面来审视。其一，以思想观念的意识形态功能引导各民族把相互冲突和争夺、战争和杀戮，平息化解为长久的和平融通关系。在社会历史进程中，各民族为经济或政治利益而发生冲突，以致相互攻伐，伤害了民族关系，甚至积下了对抗的民族情绪。由于逐渐对崇德重仁儒学伦理价值观的融会和认同，最终能够化干戈为玉帛，相容共存，并以中华民族的整体观念相互融会。其二，仁德并重的伦理价值观，对中华各民族各个领域的思想观念都具有促进团结与凝聚的作用。就是说它可以引导我国各民族克服历史发展中的种种民族差异、观念矛盾和价值冲突，彼此以"和为贵"，以相互凝聚、多元一体的中华民族实体为至上观念，从而起着观念统摄、民族凝聚的思想融合作用。

我国北方少数民族对于儒学发展的贡献，在此后两章我们以保巴和康熙帝玄烨为代表，略述大概。

[①] 见宋德宣《满族哲学思想研究》，辽宁大学出版社1994年版，第111页。

第十六章　保巴易哲学思想的儒学贡献

保巴作为元代一位少数民族思想家或哲学家，其易学思想在吸收改造王弼、周敦颐、邵雍、二程、张载、朱熹等诸家思想的基础上，发挥儒家的易学哲学和伦理政治思想，形成一家之言，推进了易学和儒学的发展。保巴这一少数民族哲学家作出了具有特殊意义的理论贡献。

一　保巴的蒙古族族属及其著作

保巴（？—1311），字公孟，号普庵，元初任侍郎，后任黄州路总管、太中大夫、太子太师或太傅，官至尚书右丞。[1] 我们认为保巴是当今意义上的蒙古族。保巴的族属问题，《四库全书总目提要》称其为色目人，《新元史》称其为蒙古人，目前一般多视保巴为蒙古族，并加括号"一说色目人"。这就带来了保巴的族别究竟为何的问题。陈少彤于20世纪80年代初曾两次亲自访问新疆的蒙古族同胞，其研究结论是："'色目人'并非族氏的确指。所谓色目人，系凡指葱岭东西诸少数民族，其中尚包括蒙古族个别部落。《新元史》称'蒙古人'，已具体指明保巴族氏，然未言所据。……据新疆……现北疆蒙古族卫拉特四部中，和硕特部男女人都有以'保巴'取名的。额鲁特部亦有，但稍有音变。此说可作为保巴是为蒙古族的一个重要证据。"[2] 我们这里从其说，因为该研究既有现实的考证，又有对于色目人"包括蒙古族个别部落"的论证。保巴，旧作宝八、宝巴、保八，据保巴作《进太子笺》自书其名为"保巴"，因而今人多称其为保

---

[1] 陈少彤：《保巴生平、著作及其哲学思想》，《孔子研究》1988年第1期。
[2] 陈少彤：《保巴生平、著作及其哲学思想》，《孔子研究》1988年第1期。

巴。保巴居洛阳,仕途生涯约 40 年,自幼好学,精于易理,著有《易原奥义》一卷,《周易原旨》六卷,《系辞》二卷,统名为《易体用》。当今中华书局根据《四库全书》所收保巴著作情况,由陈少彤点校,出版有《周易原旨　易原奥义》(2009),其中《周易原旨》即将《系辞》二卷与《周易原旨》六卷合并为《周易原旨》八卷。

二　三维结构的宇宙图景以及人在其中的地位

在宋儒的理论面貌和学术规模中,万物生化的天道观或宇宙论是其中的一个重要组成部分,以周敦颐的《太极图》和《太极图说》、张载的《正蒙》和《易说》,以及邵雍的《皇极经世书》所分别描绘的宇宙图式为代表。元承宋说,基本保持了宋儒的理论创造或思想建构。不过,就保巴来说,他在《易原奥义》中所描绘的宇宙图景,却显示了在综合周敦颐、邵雍基础上而又有所创进的特色,这就是保巴所阐述的先天图、中天图、后天图三图及其相互关系的理论。

先天图、中天图、后天图三图及其相互关系,是保巴关于宇宙图景及其生成的完整描绘。先天图即河图,亦即"无极而太极"的"乾坤之元",也就是说,以河图所蕴含的阴阳先天之数,囊括了"无极而太极"的"太极"之理,所谓"先天数者,无极而太极。先天数取纯一不杂之意,以九数为则,故数起于一。一即三,三即九,九即一,故数起于一而极于九为老阳。老阳数老,可致神极。神极必变,故曰易"[①]。"盖河图之数……阴阳点数计五十有五,以其阴阳未分,根干支末混淆之时,所谓先天。"[②]"无极而太极者,乾坤之元也。故先天譬为根。"[③] 中天图即八卦图,谓人道。"故曰'立人之道,曰仁与义。'以其乾道成男,坤道成女,故有父母男女。大概谓一阴一阳之谓道。乾称父,坤称母。乾坤生六子,然后人伦序。所以君君、臣臣、父父、夫夫、妇妇,人道立。"[④] 这个人道八卦中天图,是先天"太极运化"的结果,其地位如树之干。后天图即洛书图,

---

[①] （元）保巴：《周易原旨　易原奥义》,陈少彤点校,中华书局 2009 年版,第 297 页。
[②] （元）保巴：《周易原旨　易原奥义》,陈少彤点校,中华书局 2009 年版,第 296 页。
[③] （元）保巴：《周易原旨　易原奥义》,陈少彤点校,中华书局 2009 年版,第 297 页。
[④] （元）保巴：《周易原旨　易原奥义》,陈少彤点校,中华书局 2009 年版,第 298—299 页。

第十六章　保巴易哲学思想的儒学贡献

"谓地道,故曰:'立地之道,曰柔与刚。'以其地道当耦,故洛书点数四十。大概谓根干支末之理于五行内,刚中有柔,柔中有刚,即阴中有阳,阳中有阴,地道立矣"①。这个洛书后天五行之数,是"三极之妙用",取一动一静互为其根之理,以五行为妙用,五行中又分刚柔,充廓万物,万物各得其宜。"故放之则弥满六合,敛之退藏于密。所谓三极之妙用者,自亨而利贞也。故以后天譬为支。"② 先天、中天、后天,河图、八卦、洛书,三者犹如根、干、支末,"自根而干,自干而支,三才五行具矣。所谓纵横十五,即此生生无穷之道也。本乎天者亲上,本乎地者亲下,则各从其类。故曰:'物有本末,事有终始,知所先后,则近道矣。'"③ 就是说,在保巴看来,由先天太极之理,运化演进出人伦社会,而后生长发育五行万物。在时间上,太极、人道、五行万物是先后关系;在顺序上三者是先天、中天、后天的关系;在性质上,是理气本末的关系。总之是理先气后、理本气末。

保巴的这种易哲学思想观念,融会着宋儒周敦颐、张载、邵雍、二程和朱熹理学的基本精神,而又自有所得,力求发挥与发展。其发挥发展的主要之点,在于保巴将易之天地人三才的关系,更新创设为天、人、地的三才之道关系。《周易·说卦传》曰:"立天之道,曰阴与阳;立地之道,曰柔与刚;立人之道,曰仁与义。兼三才而两之,故《易》六画而成卦。分阴分阳,迭用柔刚,故《易》六位而成章。"④ 周敦颐《太极图说》复述引用了《周易·说卦传》这种天地人的阐释顺序,并有"乾道成男,坤道成女。二气交感,化生万物。万物生生而变化无穷焉。唯人也得其秀而最灵"⑤ 的论断。保巴是在《易传》和周敦颐《太极图说》的基础上,进一步明确地以先天、中天和后天表达了其天道、人道和地道的地位关系,这样的观念既符合《周易》卦位的上与五爻象天、三与四爻象人、二与初爻象地的论述,也实际上表明对于人之在宇宙中地位的升越,是对宋儒张载《西铭》"乾称父,坤称母。予兹藐焉,乃混然中处。故天地之塞,吾

---

① (元)保巴:《周易原旨　易原奥义》,陈少彤点校,中华书局2009年版,第301—302页。
② (元)保巴:《周易原旨　易原奥义》,陈少彤点校,中华书局2009年版,第302页。
③ (元)保巴:《周易原旨　易原奥义》,陈少彤点校,中华书局2009年版,第304页。
④ 《周易·说卦传》,邵汉明:《周易本义校注》,长春出版社2012年版,第206—207页。
⑤ 《周敦颐集》,中华书局1990年版,第5—6页。

其体。天地之帅，吾其性。民吾同胞，物吾与也"①，在宇宙论层面上的理论发展。

三 太极本体论及其动静演化观

在宋代儒学中，宇宙论观念往往总是牵绊着本体论思想，本体论基本都是在其宇宙论中的万物本原观念的基础上发展和升越而来。继宋之后元代保巴的易哲学思想同样如此。围绕着他的宇宙太极本原论或太极的根源性，保巴也赋予了太极更为广泛的具有本体性质的意义。概括起来有：（1）太极的本体形上性，即太极即理、即道、即心。保巴说："太极，理也，无外，故曰'形而上者谓之道'。"② 太极就是理，就是形而上的道，太极、理、道，就是天地万物的形上根据。这个道，广大悉备，无所不有。并且保巴把"太极"与"易"等同看待，认为："易何心哉？无思也，无为也。未占之先，寂然不动而已。既占之后，感而遂通天下之故。寂者，感之体。感者，寂之用。人心之妙，其动静亦若是也。……洁静精微，心即易矣，易即心矣，神矣哉！"③ 以心为易，以易为心。亦即以太极为心，以心为太极。易、心、太极、理、道，是相通而无差别的。《周易·系辞上》有："圣人以此洗心，退藏于密"，东晋韩康伯注曰："言其道深微，万物日用而不能知其原"，义为深奥之本原。北宋程颐援此解释说："'退藏于密'，密是用之源，圣人之妙处。"④ 程颐此诠解凸显出"密"是"用之源"，故是本体；既是"圣人之妙处"，就不是物的形态。这样，程颐所理解和界定的作为"用之源"的本体（"密"），是非物态的深奥本原，具有鲜明的形上性特质。保巴的易即心、心为太极的观念，完全承继了程颐解易的这种思想。如他说："故放之则弥满六合，敛之退藏于密。"⑤（2）太极的本体总体性，即太极即一、即神、即性。保巴说："一者何也？太极也。太极动而生阳生阴，阳变阴合而五气顺布，

---

① （宋）张载：《张载集》，章锡琛点校，中华书局1978年版，第62页。
② （元）保巴：《周易原旨 易原奥义》，陈少彤点校，中华书局2009年版，第240页。
③ （元）保巴：《周易原旨 易原奥义》，陈少彤点校，中华书局2009年版，第231—232页。
④ 《二程集》（第一册），中华书局1981年版，第157页。
⑤ （元）保巴：《周易原旨 易原奥义》，陈少彤点校，中华书局2009年版，第302页。

第十六章 保巴易哲学思想的儒学贡献

四时行焉。"① "故物物各有太极,一本而万殊也;万物体统于太极,万殊而一本也。此易之所以为神也。"② "凡天下之道,大之为天地日月,微之为走飞草木,皆要归根复命,贞下起元。物物各具一太极,万物统体一太极,所谓贞夫一者也。"③ 保巴的这些论述,明显融合了宋儒邵雍"太极一也"的象数学、周敦颐"一实万分"的理学思想,和程朱"理一分殊"的重要论题。万物一太极,一太极分存于万物之中,或者说万物一理、万物一体,就像朱熹所言,太极、理与万物,犹如月散江湖、雨落草木一样。保巴对于太极本体的总体性质,还通过易的神妙作用、即性即理的"性命之源"等观念,进行诠解阐释。"易吾知其为易也,神果何物耶?易即神也,神即易也,非于神之外,他有所谓易;亦非于易之外,他有所谓神。不言神,则易几于一物,……神也者,妙万物而为言者也。易其神也乎!易者,天地之匡廓;易者,万物之陶冶;易者,昼夜之明鉴。谓易为神耶?神则无方也。谓神为易耶?易则无体也。"④ "易之为道,其妙可以穷理尽性,其微可以开物成务。既不堕于形器,亦不流于虚无。"⑤ "性即理,天理流行,赋予万物,是之谓命。人所禀受,莫非至善,是之谓性。易穷天理,使人尽性,以至于命耳。大哉易也,性命之源乎!"⑥ 太极、易心之神,就在于其既神无方易无体,而又赋予万物,流行广布,成为天地万物的性命之源,其本体的总体性质也是非常明确的。

关于太极本体到宇宙万物的生长化育过程,保巴也基本上沿用了宋儒的动静观念而进行阐释。保巴认为:"太极动而生阳生阴,阳变阴合而五气顺布,四时行焉。"然而,太极为理,理是形而上者;阴阳为气,气变则有形质,故气是形而下者。作为形上之理的太极,其动是"动而无动,神也",就是说,太极有动静,但太极不是动静,而是含有动静之理,即"动极复静,静极复动,理之常也"。⑦ 动静之理是神而不动的,故又是静。而物才是"动而无静",其"得其精义而入于神,则可由体以致诸用。用

---

① (元)保巴:《周易原旨 易原奥义》,陈少彤点校,中华书局2009年版,第243页。
② (元)保巴:《周易原旨 易原奥义》,陈少彤点校,中华书局2009年版,第1页。
③ (元)保巴:《周易原旨 易原奥义》,陈少彤点校,中华书局2009年版,第244页。
④ (元)保巴:《周易原旨 易原奥义》,陈少彤点校,中华书局2009年版,第219页。
⑤ (元)保巴:《周易原旨 易原奥义》,陈少彤点校,中华书局2009年版,第240页。
⑥ (元)保巴:《周易原旨 易原奥义》,陈少彤点校,中华书局2009年版,第264—265页。
⑦ (元)保巴:《周易原旨 易原奥义》,陈少彤点校,中华书局2009年版,第213页。

既利矣，复归于体，……主静如此，寂则能感，定则能应，心法之妙也"①。"后天数取一动一静互为其根之理。"② 保巴的这种"心法之妙"，所取者，显然是宋儒周敦颐《太极图说》"太极动而生阳，动极而静，静而生阴，静极复动，一动一静，互为其根"的观念，以及朱熹"阳动阴静，非太极动静，只是理有动静。理不可见，因阴阳而后知，理搭在阴阳上，如人跨马相似"③ 的论断。不过，周敦颐、朱熹于此都存在着"动静"于太极与阴阳或理与气而有两种不同含义的矛盾：一是指形上的、实在性的动静之理；一是指形下的、实体性的动静运动形态。太极或理的动静，与实体性的阴阳或气的动静不是同一的"动静"。这个矛盾在周敦颐、朱熹是容易引起混乱的，当然元代的保巴于此亦未曾发现或论及。

四 "主静""无私"的心性论及其修养工夫

如前已述，保巴认为，易即心、心即易。易、太极，作为宇宙本源和万物本体，是无思无为、洁静精微、寂然不动的，即以寂静为本，是"密"。而天地万物，又是太极和理的体现，所谓"一物各有一太极"，"物物各具一太极，万物统体一太极"。对于人来说，"盖谓一物各有一太极。人身以心为极，心以静为主。周子故云：'寂然不动者，诚也。感而遂通者，神也。动而未形，有无之间者，几也。'所以几动于此，感应之道深切著明矣。万事在几，未有感害之先，当以存心养神，物来即应耳"④。"寂"静，心亦静。"寂"静为本，心亦主静为本。"凡受于人者，当以虚其中而受之，则能入矣。虚中者，无我也。无我者，无心也。无心感物者，咸感也。咸感者，中无私主，所感无不应矣。"⑤ 可以看出，保巴"主静""无私"的心性之论和修养主张，就是周敦颐"圣人定之以中正仁义而主静，立人极"修养主张的再版。周敦颐在《太极图说》中曾自注曰"无欲故静"，即排除欲念，直至"无欲"，保持心的清净而又具有伦理

---

① （元）保巴：《周易原旨 易原奥义》，陈少彤点校，中华书局2009年版，第250页。
② （元）保巴：《周易原旨 易原奥义》，陈少彤点校，中华书局2009年版，第302页。
③ （宋）黎靖德编：《朱子语类》（第六册）卷九四，中华书局1986年版，第2374页。
④ （元）保巴：《周易原旨 易原奥义》，陈少彤点校，中华书局2009年版，第96页。
⑤ （元）保巴：《周易原旨 易原奥义》，陈少彤点校，中华书局2009年版，第95页。

自觉状态，就是致圣的最根本的修养方法。保巴的"虚其中""无我""中无私""无心"等，也就是："先静其心，使致鉴空衡平，物各附物，不以纤毫障蔽。……虽物有万殊，事有万变，统之以一，一即心诚贞正而已。感道如此，无物不应矣。"① 否则，如果以私心相感，感应之道狭矣。保巴以其太极本体说为基础，以周敦颐的主静无欲、为善去恶为底本，以程朱"性即理"的观念为滋养，融摄人禀受天理（太极）而为性，天理纯粹至善，故人性无不善的儒学思想，认为："性即理，天理流行，赋予万物，是之谓命。人所禀受，莫非至善，是之谓性。易穷天理，使人尽性，以至于命耳。"② 以致在对待《周易》的根本观念上，保巴最终归结于《易》之"义理无穷，言语有限。书不能尽言也，言不能尽意也。然则圣人之意，其终不可得而见乎？……曰：书不尽言求之卦，言不尽意求之象，卦象不尽求之变，变又不尽求之心。以心会心，余皆筌蹄耳"③。"以心会心"、存心养性、"心诚贞正"，至善成圣，则是保巴最后的价值取向和精神目标。

五　保巴易哲学思想的儒学贡献

就整体来说，在中国思想史的画卷里，元代思想是色彩最为浅淡的一页，元代儒学也没有太大的创造性发展或光辉的创进，元代儒士的社会地位则更是十分卑微。但是，保巴却不同，他是集儒者、思想家、官员和蒙古族等各种角色于一身的较为特殊的人物，具有其比较殊异的政治、社会和思想学术地位。保巴儒学以注释诠解《周易》经传为主要形式，思想内容实质是两宋理学的融摄和承进，以不同于一般的学术考察为视角，保巴的易哲学思想对于元代理学的发展，应当说确有其特殊意义的贡献。

第一，保巴的易哲学思想融合了宋儒周敦颐、邵雍、二程、朱熹等的理学观念。融合也意味着创造，创造离不开融合。保巴易学是元代易理学的代表之一，集中了元代义理易学的主要特色。他远承王弼，近取周敦颐《太极图说》及《通书》等的思想观念，以程朱解易和理学思想为基础，并深受邵雍先天易学思想的影响，从而形成其注解诠释《周易》经传的基

---

① （元）保巴：《周易原旨　易原奥义》，陈少彤点校，中华书局2009年版，第97页。
② （元）保巴：《周易原旨　易原奥义》，陈少彤点校，中华书局2009年版，第264—265页。
③ （元）保巴：《周易原旨　易原奥义》，陈少彤点校，中华书局2009年版，第239页。

本理路。扩展地说，保巴解易，注重义理，同时不废象数，是以二者兼收并蓄、融合统摄为特色的。在思想上，周敦颐"无极而太极""主静无欲"的重要命题，王弼"有起于无""动起于静"的有无动静观，程朱"太极之理""理一分殊"的理学理论，邵雍"心为太极""太极一也"的数学推演，甚至张载"乾坤父母""民胞物与"的儒家情怀，等等，都被保巴融合统摄到一个体系中来了。保巴易哲学思想的融合特色是十分突出而鲜明的。所以如此，根本原因无外乎保巴易学是基于他的"以心会心，余皆筌蹄"之核心观念为指导的。

第二，保巴的易哲学思想承继和传扬了宋代理学的基本精神。《四库全书总目提要》引黄虞稷《千顷堂书目》，称保巴易学"本程子之说，即卦体以阐卦用"，并评价保巴易学说："根柢宋儒，阐义发理无一字涉京、焦谶纬之说。"[1] 保巴易学"根柢宋儒"，其基本精神就是围绕太极（理）本体论和"穷理尽性"的修养工夫论所进行的阐发。就易学说，保巴受宋代理学家周敦颐、邵雍、程颐、朱熹易学思想影响，摒弃汉代京房、焦赣等人的《周易》象数学，承袭《周易》义理学派之思想。这在元代作为一个以蒙古族贵族建立的少数民族政权主宰的社会环境里，客观上和在思想理论上是对宋代理学的承继和传扬，实际地发挥着以儒家德治仁政的政治理念来影响、改造元代政权的积极作用。从这样的观察角度和意义来说，保巴义理易学功不可没。

第三，保巴的易哲学思想推进了理学在元代的发展。保巴在《周易》思想哺育下，形成了自己颇具特色的易学思想体系，对古代易学思想的发展，有其独特的贡献。他发展《周易》太极学说，沿袭宋代理学家的思路，探讨宇宙本体和世界图景，建构和创立的先天（河图，实指太极）、中天（八卦）、后天（洛书）宇宙图式，比之于一株大树，自根而干而枝末，认为宇宙万物生化发展由太极演化而来，表述了太极演化天地万物的逻辑程序。这一图式尽管在今天看来，不具科学价值，但在七百多年前的元代社会，从理论上来说，这是保巴的一个创造，它无疑丰富了易哲学发展的思想内容。作为一位少数民族易学家，承继先哲传统，探讨宇宙演化的奥秘，不仅是一种理论尝试，而且其中蕴含着水有源，木有本，万物发

---

[1] 金毓黻等编：《文溯阁四库全书提要》（一），中华书局2014年版，第128—129页。

第十六章　保巴易哲学思想的儒学贡献

展无不有其本源且存在由简到繁的不断发展程序之思想。这一思想对古代哲学本体论的探讨与发展，是有理论价值和思想学术意义的。

第四，从保巴作为一位蒙古族学者的视角来看其易哲学思想的儒学贡献。元代是蒙古族贵族建立的以武力征服和经济抢攘为特征的、具有草原文化特色的国家政权。生活在元代这种情势下的开明儒家宰臣，曾积极试图以儒家德治仁政的政治理念来影响、改造这个尚武嗜利精神突出的政权。影响较大者如儒家学者许衡向元王朝谏言"行汉法"，即施行以儒家官僚政治为主的中原政治制度。保巴以一位受元朝皇族尊敬的学者和儒臣，深研易学，秉持儒学的经世致用之风，注重《周易》的政治、伦理、教育等思想，力求引导人们尤其是蒙古族贵族统治者从中汲取修身、齐家、治国、平天下的精神营养，这与许衡提出的"行汉法"的政治主张，具有政治理念上彼此呼应的现实意义和积极作用。同时，保巴作为具有蒙古族民族身份的儒者，代表着蒙古族少数民族的族别，不仅如上所述，其承继倡扬理学太极（理）本体论和"穷理尽性"修养方法论等哲学观念，还主张"事天之道，济民为先"[①]，安邦治国"法不可甚，用不可侈，赋不可苛"[②]，发挥《易传》提倡的"节以制度，不伤财，不害民"等思想，坚持孔子儒学"博施于民而能济众"的原则，提出"上以风化下"[③]、教化和刑罚并重、以礼乐教化为主而导民为善等儒家政治伦理思想。从民族关系而言，保巴的这些理论观念，显示了作为少数民族之一而建立了统一中国政权的蒙古族，对于理学的理论认同和价值褒扬，具有在儒学共同价值理念统摄下民族和谐、团结进步的深刻意义。

当然，保巴易哲学思想比之于他所承继的理学家们的学术体系之宏阔是远远不及的，对于理学易学所涉及的一些重要理论命题，也未遑深入辨析（如周敦颐的"主静"与二程的"主敬"），表现出其融摄多于创造、发展不及继承的特点，显示了保巴所标志的元代理学薄弱性的一面。这也是毋庸讳言的。

---

① （元）保巴：《周易原旨　易原奥义》，陈少彤点校，中华书局2009年版，第69页。
② （元）保巴：《周易原旨　易原奥义》，陈少彤点校，中华书局2009年版，第194页。
③ （元）保巴：《周易原旨　易原奥义》，陈少彤点校，中华书局2009年版，第62页。

第十七章　玄烨理学及其和会满族文化之特点

玄烨作为我国最后一个封建王朝的君主，其思想观念中的儒学构成和文化特色，足以能够代表其所属我国少数民族之一的满族在精神面貌和理论思维上所达到的水准，同时映现着他选择程朱理学加以继承改造的价值取向和时代特征。因此，本章简要考察玄烨理学的思想精髓，从而表明我国少数民族儒学中多元化和与时俱进的性质。

一　玄烨生平与著述

爱新觉罗·玄烨（1654—1722），满族，清朝顺治皇帝爱新觉罗·福临第三子，也是清朝入关后的第二任帝王，年号康熙，庙号圣祖。作为一代清帝，康熙励精图治，以儒治国，开创了我国历史上封建社会所谓的"康乾盛世"。同时，玄烨的思想观念更加丰富。自幼为学，从治国理政到为道践履，都体现了其具有深厚的文化素养和理论基础。玄烨"自五龄后，好学不倦。丙夜披阅，每至宵分。凡帝王政治、圣贤心学、六经要旨，无不融会贯通，洞彻原委"[①]。玄烨8岁即帝位，14岁亲政，之后又有相继15年的经筵日讲，所聘讲官如熊赐履、李光地、汤斌等，多为理学名臣，加上他本人天性好学，即帝位后基本受儒学尤其是程朱理学熏染，因而玄烨尤好性理。

玄烨重视思想文化，在其60余年执政期间，委任重臣编修《实录》《圣训》《会典》《一统志》等，组织编纂经史文学之书如《康熙字典》

[①] 《圣祖实录》（一）卷一，《清实录》（第四册），中华书局1985年影印本，第39页。

《佩文韵府》《古今图书集成》《全唐诗》等。玄烨本人著述所涉及的内容也十分广泛，哲学、诗文、历史、政治、数学、天文、地理、生物、农艺、工程技术，均有所论。其著作计有200多卷，近百万字，主要见于《圣祖仁皇帝御制文集》初至四集。其中玄烨的理学思想反映在他的《性理大全序》《太极图说》《理学论》《性理精义序》《朱子全书序》以及《庭训格言》等之中。

二 推尊、承接朱学

程朱理学，在更加广泛的意义上，包括周敦颐、邵雍和张载理学，即理学形成时期的北宋五子和南宋朱熹的理学思想。康熙在《朱子全书序》中有一段对朱子之学的全面评价："至于朱夫子，集大成而继千百年绝传之学，开愚蒙而立亿万世一定之规。穷理以致其知，反躬以践其实。释《大学》则有次第，由致知而平天下，自明德而止于至善。无不开发后人而教来者也。五章补之于断简残篇之中，而一旦豁然贯通之为要。虽圣人复起，必不能逾此。问《中庸》名篇之义，则不偏不倚、无过不及之名，未发已发之中，本之于时中之中，皆先贤所不能及也。若《语》《孟》则逐篇讨论，皆内圣外王之心传，于世道人心所关匪细。如五经则因经取义，理正言顺，和平宽宏，非后世浅见而轻议者同日而语也。至于忠君爱国之诚，动静语默之敬，文章言谈之中，全是天地之正气，宇宙之大道。朕读其书，察其理，非此不能知天人相与之奥，非此不能治万邦于衽席，非此不能仁心、仁政施于天下，非此不能外内为一家。读书五十载，只认得朱子一生居心行事。"[1]《康熙几暇格物编·文章体道亲切惟有朱子》中亦说："至于体道亲切，说理详明，阐发圣贤之精微，可施诸政事，验诸日用，实裨益于身心性命者，惟有朱子之书，驾乎诸家之上，令人寻味无穷，久而弥觉其旨。"[2] 玄烨对于朱熹的推尊、崇尚如此。当然，其实玄烨所心仪的是包括朱熹在内所有宋儒的理学，尤其是周敦颐、二程、张载、

---

[1] （清）玄烨：《朱子全书序》，《圣祖仁皇帝御制文集》（第四集）卷二十一，文渊阁《四库全书》，上海古籍出版社1987年影印本，第534—535页。

[2] （清）玄烨：《朱子全书序》，《圣祖仁皇帝御制文集》（第四集）卷二十八，文渊阁《四库全书》，上海古籍出版社1987年影印本，第1299—581页。

朱熹的理学思想。因为，玄烨明确地肯定朱熹是"集大成而继千百年绝传之学"者。

玄烨承继朱学或宋之理学，总体上说包括以理（或太极）为根源和本体的万物生化的天道观或宇宙论、理本论，以及居敬穷理、格物致知的心性修养工夫论。

关于万物生化的天道宇宙观，玄烨认为："天地古今，大本大原，只是一理。"①"太极未判以前，此理具在，则所谓无极而太极者。"②"吾思太极者，实理之所在；阴阳者，变化之根源。"③"理""太极"是天地万物的本原，"阴阳"之气是事物变化的根源，"太极"之"理"通过"阴阳"之气的运动变化，而生成事事物物或得到表现、实现。这与朱熹的理气观完全相合。朱熹说："阳动阴静，非太极动静，只是理有动静。理不可见，因阴阳而后知，理搭在阴阳上，如人跨马相似。"④ 理搭于阴阳之气而行，也就是太极之理凭借阴阳或气的动静变化而得到实现。

关于理本体论，玄烨对朱子之学的承继，一方面体现在"天地古今，大本大原，只是一理"的本体"理"在时间上的先在性，和凭借"阴阳"之"气"的"动静"在运动性质上的"挂搭"性，比较集中地体现在他承继了程朱"理一分殊"的思想观念。他在《理学论》中进行了详细阐述："夫理，语大乾坤莫能载；语小乾坤莫能破。散之万物，归于一中，无过不及，日用平常见于事物者，谓之理。……自宋儒起而有理学之名，至于朱子能扩而充之方为理。……有一事必有一事之理，有一物必有一物之理。从此推去，自有所得。求之而失于过，不得其理也；求之而失于不及，亦不得其理也。惟一中即是无私，无私而后得其理之正也乎。"⑤ 这正是朱熹"就大本论之，其理则一，才禀于气，便有不同"⑥，"万个是一个，

---

① （清）玄烨：《清圣祖仁皇帝圣训》卷五，《圣学》，《近代中国史料丛刊三编第九十四辑》（第一册），台北文海出版有限公司 2004 年，第 62 页。
② （清）玄烨：《太极图说》，《圣祖仁皇帝御制文集》（第二集）卷三十，文渊阁《四库全书》，上海古籍出版社 1987 年影印本，第 1298—627 页。
③ （清）玄烨：《钦若昊天历象日月星辰敬授人时》，《圣祖仁皇帝御制文集》（第四集）卷二十四，文渊阁《四库全书》，上海古籍出版社 1987 年影印本，第 1299—549 页。
④ （宋）黎靖德编：《朱子语类》（第六册）卷九十四，中华书局 1986 年版，第 2374 页。
⑤ （清）玄烨：《理学论》，《圣祖仁皇帝御制文集》（第四集）卷二十一，文渊阁《四库全书》，上海古籍出版社 1987 年影印本，第 1299—532 页。
⑥ （宋）黎靖德编：《朱子语类》（第四册）卷五十七，中华书局 1986 年版，第 1347 页。

第十七章　玄烨理学及其和会满族文化之特点

一个是万个。盖体统是一太极，然又一物各具一太极"①的"本体之理"和"理一分殊"思想。一理怎样分为万理，构成万物的本体？玄烨认为，天理所派生的阴阳二气，交错运动，使"天之气下降，地之气上升"②，"天之所产阳也，而其冲然无象者，则为阴之静。地之所产阴也，而其磅礴外见者，则为阳之动"③。"一本散为万殊，万殊归于一本。"④ 阴阳二气氤氲，合同而化，成大千世界的纷纭交织的事物。在阴阳二气化生万物的过程中，天理随其化育流行赋予万物，从而"一本万殊"。

居敬穷理、格物致知的心性修养工夫论，是朱熹理学的重要组成部分，是在程颐"涵养须用敬，进学则在致知"思想理论的基础上的承接与发展。这一宏大的理论论题，玄烨是从朱熹的体系中进一步地"接着讲"，而其"接着讲"的结果，亦显现出玄烨工夫论上对朱熹的承接、改造，甚而发展。玄烨的心性修养理论很丰富，归结起来，主要是：（1）以"主敬"为特色的心性涵养论。玄烨认为："临民以主敬为本，昔人有言，一念不敬，或贻四海之忧；一日不敬，或以致千百年之患。《礼记》首言毋不敬，《五子之歌》始终皆言敬慎，大抵诚与敬，千圣相传之学，不越乎此。"⑤"如周子之学以诚为本，以无欺主静为要，二程子之学以主敬致知为先，朱子之学以穷理致知、主一居敬为务，皆深有得于性天之旨。"⑥"主之以至一，本之以无私，正心以穷理，而是非不得淆其中；虚己以知人，而邪正不得荧其外。夫然后见之措施，清静画一，无为而治。事有不期简而自简者，故曰，君子之学大居敬。"⑦ 根据玄烨的论述，所谓"主

---

① （宋）黎靖德编：《朱子语类》（第六册）卷九十四，中华书局1986年版，第2409页。
② （清）玄烨：《君臣一体论》，《圣祖仁皇帝御制文集》（第一集）卷十七，文渊阁《四库全书》，上海古籍出版社1987年影印本，第1298—173页。
③ （清）玄烨：《礼乐论》，《圣祖仁皇帝御制文集》（第一集）卷十八，文渊阁《四库全书》，上海古籍出版社1987年影印本，第1298—177页。
④ （清）玄烨：《讲筵绪论》，《圣祖仁皇帝御制文集》（第一集）卷二十六，文渊阁《四库全书》，上海古籍出版社1987年影印本，第1298—226页。
⑤ （清）玄烨：《讲筵绪论》，《圣祖仁皇帝御制文集》（第一集）卷二十六，文渊阁《四库全书》，上海古籍出版社1987年影印本，第1298—225页。
⑥ （清）玄烨：《读性理大全》，《圣祖仁皇帝御制文集》（第一集）卷二十八，文渊阁《四库全书》，上海古籍出版社1987年影印本，第1298—235—236页。
⑦ （清）玄烨：《居敬行简论》，《圣祖仁皇帝御制文集》（第一集）卷十八，文渊阁《四库全书》，上海古籍出版社1987年影印本，第1298—177—178页。

敬"或"居敬",就是"主一""无私""正心""虚己",也就是二程所谓"主一无适""与理为一""闲邪存诚"。存此涵养,从治政为民来说,玄烨的观念也就是要做到"政简",简则须有本,有本即敬,不然就会出现弊病。"主敬"才可以"正心以穷理,而是非不得淆其中;虚己以知人,而邪正不得荧其外",自然政清事简而"治隆",故"君子之学大居敬"。在玄烨看来,君子修德之功莫大于主敬。内主于敬,则非僻之心无自而动;外主于敬,则惰慢之气无自而生。念念敬,斯念念正;时时敬,斯时时正;事事敬,斯事事正。君子无在而不敬,故无在而不正。(2)以"格物致知"、躬行实践为理念的为学工夫论。"天命而有性,率性而有道,此性命之自然也。圣人修之明之推之教之,不齐者齐之,太过者抑之,皆循乎天道而尽己之性,非格物致知,穷其理之至当者,即理在前而不识也。……所以学者当于致知格物中,循序渐进,不可躐等。"① 格物即穷理,格物穷理即致知。致知格物的过程是循序渐进。这是程朱格物致知、积累贯通的玄烨表述。不仅如此,玄烨针对格物穷理而强调读书、应事以及论史等多端途径,与宋之理学家"穷理多端"的观念亦完全一致。并且玄烨还强调"诵读之功固不可废,躬行实践尤为至要,务时勤职业也"②。把躬行实践与诵读并举,甚至更加强调躬行实践,不赞成只谈论不践履,具有事贵身体力行、"非知之艰,行之维艰"的强烈思想意识,在"致知""力行"之间,玄烨尤其突出"力行"的作用、地位和意义,这一观念既联系着朱熹的"知先行重"论,也显示着玄烨在"躬行实践"、重视"力行"方向上的思想偏重和观念增进。

三 改造、变异理学

时至17世纪中期,作为一位入主中原的少数民族帝王,玄烨既很好地继承了两宋理学,推尊朱学,同时又结合时代发展和自身的治政实践,对于程朱理学而有重要改造,或者说变异,甚至丰富发展。集中体现在如下

---

① (清)玄烨:《理学论》,《圣祖仁皇帝御制文集》(第四集)卷二十一,文渊阁《四库全书》,上海古籍出版社1987年影印本,第1299—532页。

② (清)玄烨:《谕日讲官起居注侍读学士牛钮》,《圣祖仁皇帝御制文集》(第一集)卷六,文渊阁《四库全书》,上海古籍出版社1987年影印本,第1298—80页。

第十七章　玄烨理学及其和会满族文化之特点

几个方面。

一是融入科学内容。玄烨在论述和发挥《尚书·尧典》中的一句经文时，著有《钦若昊天历象日月星辰敬授人时》之作。从玄烨这一论作看，它既承袭着程朱格物穷理的理学精神，也反映着玄烨所具有的科学之见，或者说玄烨把理学思想与科学内容有机地统一了起来。该作的主要论述是：

> 吾思太极者，实理之所在；阴阳者，变化之根源。圣人能明此道，故因天之所运，立制宜民，而悉本之于敬焉。夫钦天者，非一而灿烈者不可不察。上天之载，无声无臭，不可阶而升也。圣人仰观苍苍，一动一静之中，察其所以，而知天之所转，纷纶交错，而实有度之可量，数之可凭，此所以为宪天之道乎！夫敬天者，非一而长正者不可不知。上天之宰，冲漠无朕，不可私为论也。圣人仰观浩浩，实理实气之中，度乎至当，而知人之于天，裁成辅相，而实有智之可殚，能之可竭，此所以为奉天之道乎！夫历乃纪数，数之不明，何以言历？……因数之当合者合之，当分者分之。如度天之三百六十之度，合三百六十五日四分度之一。……星有恒星、五星。五星转太阳而行，恒星随天体而动，……历之可数，象之可察，日月之可评，星辰之可定，圣人则之，而惟人时之。……天之所运，虽有纷纶交错，圣人之道，实有精一全体，所以五气顺布，四时和行，以此敬天授时，其道岂可易乎！[1]

这一论述的基本思想观念包括：太极之理凭借阴阳之气的"纷纶交错"、运动变化而呈现出"天之道"，圣人居敬而察可知"天之道"，天（或曰宇宙）在结构上包括恒星、五星、日月星辰等，天体的运行在空间度数上为三百六十度、时间上为三百六十五又四分之一日，天体运行的规律即理、即道，理、道是不可移易改变的。玄烨的这种以敬为本突出的是一种心性涵养工夫，察知日月星辰、事物之"理（道）"强调的是一种认

---

[1] （清）玄烨：《钦若昊天历象日月星辰敬授人时》，《圣祖仁皇帝御制文集》（第四集）卷二十四，文渊阁《四库全书》，上海古籍出版社1987年影印本，第1299—549—550页。

知活动。日月星辰、天体运行的历数属科学内容,仰观俯察的察知认知活动,也具有科学性。

二是提出"真理学"。知行观上的"亲历亲见""毕竟行重"等思想,是玄烨不完全囿于理学旧说,在朱熹行知并重思想基础上的重要发挥,也因此形成了他的"真理学"思想。玄烨曾说,"日用常行无非此理,自有理学名目,彼此辨论,朕见言行不相符者甚多。终日讲理学而所行之事,全与其言悖谬,岂可谓之理学?若口虽不讲,而行事皆与道理吻合,此即真理学也"①。玄烨认为"凡事必亲历乃知"②,只空谈不眼见,终属无用。人的知(认识)产生于自身的"亲历""亲见"。同时,"明理之后,又须实行,不行,徒空谈耳"③。要求"身体力行",不"徒空谈"。正因如此,玄烨一再声称:"朕一生所学者为治天下,非书生坐观立论之易",④他反对坐而论道,清谈苟且,主张"言行相符",强调经世致用,为理学、儒学在清代的发展开拓了一线新的天地,于儒学实有丰富、创进和理论增益的贡献。康熙所提出的"真理学",显然是针对理学中假理学的存在而言的。假理学是晚明以来空谈心性的空疏之风至清前期康熙朝的流弊所致。玄烨曾指斥假道学说:"今人讲道学者,徒尚语言文字,而尤好非议人。非惟言行不符,而言之有实者,盖亦寡矣。"⑤ 同时,当理学在明清之际流于空疏和衰落的思想理论背景下,玄烨作为一位入主中原的少数民族帝王,其尊崇朱学(程朱)理学,并强调躬行实践、经世致用,对于巩固清政府的统治,消弭满汉民族间的隔膜,促进民族关系和谐,恐怕具有更为深层次的社会意义。而且,在学术发展的方向上,玄烨强调治国安民、躬行实践、经世实行,也是明清之际实学思潮发展的作用影响和体现,一定意义上,玄烨将这种实学致用精神推到了极致。也就是他所确立的"终日讲理学,而所行之事全与其言悖谬,岂可谓之理学?若口虽不讲,而行事皆与道理吻合,此即真理学"这一衡量是否真理学的标准。他曾称赞当时

---

① 《圣祖实录》(二)卷一一二,《清实录》(第五册),中华书局1985年影印本,第157—158页。
② 《圣祖实录》(二)卷一四〇,《清实录》(第五册),中华书局1985年影印本,第530页。
③ 《康熙起居注》(第一册),中华书局1984年版,第66页。
④ (清)玄烨:《朱子全书序》,《圣祖仁皇帝御制文集》(第四集)卷二十一,文渊阁《四库全书》,上海古籍出版社1987年影印本,第1299—535页。
⑤ (清)康熙撰:《庭训格言》,查洪德注译,中州古籍出版社1994年版,第91页。

既有显著政绩又清廉履政的于成龙，说其"居官清廉，如于成龙者甚少"①。于成龙不言理学而服官至廉，此即理学之真者。这里可以看出，玄烨已经把理论重心完全放在了力行上，显示出对朱熹"论先后，知为先；论轻重，行为重"②的"知先行重"思想的发展。

当然，尽管玄烨理学表现出对朱学某些理论论题的增进，并吸收了当时所能达到的科学知识内容，但其基本的、主体的方面仍然是理学性质的内容，对朱学的某些增益、改造或变异，还难以称为突破或超越。

四 和会汉满文化

理学对待宗教和鬼神迷信的立场、态度是我们所熟知的。玄烨崇尚理学、表彰程朱，又体现出其满族的民族特色，即以程朱理学为主，同时和会本民族文化。如玄烨坚持拜堂子和信仰萨满教。

拜堂子是清代宫廷内特有的祭祀制度，源于萨满教祭神仪式。后金努尔哈赤建国之初，始行拜堂子之礼。清世祖定都北京，袭旧俗，于长安左门外建堂子，元旦拜天、出征凯旋，皇帝均亲行祭拜。康熙仍袭此制，如康熙三十六年（1697）春节，玄烨拜堂子后再向皇太后请安。二月开始第三次亲征噶尔丹，命大学士伊桑阿、内大臣索额图等从征，拜过堂子而后出征，回京时"上由德胜门入，诣堂子行礼……"③ 据资料载，玄烨经常诣堂子祭祖祀天。④ 时至今日，我国东北地区满族居住的地方，仍有立索伦杆（索罗杆）祭天的习俗。

萨满教是在原始信仰基础上逐渐丰富与发展起来的一种民间信仰，曾长期盛行于我国北方诸少数民族之中，因而也是满族民间的传统宗教。跳神祭祀是萨满教的主要活动，据悉堂子祭和家祭是满族萨满教的两种主要祭祀形式。玄烨作为满族统治者，在崇尚理学、儒学的同时，对于满族的民族文化是维护的，如他与其他满族成员一样保留着对萨满教的信仰。康熙御制诗《望祀长白山》就表达了在满族中传承悠久的萨满教圣山崇拜的

---

① 《圣祖实录》（二）卷一二六，《清实录》（第五册），中华书局1985年影印本，第336页。
② （宋）黎靖德编：《朱子语类》（第一册）卷九，中华书局1986年版，第148页。
③ 《圣祖实录》（二）卷一八三，《清实录》（第五册），中华书局1985年影印本，第961页。
④ 宋德宣：《满族哲学思想研究》，辽宁大学出版社1994年版，第201页。

文化思绪。"名山钟灵秀，二水发真源。翠霭笼天窟，红云拥地根。千秋佳兆启，一代典仪尊。翘首瞻晴昊，岩峣逼帝阍。"① 康熙二十一年（1682）二月十五日，康熙帝第二次东巡，到长白山西麓的乌喇城，在那里举行了长白山望祭仪式并写下了此诗。长白山是满族先民的发祥地，玄烨这首诗凝聚着满族先民的长白山崇拜、长白山的佛库伦神话、满族萨满教的圣山崇拜等文化信息。

可以看出，玄烨对于本民族的宗教文化所持的是维护、信奉的态度。这样的文化意识与玄烨所竭力宣示的理学立场，既表现出观念形式上的较大差异性，又透显着满族文化和程朱理学作为清王朝国家意识形态在玄烨这一特殊身份中的和会性特征。

---

① 王志民：《康熙诗词集注》，内蒙古人民出版社1994年版，第141页。

主要参考文献

一 著作

《论语》,杨伯峻、杨逢彬注译,岳麓书社 2000 年版。

《孟子》,方勇译注,中华书局 2010 年版。

《左传》,郭丹等译注,中华书局 2012 年版。

《国语》,陈桐生译注,中华书局 2013 年版。

《礼记》,《十三经》(全一册),中州古籍出版社 1992 年据 1914 年商务印书馆本影印。

《四书五经全译》,陈襄民译,中州古籍出版社 2000 年版。

(汉)司马迁:《史记》,中华书局 1975 年版。

(汉)班固:《汉书》,中华书局 1962 年版。

(晋)陈寿:《三国志》,中华书局 1982 年版。

(晋)常璩撰,刘琳校注:《华阳国志新校注》,四川大学出版社 2015 年版。

(晋)葛洪:《西京杂记》,周天游校注,三秦出版社 2006 年版。

(南朝宋)范晔:《后汉书》,中华书局 1965 年版。

(北齐)魏收:《魏书》,中华书局 1974 年版。

(唐)房玄龄等:《晋书》,中华书局 1974 年版。

(唐)李延寿:《北史》,中华书局 1974 年版。

(唐)张九龄,熊飞校注:《张九龄集校注》(下册),中华书局 2008 年版。

(唐)韩愈,马其昶校注:《韩昌黎文集校注》,上海古籍出版社 1986 年版。

（唐）释慧能：《六祖坛经》，徐文明注译，中州古籍出版社 2008 年版。

（唐）樊绰撰，向达校注：《蛮书校注》，中华书局 1962 年版。

（后晋）刘昫：《旧唐书》，中华书局 1975 年版。

（宋）欧阳修、宋祁：《新唐书》，中华书局 2011 年版。

（宋）李焘：《续资治通鉴长编》，中华书局 2004 年版。

（宋）王钦若等：《册府元龟》（第十二册），中华书局 1960 年版。

（宋）释普济：《五灯会元》，中华书局 1984 年版。

（宋）王溥：《唐会要》，中华书局 1955 年版。

（宋）薛居正：《旧五代史》，中华书局 2011 年版。

（宋）欧阳修：《新五代史》，中华书局 1974 年版。

（西夏）骨勒茂才：《番汉合时掌中珠》，黄振华等整理，宁夏人民出版社 1989 年版。

（宋）朱熹：《四书章句集注》，中华书局 2011 年版。

（元）脱脱等：《宋史》，中华书局 1977 年版。

《全辽文》，陈述辑，中华书局 1982 年版。

（元）脱脱等：《金史》，中华书局 1970 年版。

（明）宋濂等：《元史》，中华书局 1976 年版。

（清）张廷玉等：《明史》，中华书局 1985 年版。

（金）牧常晁：《玄宗直指万法同归》，《道藏》，文物出版社、上海书店、天津古籍出版社 1988 年版。

（元）玄全子编：《真仙直指语录》，《道藏》，文物出版社、上海书店、天津古籍出版社 1988 年版。

（元）李道纯：《中和集》，《道藏》，文物出版社、上海书店、天津古籍出版社 1988 年版。

《柳宗元集》，中华书局 1979 年版。

《张载集》，中华书局 1978 年版。

《二程集》，中华书局 1981 年版。

《张栻集》，杨世文点校，中华书局 2015 年版。

《张栻全集》，杨世文、王蓉贵点校，长春出版社 1999 年版。

《司马温公文集》，《丛书集成初编》，商务印书馆 1936 年版。

（宋）优素甫·哈斯·哈吉甫：《福乐智慧》，耿世民、魏萃一译，新疆人民出版社 1979 年版。

（宋）黎靖德编：《朱子语类》，中华书局 1986 年版。

（宋）朱熹撰：《朱子全书》（修订本），朱杰人等主编，上海古籍出版社、安徽教育出版社 2010 年版。

（宋）乐史：《太平寰宇记》，中华书局 2008 年版。

《许衡集》，东方出版社 2007 年版。

《王阳明全集》，上海古籍出版社 1992 年版。

（元）郭松年撰：《大理行记》，王叔武校注，云南民族出版社 1986 年版。

（元）李京撰：《云南志略》，王叔武校注，云南民族出版社 1986 年版。

（元）保巴：《周易原旨 易原奥义》，中华书局 2009 年版。

（元）马端临：《文献通考》，《四裔考六》，上海图书集成局（清光绪二十七年）1901 年版。

（元）郝经：《陵川集》，文渊阁《四库全书》（第一一九二册），上海古籍出版社 1987 年影印本。

《甘泉文集》，《四库全书存目丛书·集部》，四库全书存目丛书编纂委员会编，齐鲁书社 1997 年版。

（明）李元阳：《李中溪全集》，《丛书集成续编》一四二，（台湾）新文丰出版公司 1988 年版。

（明）王岱舆：《正教真诠清真大学希真正答》，余振贵点校，宁夏人民出版社 1988 年版。

（明）《徐霞客游记》，中华书局 2010 年版。

《海瑞集》，中华书局 1962 年版。

《陈献章集》，中华书局 1987 年版。

（清）王崧：《乐山集》，《丛书集成续编》一九二，（台湾）新文丰出版公司 1988 年版。

（清）玄烨：《圣祖仁皇帝御制文集》（第一—四集），文渊阁《四库全书》，上海古籍出版社 1987 年影印本。

《清实录》，中华书局 1985 年影印本。

《康熙起居注》，中国第一历史档案馆编，中华书局1984年版。

《圣祖仁皇帝庭训格言·康熙圣思录》，周殿富点校新编，北京时代华文书局2013年版。

（清）康熙：《庭训格言》，查洪德注译，中州古籍出版社1994年版。

（清）郑珍、莫友芝：《遵义府志》，《中国地方志集成》，《贵州府志辑》，巴蜀书社2006年版。

（清）刘智：《天方典礼》，张嘉宾、都永浩点校，天津古籍出版社1988年版。

（清）孙星衍：《尚书今古文注疏》，中华书局1986年版。

（清）吴广成撰，龚世俊校：《西夏书事校证》，甘肃文化出版社1995年版。

高亨：《周易大专今注》，齐鲁书社1998年版。

（清）顾炎武：《顾炎武全集》（第17册），《天下郡国利病书》（六），黄珅校点，上海古籍出版社2011年版。

（清）马注：《清真指南》，余振贵标点，宁夏人民出版社1988年版。

（清）土观·罗桑却吉尼玛：《土观宗派源流》，刘立千译，西藏人民出版社1985年版。

（清）王先谦：《尚书孔传参正》，何晋点校，中华书局2011年版。

《高奣映集》（卷一），曹晓宏、王翼祥校注，云南大学出版社2011年版。

钱仲联：《韩昌黎诗系年集释》，上海古籍出版社1984年版。

（民国）霍士廉、由云龙：《姚安县志》，《学术志·学术概论》，1984年。

（民国）龙云、卢汉主修，周钟岳总纂：《新纂云南通志》，刘景毛等点校，云南人民出版社2007年版。

阿不都克里木·热合满、马德元：《维吾尔文化简史》，新疆人民出版社2011年版。

拔塞囊：《拔协》，佟锦华、黄布凡译注，四川民族出版社1990年版。

包和平编著：《中国少数民族文献学研究》，国家图书馆出版社2009年版。

毕节地区彝文翻译组译：《西南彝志》（第3—4卷），贵州民族出版社1991年版。

（元）布顿：《佛教史大宝藏论》，郭和卿译，民族出版社1986年版。

才让：《吐蕃史稿》，人民出版社2010年版。

藏族简史编写组：《藏族简史》，西藏人民出版社2006年版。

陈英、罗国义译：《宇宙人文论》，民族出版社1984年版。

陈耀南：《唐诗新赏》，中国人民大学出版社2011年版。

陈玉屏：《中国古代民族融合问题研究》，四川民族出版社2003年版。

陈垣：《明季滇黔佛教考》（上），河北教育出版社2000年版。

陈垣：《元西域人华化考》，上海古籍出版社2008年版。

崔大华：《儒学的现代命运——儒家传统的现代诠释》，人民出版社2012年版。

崔大华：《儒学引论》，人民出版社2001年版。

崔明德：《中国古代和亲史》，人民出版社2005年版。

段丽波：《中国西南氐羌民族源流史》，人民出版社2011年版。

范文澜：《中国通史》第2册，人民出版社1978年版。

方国瑜：《方国瑜论学集》，民族出版社2008年版。

方克立：《中国哲学大辞典》，中国社会科学出版社1994年版。

费孝通：《中华民族多元一体格局》（修订本），中央民族大学出版社2003年版。

傅秋涛：《李卓吾传》，湖南人民出版社2007年版。

傅小凡：《李贽哲学思想研究》，福建人民出版社2007年版。

嘎尔迪：《蒙古文化专题研究》，民族出版社2004年版。

葛荣晋：《中国哲学范畴通论》，首都师范大学出版社2001年版。

龚友德：《白族哲学思想史》，云南人民出版社1992年版。

龚友德：《儒学与云南少数民族文化》，云南人民出版社1993年版。

贵州省民族研究所、毕节地区彝文翻译组：《西南彝志选》，贵州人民出版社1982年版。

何成轩：《儒学南传史》，北京大学出版社2000年版。

和少英：《纳西族文化史》，云南民族出版社2001年版。

和万宝、和家修主编：《纳西东巴古籍译注全集》（第24卷），云南人民出版社1999年版。

和志武译：《东巴经典选译》，云南人民出版社1994年版。

洪军：《四端七情之辨——朝鲜朝前期朱子学研究》，人民出版社 2018 年版。

黄庆印：《壮族哲学思想史》，广西民族出版社 1996 年版。

黄寿祺、张善文：《周易译注》，上海古籍出版社 2004 年版。

黄有福主编：《中国朝鲜族史研究 2008》，民族出版社 2009 年版。

纪国泰：《〈扬子法言〉今读》，巴蜀书社 2010 年版。

贾顺先主编：《退溪全书今注今译》（全八册），四川大学出版社 1994 年版。

《礼仪问答写卷》，王尧：《王尧藏学文集》（卷四），中国藏学出版社 2012 年版。

［韩］李珥：《栗谷全书》，华东师范大学出版社 2017 年版。

李范文：《李范文西夏学论文集》，中国社会科学出版社 2012 年版。

李国文：《东巴文化与纳西哲学》，云南人民出版社 1991 年版。

李健胜：《儒学在青藏地区的传播与影响》，人民出版社 2012 年版。

李书增：《中国明代哲学》，河南人民出版社 2002 年版。

李甦平：《韩国儒学史》，人民出版社 2009 年版。

李元光：《宗喀巴大师宗教伦理思想研究》，巴蜀书社 2006 年版。

李宗放：《四川古代民族史》，民族出版社 2010 年版。

李宗桂：《儒家文化与中华民族凝聚力》，广东人民出版社 1998 年版。

李宗桂：《中华民族》，华夏出版社 1991 年版。

梁庭望等搜集整理：《壮族传统古歌集》，广西民族出版社 2011 年版。

梁庭望、罗宾：《壮族伦理长诗传扬歌译注》，广西民族出版社 2005 年版。

刘俊哲：《藏传佛教哲学思想研究》（上下册），民族出版社 2013 年版。

刘俊哲、罗布江村编：《藏传佛教哲学思想资料辑要》，民族出版社 2007 年版。

刘立千：《藏传佛教各派教义及密宗漫谈》，民族出版社 2000 年版。

刘文典撰，冯逸、乔华点校：《新编诸子集成·淮南鸿烈集解》（上），中华书局 2013 年版。

刘宗贤、蔡德贵：《当代东方儒学》，人民出版社 2003 年版。

马学良：《爨文丛刻》（上），四川民族出版社1986年版。

《蒙古秘史》，特·官布扎布、阿斯钢译，新华出版社2006年版。

《蒙古源流新译校注》，道润梯步译校，内蒙古人民出版社2007年版。

蒙古族简史编写组：《蒙古族简史》（修订本），民族出版社2009年版。

蒙培元：《理学范畴系统》，人民出版社1989年版。

（清）米庞嘉措：《国王修身论》，西藏人民出版社1983年版。

牟宗三：《心体与性体》，上海古籍出版社1999年版。

木芹、木霁弘：《儒学与云南政治经济的发展及文化转型》，云南大学出版社1999年版。

热依汗·卡德尔：《东方智慧的千年探索——〈福乐智慧〉与北宋儒学经典的比对》，民族出版社2009年版。

（元）萨迦班智达：《萨迦格言》，王尧译，当代中国出版社2012年版。

尚斌等：《中国儒学发展史》，兰州大学出版社2008年版。

石训、姚瀛艇等：《中国宋代哲学》，河南人民出版社1992年版。

宋德宣：《满族哲学思想研究》，辽宁大学出版社1994年版。

苏发祥主编：《西藏民族关系研究》，中央民族大学出版社2006年版。

孙俊萍：《伊儒合璧的回族哲学思想》，宁夏人民出版社2008年版。

孙振玉：《王岱舆 刘智评传》，南京大学出版社2006年版。

田景等：《韩国文化论》，中山大学出版社2010年版。

佟德富、宝贵贞：《中国少数民族哲学专题研究》，中央民族大学出版社2006年版。

王宝峰：《李贽儒学思想研究》，人民出版社2012年版。

王天玺、李国文：《先民的智慧：彝族古代哲学》，云南教育出版社2000年版。

王文光：《中国民族发展史》（上下），民族出版社2005年版。

王雄编著：《辽夏金元史徵》，内蒙古大学出版社2007年版。

王尧：《西藏文史探微集》，耿予方译，中国藏学出版社2005年版。

王运权、王仕举译：《西南彝志》（修订本，第1—2卷），贵州民族出版社2004年版。

王子国译：《土鲁窦吉》，贵州民族出版社 1998 年版。

韦玖灵：《儒学南传与壮族思想发展》，香港新闻出版社 2003 年版。

维吾尔族简史编写组：《维吾尔族简史》（修订本），民族出版社 2009 年版。

乌兰察夫、宝力格、赵智奎：《蒙古族哲学思想史》，内蒙古大学出版社 1994 年版。

伍雄武：《智慧奇彩：云南民族哲学思想》，云南教育出版社 2000 年版。

伍雄武：《中华民族的形成与凝聚新论》，云南人民出版社 2000 年版。

伍雄武：《中华民族精神》，云南民族出版社 2004 年版。

萧洪恩：《土家族哲学通史》，人民出版社 2009 年版。

萧万源、伍雄武、阿不都秀库尔：《中国少数民族哲学史》，安徽人民出版社 1992 年版。

肖万源、张克武、伍雄武主编：《中国少数民族哲学·宗教·儒学》，当代中国出版社 1995 年版。

肖万源主编：《儒学与中国少数民族思想文化》，当代中国出版社 1996 年版。

邢丽菊：《韩国儒学思想史》，人民出版社 2015 年版。

徐初霞：《中国哲学文献研究与整理》，民族出版社 2013 年版。

徐万邦、祁庆富：《中国少数民族文化通论》，中央民族大学出版社 1996 年版。

徐旭升：《中国古史的传说时代》，广西师范大学出版社 2003 年版。

徐远和：《儒学与东方文化》，人民出版社 1994 年版。

阎合作：《〈论语〉说》，河南人民出版社 2006 年版。

杨珒：《女真统治下的儒学传承——金代儒学及儒学文献研究》，四川大学出版社 2014 年版。

杨军：《朝鲜王朝前期的古史编纂》，社会科学文献出版社 2013 年版。

杨镰：《贯云石评传》，新疆人民出版社 1983 年版。

杨志玖：《元代回族史稿》，南开大学出版社 2003 年版。

［韩］尹丝淳：《韩国儒学史》，邢丽菊、唐艳译，人民出版社 2016 年版。

余嘉华等：《木氏土司与丽江》，云南人民出版社、云南大学出版社 2014 年版。

余仕麟：《藏族伦理思想史略》，民族出版社 2015 年版。

余仕麟、刘俊哲、李元光等：《儒家伦理思想与藏族传统社会》，民族出版社 2007 年版。

曾春海：《中国哲学史纲》，（台湾）五南图书出版股份有限公司 2012 年版。

曾振宇、傅永聚：《春秋繁露新注》，商务印书馆 2010 年版。

张碧波、董国尧主编：《中国古代北方民族文化史》（上下），黑龙江人民出版社 2001 年版。

张佳生主编：《中国满族通论》，辽宁民族出版社 2005 年版。

张沛之：《元代色目人家族及其文化倾向研究》，天津古籍出版社 2009 年版。

赵吉惠等：《中国儒学史》，中州古籍出版社 1991 年版。

赵心愚：《纳西族历史文化研究》，民族出版社 2008 年版。

赵心愚：《纳西族与藏族关系史》，四川人民出版社 2004 年版。

赵永红：《神奇的藏族文化》，民族出版社 2003 年版。

政协武鸣委员会：《壮乡鸿儒刘定逌》，广西民族出版社 2015 年版。

周燮藩主编：《中国宗教历史文献集成·清真大典》第 16、17 册，黄山书社 2005 年版。

朱学渊：《中国北方诸族的源流》，华东师范大学出版社 2010 年版。

（明）宗喀巴：《菩提道次第广论》，华锐·罗桑嘉措译，内部流通本。

（明）宗喀巴：《菩提道次修行原理集要》，多识：《宗喀巴大师佛学名著译解》，甘肃民族出版社 2002 年版。

二 论文

陈少彤：《保巴生平、著作及其哲学思想》，《孔子研究》1988 年第 1 期。

陈少彤：《关于〈易原奥义〉一书的哲学思想》，《哲学研究》1981 年第 12 期。

韩锋：《吐蕃佛教文化中的儒家文化——以敦煌文献为中心》，《中国藏学》2010 年第 1 期。

［英］噶迈尔著，王青山译：《〈钥匙〉中有关孔子对话的论述》，《国外藏学研究译文集》（第四辑），西藏人民出版社1988年版。

拉毛吉：《苯教文献中的"九宫"纪年法研究》，《北方民族大学学报》（人文社会科学版）2017年第11期。

赖永海：《慧能与中国佛教的儒学化》，《六祖慧能思想研究——"慧能与岭南文化"国际学术研讨会论文集》，学术研究杂志社1997年版。

李国庆：《勇于创新的彝族学者高奣映》，《云南经济日报》2012年5月18日第C2版。

李华瑞：《论儒学与佛教在西夏文化中的地位》，《西夏学》第1辑，宁夏人民出版社2006年版。

李秋丽：《论保巴解〈易〉思想理路》，《周易研究》2011年第6期。

李甦平：《阳明心学、石门心学、霞谷心学的比较》，《孔子研究》1999年第2期。

李蔚：《略论西夏的儒学》，《兰州大学学报》1992年第3期。

李钟霖：《〈论语〉与〈萨迦格言〉》，《西藏研究》1994年第2期。

刘贡南：《以儒释伊和以伊释儒的有机结合——对王岱舆以儒诠经思想的一种理解》，《青海民族研究》2006年第4期。

刘明武：《事关宇宙发生与演化的理论——彝族文化对阴阳五行、图书八卦的解释》，《中州学刊》2009年第3期。

唐城：《保巴的哲学思想与元代理学的发展》，《集美大学学报》2008年第3期。

王启涛：《儒学在古代丝绸之路流传写本考》，《西南民族大学学报》（人文社会科学版）2017年第8期。

王启涛：《儒学在丝绸之路上的传播》，《光明日报》2017年6月3日第11版。

魏冬、益西群培：《藏族传统文化中的孔子形象》，《西藏研究》2009年第1期。

文志勇、崔红芬：《西夏儒学的发展和儒释关系初探》，《西北民族研究》2006年第1期。

杨胜利、段刚辉：《藏传佛教文化视域中的儒家文化——以土观·罗桑却季尼玛为例的初步探讨》，《西藏民族学院学报》2011年第5期。

余仕麟:《〈萨迦格言〉与儒家伦理思想》,《西南民族大学学报》2008年第4期。

喻遂生:《〈纳西东巴古籍译注全集〉中的花甲纪年经典》,《纳西东巴文化研究丛稿》(第二辑),巴蜀书社2008年版。

张静宇:《印度文化不衰之谜》,《人民日报》2003年7月21日第7版。

张燕辉:《儒家文化在青海少数民族地区的传播及其影响》,《青海民族研究》2010年第3期。

张燕辉、孙静:《论儒家文化在青海少数民族地区的传承》,《青海师范大学学报》(哲学社会科学版)2010年第6期。

张迎胜:《儒学与西夏文化刍议》,《宁夏大学学报》1995年第2期。

周云水:《从〈礼仪问答写卷〉看唐蕃伦理文化与儒家伦理的关系》,《阿坝师范专科学校学报》2007年第4期。

致　谢

拙著《换个维度看儒学：中国少数民族视阈的儒学初论》，应该说首先是我作为首席专家主持承担的国家社科基金重大项目《中国少数民族儒学通论》（批准号20&ZD031）的阶段性成果，同时是我先前作为首席专家主持完成的国家社科基金重大项目《儒学与我国少数民族哲学关系的历史发展研究》（批准号13&ZD059）和主持完成的国家社科基金一般项目《儒学与我国少数民族哲学互动发展研究》（批准号08BZX035）主要或精粹的成果内容。因此，在本书稿出版之际，对全国哲学社会科学工作办公室的鼎力支持，四川省社科联和社科规划办、西南民族大学人文社会科学处的热忱指导，表示我衷心的感谢！

这几项国家社科基金课题项目的研究，旨在努力发掘铸牢中华民族共同体意识的深刻传统思想资源，它能够助力于我校西南民族大学哲学学科建设和哲学作为一级学科的博士学位授权单位建设。所完成的本书稿，我校西南民族大学和哲学学院将其纳入哲学学科博士学位授权单位建设的学术成果，予以支持出版，对此表示我诚挚的感谢！我作为带头人所负责的四川省"儒学与少数民族哲学"高水平研究团队，支持了本书稿完成，谨致谢忱！

《换个维度看儒学：中国少数民族视阈的儒学初论》经历了较长时间的研究和撰写，其中有些重点成果的精要内容，是我先期在反复修改润色、增益完善基础上单独成文，得以在《哲学研究》《中州学刊》《四川大学学报》《西南民族大学学报》《民族学刊》《中国社会科学报》，以及《新华文摘》《中国社会科学文摘》《中国人民大学复印报刊资料》等重要学术报刊发表、全文转载或摘转，在此要表达我对于诸学术报刊和责任编审由衷的感谢！

致 谢

对于中国哲学和中国少数民族哲学研究具有精深造诣、德高望重的中央民族大学佟德富教授、云南师范大学伍雄武教授，承蒙两位前辈同仁欣然赐序，给予本书稿和我很高的评价，愧不敢当，在此向两位专家表示我深深的敬意和感谢！

中国社会科学出版社哲学宗教与社会学出版中心韩国茹博士对于本著的审稿和编辑出版，付出了艰辛的劬劳，真诚感谢这位巾帼编辑和中国社会科学出版社助力此书稿出版的人士！韩国茹副编审对书稿进行了详细认真的审阅，并多有文字润色。我在此基础上，又逐章作了统改，一一核对了引文，调整或整合了有的章节内容。同时感谢随我攻读学位的各位博士研究生在文献查找、书稿核校方面做了许多工作。由此，本书终得以完成。

最后，感谢阅读本书的读者，欢迎批评教正！

杨翰卿
2023 年 6 月